QUESTÕES COMENTADAS de

LÍNGUA PORTUGUESA

CESPE | Cebraspe

Duda Nogueira

Mais de 720 questões

QUESTÕES COMENTADAS de LÍNGUA PORTUGUESA

CESPE | Cebraspe

8ª edição | Revista, ampliada e atualizada

2025

EDITORA JusPODIVM
www.editorajuspodivm.com.br

EDITORA *Jus*PODIVM
www.editorajuspodivm.com.br

Rua Canuto Saraiva, 131 – Mooca – CEP: 03113-010 – São Paulo – São Paulo
Tel: (11) 3582.5757
• Contato: https://www.editorajuspodivm.com.br/central-de-relacionamento

Copyright: Edições *Jus*PODIVM

Diagramação: Equipe *Jus*PODIVM

Capa: Ana Caquetti

N778q Nogueira, Duda
Questões Comentadas de Língua Portuguesa CESPE/CEBRASPE / Duda Nogueira – 8.ed., rev., atual. e ampl. - São Paulo: Editora JusPodivm, 2025.

480 p.

ISBN: 978-85-442-5424-0

1. Português. I. Nogueira, Duda. II. Título.

CDD 469.5

BIBLIOTECÁRIA RESPONSÁVEL
Ana Carolina Ribeiro Mois – CRB7 – RJ 007348/0

8.ª ed., *2.ª tir.:* jun./2025.

Sobre a Autora

DUDA NOGUEIRA

- Professora e Mentora de Língua Portuguesa para concursos públicos.
- Autora de vários livros das Coleções Tribunais e MPU, Revisaço, Revisão Final, Carreiras Policiais, Sinopses Carreiras Fiscais, Como se Preparar.
- Professora na plataforma de Cursos JusAulas - Carreiras dos Tribunais, Carreiras Policiais e Carreiras Fiscais.
- Professora no Curso RSC online.
- Instagram e Telegram: @DudaProfe
- Site: www.dudanogueiraprof.com.br

LIVROS PUBLICADOS

- ✓ Língua Portuguesa para concursos
- ✓ Simulaço Língua Portuguesa
- ✓ Revisaço Língua Portuguesa
- ✓ Ligadaço Língua Portuguesa
- ✓ Português Jurídico
- ✓ Questões comentadas de Língua Portuguesa FCC
- ✓ Questões comentadas de Língua Portuguesa FGV
- ✓ Questões comentadas de Língua Portuguesa CESPE/Cebraspe
- ✓ Questões comentadas de Língua Portuguesa VUNESP
- ✓ Língua Portuguesa para concursos da FGV
- ✓ Interpretação de textos para concursos
- ✓ Questões Comentadas de Língua Portuguesa para Analista e Técnico

- ✓ Português – Coleção Sinopses (carreiras fiscais)
- ✓ Coleção REVISÃO FINAL – capítulos de Língua Portuguesa
- ✓ Coleção REVISAÇO – capítulos de Língua Portuguesa
- ✓ Coleção Carreiras Policiais – capítulos de Língua Portuguesa
- ✓ Coleção COMO SE PREPARAR – capítulos de Língua Portuguesa
- ✓ Outras coleções: Técnico do INSS e Carreiras Policiais.

VIDEOAULAS – JusAulas

- ✓ Língua Portuguesa para Carreiras de Tribunais
- ✓ Língua Portuguesa para Carreiras Policiais
- ✓ Projeto APROVAÇÃO - FGV
- ✓ Projeto APROVAÇÃO - CEBRASPE
- ✓ Projeto APROVAÇÃO - FCC

Apresentação

Uma pequena síntese para que você, leitor(a), comece a se sentir em casa. A obra abrange todo o conteúdo exigido pela banca CESPE /CEBRASPE. Uma questão importante, que não deve ser desprezada, é a análise atenta do edital. A seguir, apresentamos uma tabela com o conteúdo estrutural desta obra nas colunas 1 e 2; na coluna 3, como o tema aparece no edital; na coluna 4, informamos o número de questões comentadas sobre cada assunto.

É de suma importância seguir a ordem, pois um assunto depende de outro.

Novidades:

1. as questões de 2024 e 2023 estão em "ATUALIZE-SE";
2. as questões de 2022, 2021 e 2020 estão separadas por níveis – médio, superior e carreiras fiscais.

PARTES	CAPÍTULOS	NOS EDITAIS	QUESTÕES
FONOLOGIA E SEMÂNTICA	**1. Acentuação**	Emprego da acentuação gráfica	15
	2. Ortografia e semântica	Domínio da ortografia oficial; emprego das letras. Significação das palavras.	44
	3. Reforma Ortográfica	Emprego da acentuação gráfica; domínio da ortografia oficial; emprego das letras	10
MORFOLOGIA	**1. Pronome e colocação pronominal**	Domínio da estrutura morfossintática do período; colocação dos pronomes átonos	35
	2. Verbo	Emprego/correlação de tempos e modos verbais	35
SINTAXE	**1. Análise sintática**	Domínio da estrutura morfossintática do período	48
	2. Período composto e conjunção	Substituição e repetição de conectores; relações de coordenação entre orações e entre termos da oração; relações de subordinação entre orações e entre termos da oração	51
SINTAXE	**3. Concordância**	Concordância verbal e nominal	35
	4. Regência	Domínio da estrutura morfossintática do período	22
	5. Crase	Emprego do sinal indicativo de crase	34
	6. Pontuação	Emprego dos sinais de pontuação	59

PARTES	CAPÍTULOS	NOS EDITAIS	QUESTÕES
COESÃO, COERÊNCIA e REESCRITA DE FRASES	**1. Coesão, coerência e reescrita de frases**	Domínio dos mecanismos de coesão textual; emprego de elementos de referenciação, substituição e repetição de conectores e outros elementos de sequenciação textual; reescritura de frases e parágrafos do texto; substituição de palavras ou de trechos de texto; retextualização de diferentes gêneros e níveis de formalidade	174
INTERPRETAÇÃO E COMPREENSÃO TEXTUAL	**1. Interpretação e compreensão textual**	Compreensão e interpretação de textos de gêneros variados; reconhecimento de tipos e gêneros textuais	129
REDAÇÃO OFICIAL	**1. Redação oficial**	Correspondência oficial (conforme Manual de Redação da Presidência da República); adequação da linguagem ao tipo de documento; adequação do formato do texto ao gênero	30
TOTAL DE QUESTÕES			**721**

Acredite: é possível aprender português e acertar as questões. É exercitando que você ficará apto(a).

Chegou a hora de iniciarmos, juntos, a maratona de estudos.

Sumário

PARTE IV – SINTAXE

PARTE V – COESÃO, COERÊNCIA E REESCRITA DE FRASES

PARTE VI – INTERPRETAÇÃO E COMPREENSÃO TEXTUAL

PARTE VII – REDAÇÃO OFICIAL

Parte I

EDITAIS SISTEMATIZADOS

Capítulo 1

Editais sistematizados

1. **TST – aplicada 20/1/2024**
2. **CGE RJ – aplicada 3/2/2024**
3. **CÂMARA DE MACEIÓ – aplicada 2/6/2024**

Observação: os editais são idênticos.

<table>
<tr><th colspan="3">Cargos 1: Analista Judiciário e Técnico Judiciário
Cargo 2: Auditor do Estado
Cargos 3: Analista Administrativo, Analista Legislativo, Apoio Administrativo, Apoio Legislativo</th></tr>
<tr><th>No edital</th><th>No livro</th><th>Onde encontrar</th></tr>
<tr><td>1 Compreensão e interpretação de textos de gêneros variados.
2 Reconhecimento de tipos e gêneros textuais.</td><td>Interpretação e compreensão textual</td><td>PARTE VI
Capítulo 1</td></tr>
<tr><td colspan="3">DICA - imprescindível saber a diferença entre interpretação e compreensão.</td></tr>
<tr><td>3 Domínio da ortografia oficial.</td><td>Ortografia
Reforma Ortográfica
Acentuação</td><td>PARTE II
Capítulos 1, 2 e 3</td></tr>
<tr><td colspan="3">DICA - emprego dos porquês; diferença dos usos das palavras mais exigidas em concursos. Exemplos: onde e aonde, senão e se não, de encontro a e ao encontro de etc. Diferença entre ditongo e hiato; vocábulos acentuados pelas mesmas regras; proparoxítonas eventuais. Resolver as questões inéditas de reforma ortográfica e ficar de olho no emprego do hífen.</td></tr>
<tr><td>4 Domínio dos mecanismos de coesão textual.
4.1 Emprego de elementos de referenciação, substituição e repetição, de conectores e outros elementos de sequenciação textual.</td><td>Coesão, coerência, reescrita de frases
Pronome
Verbo
Período composto</td><td>PARTE V
Capítulo 1
PARTE III
Capítulos 1 e 2
PARTE IV
Capítulo 2</td></tr>
<tr><td colspan="3">DICA - a coesão é o mecanismo relacionado com elementos que asseguram a ligação entre palavras e frases, de modo a interligar as diferentes partes de um texto. A coerência é responsável por estabelecer a ligação lógica entre ideias, para que, juntas, elas garantam que o texto tenha sentido. Ambos são importantes para garantir que um texto transmita sua respectiva mensagem com clareza, seja harmonioso e faça sentido para o leitor.</td></tr>
</table>

<table>
<tr><th colspan="3">Cargos 1: Analista Judiciário e Técnico Judiciário
Cargo 2: Auditor do Estado
Cargos 3: Analista Administrativo, Analista Legislativo, Apoio Administrativo, Apoio Legislativo</th></tr>
<tr><th>No edital</th><th>No livro</th><th>Onde encontrar</th></tr>
<tr><td>4.2 Emprego/correlação de tempos e modos verbais.</td><td>Verbo</td><td>PARTE III
Capítulo 2</td></tr>
<tr><td colspan="3">DICA - conjugação dos verbos em todos os tempos; correlação de tempos verbais; vozes verbais (transposição da ativa para passiva e vice-versa); tempos compostos.</td></tr>
<tr><td>5.1 Emprego das classes de palavras.
5.2 Relações de coordenação entre orações e entre termos da oração.
5.3 Relações de subordinação entre orações e entre termos da oração.</td><td>Pronome
Verbo
Análise sintática
Período composto</td><td>PARTE III
Capítulos 1 e 2
PARTE IV
Capítulos 1 e 2</td></tr>
<tr><td colspan="3">DICA – os pronomes mais exigidos pela banca são: pessoais, relativos e demonstrativos. Análise sintática: termos essenciais (sujeito oracional); termos integrantes, termos acessórios (aposto explicativo e especificativo) e vocativo. Período composto: orações coordenadas, subordinadas e reduzidas.</td></tr>
<tr><td>5.4 Emprego dos sinais de pontuação.</td><td>Pontuação</td><td>PARTE IV
Capítulo 6</td></tr>
<tr><td colspan="3">DICA - inversão (a oração não se inicia com o sujeito), intercalação, orações adjetivas explicativas e restritivas, emprego dos dois-pontos etc.
Observação: para saber pontuação, é necessário saber período composto.</td></tr>
<tr><td>5.5 Concordância verbal e nominal.</td><td>Concordância</td><td>PARTE IV
Capítulo 3</td></tr>
<tr><td colspan="3">DICA - verbal: concordância entre sujeito e verbo, sujeito posposto ao verbo, concordância com o verbo "ser" etc. Nominal: concordância entre adjetivo e substantivo, artigo e substantivo e com as palavras "bastante", "anexo", "obrigado" e com as expressões "é proibido", "é necessário" etc.
Observação: para saber concordância, é necessário saber análise sintática.</td></tr>
<tr><td>5.6 Regência verbal e nominal.</td><td>Regência</td><td>PARTE IV
Capítulo 4</td></tr>
<tr><td colspan="3">DICA - a regência sempre está relacionada com a análise sintática (predicação verbal), com o pronome relativo e com a crase.
Observação: para saber regência, é necessário saber crase.</td></tr>
<tr><td>5.7 Emprego do sinal indicativo de crase.</td><td>Crase</td><td>PARTE IV
Capítulo 5</td></tr>
<tr><td colspan="3">DICA - junção da preposição "a" com o artigo "a" ou com os pronomes demonstrativos (aquele, aquela etc.) e relativos (a qual, as quais).
Observação: para saber crase, é necessário saber regência.</td></tr>
</table>

Cargos 1: Analista Judiciário e Técnico Judiciário Cargo 2: Auditor do Estado Cargos 3: Analista Administrativo, Analista Legislativo, Apoio Administrativo, Apoio Legislativo		
No edital	**No livro**	**Onde encontrar**
5.8 Colocação dos pronomes átonos.	Pronome	PARTE III Capítulo 1
DICA - é necessário saber as definições das classes gramaticais e as regras de colocação dos pronomes.		
6 Reescrita de frases e parágrafos do texto. 6.1 Significação das palavras. 6.2 Substituição de palavras ou de trechos de texto. 6.3 Reorganização da estrutura de orações e de períodos do texto. 6.4 Reescrita de textos de diferentes gêneros e níveis de formalidade.	**Coesão, coerência e reescrita de frases** Ortografia e semântica Pronome Verbo Análise sintática Período composto Concordância Regência Crase Pontuação	PARTE V Capítulo 1 PARTE II Capítulo 2 PARTE III Capítulos 1 e 2 PARTE IV Capítulos 1 a 6
DICA - Estude essa parte por último porque é, basicamente, a revisão de tudo que foi mencionado no edital até o item 5.8. Eis o motivo de haver 174 questões comentadas.		

4. SEFAZ AC – aplicada 2/6/2024

5. PC PE – aplicada 3/3/2024

Observação: leia as recomendações do edital 1.

Cargos 2: Auditor da Receita Estadual, Contador, Especialista da Fazenda Estadual Cargos 3: Escrivão de Polícia e Agente de Polícia		
No edital	**No livro**	**Onde encontrar**
1 Compreensão e interpretação de textos de gêneros variados. 2 Reconhecimento de tipos e gêneros textuais.	Interpretação e compreensão textual	PARTE VI Capítulo 1
3 Domínio da ortografia oficial.	Ortografia Reforma Ortográfica Acentuação	PARTE II Capítulos 1, 2 e 3

Cargos 2: Auditor da Receita Estadual, Contador, Especialista da Fazenda Estadual Cargos 3: Escrivão de Polícia e Agente de Polícia		
No edital	**No livro**	**Onde encontrar**
4 Domínio dos mecanismos de coesão textual. 4.1 Emprego de elementos de referenciação, substituição e repetição, de conectores e outros elementos de sequenciação textual.	Coesão, coerência, reescrita de frases Pronome Verbo Período composto	PARTE V Capítulo 1 PARTE III Capítulos 1 e 2 PARTE IV Capítulo 2
4.2 Emprego/correlação de tempos e modos verbais.	Verbo	PARTE III Capítulo 2
5.1 Emprego das classes de palavras. 5.2 Relações de coordenação entre orações e entre termos da oração. 5.3 Relações de subordinação entre orações e entre termos da oração.	Pronome Verbo Análise sintática Período composto	PARTE III Capítulos 1 e 2 PARTE IV Capítulos 1 e 2
5.4 Emprego dos sinais de pontuação.	Pontuação	PARTE IV Capítulo 6
5.5 Concordância verbal e nominal.	Concordância	PARTE IV Capítulo 3
5.6 Regência verbal e nominal.	Regência	PARTE IV Capítulo 4
5.7 Emprego do sinal indicativo de crase.	Crase	PARTE IV Capítulo 5
5.8 Colocação dos pronomes átonos.	Pronome	PARTE III Capítulo 1
6 Reescrita de frases e parágrafos do texto. 6.1 Significação das palavras. 6.2 Substituição de palavras ou de trechos de texto. 6.3 Reorganização da estrutura de orações e de períodos do texto. 6.4 Reescrita de textos de diferentes gêneros e níveis de formalidade.	Coesão, coerência e reescrita de frases Ortografia e semântica Pronome Verbo Análise sintática Período composto Concordância Regência Crase Pontuação	PARTE V Capítulo 1 PARTE II Capítulo 2 PARTE III Capítulos 1 e 2 PARTE IV Capítulos 1 a 6

Cargos 2: Auditor da Receita Estadual, Contador, Especialista da Fazenda Estadual Cargos 3: Escrivão de Polícia e Agente de Polícia		
No edital	**No livro**	**Onde encontrar**
7 Correspondência oficial (conforme Manual de Redação da Presidência da República). 7.1 Aspectos gerais da redação oficial. 7.2 Finalidade dos expedientes oficiais. 7.3 Adequação da linguagem ao tipo de documento. 7.4 Adequação do formato do texto ao gênero.	Redação Oficial	PARTE VII Capítulo 1
DICA – O Manual de Redação da Presidência da República foi atualizado em dezembro de 2018. A banca, desde então, exige as alterações. **Observação:** as questões foram extraídas de provas aplicadas após a atualização.		

Parte II
FONOLOGIA

Capítulo 1

Acentuação

1.1. QUESTÕES ATUALIZE-SE

FRAGMENTO DE TEXTO PARA RESPONDER À QUESTÃO.

(...) Fracassei também na minha principal meta como Ministro da Educação: a de pôr em marcha um programa educacional que permitisse escolarizar todas as crianças brasileiras. Elas não foram escolarizadas. Menos da metade das nossas crianças completam quatro séries de estudos primários.

Fracassei, por igual, nos dois objetivos maiores que me propus como político e como homem do governo: o de realizar a reforma agrária e de pôr sob o controle do Estado o capital estrangeiro de caráter mais aventureiro e voraz. (...)

Darcy Ribeiro. Testemunho. São Paulo: Editora Siciliano, 1990 (com adaptações).

01. (Cebraspe - FUB – Analista de Tecnologia da Informação - 2023 - adaptada) O emprego do acento diferencial no vocábulo 'pôr', nos dois parágrafos, é obrigatório.

( ) certo ( ) errado

COMENTÁRIOS:

O acento diferencial é usado em casos específicos para evitar ambiguidade na escrita. Ele ocorre em palavras que possuem a mesma grafia, mas significados diferentes.

No caso, trata-se do verbo "pôr" e deve ser acentuado para diferenciar da preposição "por".

Exemplos:

É necessário **pôr** o livro ali. (verbo)

Ele sempre passa **por** ali. (preposição).

Dica para a próxima prova: o último Acordo Ortográfico, vigente no Brasil desde 2009 e obrigatório desde 2016, **retirou o acento diferencial de alguns pares de palavras**:

"para" (preposição) e "para" (conjugação do verbo "parar")

"apóio" (conjugação do verbo "apoiar") e "apoio" (substantivo)

"pela" (preposição com artigo) e "pela" (conjugação do verbo "pelar")

"pelo" (preposição com artigo) e "pelo" (substantivo)

Resposta: Certo

02. (CEBRASPE - SME RE/PE - Professor – 2023 - adaptada) As palavras 'lá' e 'também' são acentuadas graficamente em razão de regras de acentuação distintas.

( ) certo ( ) errado

COMENTÁRIOS:

Lá: monossílabo terminado em "a".

Regra geral: serão acentuados os monossílabos **tônicos** terminados em -A(S), -E(S) ou -O(S).

Também: oxítona terminada em "em".

Regra geral: acentuam-se palavras oxítonas terminadas em -a(s), -e(s), -o(s); **terminadas com uma vogal átona e a vogal -i ou -u formando hiato; palavras oxítonas com duas ou mais sílabas e terminadas em -em, -ens; palavras oxítonas terminadas em -ei(s), -eu(s), -oi(s).**

As regras são distintas.

Resposta: Certo

03. (CEBRASPE - SME RE/PE - Professor - 2023) Os vocábulos "fáceis" e "possíveis" recebem acento por serem paroxítonas terminadas em ditongo oral.

( ) certo ( ) errado

COMENTÁRIOS:

Separe as sílabas e coloque-as na tabela para facilitar a classificação.

Lembre-se de que existe **uma vogal** toda sílaba.

PRO	**PAR**	OXI
	fá	ceis
pos	**sí**	veis

As duas sílabas acentuadas estão na mesma coluna, ou seja, são duas palavras **paroxítonas e terminam em ditongo oral decrescente**: V + sv.

Dicas:

- sempre coloque a última sílaba na última coluna para que a classificação seja correta;
- se a palavra tiver mais que 3 sílabas, as sílabas anteriores nunca serão acentuadas;
- não coloque hiato nem ditongo aberto na tabela porque são regras distintas.

Resposta: Certo

1.2. QUESTÕES - CARREIRAS FISCAIS

04. (Cebraspe – TCE RJ – Analista Controle Externo - 2021 - adaptada) O emprego de acento agudo nas palavras "elétricos", "pálidas" e "móveis" justifica-se pela mesma regra de acentuação gráfica.

( ) certo ( ) errado

COMENTÁRIOS:

Nota da autora: Coloque as palavras na tabela e confira se as sílabas tônicas estão na mesma coluna. A última sílaba deverá estar sempre na última coluna.

Cuidado! Essa dica não vale para hiato.

	PRO	PAR	OXI
e	LÉ	tri	cos
	PÁ	li	das
		MÓ	veis

"Elétricos" e "pálidas" são **proparoxítonas**; "móveis" é **paroxítona** terminada em ditongo decrescente. As regras são distintas.

Resposta: Errado.

1.3. QUESTÕES MISTAS

05. (CESPE/Cebraspe – Analista Judiciário de Procuradoria – PGE PE – 2019) O emprego de acento agudo nas palavras "juízo", "extraídos" e "período" justifica-se pela mesma regra de acentuação gráfica.

( ) certo ( ) errado

COMENTÁRIOS:

Regras distintas: hiato e proparoxítona: ju-**í**-zo e ex-tra-**í**-dos são acentuados pelo fato de o "i" formar hiato com a vogal "u", no primeiro caso, e com a vogal "a" no segundo caso. Pe-rí-o-do é acentuado por ser uma palavra proparoxítona.

Resposta – Errado

FRAGMENTO DO TEXTO CB3A2BBB PARA RESPONDER À QUESTÃO.

(...) Ao mesmo tempo, o processo de democratização do sistema internacional, que é o caminho obrigatório para a busca do ideal da paz **perpétua**, não pode avançar sem uma gradativa ampliação do reconhecimento e da proteção dos direitos humanos, acima de cada Estado. (...)

Norberto Bobbio. A era dos direitos. Trad. Carlos Nelson Coutinho. Rio de Janeiro: Elsevier, 2004, p. 1 (com adaptações)

06. (CESPE - Técnico Municipal - Prefeitura São Luiz- MA/2017 - adaptada) A correção gramatical do texto seria preservada se a palavra "perpétua" fosse registrada sem o acento.

( ) certo ( ) errado

COMENTÁRIOS

Errado – Perpétua é adjetivo (qualifica paz): paroxítona terminada em ditongo, ou proparoxítona eventual. Ao retirar o acento, **altera-se a classe gramatical**, pois passa a ser verbo (perpetuar). **Erro gramatical**: o caminho obrigatório para a busca do ideal da paz **perpetua**, não pode avançar.

07. (CESPE 2015) Os acentos gráficos das palavras "bioestatística" e "específicos" têm a mesma justificativa gramatical.

( ) Certo ( ) Errado

COMENTÁRIOS

Certo – Todas as proparoxítonas são acentuadas.

Se apenas é pedida a mesma regra, fazendo uma *tabela-dica* e separando as sílabas, descobre-se rapidamente a alternativa correta, já que todas as sílabas acentuadas devem estar na mesma coluna.

Importante! Não colocar na tabela as palavras que são acentuadas por serem hiatos ou monossílabos.

Mesmo se a palavra possuir mais de três sílabas, não haverá problemas, pois, na língua portuguesa, nenhuma palavra é acentuada após a terceira sílaba. É o caso de socioeconômico. Com a reforma ortográfica, retirou-se o hífen e, consequentemente, o acento de sócio.

	PRO	PAR	OXI
bioesta-	**tís**	ti	ca
espe-	**cí**	fi	co

08. (Cespe – Agente de Polícia Federal – DPF/2014) Os termos "série" e "história" acentuam-se em conformidade com a mesma regra ortográfica.

( ) Certo ( ) Errado

COMENTÁRIOS

Certo – São paroxítonas terminadas em ditongo. Na tabela para não haver engano:

PRO	PAR	OXI
	sé	rie
his	**tó**	ria

09. (CESPE – Analista Judiciário – Área Judiciária – CNJ/2013) A mesma regra de acentuação gráfica, justifica o emprego de acento gráfico nas palavras "construída" e "possíveis".

( ) Certo ( ) Errado

↘ COMENTÁRIOS

Errado – Construída = *i* formando hiato com vogal anterior; possíveis = paroxítona terminada em *L* (plural).

10. (CESPE – Analista Judiciário – Administrativa – TRT 10/2013) As palavras "países", "famílias" e "níveis" são acentuadas de acordo com a mesma regra de acentuação gráfica.

( ) Certo ( ) Errado

↘ COMENTÁRIOS

Errado – **PA-Í-SES**: hiato; famílias e níveis: paroxítonas terminadas em ditongo.

Pro	Par	Oxi
fa	mí	lias
	ní	veis

11. (CESPE – Técnico Judiciário – Área Administrativa – TRT 17/2013) Os vocábulos "juízes" e "país" são acentuados de acordo com regras de acentuação gráfica distintas.

( ) Certo ( ) Errado

↘ COMENTÁRIOS

Errado – Os dois vocábulos foram acentuados por se tratar de **hiato**. Em **ju-í-zes**, o **i** forma hiato com a vogal anterior (**u**) e só recebe acento porque a palavra está no plural; em **juiz** não há acento porque o **i** está seguido de **z** na mesma sílaba. Em **pa-ís**, o **i** forma hiato com a vogal anterior (**a**).

12. (CESPE – Técnico Judiciário – Área Administrativa – CNJ/2013) As palavras "políticas", "âmbito", "década" e "cônjuges" recebem acento gráfico com base em diferentes regras gramaticais.

( ) Certo ( ) Errado

↘ COMENTÁRIOS

Errado – Não, todas as palavras desta questão são acentuadas pela mesma razão: são todas proparoxítonas e, portanto, são acentuadas.

x	Pro	**Par**	Oxi
po	lí	ti	cas
	âm	bi	to
	dé	ca	da
	côn	ju	ges

Perceba que, separando as sílabas e colocando as palavras dentro da tabela, as sílabas acentuadas permanecem na mesma coluna.

13. (CESPE – Técnico Judiciário – Área Administrativa – STF/2013) O emprego do acento gráfico nos vocábulos "próprio" e "decorrência" atende à mesma regra de acentuação gráfica.

( ) Certo ( ) Errado

COMENTÁRIOS

Certo

	Pro	Par	Oxi
		pró	prio
de	cor	rên	cia

As duas palavras são paroxítonas terminadas em ditongo.

14. (CESPE/Unb – TCU – Auditor Federal de Controle Externo/2013) Os vocábulos "assistência", "potável" e "elétrica" são acentuados de acordo com a mesma regra de acentuação gráfica.

( ) Certo ( ) Errado

COMENTÁRIOS

Errado – Vamos colocar na tabelinha para facilitar.

	PRO	PAR	OXI
as	sis	**tên**	cia
	po	**tá**	vel
e	**lé**	tri	ca

O erro da questão está na palavra e-lé-tri-ca (proparoxítona), pois destoa da regra de assistência e potável que são paroxítonas.

15. (CESPE – Delegado de Polícia – ES/ 2011) Os vocábulos "público" e "caótico" obedecem à mesma regra de acentuação gráfica.

( ) Certo ( ) Errado

COMENTÁRIOS

Certo – As duas palavras são proparoxítonas.

	Pro	Par	Oxi
	pú	bli	co
ca	ó	ti	co

Capítulo 2

Ortografia e Semântica

1.1. QUESTÕES ATUALIZE-SE

TEXTO PARA RESPONDER À QUESTÃO.

Maniçoba, 10 de junho de 1911. Minha mãe: Aqui cheguei em *paz* e *salvamento*, graças à Nosso Senhor Jesus Cristo. Isto aqui é bom como o diabo: acorda-se às cinco da manhã, leva-se o dia lendo, fumando, comendo e rezando, dorme-se às nove da noite. Uma vida de anjo. Quando chegar aí — está compreendendo? — hei de ter o corpo pesando 70 quilos e a alma leve de pecados, tão leve como os *vagons* que levam material para a construção da estrada de ferro de Palmeira. Fui visitar o tal Lajedo das Cobras, segundo a senhora insinuou-me, e não vi nada que se parecesse com cobras. Tenha a bondade de dizer-me onde ficam esses bichos, sempre tenho vontade de admirá-los. Só se são umas listas pretas que há em cima da pedra. Mas quem lhe meteu na cabeça que aquilo eram cobras, hem? Nem semelhança, minha senhora! Ali nunca houve cobras nem nada. Isto agora está seco, sabe? Um pouquinho seco. A água do Ipanema tem assim uns tons de verde-paris: é mesmo da cor do açude daí. Por aqui nada de novo, tudo na santa paz do senhor... não, há uma coisa de novo: o Siriaco, o velho Siriaco, o impagável, o incomensurável Siriaco. Diga a meu pai que lhe não escrevo porque nesta carta vai tudo o que é preciso dizer. Adeus. Lembranças às meninas, a tia Ju, etc. Recomendações à família do sr. Antero, a d. Iaiá, e mais a algumas pessoas conhecidas. O filho e amigo Graciliano. NB: Mando dizer ao Antônio Panta que guarde todos os meus Malhos. Não se esqueça deste recado. Lembranças a d. Anatólia.

Graciliano Ramos. Cartas. Rio de Janeiro: Record, 2013 (com adaptações).

01. (Cebraspe – Câmara de Maceió AL – Analista Legislativo - 2024) Em “o velho Siriaco, o impagável, o incomensurável Siriaco” (décimo quinto período), o vocábulo “incomensurável” tem o mesmo sentido de **imensurável**.

( ) certo ( ) errado

COMENTÁRIOS:

São sinônimos de incomensurável: *incontável, imensurável, infinito, inumerável, inúmero*[1].

Resposta: Certo

1 Dicionário Online de Português. Disponível em < https://www.dicio.com.br/incomensuravel/>. Acesso 19 julho de 2024.

◉ FRAGMENTO DE TEXTO CG1A1-II PARA RESPONDER À QUESTÃO.

O Programa das Nações Unidas para o Desenvolvimento (PNUD) publicou, no final do ano de 2022, o **Relatório de Desenvolvimento Humano 2021/2022**, que consolida o índice de desenvolvimento humano (IDH) — que mede a saúde, a educação e o padrão de vida de uma nação — em todo o planeta.

O documento demonstra que temos muito o que avançar e até reconstruir: pela primeira vez, o valor do IDH mundial diminuiu por dois anos consecutivos, voltando aos níveis de 2016. Nem na crise financeira global de 2008/2009 houve retração no IDH global. A crise humanitária se agravou em diversas regiões, tendo atingido particularmente a América Latina, o Caribe, a África Subsaariana e o sul da Ásia. (...)

Internet: <https://exame.com/> (com adaptações).

02. (Cebraspe - FINEP - Analista Jurídica - 2024) No último período do segundo parágrafo do texto CG1A1-II, o verbo **agravar** significa o mesmo que

A) sopesar.

B) piorar.

C) aplacar.

D) dirimir.

E) asseverar.

COMENTÁRIOS:

No texto: *A crise humanitária se **agravou** em diversas regiões, tendo atingido particularmente a América Latina, o Caribe, a África Subsaariana e o sul da Ásia.*

Alternativa "a" – Não possui relação alguma com *suspender (qualquer coisa) com as mãos para avaliar-lhe o peso*, ou com *equilibrar pesos com as mãos.*

Alternativa "b" – O verbo "agravar" significa *tornar mais grave, mais pesado, mais difícil de suportar*[2]. Isso significa que possui o mesmo sentido de "piorar".

Alternativa "c" – Não há relação com *abaixar, abrandar, desarmar, moderar.*

Alternativa "d" – Não possui relação com *impedir por completo, anular, romper, desfazer, anular, suprimir.*

Alternativa "e" – Também não há relação com *assegurar, expor, comunicar ou dizer de maneira segura, provar, confirmar, certificar.*

RESPOSTA: B

◉ FRAGMENTO DO TEXTO CG1A1-I PARA RESPONDER À QUESTÃO.

Uma organização é um sistema complexo de comunicações com um objetivo funcional. Durante sua existência e atuação, a organização vai formando

2 https://www.dicio.com.br/agravar/

uma imagem perante seus diversos públicos em função de todo um conjunto de contatos realizados, e não somente pelas iniciativas planejadas de comunicação que ela toma para formar a imagem pretendida. Essa imagem, chamada imagem organizacional, pode ser descrita como uma compilação de opiniões e pontos de vista baseados em informações processadas de várias fontes, ao longo do tempo, que gera uma imagem mental dos atributos da organização.

Seguindo uma tendência já percebida na iniciativa privada, os órgãos públicos têm-se preocupado, cada vez mais, com sua imagem organizacional. A imagem organizacional pública tem valor estratégico na medida em que interfere diretamente no relacionamento da organização com diferentes atores, bem como na sua legitimação e credibilidade perante a sociedade. No entanto, apesar de sua relevância, ainda há poucos estudos sobre a imagem organizacional no contexto público, tanto nacional quanto internacionalmente. (...)

Carolina Coelho da Silveira, Carla Bonato Marcolin e Carlos Henrique Rodrigues. Como somos vistos? Análise da imagem organizacional pública utilizando ciência de dados. Internet: (com adaptações).

---

03. (Cebraspe - CGE RJ - Auditor do Estado - 2024) A expressão "apesar de" (terceiro período do segundo parágrafo) tem o mesmo sentido da preposição **malgrado.**

( ) certo ( ) errado

COMENTÁRIOS:

Sinônimos da preposição "malgrado": *não obstante, apesar de.*

Todos os vocábulos possuem valor concessivo.

Resposta: Certo

TEXTO PARA RESPONDER À QUESTÃO.

O primeiro aspecto em que se concebe um texto é exatamente aquilo que parece significar à primeira vista, nada mais que sua impressão primeira. Por primeira que é, tem foros de ser a única; inscreve-se como tal, produz a ilusão de ser única. Mas não o é. Sua pretensa clareza é ilusória. O segundo aspecto em que se concebe um texto é o das possibilidades de sentido que faculta, desde sua criação, desde a constituição de sua expressividade. Sua presença de texto, não obstante ser sempre a mesma, faz-se diferente a cada novo enfoque, a cada novo uso, a cada mudança de perspectiva, a cada reiteração de sentido, a cada fusão de práticas de sentido, enfim, dentro de circunstancialidades. Essa é a abertura de profundidade que exsurge do remanso abissal das malhas de um texto. O que paira sobre o texto não pode ser mais que o que se inclui em sua profundidade.

Deve-se esclarecer, no entanto, que a chave para a abertura dessa perspectiva de profundidade reside não no texto-em-si, e por si, mas na potencialidade interpretativa e no manejo que cada utente faz do texto. Aqui, faz-se, explicitamente, apelo a uma noção de sentido pragmático, contextualizado, histórico e intersubjetivo do texto. Quer-se mesmo dizer que o texto vive em dialética com seu meio. A pragmática textual simplesmente se depara com o texto tendo-o por unidade de sentido, de onde o *sujeito-da-interpretação* retirará elementos de muitas origens (circunstanciais, históricos, objetivos, subjetivos, idioletais etc.)

para a composição do sentido. O texto, portanto, não pode ser entendido como objeto inerte, estanque, acabado e primigenamente intencionado de maneira a ingenuamente excluir qualquer possibilidade de modificação interpretativa. Todo texto, nessa medida, permite sentidos. O sentido não lhe é imanente; no entanto, excluir da corporeidade de um texto a subjacência necessária da interpretação é privar-lhe de alma e de movimento.

Ainda assim, quando aqui se anuncia que o *sujeito-da-interpretação* é capaz de forjar-lhe um sentido, não se quer dizer que a prática da significação está submissa à arbitrariedade. Muito antes de se poder dizer que o ato compreensivo se constitui em mero ato arbitrário do intérprete, pode-se dizer que limites há para a significância, dentro dos quais atua o sujeito-da-interpretação. Em verdade, esse sujeito age livremente, mas dentro de um campo de forças. Dizer o contrário é aceitar que o discurso é uma realidade sem fronteiras.

Eduardo C. B Bittar. Linguagem jurídica. São Paulo: Saraiva, 2001, p. 101 e ss. (com adaptações).

---

04. (Cebraspe - MP TO - Analista Ministerial - Letras - 2024) As relações semânticas construídas no texto permitem atribuir sentido semelhante às expressões "utente" (primeiro período do segundo parágrafo), *"sujeito-da-interpretação"* (quarto período do segundo parágrafo e primeiro e segundo períodos do terceiro parágrafo) e "intérprete" (segundo período do terceiro parágrafo).

( ) certo ( ) errado

COMENTÁRIOS:

Atente-se ao contexto.

1. *Deve-se esclarecer, no entanto, que a chave para a abertura dessa perspectiva de profundidade reside não no texto-em-si, e por si, mas na potencialidade interpretativa e no manejo que cada **utente** faz do texto.*

   Utente: *usuário, pessoa que faz uso de alguma coisa.*

2. *A pragmática textual simplesmente se depara com o texto tendo-o por unidade de sentido, de onde o **sujeito-da-interpretação** retirará elementos de muitas origens...*

   Sujeito-da-interpretação: *utente, pessoa, utilizador.*

3. *Muito antes de se poder dizer que o ato compreensivo se constitui em mero ato arbitrário do **intérprete**...*

   Intérprete: utente, usuário, pessoa, sujeito-da-interpretação, utilizador.

   Os sentidos são semelhantes.

   Resposta: Certo

◉ FRAGMENTO DE TEXTO PARA RESPONDER À QUESTÃO.

(...) Primeiramente, é imprescindível analisar tal sanção no que se refere aos animais silvestres, domésticos ou domesticados (da nossa fauna ou de outros países, mas que aqui se encontrem), sem a especificação de nenhuma espécie, nenhum epíteto. Ora, a pena é de detenção, de três meses a um ano, e multa. No entanto, com o parágrafo 1.º-A, há uma rotação inevitável de aumento de pena para tais condutas quando estas forem desferidas contra cães e gatos, e uma sanção de reclusão, de dois anos a cinco anos, multa e proibição da guarda. Certamente, trata-se de situação peculiar e que traz **implicâncias** de várias searas ao ordenamento jurídico.

Internet: <jus.com.br> (com adaptações).

---

05. (Cebraspe - PC AL - Delegado – 2023 - adaptada) O vocábulo "implicâncias" (último período) tem, no texto, o mesmo sentido de **implicações**.

( ) certo ( ) errado

COMENTÁRIOS:

Nota da autora: Atente-se ao contexto, nunca pense na palavra isolada.

Implicância é sinônimo de "implicação". Os dois vocábulos, no contexto, significam *ação ou consequência de estar envolvido em algo; envolvimento, ligação.*

Resposta: Certo

FRAGMENTO DE TEXTO PARA RESPONDER À QUESTÃO.

(...) Nesse contexto, um dos grandes desafios **ético-jurídicos** do uso massivo de sistemas de inteligência artificial é a questão da responsabilidade civil advinda de danos decorrentes de robôs inteligentes, uma vez que os sistemas delituais tradicionais são baseados na culpa e essa centralidade da culpa na responsabilidade civil se encontra desafiada pela realidade de sistemas de inteligência artificial. (...)

B. L. da Anunciação Melo e H. Ribeiro Cardoso. Sistemas de inteligência artificial e responsabilidade civil: uma análise da proposta europeia acerca da atribuição de personalidade civil. In: Revista Brasileira de Direitos Fundamentais & Justiça, 16(1), 2020, p. 93-4 (com adaptações).

---

06. (CEBRASPE - MP SC - Promotor - 2023 - adaptada) O emprego do hífen em "ético-jurídicos" é facultativo, razão por que estaria igualmente correta a grafia **eticojurídicos**.

( ) certo ( ) errado

COMENTÁRIOS:

O vocábulo "ético-jurídico" é um adjetivo composto e o emprego do hífen é obrigatório.

Observação: está qualificando o substantivo "desafios".

Regra: o adjetivo composto é constituído por dois elementos, separados pelo hífen.

Resposta: Errado

FRAGMENTO DE TEXTO PARA RESPONDER À QUESTÃO.

Justiça é justiça social. É atualização dos princípios condutores, emergindo nas lutas sociais, para levar à criação de uma sociedade em que cessem a exploração e a opressão do homem pelo homem. O direito não é mais, nem menos, do que a expressão daqueles princípios supremos, como modelo avançado de legítima organização social da liberdade. Mas até a injustiça como também o antidireito (isto é, a constituição de normas ilegítimas e sua imposição em sociedades mal organizadas) fazem parte do processo, pois nem a sociedade justa, nem a justiça corretamente vista, nem o direito mesmo, o legítimo, nascem de um berço metafísico ou são presente generoso dos deuses: eles brotam nas oposições, no conflito, no caminho penoso do progresso, com avanços e recuos. (...)

Roberto Lyra Filho. O que é direito. São Paulo: Brasiliense, 2003, p. 86 (com adaptações).

---

07. (CEBRASPE - MP SC - Promotor - 2023 - adaptada) No último período, a substituição de "antidireito" por **anti-direito** faria o texto ficar em desacordo com a ortografia oficial vigente no Brasil.

( ) certo ( ) errado

COMENTÁRIOS:

Regra: Não se usa hífen se o prefixo termina em vogal e a palavra seguinte inicia por consoante diferente de H, R ou S.

Exemplos: autopeça, coprodução, geopolítica, microcomputador, seminovo.

Exceções: Prefixos que sempre levam hífen: pré-, pró-, sota-, soto-, vice-, vizo-.

Resposta: Certo

FRAGMENTO DE TEXTO PARA RESPONDER ÀS QUESTÕES.

Em uma de suas últimas entrevistas, o antropólogo Darcy Ribeiro (1922-1997) relatou que havia fugido do hospital onde se submetia a tratamento contra um câncer, para terminar o livro que considerava o coroamento de sua obra: O povo brasileiro, publicado em 1995. Na mesma entrevista, reconhecia ser um homem de "muitas peles": foi etnólogo indigenista, antropólogo, educador, gestor público, político militante e romancista. Entretanto, dizia ter fracassado em sua missão de tornar o Brasil aquilo que "poderia ser".

"Darcy Ribeiro é uma figura fascinante e um dos autores latino-americanos que projetaram mais futuros. Em alguns dos textos, ele parece comentar em voz alta as alternativas, utópicas e distópicas, para o Brasil e a América Latina", observa o sociólogo Fabrício Pereira da Silva. "Este é um momento excelente para reexaminar suas ideias, suas utopias e seus projetos." (...)

Diego Viana. Darcy Ribeiro: a chama da utopia. Revista Pesquisa FAPESP, 30/10/2022 (com adaptações).

---

08. (CEBRASPE - SME RE/PE - Professor - 2023) No primeiro período do segundo parágrafo, o verbo **projetar** tem o mesmo sentido de **planejar**.

( ) certo ( ) errado

COMENTÁRIOS:

O verbo “projetar”, quando transitivo direto, possui sentido de *idealizar e fazer um projeto ou uma planta de; planejar*[3].

No contexto: um dos autores latino-americanos que **planejaram** mais futuros.

Resposta: Certo

◉ FRAGMENTO DE TEXTO PARA RESPONDER À QUESTÃO.

Os mediadores de leitura são aquelas pessoas que estendem pontes entre os livros e os leitores, ou seja, que criam as condições para fazer com que seja possível que um livro e um leitor se encontrem. A experiência de encontrar os livros certos nos momentos certos da vida, esses livros que nos fascinam e que nos vão transformando em leitores paulatinamente, não tem uma rota única nem uma metodologia específica; por isso, os mediadores de leitura não são fáceis de definir. No entanto, basta lembrar como descobrimos, nos primeiros anos da vida, esses livros que deixaram rastros em nossa infância e, talvez, aparecerão nítidas algumas figuras que foram nossos mediadores de leitura: esses adultos íntimos que deram vida às páginas de um livro, essas vozes que liam para nós, essas mãos e esses rostos que nos apresentavam os mundos possíveis e as emoções dos livros. (...)

Internet: <www.ceale.fae.ufmg.br> (com adaptações).

---

09. (CEBRASPE - SME RE/PE - Professor – 2023 - adaptada) A palavra “rastros” (último período) é tomada em seu sentido denotativo.

( ) certo ( ) errado

COMENTÁRIOS:

No sentido denotativo, “rastro” significa *vestígio; pegada ou sinal deixado ao caminhar.* É impossível os livros deixarem rastro nesse sentido.

No sentido conotativo, “rastro” significa *sinal; o que dá pistas do aparecimento de.* O sentido do texto é este: os livros deixaram sinais em nossa infância.

No contexto, o sentido é conotativo.

Resposta: Errado

1.2. QUESTÕES - NÍVEL MÉDIO

◉ FRAGMENTO DE TEXTO PARA RESPONDER À QUESTÃO.

A Casa de Detenção Feminina era antiquada, embolorada, lúgubre e sombria. O chão da sala de admissão era de cimento, sem pintura, com a sujeira dos

---

3 Dicionário Online de Português. Disponível em <www.dicio.com.br/projetar/>. Acesso em 26 de julho 2023.

sapatos de milhares de prisioneiras, policiais e inspetoras de polícia incrustada na superfície. (...)

Angela Y. Davis. Uma autobiografia. Heci Regina Candiani (Trad.). 1.ª ed. São Paulo: Boitempo, 2019 (com adaptações).

10. (Cebraspe – DEPEN – Agente Federal – 2021 - adaptada) Sem alteração dos sentidos do texto, a palavra "lúgubre" poderia ser substituída por **fúnebre**.

( ) Certo ( ) Errado

COMENTÁRIOS:

Lúgubre: *que pode estar relacionado à morte; que faz lembrar a morte ou os funerais;* ***fúnebre****, macabro.*

Sinônimos: *macabro,* ***fúnebre****, tétrico, triste, pavoroso, medonho, sepulcral.*[4]

Resposta: Certo.

FRAGMENTO DE TEXTO PARA RESPONDER À QUESTÃO.

(...) Na biblioteca da escola, metade dos livros era sobre a guerra. Tanto na biblioteca rural quanto na do distrito, onde meu pai sempre ia pegar livros. Agora, tenho uma resposta, um porquê. Como ia ser por acaso? Estávamos o tempo todo em guerra ou nos preparando para ela. E rememorando como combatíamos. Nunca tínhamos vivido de outra forma, talvez nem saibamos como fazer isso. Não imaginamos outro modo de viver, teremos que passar um tempo aprendendo. (...)

Svetlana Aleksiévitch. A guerra não tem rosto de mulher. Companhia das Letras, 2016, p. 9-11 (com adaptações).

11. (Cebraspe – IBGE – Agente de Pesquisas - 2021 - adaptada) A palavra "rememorando", em "E rememorando como combatíamos." poderia ser substituída, sem prejuízo para os sentidos do texto, por

A) relembrando.

B) resgatando.

C) reafirmando.

D) exaltando.

E) olvidando.

COMENTÁRIOS:

Nota da autora: "Rememorar" significa *relembrar; lembrar novamente; voltar a lembrar; recordar mais uma vez.*

4 Dicionário Online de Português. Disponível em <www.dicio.com.br>. Acesso em 05 julho 2021, com adaptações.

Alternativa "a" – Rememorar é relembrar (*lembrar novamente; voltar a lembrar; recordar ou remembrar*).

Alternativa "b" – Resgatar: *livrar-se de um fardo ou culpa; voltar a possuir, recuperar.*

Alternativa "c" – Reafirmar: *afirmar de novo e de maneira mais categórica, com mais certeza e convicção; confirmar.*

Alternativa "d" – Exaltar: *fazer com que se torne grandioso (imponente); louvar; erguer.*

Alternativa "e" – Olvidar: *deixar de lembrar de; não se conseguir recordar de; esquecer.*

Resposta: A

⦿ FRAGMENTO DE TEXTO PARA RESPONDER À QUESTÃO.

( ) O que me surpreendia é que era uma espécie de ódio isento, o pior ódio: o indiferente. Não um ódio que me individualizasse mas apenas a falta de misericórdia. Não, nem **ao menos** ódio. Foi quando inesperadamente consegui rememorar seu rosto, mas é claro, como pudera esquecer? (...)

Clarice Lispector. A paixão segundo G. H. Rio de Janeiro: Rocco, 2009 (com adaptações).

---

12. (Cebraspe - PG DF - Técnico Jurídico - Tecnologia e Informação - 2021 - adaptada) A expressão "ao menos" está empregada com o mesmo sentido de **sequer**.

( ) Certo ( ) Errado

COMENTÁRIOS:

O advérbio "sequer" possui sentido de *pelo menos, nem mesmo, nem sequer, nem ao menos.*

Resposta: Certo.

⦿ FRAGMENTO DE TEXTO PARA RESPONDER À QUESTÃO.

(...) No Brasil, o direito à comunicação foi oficialmente reconhecido pelo Estado em 2009, no Decreto n.º 7.037, que **instituiu** a terceira edição do Programa Nacional de Direitos Humanos (PNDH-3). (...)

Camilo Vannuchi Galaxia. São Paulo, online, ISSN 1982 – 2553, n.º 38, maio--ago./2018, p. 167-80. Internet: (com adaptações).

---

13. (Cebraspe - PG DF - Técnico Jurídico - Tecnologia e Informação - 2021 - adaptada) No texto, o verbo *instituir* tem o mesmo sentido de **estatuir**.

( ) Certo ( ) Errado

COMENTÁRIOS:

"Estatuir" é *estabelecer como preceito ou norma; deliberar,* ***determinar****, decretar, resolver. É sinônimo de legislar, preceituar, decretar.*

"Instituir" também significa ***determinar***.

Resposta: Certo.

⦿ FRAGMENTO DO TEXTO CG2A1-I PARA RESPONDER À QUESTÃO.

(...) Muitas cidades eram mais densamente povoadas no passado, quando as populações nacionais e mundial eram bem menores. A **expansão** dos meios de transporte mais rápidos e baratos, com preço viável para uma quantidade muito maior de pessoas, fez com que a população urbana se espalhasse para as áreas rurais em torno das cidades à medida que os subúrbios se desenvolviam. Devido a um transporte mais rápido, esses subúrbios agora estão próximos, em termos temporais, das instituições e atividades de uma cidade, embora as distâncias físicas sejam cada vez maiores. Alguém em Dallas, nos Estados Unidos, a vários quilômetros de distância de um estádio, pode alcançá-lo de carro mais rapidamente do que alguém que, vivendo perto do Coliseu na Roma Antiga, fosse até ele a pé.

Thomas Sowell. Fatos e falácias da economia. Record. Edição do Kindle, p. 24-25 (com adaptações).

14. (Cebraspe – MPE AP – Técnico Ministerial – 2021 - adaptada) O termo "expansão" (segundo período) está empregado no texto CG2A1-I com o sentido de

A) ampliação.

B) surgimento.

C) produção.

D) renovação.

E) modernização.

↘ *COMENTÁRIOS:*

Nota da autora: "Expansão" é *ação de expandir, de aumentar, de alargar, de ampliar algo; aumento, alargamento.*

Alternativa "a" – Basta voltar ao trecho. Se a expansão *fez com que a população urbana se espalhasse para as áreas rurais em torno das cidades*, fica claro que o vocábulo é sinônimo de *ampliação*.

Alternativa "b" – Não está relacionado a aparecer, a surgir, mas sim a ampliar.

Alternativa "c" – Os meios de transportes não foram produzidos, segundo o contexto.

Alternativa "d" – Não modificaram os meios de transportes.

Alternativa "e" – Não foram modernizados, foram ampliados.

Resposta: A

⦿ FRAGMENTO DE TEXTO PARA RESPONDER À QUESTÃO.

(...) Quem reside nas grandes cidades brasileiras sabe que é possível perder horas preciosas do dia em engarrafamentos intermináveis. O fato é que, quanto maior a cidade, melhor deve ser o planejamento urbano. Assim, algumas ferramentas da tecnologia podem **dar uma mãozinha**: controle de semáforos por meio de sensores que percebem a presença de veículos e regulam o funcionamento do semáforo conforme o fluxo de tráfego, de forma a evitar o acúmulo de carros; monitoramento remoto por câmeras de alta resolução com capacidade de captar infrações às leis de trânsito, tais como não utilização de cinto de segurança, estacionamento em local indevido e excesso de velocidade; análises de tráfego (por exemplo, ruas onde passam mais veículos de carga, horários em que determinada via apresenta maior fluxo de veículos etc.). (...)

Como a tecnologia influencia o trânsito. 19/9/2019. Internet: (com adaptações).

---

15. (Cebraspe – Pref. Barra dos Coqueiros/SE – Assistente Administrativo -2020) A expressão "dar uma mãozinha" é

A) popular e significa ajudar.

B) literal e significa oferecer ajuda.

C) popular e significa avaliar as próprias ações.

D) figurada e significa passar de uma pessoa a outra.

E) figurada e significa adquirir uma habilidade específica.

COMENTÁRIOS:

Nota da autora:

Linguagem popular é a linguagem coloquial, ou seja, é utilizada de forma espontânea e pode não seguir as regras da gramática normativa.

Linguagem literal é a linguagem denotativa, isto é, não possui sentido figurado, não utiliza metáfora ou ironia e segue as regras gramaticais.

Linguagem figurada é usada para dar mais expressividade ao discurso, para tornar mais amplo o significado de uma palavra. Serve para criar significados diferentes ou quando o interlocutor não encontra um termo adequado para o que deseja comunicar. Aqui há metáfora.

Alternativa "a" – Trata-se de linguagem popular por ser uma expressão usada de forma espontânea e significa ajudar.

Alternativa "b" – O sentido não é literal, é conotativo.

Alternativa "c" – O significado está errado.

Alternativa "d" – O significado está errado.

Alternativa "e" – O significado está errado.

RESPOSTA: A

FRAGMENTO DE TEXTO PARA RESPONDER À QUESTÃO.

(...) De modo geral, a imprensa tratou as novas projeções como uma grande novidade, dizendo que a população mundial não ultrapassará 10 bilhões de pessoas até o final do século e que, no caso do Brasil, a população apresentará uma queda de 50 milhões de pessoas na segunda metade do corrente século. (...)

Internet: <ecodebate.com.br> (com adaptações).

---

16. (Cebraspe – IBGE – Agente de Pesquisas - 2021 - adaptada) A palavra "corrente" (final do período) foi empregada no fragmento com o mesmo sentido de

A) novo.

B) atual.

C) futuro.

D) último.

E) próximo.

COMENTÁRIOS:

Nota da autora: O vocábulo "corrente" é adjetivo e significa *que está em curso; que vai decorrendo, passando no tempo*[5].

Alternativa "a" – Não se refere ao século que existe há pouco tempo, não pode ser o novo século.

Alternativa "b" – Refere-se ao século que está em curso, ou seja, ao século atual.

Alternativa "c" – Não existe referência com o passado.

Alternativa "d" – Não se refere ao século que vem depois de todos os outros.

Alternativa "e" – O século não está localizado a uma pequena distância.

Resposta: B

TEXTO PARA RESPONDER À QUESTÃO.

Entre todos os fatores técnicos da mobilidade, um papel particularmente importante foi desempenhado pelo transporte da informação — o tipo de comunicação que não envolve o movimento de corpos físicos ou só o faz secundária e marginalmente. Desenvolveram-se, de forma consistente, meios técnicos que também permitiram à informação viajar independentemente dos seus portadores físicos — e independentemente também dos objetos sobre os quais informava: meios que libertaram os "significantes" do controle dos "significados". A separação dos movimentos da informação em relação aos movimentos dos seus portadores e objetos permitiu, por sua vez, a diferenciação de suas velocidades; o movimento da informação ganhava velocidade num ritmo muito mais rápido que a viagem dos corpos ou a mudança da situação sobre a qual se informava. Afinal, o aparecimento da **rede mundial de computadores** pôs fim — no que diz respeito à informação — à própria noção de "viagem" (e de "distância" a ser percorrida), o que tornou a informação instantaneamente disponível em todo o planeta, tanto na teoria como na prática.

Zygmunt Bauman. Globalização: as consequências humanas. Trad. Marcus Penchel. Rio de Janeiro: Zahar, 1999 (com adaptações).

---

5 Dicionário Online de Português. Disponível em: <www.dicio.com.br/corrente/>. Acesso em: 25 maio 2021.

17. (Cebraspe – Técnico Ministerial – MPE CE - 2020 - adaptada) A "rede mundial de computadores" a que o autor se refere (em destaque no texto) corresponde à Internet.

( ) Certo ( ) Errado

COMENTÁRIOS:

Segundo o dicionário, "Internet" é *rede mundial que, pela troca virtual de dados e mensagens, une computadores particulares, organizações de pesquisa, institutos de cultura, institutos militares, bibliotecas, corporações de todos os tamanhos; rede mundial de computadores*[6].

Resposta: Certo.

FRAGMENTO DE TEXTO PARA RESPONDER À QUESTÃO.

Sozinha no mundo, sem pai nem mãe, ela corria, arfava, muda, concentrada. Às vezes, na fuga, **pairava ofegante num beiral de telhado** e enquanto o rapaz galgava outros com dificuldade tinha tempo de se refazer por um momento. E então parecia tão livre. (...)

Clarice Lispector. Uma galinha. In: Laços de família: contos. Rio de Janeiro: Rocco, 1998.

18. (Cebraspe – Técnico Ministerial – MPE CE - 2020 - adaptada) No trecho "pairava ofegante num beiral de telhado", o verbo **pairar** está empregado com o mesmo sentido de **ameaçar**.

( ) Certo ( ) Errado

COMENTÁRIOS:

Pairar significa, no **sentido denotativo**, "manter-se no ar; permanecer estável no ar; voar de maneira vagarosa". No **sentido figurado**, significa "que se encontra em situação superior, sobranceiro; coordenar ou controlar do alto". **No trecho**, refere-se ao fato de a galinha parar. Não possui relação semântica com *ameaçar* – amedrontar, apavorar, intimidar.

Resposta: Errado.

FRAGMENTO DE TEXTO PARA RESPONDER À QUESTÃO.

(...) E foi assim que concluiu que não deveria pensar, e que, para não pensar, deveria se manter ocupada todas as horas do dia, e que a única atividade caseira que oferecia tal benefício era aquela que apresentava o dom de ser quase infinita em suas **demandas** diárias: a culinária. Eurídice jamais seria uma engenheira, nunca poria os pés em um laboratório e não ousaria escrever versos, mas essa mulher se dedicou à única atividade permitida que tinha um certo quê de

6 Dicionário Online de Português. Disponível em <https://www.dicio.com.br/internet/>. Acesso em 25 março de 2020.

engenharia, ciência e poesia. Todas as manhãs, depois de despertar, preparar, alimentar e se livrar do marido e dos filhos, Eurídice abria o livro de receitas da Tia Palmira.

Martha Batalha. A vida invisível de Eurídice Gusmão. 1.ª ed. São Paulo: Companhia das Letras, 2016 (com adaptações).

---

19. (CESPE/CEBRASPE - Auxiliar Judiciário - TJ PA - 2020 - adaptada) No fragmento do texto, o vocábulo "demandas" foi empregado no sentido de

A) diligência.

B) exigência.

C) determinação.

D) desígnio.

E) busca.

COMENTÁRIOS:

Alternativa "a" – Diligência: *presteza, velocidade no modo de fazer algo; zelo, cuidado e aplicação na realização de algo.*

Alternativa "b" – Demanda: *pedido* ou *exigência; solicitação.* A palavra está ligada às atividades domésticas.

Alternativa "c" – Determinação: *persistência para conseguir o que se deseja, firmeza; indicação muito precisa feita por estudo, cálculo ou avaliação; definição.*

Alternativa "d" – Desígnio: *vontade ou intenção de desenvolver, de realizar alguma coisa; desejo.*

Alternativa "e" – Busca: *pesquisa muito detalhada, investigação; dedicação para alcançar, conseguir alguma coisa; tentativa.*

Alternativa correta: B

1.3. QUESTÕES - NÍVEL SUPERIOR

FRAGMENTO DE TEXTO PARA RESPONDER À QUESTÃO.

(...) Haveria algum sentido em pensar que, de alguma forma, as previsões claramente formuladas na ficção de Kafka, em **O processo** principalmente, teriam contribuído para que de fato ocorressem? Seria possível que uma profecia articulada de maneira tão impiedosa tivesse outro destino que não a sua realização? As três irmãs de K. e sua Milena morreram em campos de concentração. O judeu da Europa Central que Kafka ironizou e celebrou foi extinto de maneira abominável. Em termos espirituais, existe a possibilidade de Franz Kafka ter sentido seus dons proféticos como uma visitação de culpa, de que a capacidade de antever o tivesse exposto demais às suas emoções. K. torna-se o cúmplice, perplexo, porém quase impaciente, do crime perpetrado contra ele. **Coexistem**, em todos os suicídios, a apologia e a aquiescência. Como diz o sacerdote, em triste zombaria (seria mesmo zombaria?): "A justiça nada quer de ti. Acolhe-te quando vens e te deixa ir quando partes". (...)

George Steiner. Um comentário sobre O processo de Kafka. In: Nenhuma paixão desperdiçada. Tradução de Maria Alice Máximo. Rio de Janeiro: Record, 2001 (com adaptações).

---

20. (Cespe/Cebraspe - DPE DF - Auditoria/2022) Conforme as regras oficiais de grafia, "Coexistem" poderia ser grafado alternativamente como **Co-existem**.

( ) Certo ( ) Errado

COMENTÁRIOS:

Nota da autora: Questão de ortografia.

Usa-se hífen no prefixo "co-" somente quando seguido de "h" – co-herdeiro.

Exceção: **coabitar** – *a grafia é consagrada e há certa resistência a transformá-la em "co-habitar", o que, de certa forma, tem apoio no próprio texto do Acordo, que, em sua Base II (referente ao uso do "h"), estabelece que o "h" inicial se suprime "quando, por via de composição, passa a interior e o elemento em que figura se aglutina ao precedente", arrolando como exemplos os seguintes termos: "biebdomadário", "desarmonia", "desumano", "exaurir", "inábil", "lobisomem", "reabilitar", "reaver"*[7].

Exemplos sem hífen: coautora, coeditor, coexistir, cooperativa, coprodução, copiloto, corréu, cogestor, cosseno.

Resposta: Errado.

◉ FRAGMENTO DE TEXTO PARA RESPONDER À QUESTÃO.

(...) Enquanto prestava minuciosa atenção ao movimento dos guindastes no porto, deixou o pensamento emaranhar-se livremente em sua própria trama. Formara, havia tempos, a ideia de que momentos de solidão eram **propícios** à reflexão. Sentado naquele banco, acabara por concluir que isso não se aplicava a si próprio. A forma mais comum como transcorria sua vida mental era a de um fluxo semienlouquecido de imagens acompanhado de diálogos inteiramente fantásticos. Não se julgava capaz de uma reflexão puramente racional, o que, para um policial, era no mínimo embaraçoso.

Luiz Alfredo Garcia-Roza. O silêncio da chuva. Companhia das Letras, 2005 (com adaptações).

---

21. (Cespe/Cebraspe - DPE DF - Auditoria/2022 - adaptada) O termo "propícios" é sinônimo de **favoráveis**.

( ) Certo ( ) Errado

COMENTÁRIOS:

Nota da autora: Questão de semântica.

---

7 UOL. Disponível em <www3.uol.com.br/qualidadeconteudo/portugues/prefixo-co--justapoe-se-a-todos-os-termos-exceto-os-iniciados-por-h.jhtm>. Acesso em 1 abril 2022, com adaptações.

São sinônimos de "propício": *auspicioso, favorável, protetor, adequado, apropriado, benéfico, oportuno, encorajador, próspero.*

Resposta: Certo.

◉ FRAGMENTO DE TEXTO PARA RESPONDER À QUESTÃO.

(...) Na concepção da política de redução de danos, tem-se como pressuposto o fator histórico-cultural do uso de psicotrópicos — uma vez que o uso dessas substâncias é parte indissociável da própria história da humanidade, a pretensão de um mundo livre de drogas não passa de uma **quimera**. Dentro dessa perspectiva, contemplam-se ações voltadas para as drogas lícitas e ilícitas, e suas intervenções não são de natureza estritamente públicas, delas participando, também, organizações não governamentais e necessariamente, com especial ênfase, o próprio cidadão que usa drogas.

Maurides de Melo Ribeiro. Drogas e redução de danos. São Paulo: Editora Saraiva, 2013, p. 45-46 (com adaptações).

---

22. (Cebraspe – MJ SP – Técnico em pesquisa e análise de dados - 2022 - adaptada) A palavra "quimera", empregada no final do primeiro período, significa o mesmo que **tolice, bobeira**.

( ) Certo ( ) Errado

COMENTÁRIOS:

"Quimera" significa *resultado da imaginação que tende a não se realizar.*

Sinônimos: *ilusão, ficção, fantasia.*

Resposta: Errado.

◉ FRAGMENTO DE TEXTO PARA RESPONDER À QUESTÃO.

(...) Esse movimento social de hiperconsumismo, de vida para o consumo, guiou a pessoa natural para o caminho da necessidade, da vontade e do gosto pelo consumo, bem como impulsionou o descarte de cada vez mais recursos naturais finitos. Isso tem transformado negativamente o planeta, ao trazer prejuízos não apenas para as futuras gerações, como também para as atuais, o que resulta em problemas sociais, crises humanitárias e degradação do meio ambiente ecologicamente equilibrado, além de afetar o desenvolvimento humano, ao se precificar o ser racional, dissolvendo-se toda solidez social e trazendo-se à tona uma sociedade líquido-moderna de hiperconsumidores vorazes e indiferentes às consequências de seus atos sobre o meio ambiente ecologicamente equilibrado e sobre as gerações atuais e futuras.

O consumismo é uma economia do **logro**, do excesso e do lixo, pois faz que o ser humano trabalhe duro para adquirir mais coisas, mas traz a sensação de insatisfação porque sempre há alguma coisa melhor, maior e mais rápida do que no presente. Ao mesmo tempo, as coisas que se possuem e se consomem enchem não apenas os armários, as garagens, as casas e as vidas, mas também as mentes das pessoas. (...)

23. (Cespe/Cebraspe – DPE-RS - 2022 - adaptada) No texto, a palavra "logro" (primeiro período do segundo parágrafo) foi empregada com o mesmo sentido de ganho, vantagem.

( ) Certo ( ) Errado

COMENTÁRIOS:

Logro (substantivo masculino) significa "aquilo que se conseguiu ganhar; ganho ou lucro[8]", isto é, possui sentido de *vantagem*.

Resposta: Certo.

FRAGMENTO DE TEXTO PARA RESPONDER ÀS QUESTÕES.

(...) a rotina do trabalho diário e a falta de tempo para dormir e sonhar, que acometem a maioria dos trabalhadores, são cruciais para o mal-estar da civilização contemporânea. É **gritante** o contraste entre a relevância motivacional do sonho e sua banalização no mundo industrial globalizado. No século XXI, a busca pelo sono perdido envolve rastreadores de sono, colchões *high-tech*, máquinas de estimulação sonora, pijamas com biossensores, robôs para ajudar a dormir e uma **cornucópia** de remédios. (...)

Sidarta Ribeiro. O oráculo da noite: a história e a ciência do sonho. São Paulo: Companhia das Letras, 2019, p. 19-20 (com adaptações).

24. (Cebraspe – PG DF – Analista Jurídico – Administração – 2021 - adaptada) O vocábulo "gritante" está empregado com o mesmo sentido de **chocante**.

( ) Certo ( ) Errado

COMENTÁRIOS:

Os sentidos são distintos. "Gritante" é um adjetivo e possui sentido de "chama a atenção de imediato; muito evidente, clamoroso".

Chocante: *que choca, melindra, fere; desagradável, ofensivo.*

Resposta: Errado.

25. (Cebraspe – PG DF – Analista Jurídico – Administração – 2021 - adaptada) A palavra "cornucópia" está empregada no texto com o sentido de abundância, profusão, grande quantidade.

( ) Certo ( ) Errado

COMENTÁRIOS:

Refere-se à grande quantidade de remédios. Significa *símbolo da produtividade da natureza[9]; abundância.*

8 Dicionário Online de Português. Disponível em <www.dicio.com.br/logro/>. 17 janeiro 2022, com adaptações.

9 Dicionário Online de Português. Disponível em <www.dicio.com.br>. Acesso em 8 setembro 2021, com adaptações.

Resposta: Certo.

◉ FRAGMENTO DE TEXTO PARA RESPONDER À QUESTÃO.

Fernando arrancou o paletó no auge da impaciência e perguntou com voz **esganiçada** se eu pretendia ficar a noite inteira ali de estátua enquanto ele teria que encher o tanque naquela escuridão de merda porque ninguém lhe passava o raio da lanterna. (...)

Lygia Fagundes Telles. Noturno Amarelo. In: Mistérios. Rio de Janeiro: Nova Fronteira, 1981 (com adaptações).

26. (Cebraspe – PC DF - Escrivão - 2021 - adaptada) Os sentidos originais e a correção gramatical do texto seriam preservados se o vocábulo "esganiçada" fosse substituído por **estridente**.

( ) Certo ( ) Errado

↘ *COMENTÁRIOS:*

Esganiçada significa *voz muito aguda ou estrídula*. É sinônimo de ***estridente***, *gasguita*.

Estridente é sinônimo de *estrídulo, penetrante, agudo, vibrante,* ***esganiçado***, *sibilante*.

Resposta: Certo.

◉ FRAGMENTO DE TEXTO PARA RESPONDER À QUESTÃO.

(...) Convém não responder aos olhares interrogativos, deixando crescer, por instantes, a intensa expectativa que se instala. Mas não exagere na medida e suba sem demora ao quarto, libertando aí os pés das meias e dos sapatos, tirando a roupa do corpo como se retirasse a importância das coisas, pondo-se enfim em vestes mínimas, quem sabe até em pelo, mas sem ferir o pudor (o seu pudor, bem entendido), e aceitando ao mesmo tempo, como boa verdade provisória, toda mudança de comportamento. **Feito um banhista incerto, assoma depois com sua nudez no trampolim do patamar** e avance dois passos como se fosse beirar um salto, silenciando de vez, embaixo, o surto abafado dos comentários. Nada de grandes lances. (...)

Raduan Nassar. Aí pelas três da tarde. In: Ítalo Moriconi (Org.). Os cem melhores contos brasileiros do século. Rio de Janeiro: Objetiva, 2001 (com adaptações).

27. (Cebraspe – PC DF - Agente - 2021) No trecho "Feito um banhista incerto, assoma depois com sua nudez no trampolim do patamar", o termo "assoma" foi empregado no sentido de **surgir**.

( ) Certo ( ) Errado

↘ *COMENTÁRIOS:*

O verbo *assomar* é intransitivo e equivale, no contexto, a "surgir". Pode também significar *subir ao cume, mostrar-se, aparecer em ponto elevado.*

Resposta: Certo.

◉ FRAGMENTO DE TEXTO PARA RESPONDER À QUESTÃO.

(...) No que se refere às tendências contemporâneas de conceber as relações entre discurso e verdade, elas são frequentemente consideradas um movimento libertário, uma vez que nos permitem desprender-nos de dogmas, ortodoxias e autoridades exclusivas de pesadas e passadas tradições. Assim, domínios e instituições que antes nos guiavam, com base em suas verdades fundamentais e numa quase cega fé que depositávamos nelas, tornam-se cada vez mais suscetíveis às nossas dúvidas e críticas. **A religião, a política, a mídia e a ciência já não são mais do mesmo modo consideradas como fontes das quais brotariam a certeza dos fatos e os devidos caminhos a seguir**. Com frequência e intensidade aparentemente inéditas, a crença e a confiança que nelas assentávamos passaram a ser ladeadas ou suplantadas por suspeitas e por ceticismos, por postura crítica e por emancipações.

Carlos Piovezani, Luzmara Curcino e Vanice Sargentini. O discurso e as verdades: relações entre a fala, os feitos e os fatos. In: Luzmara Curcino, Vanice Sargentini e Carlos Piovezani. Discurso e (pós)verdade. São Paulo: Parábola, 2021, p. 7-18 (com adaptações).

28. (Cebraspe – MPE AP – Analista Ministerial – 2021 - adaptada) Em "A religião, a política, a mídia e a ciência já não são mais do mesmo modo consideradas como fontes das quais brotariam a certeza dos fatos e os devidos caminhos a seguir", a palavra "devidos" está empregada com o mesmo sentido de

A) exatos.

B) válidos.

C) próprios.

D) corretos.

E) necessários.

COMENTÁRIOS:

Alternativa "a" – Exato: *sem erros; com precisão.*

Alternativa "b" – Válido: *que tem validade; legal.*

Alternativa "c" – Próprio: *em que há autenticidade; verdadeiro.*

Alternativa "d" – É um substantivo e está no sentido de "aquilo que é merecido; justo[10]". O vocábulo "justo" é sinônimo de *ajustado, reto, honesto, puro, íntegro, merecido, legítimo* e possui relação semântica com "correto" - *que se adapta às regras ou normas; perfeito.*

Os **devidos** caminhos = os **corretos** caminhos.

Alternativa "e" – Necessário: *excessivamente importante; essencial.*

Resposta: D

10 Dicionário Online de Português. <www.dicio.com.br>. Acesso 21 setembro 2021.

◉ FRAGMENTO DE TEXTO PARA RESPONDER À QUESTÃO.

(...) A biodiversidade é o correlato da tecnodiversidade, uma vez que sem esta só testemunharemos o desaparecimento de espécies diante de uma racionalidade homogênea. (...)

Yuk Hui. Tecnodiversidade. São Paulo: Ubu Editora, 2020, p. 122-123 (com adaptações).

29. (Cebraspe - SERPRO – Analista – Tecnologia da Informação – 2021 - adaptada) No trecho, a palavra "correlato" tem o mesmo sentido de **análogo.**

( ) Certo ( ) Errado

COMENTÁRIOS:

Ideia do texto: a biodiversidade é **semelhante** à tecnodiversidade, ou seja, é comparável, é idêntica.

Na reescrita: a biodiversidade é **correspondente** à tecnodiversidade, isto é, é relacionada, é correlativa.

O sentido não é, semanticamente, alterado.

Resposta: Certo.

◉ FRAGMENTO DE TEXTO PARA RESPONDER À QUESTÃO.

(...) Na Europa ocidental, as novas instituições estatais de vigilância deveriam controlar o exercício da força em sociedades em que os níveis de violência física nas relações interpessoais e do Estado com a sociedade estavam em declínio. De acordo com a difundida teoria do processo civilizador, de Norbert Elias, no Ocidente moderno, a agressividade, assim como outras emoções e prazeres, foi domada, "refinada" e "civilizada". O autor estabelece um contraste entre a violência "franca e desinibida" do período medieval, que não excluía ninguém da vida social e era socialmente permitida e até certo ponto necessária, e o autocontrole e a moderação das emoções que acabaram por se impor na modernidade. A conversão do controle que se exercia por terceiros no autocontrole é relacionada à organização e à estabilização de Estados modernos, nos quais a monopolização da força física em órgãos centrais permitiu a criação de espaços pacificados. Em tais espaços, os indivíduos passaram a ser submetidos a regras e leis mais rigorosas, mas ficaram mais protegidos da **irrupção** da violência na sua vida, na medida em que as ameaças físicas tornaram-se despersonalizadas e monopolizadas por especialistas.

C. Mauch. Considerações sobre a história da polícia. In: MÉTIS: história & cultura, v. 6, n.º 11, jan./jun. 2007, p. 107-19 (com adaptações).

30. (Cebraspe – PRF - 2021 - adaptada) O emprego do vocábulo "irrupção", no último período do fragmento, indica que a violência atingia os indivíduos de forma súbita.

( ) Certo ( ) Errado

COMENTÁRIOS:

O vocábulo "irrupção" significa *invasão súbita.*

Sinônimos: *incursão, invasão.*

Resposta: Certo

⦿ FRAGMENTO DE TEXTO PARA RESPONDER À QUESTÃO.

(...) Os limites do crescimento marcam uma espécie de escassez, embora no mercado não se tornem imediatamente notados como tais. A atmosfera, por exemplo, não funciona como um reservatório, que um dia esvaziará e outro dia será novamente enchido por bombeamento (a isso, o mercado poderia ao menos reagir em curto prazo), mas como um mecanismo que, lenta mas **inexoravelmente**, terá efeito retroativo em nossas condições de vida, comparável a um parafuso de rosca que se aperta sempre mais. (...)

Thomas Kesselring. Depois de nós, o dilúvio. A dimensão do meio ambiente. In: Ética, política e desenvolvimento humano: a justiça na era da globalização. Benno Dischinger (Trad.). Caxias do Sul, RS. Educs, 2007, p. 222 (com adaptações)

31. (Cebraspe – CODEVASF – Analista - 2021 - adaptada) O sentido original do texto e a sua correção gramatical seriam mantidos caso o vocábulo "inexoravelmente" fosse substituído por **definitivamente**.

( ) Certo ( ) Errado

COMENTÁRIOS:

Nota da autora: A questão causou controvérsia, mas não há motivo plausível.

Analisemos juntos:

1. **Inexoravelmente** é advérbio e significa *implacavelmente; de maneira rigorosa e implacável;* ***de modo a não ceder***. Sinônimos: inflexivelmente, implacavelmente.
2. **Definitivamente**, também é advérbio e significa ***de modo definitivo; de uma maneira permanente, conclusiva; sem retorno***. Sinônimos: terminantemente, decisivamente, conclusivamente.
3. Analisando os adjetivos, fica clara a relação: **implacável é inexorável**, inabalável.

O mecanismo terá efeito inexoravelmente = efeito implacável, inexorável.

O mecanismo terá efeito definitivamente = efeito conclusivo, definitivo.

Isso significa que, de qualquer maneira, o efeito não sofrerá mudança alguma. O sentido é o mesmo.

Resposta: Certo.

⦿ FRAGMENTO DE TEXTO PARA RESPONDER À QUESTÃO.

O termo "dado de pesquisa" tem uma amplitude de significados que vão se transformando de acordo com domínios científicos específicos, objetos de pesquisas, metodologias de geração e coleta de dados e muitas outras variáveis. Pode ser o resultado de um experimento realizado em um ambiente controlado de laboratório, um estudo empírico na área de ciências sociais ou a observação de um fenômeno cultural ou da erupção de um vulcão em um determinado momento e lugar. Dados digitais de pesquisa ocorrem na forma de diferentes tipos de dados, como números, figuras, vídeos, *softwares*; com diferentes níveis de agregação e de processamento, como dados crus ou primários, dados intermediários e dados processados e integrados; e em diferentes formatos de arquivos e mídias. Essa diversidade, que vai sendo **delineada** pelas especificidades de cada disciplina, suas condicionantes metodológicas, protocolos, workflows e seus objetivos, se torna um desafio — pelo alto grau de contextualização necessário — para o pesquisador na sua tarefa de definir precisamente o que é dado de pesquisa de uma forma transversal aos diversos domínios disciplinares. (...)

---

32. (Cebraspe – IBGE – Supervisor de Coleta - 2021 - adaptada) No último período do trecho, seriam mantidas a coerência e a ideia expressa no texto caso o vocábulo "delineada" fosse substituído por

A) sintetizada.

B) objetivada.

C) limitada.

D) determinada.

E) planejada.

↘ COMENTÁRIOS:

Nota da autora: Essa diversidade vai sendo traçada, vai sendo composta de modo preciso e esquemático.

Alternativa "a" – Não se refere a algo resumido.

Alternativa "b" – Não é alvo de pretensão.

Alternativa "c" – Não é restrito.

Alternativa "d" – Vai sendo estabelecida, decidida, ou seja, vai sendo traçada. Os adjetivos possuem a mesma ideia.

Alternativa "e" – Não é, obrigatoriamente, esboçado, idealizado ou criado.

Resposta: D

◉ FRAGMENTO DE TEXTO PARA RESPONDER À QUESTÃO.

(...) O samba de Pixinguinha é resultante do **amálgama** das expressões culturais e religiosas afro-brasileiras e das trocas de experiências culturais entre diferentes expressões culturais que começavam a circular pelo mundo, de maneira mais ampla e rápida, graças às ondas sonoras de rádio, às gravações de discos e às partituras que chegavam ao Rio de Janeiro. Existia toda uma vida cultural que se desenvolvia em torno da vida portuária carioca, que funcionava como acesso das populações pobres e marginalizadas da cidade ao que de mais moderno ocorria no mundo, de maneiras inimaginadas pelas elites da época, com impactos ainda não devidamente situados e valorizados em suas importâncias e significados para a cultura brasileira. (...)

Christian Ribeiro. Pixinguinha, o samba e a construção do Brasil moderno. Internet: <www.geledes.org.br> (com adaptações).

33. (Cebraspe – IBGE – Supervisor de Coleta - 2021 - adaptada) Sem prejuízo do sentido original do trecho, a palavra amálgama (primeiro período) poderia ser substituída por

A) afastamento.

B) combinação.

C) dissociação.

D) cooperação.

E) segmentação.

COMENTÁRIOS:

Nota da autora: O amálgama das expressões culturais e religiosas = a mistura (a liga ou a fusão) das expressões culturais e religiosas.

Alternativa "a" – A ideia é oposta.

Alternativa "b" – Amálgama é mistura; mistura, no sentido figurado, é a combinação de coisas diversas. Pertencem ao mesmo campo semântico.

Alternativa "c" – Não separa, mas une.

Alternativa "d" – Não é o sentido de colaborar, ajudar ou de contribuir.

Alternativa "e" – Não possui referência alguma com reduzir.

Resposta: B

FRAGMENTO DE TEXTO PARA RESPONDER À QUESTÃO.

(...) É fácil rir de despesas tão grosseiramente excêntricas, cuja **aparente** falta de propósito utilitário dá a impressão de que, por comparação, pelo menos parte de nosso próprio consumo tem um caráter racional. (...)

Alfred Gell. Recém-chegados ao mundo dos bens: o consumo entre os Gonde Muria. In: Arjun Appadurai (org). A vida social das coisas: mercadorias sob uma perspectiva cultural. Niterói: Eduff, 2008, p. 147-48 (com adaptações)

34. (Cebraspe – APEX – Analista Tecnologia da Informação – 2021 - adaptada) O vocábulo "aparente" está empregado com o sentido de

A) evidente.

B) óbvio.

C) suposto.

D) semelhante.

COMENTÁRIOS:

Alternativa "a" – Evidente: *claro, visível, notório*

Alternativa "b" – Óbvio: *claro, evidente, intuitivo.*

Alternativa "c" – "Aparente" significa, também, ***suposto****, especioso, enganador.*

Alternativa "d" – Semelhante: *parecido, análogo, idêntico.*

Resposta: C

---

35. (Cebraspe – SEED/Paraná – Professor - 2021) Assinale a opção em que a palavra apresentada está de acordo com a atual ortografia oficial da língua portuguesa.

A) seminternato

B) hiperssensibilidade

C) contra-regra

D) mão-de-obra

E) autoanálise

COMENTÁRIOS:

Alternativa "a" – Semi-internato. Usa-se hífen: se o prefixo termina com a mesma vogal que inicia a palavra seguinte.

Exemplos: auto-observação, contra-almirante, micro-ondas, micro-organismo, semi-interno.

Exceções: Prefixo CO-: coordenar, cooperar, cooperação, cooptar, coocupante. Prefixo RE-: reeleger, reenviar, reescrever

Alternativa "b" – Hipersensibilidade. Não se usa hífen: se o prefixo termina em consoante diferente da que inicia a palavra seguinte.

Exemplos: hipermercado, intermunicipal, superproteção, subchefe.

Exceções: Segunda palavra iniciada por H e prefixos que sempre levam hífen: além-, aquém-, ex-, pós-, recém-, sem-.

Alternativa "c" – Contrarregra. Não se usa hífen: se o prefixo termina em vogal e a palavra seguinte inicia por R ou S. Além disso, o R e o S são dobrados.

Exemplos: antirrugas, antissocial, contrarregra, minissaia, ultrassom.

Exceções: Prefixos que sempre levam hífen: pré-, pró-, sota-, soto-, vice-, vizo-.

Alternativa "d" – Mão de obra. Não se usa hífen: nas locuções substantivas, adjetivas, pronominais, adverbiais, prepositivas e conjuncionais.

Exemplos: calcanhar de aquiles, cão de guarda, ponto e vírgula.

Exceções: Palavras já consagradas pelo uso: água-de-colônia, arco-da-velha, cor-de-rosa, mais-que-perfeito, pé-de-meia, ao deus-dará, à queima-roupa.

Alternativa "e" – Autoanálise. Não se usa hífen: se o prefixo termina em vogal e a palavra seguinte inicia por vogal diferente.

Exemplos: antiaéreo, autoajuda, autoescola, infraestrutura.

Exceções: Prefixos que sempre levam hífen: pré-, pró-, sota-, soto-, vice-, vizo-.

Resposta: E

◉ FRAGMENTO DE TEXTO PARA RESPONDER À QUESTÃO.

Algumas das primeiras incursões pelos mundos paralelos ocorreram na década de 50 do século passado, graças ao trabalho de pesquisadores interessados em certos aspectos da mecânica quântica — teoria desenvolvida para explicar os fenômenos que ocorrem no reino microscópico dos átomos e das partículas subatômicas. A mecânica quântica quebrou o molde da mecânica clássica, que a antecedeu, ao firmar o conceito de que as previsões científicas são necessariamente probabilísticas. Podemos prever a probabilidade de alcançar **determinado** resultado ou outro, mas em geral não podemos prever qual deles acontecerá. Essa quebra de rumo com relação a centenas de anos de pensamento científico já é suficientemente chocante, mas há outro aspecto da teoria quântica que nos confunde ainda mais, embora desperte menos atenção. (...)

Brian Greene. A realidade oculta: universos paralelos e as leis profundas do cosmo. José Viegas Jr. (Trad.) São Paulo: Cia das Letras, 2012, p. 15-16 (com adaptações)

36. (Cebraspe – Ministério da Economia – Tecnologia da Informação - 2020 - adaptada) No terceiro período do texto, o adjetivo "determinado" está empregado com o mesmo sentido de **decidido.**

( ) Certo ( ) Errado

COMENTÁRIOS:

Nota da autora: Os vocábulos são sinônimos fora de um contexto, mas é necessário analisar o trecho para se certificar.

"Determinado resultado" é diferente de "decidido resultado". Aquele indica que o resultado poderá ser estabelecido com exatidão, é específico; este indica que o resultado poderá ser solucionado, estabelecido, resolvido.

Resposta: Errado.

◉ FRAGMENTO DE TEXTO PARA RESPONDER À QUESTÃO.

(...) O geneticista Sérgio Pena não concorda com estudos evolutivos: "Ao **postular** a existência de uma natureza humana evolutivamente moldada para ser etnocêntrica, paroquial, bairrista e chauvinista, esses discursos geralmente terminam por atribuir ao racismo uma inevitabilidade natural. Isso não é verdade. Pelo contrário, as 'raças' e o racismo não têm nenhuma justificativa biológica e não passam de uma invenção muito recente na história da humanidade."

Internet: <www.uol.com.br> (com adaptações).

37. (Cebraspe – Analista Ministerial – MPE CE - 2020 - adaptada) O verbo 'postular' está empregado no texto com o mesmo sentido de **pressupor**.

( ) Certo ( ) Errado

COMENTÁRIOS:

Postular: *supor como hipótese*. É sinônimo de *achar*, ***pressupor***, *presumir, prever, subentender, supor.*

Resposta: Certo.

◉ FRAGMENTO DE TEXTO PARA RESPONDER À QUESTÃO.

Nas Américas, estima-se que 77 milhões de pessoas sofram um episódio de doenças **transmitidas** por alimentos a cada ano — metade delas são crianças com menos de 5 anos de idade. Os dados disponíveis indicam que as doenças transmitidas por alimentos geram de US$ 700 mil a US$ 19 milhões em custos anuais de saúde nos países do Caribe e mais de US$ 77 milhões nos Estados Unidos da América. (...)

Internet: <www.paho.org> (com adaptações).

38. (Cebraspe – Analista Ministerial – MPE CE - 2020 - adaptada) Sem alteração dos sentidos originais do texto, a palavra "transmitidas" poderia ser substituída por **transmissíveis.**

( ) Certo ( ) Errado

COMENTÁRIOS:

Os sentidos são alterados: doenças transmitidas = doenças propagadas, difundidas, alastradas; doenças transmissíveis = doenças contagiosas.

Transmitidas: *disseminadas de maneira contagiosa; propagadas.* **Transmissíveis:** *que se conseguem transmitir; em que há ou pode haver transmissão; contagiosas.*

Síntese: doenças transmitidas não são, necessariamente, contagiosas. Existem doenças que não são transmitidas por pessoas, ou seja, não são transmissíveis. Dengue: transmitida (pelo mosquito); COVID-19: transmissível (de pessoa para pessoa).

Resposta: Errado.

1.4. QUESTÕES - CARREIRAS FISCAIS

◉ FRAGMENTO DE TEXTO PARA RESPONDER ÀS QUESTÕES.

(...) O vírus não discrimina. Por conta da forma pela qual se move e ataca, ele demonstra que a comunidade humana é igualmente precária. Ao mesmo tempo, contudo, o fracasso por parte de certos Estados ou regiões em se prepararem adequadamente de antemão, o fechamento de fronteiras e a chegada de empreendedores ávidos para capitalizar em cima do sofrimento global, tudo isso atesta a velocidade com a qual a desigualdade radical e a exploração capitalista encontram formas de reproduzir e fortalecer seus poderes no interior das zonas de pandemia. **Um cenário que já podemos imaginar é a produção e comercialização de uma vacina eficaz contra a covid-19.** Nós certamente veremos os ricos e os plenamente assegurados correrem para garantir acesso a qualquer vacina quando ela se tornar disponível. A desigualdade social e econômica garantirá a discriminação. O vírus por si só não discrimina, mas nós humanos certamente o fazemos, moldados e movidos como somos pelos poderes casados do nacionalismo, do racismo, da xenofobia e do capitalismo. **Parece provável que passaremos a ver, no próximo ano, um cenário doloroso no qual algumas criaturas**

humanas afirmam seu direito de viver ao custo de outras, reinscrevendo a distinção espúria entre vidas passíveis e não passíveis de luto, isto é, entre aqueles que devem ser protegidos contra a morte a qualquer custo e aqueles cujas vidas não valem o bastante para serem salvaguardadas da doença e da morte.

Judith Butler. O capitalismo tem seus limites. Internet: <blogdaboitempo.com.br> (com adaptações).

---

39. (CEBRASPE – Auditor Fiscal – Prefeitura Aracaju – 2021) Em "Um cenário que já podemos imaginar é a produção e comercialização de uma vacina eficaz contra a covid-19", o vocábulo "já" foi empregado com o sentido de

A) primeiramente.

B) antecipadamente.

C) prontamente.

D) inicialmente.

E) anteriormente.

COMENTÁRIOS:

Nota da autora: O advérbio "já" pode significar: *agora, neste momento, logo,* ***imediatamente****; numa circunstância passada, antes; num tempo curto, em pouco tempo; de maneira antecipada, com antecedência; em que há relação, em parte; deixar de, ação suspensa, interrompida, cessada, equivalendo a* (antes de um verbo na forma negativa)[11].

Alternativa "a" – Sentido alterado. Significa: *em primeiro lugar, no começo.*

Alternativa "b" – Sentido alterado. Significa: *de modo antecipado, previamente.*

Alternativa "c" – O advérbio "prontamente" possui sentido de ***imediatamente****; de maneira imediata; naquela hora.* Os dois vocábulos possuem sentido de "imediatamente" e se equivalem.

Alternativa "d" – Sentido alterado. Significa: de maneira inicial, que ocorre no início.

Alternativa "e" – Sentido alterado. Significa: *de modo anterior; que ocorreu antes.*

Resposta: C

---

40. (CEBRASPE – Auditor Fiscal – Prefeitura Aracaju – 2021) No trecho "Parece provável que passaremos a ver, no próximo ano, um cenário doloroso no qual algumas criaturas humanas afirmam seu direito de viver ao custo de outras, reinscrevendo a distinção espúria entre vidas passíveis e não passíveis de luto", a palavra "espúria" poderia, sem alteração dos sentidos originais do texto, ser substituída por

A) frágil.

B) difícil.

C) confusa.

11 Dicionário Online de Português. Internet: <www.dicio.com.br>. Acesso em 1º novembro 2021.

D) ilegal.

E) desonesta.

COMENTÁRIOS:

Alternativa "a" – Não possui sentido de *delicada, quebradiça.*

Alternativa "b" – Não possui sentido de *árdua, penosa, inacessível.*

Alternativa "c" – Não possui sentido de *alterada, transtornada, perturbada.*

Alternativa "d" – Não possui sentido de *ilegítima, proibida, vetada.*

Alternativa "e" – O vocábulo "espúria" é sinônimo de *bastarda, ilegítima, imoral,* ***desonesta****, falsa, hipotética.*

Resposta: E

FRAGMENTO DE TEXTO PARA RESPONDER À QUESTÃO.

De um dia para o outro, parecia que a peste se tinha instalado confortavelmente no seu paroxismo e incorporava aos seus assassinatos diários a precisão e a regularidade de um bom funcionário. **Em princípio**, segundo a opinião de pessoas competentes, era bom sinal. O gráfico da evolução da peste, com sua subida incessante, parecia inteiramente reconfortante ao Dr. Richard. (...)

Albert Camus. A peste. Internet: <www.ihu.unisino.br> (com adaptações)

---

41. (CEBRASPE – Auditor Fiscal – Prefeitura Aracaju – 2021 - adaptada) Os sentidos originais do texto CB1A1-II seriam prejudicados se a expressão "em princípio", no segundo período do texto, fosse substituída por

A) antes de qualquer consideração.

B) em tese.

C) na fase inicial.

D) de modo geral.

E) de forma geral.

COMENTÁRIOS:

Alternativa "a" – Pode significar *antes de qualquer consideração, de forma geral, em tese, de modo geral.*

Alternativa "b" – Pode significar *em tese, de modo geral, antes de qualquer consideração, de forma geral.*

Alternativa "c" – A expressão "**a princípio**" significa *na fase inicial, no começo, no primeiro tempo.*

Alternativa "d" – Pode significar *de modo geral, antes de qualquer consideração, de forma geral, de forma geral.*

Alternativa "e" – Pode significar *de forma geral, em tese, de modo geral, antes de qualquer consideração.*

Resposta: C

⊙ FRAGMENTO DE TEXTO PARA RESPONDER À QUESTÃO.

(...) O termo "cultura" entrou no vocabulário como o nome de uma atividade intencional. No limiar da Era Moderna, homens e mulheres, não mais aceitos como "um dado não problematizado", como elos preordenados na cadeia da criação divina ("divina" como algo inegociável e com o qual não devemos **nos imiscuir**), indispensáveis, ainda que sórdidos, torpes e deixando muito a desejar, passaram a ser vistos ao mesmo tempo como maleáveis e terrivelmente carentes de ajustes e melhoras. (...)

Zygmunt Bauman. Vida líquida. Carlos Alberto Medeiros (Trad.). Rio de Janeiro: Zahar, 2009 (com adaptações).

42. (Cebraspe – TCE RJ – Analista Controle Externo - 2021 - adaptada) O verbo pronominal **imiscuir-se** está empregado com o mesmo sentido de **intrometer-se**.

( ) Certo ( ) Errado

↘ COMENTÁRIOS:

Nota da autora: Em 2007, a banca CESPE já havia pedido o sinônimo desse verbo na prova de Diplomata.

Significa *intrometer-se ou tomar parte em algo que não lhe diz respeito; envolver-se em. Juntar-se a; misturar-se.*

Sinônimos: *juntar, intrometer, envolver, misturar, ingerir.*[12]

Resposta: Certo.

↘ 1.5. QUESTÕES MISTAS

43. (CESPE/CEBRASPE – Assistente Judiciário –TJ AM – 2019 – adaptada) No trecho "A terceira onda encorajou uma ampla variedade de reformas na estrutura e na organização dos tribunais[13]", o verbo **encorajar** tem o mesmo sentido de **incentivar**.

( ) certo ( ) errado

↘ COMENTÁRIOS:

Encorajar significa "atribuir coragem a; ter ou demonstrar muito ânimo; causar estímulo; incentivar-se[14]". É sinônimo de *entusiasmar, estimular, pungir,* ***incentivar****, incitar.*

Resposta: Certo.

12 Dicionário Online de Português. Disponível em <www.dicio.com.br>. Acesso em 20 fev. 2021. Com adaptações.

13 Mariana Faria. O que tecnologia tem a ver com acesso à justiça? 13/6/2018. Internet: <www.dacordo.com.br> (com adaptações).

14 Dicionário Online de Português. Disponível em <https://www.dicio.com.br/encorajar/>. Acesso em 24 out. 2019.

◉ FRAGMENTO DE TEXTO PARA RESPONDER À QUESTÃO.

(...) As grandes questões universais são: o que é certo e o que é errado? O que é o bem e o que é o mal? Tenho um princípio pessoal para julgar o que é bom e o que é ruim. Tudo o que eu fizer que ajude a mim ou outro ser humano a ter mais vitalidade e não diminua sua dignidade e capacidade é bom. Tudo o que eu fizer que diminua sua dignidade, capacidade ou vitalidade não é bom.

As questões éticas podem mudar ao longo da história. O **advento** das plataformas digitais, por exemplo, trouxe novas questões éticas relacionadas à ideia de privacidade. A ética é relativa ao seu tempo. Ela só é compreendida quando se levam em consideração a sociedade em que surge, a época em que vem à tona e também a cultura em que se situa. (...)

Mario Sergio Cortella. Ética e convivência.
Internet: (com adaptações)

44. (CESPE/CEBRASPE – Técnico Judiciário – TJ PR – 2019 – adaptada) A palavra "advento" foi empregada com o mesmo sentido de

A) progresso.

B) impacto.

C) renovação.

D) êxito.

E) aparecimento.

➘ COMENTÁRIOS:

Alternativa "a" – Progresso: avanço, progressão, evolução, aumento.

Alternativa "b" – Impacto: choque, embate, disparo.

Alternativa "c" – Renovação: reestruturação, reforma, reorganização.

Alternativa "d" – Êxito: sucesso, triunfo, vitória.

Alternativa "e" – Advento significa *chegada, o aparecimento de*[15].

Resposta: E

15 Dicionário Online de Português. Disponível em < https://www.dicio.com.br/advento/>. Acesso em 07 out. 2019.

Capítulo 3

Reforma Ortográfica

No edital: Emprego da acentuação gráfica; domínio da ortografia oficial; emprego das letras.

QUESTÕES INÉDITAS PARA FIXAR AS NOVAS REGRAS

01. Assinale a alternativa em que todos os vocábulos foram acentuados conforme as novas regras da reforma ortográfica.

a) saúva, enjôo, geleia

b) paranóica, herói, saída

c) paranoica, enjoo, geleia

d) vêem, idéia, jóia

e) réu, assembléia, boléia

COMENTÁRIOS

Resposta correta: "c"

1. paran**oi**ca = Elimina-se o acento agudo das paroxítonas com ditongos abertos ÉI e ÓI.

   Exemplos: assembleia, asteroide, boia, heroico, ideia, geleia, paranoico.

   Exceções: Méier, destróier

Observações importantes

O Acordo Ortográfico retirou o acento agudo das paroxítonas com ditongos abertos ÓI, então **destroier** não leva acento.

Base IX, parágrafo 3º

Não se acentuam graficamente os ditongos representados por ei e oi da sílaba tônica das palavras paroxítonas, dado que existe oscilação em muitos casos entre o fechamento e a abertura na sua articulação.

Porém, paroxítonas terminadas em R são acentuadas, então **destróier** leva acento.

Base IX, parágrafo 2.º

Recebem, no entanto, acento agudo:

a) As palavras paroxítonas que apresentam na sílaba tônica as vogais abertas grafadas a, e, o e ainda i ou u e que terminam em -l, -n, -r, -x e -ps

E agora, qual das regras seguir?

Grafia Oficial

No Brasil, a grafia oficial das palavras é definida pela Academia Brasileira de Letras no Vocabulário Ortográfico da Língua Portuguesa (VOLP). Em sua 5ª edição (2009), ele foi atualizado conforme as novas regras do Acordo Ortográfico.

Ele traz uma recomendação específica para esta dúvida, não coberta pelo Acordo original:

VOLP – Encarte de Correções e Aditamentos à 5ª Edição

Página LII: 1) Restabelecer o acento gráfico nos paroxítonos com os ditongos **éi** e **ói** quando incluídos na regra geral dos terminados em -r: **Méier, destróier**.

Conclusão

O correto é **destróier**, segundo o VOLP.

2. enj**oo** = Elimina-se o acento circunflexo das palavras terminadas em ÔO.

   Exemplos: abençoo, enjoo, voo, zoo.

3. gel**ei**a = Elimina-se o acento agudo das paroxítonas com ditongos abertos ÉI e ÓI.

   a) Sa**ú**va = correto.

Acentuam-se o **"i"** e **"u"** tônicos quando formam hiato com a vogal anterior, estando eles sozinhos na sílaba ou acompanhados apenas de **"s"**, desde que não sejam seguidos por **"-nh"**.

sa - **í** - da	e - go - **ís** -mo	sa - **ú** - de

Não se acentuam hiatos como os das palavras:

ju - **iz**	ra - **iz**	ru - **im**	ca - **ir**

Razão: **-i** ou **-u** não estão sozinhos nem acompanhados de **-s** na sílaba.

> Observação: cabe esclarecer que existem hiatos acentuados não por serem hiatos, mas por outras razões:
>
> po-é-ti-co: proparoxítona
>
> bo-ê-mio: paroxítona terminada em ditongo crescente.
>
> ja-ó: oxítona terminada em "o".

enj**ôo** = errado: Elimina-se o acento circunflexo das palavras terminadas em ÔO.

gel**ei**a = Elimina-se o acento agudo das paroxítonas com ditongos abertos ÉI e ÓI.

b) Paran**ói**ca = errado: Elimina-se o acento agudo das paroxítonas com ditongos abertos ÉI e ÓI.

her**ói** = certo: faz parte de regras especiais.

Ditongos Abertos

Os ditongos **éi, éu e ói**, sempre que tiverem pronúncia aberta em palavras **oxítonas** (éi e não êi), são acentuados:

éi (s): an**éi**s, fi**éi**s, pap**éi**s

éu (s): trof**éu**, c**éu**s

ói (s): her**ói**, constr**ói**, caub**ói**s

sa**í**da = certo: Acentuam-se o **"i"** e **"u"** tônicos quando formam hiato com a vogal anterior, estando eles sozinhos na sílaba ou acompanhados apenas de **"s"**, desde que não sejam seguidos por **"-nh"**.

d) v**ê**em = errado: Elimina-se o acento circunflexo das palavras terminadas em ÊEM.

Exemplos: creem, deem, leem, veem.

idéia = errado: Elimina-se o acento agudo das paroxítonas com ditongos abertos ÉI e ÓI.

jóia = errada: Elimina-se o acento agudo das paroxítonas com ditongos abertos ÉI e ÓI.

e) **réu** = certo: Cuidado, pois se trata de ditongo aberto, mas não na paroxítona.

assembl**éi**a = errado: Elimina-se o acento agudo das paroxítonas com ditongos abertos ÉI e ÓI.

bol**éi**a = errado: Elimina-se o acento agudo das paroxítonas com ditongos abertos ÉI e ÓI.

---

02. Quanto ao emprego do acento diferencial nas palavras em destaque, assinale a alternativa correta:

a) Ele **pára** o trânsito quando convém. Foi **para** a rua antes de amanhecer.

b) A bola utilizada no jogo denominado **pêla**. Caminhou **pela** avenida sem destino.

c) O **pêlo** dourado enfeitiçava. Foi **pelo** bom gosto que optou.

d) O **pólo** norte está derretendo.

e) Eles **têm** sabedoria. Ele **tem** sabedoria.

COMENTÁRIOS

Resposta correta: "e" – O acento diferencial foi mantido nas formas verbais:

Ele	tem	Eles	têm
	vem		vêm

Acentua-se com circunflexo a 3ª pessoa do plural do presente do indicativo dos verbos **ter** e **vir**, bem como nos seus compostos (*deter, conter, reter, advir, convir, intervir* etc.).

Ele	detém	Eles	detêm
	advém		advêm

Prescinde-se, quer do acento agudo, quer do circunflexo, para distinguir palavras paroxítonas que, tendo respectivamente vogal tônica aberta ou fechada, são homógrafas de palavras proclíticas. Assim, deixam de se distinguir pelo acento gráfico:

a) Para = verbo; para = preposição.

b) Pela = substantivo que significa espécie de bola constituída de borracha e utilizada em algumas brincadeiras ou jogos; pela = preposição + artigo.

c) Pelo = substantivo; pelo = preposição + artigo.

d) Polo = substantivo que significa as duas regiões das extremidades do eixo da Terra.

Dica ortográfica

Não confunda estes vocábulos:

– **PRESCINDIR** significa NÃO precisar de; dispensar, renunciar, recusar.

Não ter em consideração; abstrair. Antônimos de prescindir: aceitar, atentar, contar e incluir.

– **IMPRESCINDÍVEL** significa aquilo que não se pode prescindir ou recusar; indispensável ou insubstituível. Sinônimo de imprescindível: básico, capital, essencial, fundamental, indispensável, obrigatório, substancial e vital. Antônimo de imprescindível: dispensável.

---

03. Quanto à reforma ortográfica, julgue os itens.

I. O uso do hífen está correto nestas palavras: **extra-escolar, autoestrada, contra-regra** e **infrassom**.

II. Em **hiper-requintado, inter-resistente, super-revista**, todos os vocábulos estão corretamente grafados.

III. Mantém-se o hífen nas palavras **para-queda** e **manda-chuva**.

Estão errados os itens

a) I e II.

b) II e III.

c) III e I.

d) I e III.

e) I, II e III.

COMENTÁRIOS

Resposta correta: "d"

Nota da autora: Muito importante fazer as questões e ler cada comentário, pois a reforma ortográfica já entrou em vigor.

I. Errado.

1. **Extraescolar** (correção) e autoestrada (correta).

Regra: O hífen não será mais utilizado quando o prefixo termina em vogal e o segundo elemento começa com uma vogal diferente.

2. Contrarregra (correção) e infrassom (correta).

Regra: O hífen não será mais utilizado quando o segundo elemento começa com **s** ou **r**, devendo estas consoantes serem duplicadas.

II. Certo.

Regra: O hífen será mantido quando o prefixo terminar em r-

III. Errado.

Regra: Não se utilizará mais o hífen nas palavras que, pelo uso, perderam a noção de composição.

JULGUE OS ITENS SEGUINTES QUANTO À REFORMA ORTOGRÁFICA.

---

04. Foi mantido o acento agudo nas palavras **herói, papéis, troféu e bóia**.

( ) Certo ( ) Errado

COMENTÁRIOS

Errado

1. Em **herói, papéis, troféu** o acento foi mantido por serem oxítonas.

2. Em **boia**, o acento foi retirado.

Regra: Some o acento dos ditongos (quando há duas vogais na mesma sílaba) abertos **éi** e **ói** das palavras paroxítonas (as que têm a penúltima sílaba mais forte).

---

05. Todas as palavras foram grafadas corretamente: urso-amigo, grão-Pará, cobra-d'água, malvisto, bem-querer.

( ) Certo ( ) Errado

COMENTÁRIOS

Certo

1. urso-amigo: Usa-se o hífen quando duas palavras com identidade e significado próprios se juntam e formam um terceiro significado.

ATENÇÃO: exceto quando denominam espécies vegetais e animais ou em casos consagrados, as locuções não são escritas com hífen. Exemplos: mão de obra, dia a dia, café da manhã, pé de moleque.

2. grão-Pará: Usa-se o hífen em palavras compostas cujo primeiro elemento é um adjetivo ou verbo.

EXCEÇÃO: Quando se perde a noção de que a palavra é composta por duas outras, não há hífen. Exemplos: paraquedas, paraquedista, paraquedismo, passatempo, rodapé.

3. cobra-d'água: Usa-se o hífen em todos os nomes compostos de espécies de animais e vegetais.

4. malvisto: Usa-se o hífen se o primeiro elemento de uma palavra composta for 'mal' e o segundo se iniciar com uma vogal ou com h. Caso contrário, o prefixo 'mal' deve se unir ao segundo elemento numa única palavra.

5. bem-querer: Usa-se o hífen sempre que o prefixo 'bem' formar com o segundo elemento um adjetivo ou substantivo.

ATENÇÃO: se o segundo elemento for um derivado de 'fazer' ou 'querer', não se usa hífen e os componentes se juntam. Exemplos: benfeito, benfeitor, benfazejo, benfeitoria, benquerer, benquisto, benquerença etc.

---

06. Todas as palavras foram grafadas corretamente: benditoso, bem-visto, além-mar, liberdade igualdade fraternidade, contra harmônico,

( ) Certo ( ) Errado

COMENTÁRIOS

Errado

1. bem-ditoso: Usa-se o hífen sempre que o prefixo 'bem' formar com o segundo elemento um adjetivo ou substantivo.

ATENÇÃO: se o segundo elemento for um derivado de 'fazer' ou 'querer', não se usa hífen e os componentes se juntam.

2. bem-visto: grafia correta. Trata-se da regra mencionada no item 1.

3. além-mar: grafia correta. Usa-se hífen sempre que o primeiro elemento da palavra composta for 'além, 'aquém', 'recém' ou 'sem'.

4. liberdade-igualdade-fraternidade: Usa-se o hífen para ligar duas ou mais palavras que juntas formem encadeamentos vocabulares.

5. contra-harmônico: Usa-se o hífen quando o segundo elemento das palavras compostas começar com 'h'.

EXCEÇÃO: Pelo uso, o 'h' cai nas palavras compostas iniciadas por 'des' e 'in'. Exemplos: desumano, inábil, desarmonia.

JULGUE OS TRECHOS A SEGUIR QUANTO ÀS NOVAS REGRAS ORTOGRÁFICAS.

---

07. "Mais da metade da população rural do mundo carece de serviços de saude, um percentual que chega a 80% em regiões como a África, afirma um relatório da Organização Internacional do Trabalho (OIT) publicado segunda feira - 27/04/2015."

(Fonte: AFP. Disponível em < https://br.noticias.yahoo.com/metade-população-rural--mundo-tem-serviços-saúde> Acesso em 28/04/2015)

( ) Certo ( ) Errado

COMENTÁRIOS

Errado

1. O vocábulo **saúde** deve ser acentuado por ser hiato. A regra não foi alterada: Acentuam-se o "**i**" e "**u**" tônicos quando formam hiato com a vogal anterior, estando eles sozinhos na sílaba ou acompanhados apenas de "**s**", desde que não sejam seguidos por "**-nh**".

2. Segunda-feira: o hífen se mantém nas palavras compostas por justaposição sem elementos de ligação, cujos elementos formam uma unidade com significado próprio.

CURIOSIDADE

O Novo Acordo Ortográfico afirma que os dias da semana deverão ser escritos com letra minúscula e não com letra maiúscula: segunda-feira, terça-feira, quarta-feira, quinta-feira etc.

---

08. Lua Adversa

Tenho fases, como a lua.
Fases de andar escondida,
fases de vir para a rua...
Perdição da minha vida!
Perdição da vida minha!
Tenho fases de ser tua,
tenho outras de ser sozinha.

Fases que vão e vem,
no secreto calendário
que um astrologo arbitrario
inventou para meu uso.

E roda a melancolia
seu interminável fuso!

Não me encontro com ninguém
(tenho fases como a lua...)
No dia de alguém ser meu
não é dia de eu ser sua...
E, quando chega esse dia,
o outro desapareceu...

(Cecília Meireles. Com adaptações)

( ) Certo ( ) Errado

COMENTÁRIOS

Errado

1. Fases que vão e **vêm**: o verbo deve concordar com o sujeito e o acento diferencial (singular e plural) do verbo **vir** foi mantido: **Fases vêm**.

2. **Astrólogo:** proparoxítona.

Regra: todas as proparoxítonas devem ser acentuadas.

3. **Arbitrário:** paroxítona terminada em ditongo.

Regra: Acentuam-se as paroxítonas terminadas em ditongos crescentes: *ea(s), oa(s), eo(s), ua(s), ia(s), ue(s), ie(s), uo(s), io(s).*

Exemplos: várzea, mágoa, óleo, régua, férias, tênue, cárie, ingênuo, início.

---

09. Qual o cenário para o dólar?

Dinâmica de precificação

A relação de preço entre o dólar e o real depende de aspectos estruturais e macroeconômicos. O momento de Brasil, Estados Unidos e o mundo no geral deve influenciar na trajetória de preços da moeda estrangeira.

Nossa projeção

No relatório gratuito, adiantamos desde já que na estimativa da Empiricus para a taxa de câmbio de médio/longo prazo da moeda norte-americana é de uma tendência estrutural de valorização. Temos recomendado a compra de dólares contra o real desde a marca de R$ 1,90.

A combinação de necessidade de redução do programa de fornecimento de liquidez nos Estados Unidos a médio prazo com problemas crônicos da economia brasileira referenda a tese de desvalorização do real.

Obviamente, não se supõe nem de perto uma trajetória linear nessa tendência de alta para o dólar. A caminhada rumo às nossas projeções, caso confirmada, será acompanhada de muita volatilidade e idas e vindas.

Teremos óbvia diminuição da liquidez internacional nos próximos meses e isso joga em favor do dólar, com implicações óbvias sobre o juro de 10 anos dos Treasuries e, por conseguinte, sobre o apreçamento de todos os demais ativos de risco. Em 2011, por exemplo, o yield das notas de 10 anos do Tesouro norteamericano era de 3,6%. O prognóstico é de que caminhemos para patamares mais próximos à média histórica conforme haja recrudescimento das condições de liquidez.

(Disponível em <http://www.empiricus.com.br/ad/ya3.html>. Acesso em 28/04/2015. Com adaptações)

( ) Certo ( ) Errado

COMENTÁRIOS

Errado

Nota da autora: A inserção de texto longo é para que você, leitor(a), comece a treinar concentração e se familiarize, logo no início do livro, com textos.

Em provas de carreiras fiscais, é comum haver um texto em cada questão, muitas vezes a sequência das alternativas é também a sequência de um texto.

Há um erro: Tesouro **norte-americano**.

Regra: Usa-se o hífen em nomes compostos que designem povo ou nação.

EM RELAÇÃO AO EMPREGO DO HÍFEN, JULGUE OS ITENS.

---

10. Os vocábulos "sobredificar" e "circum-navegação" estão grafados corretamente.

( ) Certo ( ) Errado

↘ COMENTÁRIOS

Errado – sobre-edificar é a forma correta.

REGRA

Usa-se o hífen quando o primeiro elemento terminar com a mesma vogal com que o segundo elemento se inicia.

EXCEÇÃO: Nas palavras compostas formadas pelos prefixos 're', 'pre', 'pro' e 'co', os elementos se juntam. Não se usa o hífen mesmo quando há o encontro de vogais iguais. Ex.: coordenar, reescrever, cooptar, preexistência, reencontrar, proativo etc.

Circum-navegação está correto.

REGRA

Usa-se o hífen quando o primeiro elemento for 'circum' ou 'pan' e o segundo iniciar-se por vogais, 'h', 'm' ou 'n'. Com as outras consoantes, junte o prefixo à palavra sem hífen, como em panceleste, circumpercorrido etc.

OBSERVAÇÃO: Todas as questões foram retiradas do livro SIMULAÇO Língua Portuguesa, Duda Nogueira. Editora JusPodivm, 2016.

Parte III

MORFOLOGIA

Capítulo 1
Pronome

1.1. QUESTÕES ATUALIZE-SE

FRAGMENTO DE TEXTO PARA RESPONDER À QUESTÃO.

(...) Sabemos que o homem pré-histórico se deslocava em função do clima e da oferta de alimentos. Os pés humanos foram os primeiros responsáveis por esses deslocamentos. A melhor solução para o transporte a partir dessa época surgiu com a domesticação de animais selvagens. O homem pode ter notado a facilidade de lidar com determinadas espécies animais a ponto de utilizar sua força para transportar seus pertences.

Oswaldo Dias dos Santos Junior. Transportes turísticos. Curitiba, InterSaberes, 2014, p. 20 (com adaptações).

01. (Cebraspe - ANTT – Especialista em Regulação de Serviços – 2024 - adaptada) No primeiro período, a próclise pronominal em "se deslocava" justifica-se pelo caráter desenvolvido da oração subordinada em que tal trecho se insere.

( ) certo ( ) errado

COMENTÁRIOS:

Ocorre **atração remota**: nas **orações subordinadas,** se houver um **sujeito entre a palavra atrativa e o pronome**, entende-se que pode haver "atração remota", isto é, força atrativa e deve haver próclise.

Resposta: Certo

TEXTO PARA RESPONDER ÀS QUESTÕES.

Maniçoba, 19 de junho de 1911. Minha mãe: Aqui cheguei em *paz* e *salvamento*, graças a Nosso Senhor Jesus Cristo. Isto aqui é bom como o diabo: acorda-se às cinco da manhã, leva-se o dia lendo, fumando, comendo e rezando; dorme-se às nove da noite. Uma vida de anjo. Quando chegar aí — está compreendendo? — hei de ter o corpo pesando 70 quilos e a alma leve de pecados, tão leve como os *vagons* que levam material para a construção da estrada de ferro de Palmeira. Fui visitar o tal Lajedo das Cobras, segundo a senhora insinuou-me, e não vi nada que se parecesse com cobras. Tenha a bondade de dizer-me onde ficam esses bichos, sempre tenho vontade de admirá-los. Só se são umas listas pretas que há em cima da pedra. Mas quem lhe meteu na cabeça que aquilo eram cobras, hem? Nem semelhança, minha senhora! Ali nunca houve cobras nem nada. Isto agora está seco, sabe? Um pouquinho seco. A água do Ipanema tem assim uns tons de verde-paris: é mesmo da cor do açude daí. Por aqui nada de novo, tudo na santa paz do senhor... não, há uma coisa de novo: o Siriaco, o velho Siriaco, o impagável, o incomensurável Siriaco. Diga a meu pai que lhe não escrevo porque nesta carta vai tudo o que é preciso dizer. Adeus. Lembranças às meninas, a tia Ju, etc. Recomendações à família do sr. Antero, a d. Iaiá, e mais a algumas pessoas conhecidas. O filho e amigo Graciliano. NB: Mando dizer ao Antônio Panta que guarde todos os meus Malhos. Não se esqueça deste recado. Lembranças a d. Anatólia.

Graciliano Ramos. Cartas. Rio de Janeiro: Record, 2013 (com adaptações).

---

02. (Cebraspe – Câmara de Maceió AL – Analista Legislativo - 2024) No segmento "acorda-se às cinco da manhã, leva-se o dia lendo, fumando, comendo e rezando" (terceiro período), o termo "se" classifica-se, em ambas as ocorrências, como pronome reflexivo.

( ) certo ( ) errado

COMENTÁRIOS:

Para ser reflexivo, o sujeito deveria praticar uma ação verbal sobre ele próprio. Não é o caso.

O vocábulo "se" pode ser retirado sem que haja prejuízo gramatical, ou seja, trata-se de uma partícula expletiva ou de realce.

Resposta: Errado

---

03. (Cebraspe – Câmara de Maceió AL – Analista Legislativo - 2024) No penúltimo período, a próclise do pronome "se" é facultativa, por isso seria gramaticalmente correto deslocá-lo para logo depois da forma verbal "esqueça" — **esqueça-se**.

( ) certo ( ) errado

COMENTÁRIOS:

No texto: Não se esqueça deste recado.

Nesse caso, o advérbio atrai o pronome oblíquo = próclise obrigatória.

Atenção! Se houvesse vírgula, não poderia ocorrer próclise: Não, esqueça-se deste recado.

Resposta: Errado

FRAGMENTO DE TEXTO PARA RESPONDER À QUESTÃO.

Alguns problemas éticos com a inteligência artificial (IA) não são específicos dela. Por exemplo, existem paralelos com outras tecnologias de automação. Considere os robôs industriais que são programados e não são considerados IA, mas que, no entanto, acarretam consequências sociais quando levam ao desemprego. Não só isso, alguns dos problemas da IA estão relacionados às tecnologias com as quais ela está conectada, como mídias sociais e Internet, que, quando combinadas com a IA, nos apresentam novos desafios. É o caso das plataformas de mídia social que usam IA para saber mais sobre seus usuários, o que gera preocupações com a privacidade.

Essa ligação com outras tecnologias também significa que muitas vezes a IA não é visível. Isso é assim em primeiro lugar porque já se tornou uma parte arraigada de nossa vida cotidiana. A IA é frequentemente anunciada em aplicativos novos e espetaculares. Mas não devemos nos esquecer da IA que já alimenta plataformas de mídia social, mecanismos de busca e outras mídias e tecnologias que se tornaram parte de nossa experiência cotidiana. A IA está em todo lugar. A linha entre a IA propriamente dita e outras formas de tecnologia pode ser confusa, tornando-se a IA invisível: se os sistemas de IA estão incorporados à tecnologia, tendemos a não os notar. E, se sabemos que há IA envolvida, é difícil dizer se é a IA que cria o problema ou o impacto, ou se é a outra tecnologia conectada à IA.

Mark Coeckelberg, Ética na inteligência artificial. São Paulo: Ubu Editora, 2023, p. 78 (com adaptações).

---

04. (Cebraspe - CTI - Tecnologista - 2024 - adaptada) No segmento "tendemos a não os notar" (penúltimo período do segundo parágrafo), a anteposição da forma pronominal "os" ao verbo "notar" é obrigatória, não sendo admitida a ênclise pronominal, em razão do emprego do vocábulo "não".

( ) certo ( ) errado

COMENTÁRIOS:

Como o verbo está no infinitivo, a próclise é facultativa: **tendemos a não os notar / tendemos a não notá-los.**

Resposta: Errado

TEXTO CB1A1-III

Toda língua satisfaz à necessidade humana de comunicação. Embora muitas pessoas do mundo de hoje sejam tentadas a gastar mais tempo em mídias sociais do que talvez deveriam, é o impulso das trocas linguísticas que as está levando a essa situação. Não importa o quão ocupadas algumas pessoas estejam, é difícil não participarem de alguma conversa na tela à sua frente, para opinar sobre assuntos dos quais elas sabem pouco e se importam menos ainda. Seja por meio de conversas informais, da absorção de informações vindas da televisão, da discussão de jogos ou da leitura/escrita de romances, falar e escrever conecta os humanos, de modo ainda mais íntimo, em uma comunidade.

Daniel Everett. Linguagem: a história da maior invenção da humanidade. Tradução de Mauricio Resende. São Paulo: Editora Contexto, Belo Horizonte: Gutenberg, 2019, p. 12-13 (com adaptações).

---

05. (Cebraspe - INPI - Analista de Planejamento - 2024) No trecho "é o impulso das trocas linguísticas que as está levando a essa situação" (segundo período), seria gramaticalmente correta a colocação da forma pronominal "as" em ênclise à forma de gerúndio "levando" — **levando-as**.

( ) certo ( ) errado

COMENTÁRIOS:

Por ser uma locução verbal, o pronome pode ser proclítico – atraído pelo pronome relativo "que" –, ou pode ser enclítico ao verbo principal.

Resposta: Certo

◉ TEXTO PARA RESPONDER À QUESTÃO.

Quando falamos em direito, estamos falando inicialmente de um enorme conjunto de regras obrigatórias, o chamado direito positivo. Mas o vocábulo direito é usado também para os estudos, o curso de direito, a assim chamada "ciência do direito". Numa terceira acepção, a palavra designa os direitos de cada um de nós, chamados de direitos subjetivos, pois somos os sujeitos, os titulares, desses direitos.

Ninguém ignora que paira sobre nossas cabeças uma gigantesca teia de normas, que atinge praticamente todas as nossas atividades. Muitos pensadores têm destacado que o direito atual parece ter invadido tudo: há direito em toda parte, para todos, para tudo. A contrapartida é que, assim como temos de seguir as normas, os outros também têm de obedecer a elas e, desse modo, respeitar os direitos de cada um de nós, os ditos direitos subjetivos.

Vivemos num tempo em que as questões legais se tornaram corriqueiras. Apesar dessa popularização, ainda existe uma enorme dificuldade de acesso às coisas do direito. Ao mesmo tempo, os mecanismos da justiça são cada vez mais acionados, até para resolver quem fica com o cachorro depois da separação, ou se o condomínio pode impedir seus moradores de ter animais. A sobrecarga dos tribunais, e sua lentidão, é parcialmente consequência desse excesso de litigiosidade e da incapacidade das pessoas de resolver com bom senso, compreensão e respeito as questões de convivência em sociedade.

Eduardo Muylaert. Direito no cotidiano: guia de sobrevivência na selva das leis. São Paulo: Editora Contexto, 2020, p. 11-13 (com adaptações).

06. (Cebraspe - MP TO - Analista Ministerial - Letras - 2024) No primeiro período do terceiro parágrafo, a forma pronominal "se" poderia ser corretamente deslocada para logo após a forma verbal "tornaram" — escrevendo-se **tornaram-se.**

( ) certo ( ) errado

COMENTÁRIOS:

No texto: *Vivemos num tempo em que as questões legais se tornaram corriqueiras.*

Caso típico em provas recentes: ocorre **atração remota**, ou seja, a oração subordinada atrai o pronome oblíquo.

Explicando melhor: **quando houver sujeito entre a palavra atrativa e o verbo, a próclise será obrigatória.**

Oração subordinada adjetiva: *em que as questões legais se tornam corriqueiras.*

O pronome relativo atrai o pronome oblíquo, mas existe o sujeito (as questões legais) entre o pronome e o verbo = próclise.

Resposta: Errado

◉ FRAGMENTO DE TEXTO PARA RESPONDER À QUESTÃO.

(...) Não tergiverseis com as vossas responsabilidades, por mais atribulações que vos imponham, e mais perigos a que vos exponham. Nem receeis soberanias da terra: nem a do povo, nem a do poder. O povo é uma torrente, que rara vez se não deixa conter pelas ações magnânimas. A intrepidez do juiz, como a bravura do soldado, arrebata-o e o fascina. (...)

Rui Barbosa. Oração aos moços. Brasília: Senado Federal, Conselho Editorial, 2019, p. 61-63 (com adaptações).

---

07. (Cebraspe - MP TO - Analista Ministerial - Letras – 2024 - adaptada) O trecho "que rara vez se não deixa conter pelas ações magnânimas" (terceiro período) poderia ser corretamente reescrito como **que rara vez não deixa se conter pelas ações magnânimas.**

( ) certo ( ) errado

COMENTÁRIOS:

Existe uma locução verbal: *deixa conter.*

Nesse caso, havendo fator atrativo, o **pronome oblíquo** pode vir **antes do verbo auxiliar ou depois do verbo principal:**

... não **se** deixe conter

... não deixe conter-**se**

O pronome nunca poderá estar entre os dois verbos porque há fator atrativo.

Resposta: Errado

FRAGMENTO DE TEXTO PARA RESPONDER À QUESTÃO.

Nesse contexto, a sua intervenção não se resume à via jurisdicional, mas atua em diversas frentes com a finalidade de garantir que os direitos anunciados se tornem realidade na vida das crianças e dos adolescentes.

José Almir do Nascimento; Luciana Rosa Marques. A efetivação do direito à educação de qualidade como ação do Ministério Público de Pernambuco. Internet: <https://www.doi.org/> (com adaptações).

---

08. (Cebraspe - MP TO - Analista Ministerial - Letras – 2024 - adaptada) O emprego da próclise em "se resume" justifica-se pelo emprego do vocábulo "não".

( ) certo ( ) errado

COMENTÁRIOS:

O advérbio "não" atrai o pronome oblíquo: próclise obrigatória.

Resposta: Certo

FRAGMENTO DE TEXTO PARA RESPONDER À QUESTÃO.

(...) Há evidentes situações em que se pode vislumbrar a existência de culpa do operador do sistema, como naquelas em que não foram realizadas atualizações de software ou, até mesmo, de quebra de deveres objetivos de cuidado, como falhas que permitem que hackers interfiram no sistema. Entretanto, excluídas essas situações, estará ausente o juízo de censura necessário para a responsabilização com base na culpa.

B. L. da Anunciação Melo e H. Ribeiro Cardoso. Sistemas de inteligência artificial e responsabilidade civil: uma análise da proposta europeia acerca da atribuição de personalidade civil. In: Revista Brasileira de Direitos Fundamentais & Justiça, 16(1), 2020, p. 93-4 (com adaptações).

---

09. (CEBRASPE - MP SC - Promotor - 2023 - adaptada) No trecho “em que se pode vislumbrar” (primeiro período), a ênclise do pronome “se” ao verbo auxiliar da locução verbal — **em que pode-se vislumbrar** —preservaria a correção gramatical do texto.

( ) certo ( ) errado

COMENTÁRIOS:

O pronome relativo “que” (retoma “evidentes situações” e equivale a “as quais” / “nas quais”) atrai o pronome oblíquo.

Observação: por ser uma locução verbal formada por auxiliar + infinitivo, o pronome poderia estar enclítico ao verbo principal = em que pode vislumbrar-se.

Apenas não pode vir após ao verbo auxiliar por haver fator atrativo.

Resposta: Errado

FRAGMENTO DE TEXTO PARA RESPONDER À QUESTÃO.

O ordenamento jurídico vem sendo confrontado com as inovações tecnológicas decorrentes da aplicação da inteligência artificial (IA) nos sistemas computacionais. Não apenas se vivencia uma ampliação do uso de sistemas lastreados em IA no cotidiano, como também se observa a existência de robôs com sistemas computacionais cada vez mais potentes, nos quais os algoritmos passam a decidir autonomamente, superando a programação original. (...)

B. L. da Anunciação Melo e H. Ribeiro Cardoso. Sistemas de inteligência artificial e responsabilidade civil: uma análise da proposta europeia acerca da atribuição de personalidade civil. In: Revista Brasileira de Direitos Fundamentais & Justiça, 16(1), 2020, p. 93-4 (com adaptações).

---

10. (CEBRASPE - MP SC - Promotor - 2023 - adaptada) No trecho “Não apenas se vivencia” (segundo período), a ênclise do pronome “se” à forma verbal — **não apenas vivencia-se** — comprometeria a correção gramatical do texto.

( ) certo ( ) errado

COMENTÁRIOS:

O vocábulo “apenas” possui sentido de *exclusivamente, somente*, ou seja, é um advérbio de exclusão e a próclise é obrigatória.

Resposta: Certo

FRAGMENTO DE TEXTO PARA RESPONDER À QUESTÃO.

O justo se desvela no decorrer das lutas de libertação na história. O justo é um saber que se vai constituindo à medida que nossa consciência da história se aguça. (...)

Roberto Aguiar. O que é justiça: uma abordagem dialética. Brasília: Senado Federal. Conselho Editorial, 2020, p. 319-20 (com adaptações).

---

11. (CEBRASPE - MP SC - Promotor - 2023 - adaptada) No primeiro período do texto, a ênclise do pronome "se" à forma verbal "desvela", escrevendo-se **desvela-se**, seria gramaticalmente correta.

( ) certo ( ) errado

COMENTÁRIOS:

Atente-se à oração: *O justo se desvela no decorrer das lutas de libertação na história.*

O sujeito está explícito (o justo), e a próclise é facultativa.

> **Dica**: confira, a seguir, os casos facultativos mais exigidos em concursos.
>
> - Pronomes pessoais ou sujeitos expressos:
>
>   Ela disse-**me** assim. Ela **me** disse assim.
>
>   Nesse caso recomenda-se o pronome antes do verbo. Leve em conta a sonoridade e o ritmo da frase.
> - Pronomes demonstrativos sem fator atrativo:
>
>   Aquilo parece-**me** bobagem. Aquilo **me** parece bobagem.
> - Conjunções coordenadas (exceto aditivas e alternativas):
>
>   Aprendeu e referiu-**se** ao professor. Aprendeu e **se** referiu ao professor.
> - Infinitivo não flexionado precedido de **palavras atrativas** ou das preposições **para, em, por, sem, de, até, a.**
>
>   Liguei para ensiná-**lo**. Liguei para **o** ensinar.

Resposta: Certo

FRAGMENTO DE TEXTO PARA RESPONDER À QUESTÃO.

A origem da instituição Ministério Público (MP) não é facilmente situada na história, não sendo possível precisar ou afirmar com certeza a data e o local nos quais se tenha originado. (...)

Internet: www.anpr.org.br (com adaptações)

---

12. (CEBRASPE - MP SC - Promotor - 2023 - adaptada) Sem alteração da correção gramatical e das relações sintáticas estabelecidas originalmente no texto, o trecho "nos quais" poderia ser substituído por **onde**.

( ) certo ( ) errado

COMENTÁRIOS:

O pronome relativo "nos quais" retoma "a data e o local" e pode ser substituído apenas por **em que**.

O pronome relativo "onde" só pode retomar termo que possui indicação de lugar.

Observação: se não houvesse a palavra "data", tal substituição seria possível.

Confira: afirmar com certeza o local **onde** (**no qual**, ou **em que**) se tenha originado.

Resposta: Errado

◉ FRAGMENTO DE TEXTO PARA RESPONDER À QUESTÃO.

(...) Direito é processo, dentro do processo histórico. Não é uma coisa feita, perfeita e acabada. É aquele vir a ser que se enriquece nos movimentos de libertação das classes e dos grupos ascendentes e que definha nas explorações e opressões que o contradizem, mas de cujas próprias contradições brotarão as novas conquistas.

Roberto Lyra Filho. O que é direito. São Paulo: Brasiliense, 2003, p. 86 (com adaptações).

13. (CEBRASPE - MP SC - Promotor - 2023 - adaptada) No último período do trecho, a forma pronominal "**cujas**" resulta da contração do pronome relativo cujo com o artigo feminino definido **as**.

( ) certo ( ) errado

➘ COMENTÁRIOS:

O pronome relativo "cujas" está concordando com o termo posterior (o substantivo "contradições) e indicando posse do termo anterior (explorações e opressões).

Lê-se: as próprias contradições das explorações e opressões que o contradizem.

Dica: O pronome relativo "cujo" (e suas variações) repele o artigo.

Resposta: Errado

◉ FRAGMENTO DE TEXTO PARA RESPONDER À QUESTÃO.

Os mediadores de leitura são aquelas pessoas que estendem pontes entre os livros e os leitores, ou seja, que criam as condições para fazer com que seja possível que um livro e um leitor se encontrem. A experiência de encontrar os livros certos nos momentos certos da vida, esses livros que nos fascinam e que nos vão transformando em leitores paulatinamente, não tem uma rota única nem uma metodologia específica; por isso, os mediadores de leitura não são fáceis de definir. No entanto, basta lembrar como descobrimos, nos primeiros anos da vida, esses livros que deixaram rastros em nossa infância e, talvez, aparecerão nítidas algumas figuras que foram nossos mediadores de leitura: esses adultos íntimos que deram vida às páginas de um livro, essas vozes que liam para nós, essas mãos e esses rostos que nos apresentavam os mundos possíveis e as emoções dos livros.

Internet: <www.ceale.fae.ufmg.br> (com adaptações).

14. (CEBRASPE - SME RE/PE - Professor - 2023) O trecho "essas mãos e esses rostos que nos apresentavam os mundos possíveis e as emoções dos livros" (último período) poderia ser reescrito, sem alterar o sentido e a correção gramatical, da seguinte forma:

essas mãos e esses rostos que apresentavam-nos os mundos possíveis e as emoções dos livros.

( ) certo ( ) errado

COMENTÁRIOS:

O vocábulo "que" o qual antecede o verbo *apresentar* é pronome relativo.

Lê-se: essas mãos e esses rostos **os quais** apresentavam.

O pronome relativo é fator atrativo do pronome oblíquo e a próclise é obrigatória.

→ Atraem o pronome oblíquo: palavras que expressam negação, pronomes relativos, indefinidos e demonstrativos, advérbios, conjunções subordinativas.

Para a próxima prova, fique de olho nas exceções, pois a banca sempre exige.

Resposta: Errado

1.2. QUESTÕES - NÍVEL MÉDIO

FRAGMENTO DE TEXTO PARA RESPONDER À QUESTÃO.

(...) Assim, algumas ferramentas da tecnologia podem dar uma mãozinha: controle de semáforos por meio de sensores que percebem a presença de veículos e regulam o funcionamento do semáforo conforme o fluxo de tráfego, de forma a evitar o acúmulo de carros; monitoramento remoto por câmeras de alta resolução com capacidade de captar infrações às leis de trânsito, tais como não utilização de cinto de segurança, estacionamento em local indevido e excesso de velocidade; análises de tráfego (por exemplo, ruas onde passam mais veículos de carga, horários **em que** determinada via apresenta maior fluxo de veículos etc.). (...)

Como a tecnologia influencia o trânsito. 19/9/2019. Internet: (com adaptações).

15. (Cebraspe – Pref. Barra dos Coqueiros/SE – Assistente Administrativo -2020) Sem prejuízo para a correção gramatical e para os sentidos do trecho, a expressão "em que" poderia ser substituída por

A) porque.

B) pois que.

C) onde.

D) na qual.

E) nos quais.

COMENTÁRIOS:

Nota da autora: É preciso analisar a função morfológica dos vocábulos. "Em" é preposição e "que" é pronome relativo. Este retoma o substantivo "horários".

Alternativa "a" – Não é uma explicação, é incabível substituir por uma conjunção explicativa (coordenação) ou causal (subordinação).

Alternativa "b" – A conjunção "pois" pode concluir ou explicar. A substituição é inadequada.

Alternativa "c" – Poderia ser substituída por "onde" se retomasse lugar. Como mencionado, retoma "horários", ou seja, não há referência alguma com lugar.

Alternativa "d" – O pronome relativo retoma "horários" e não cabe o pronome "a qual".

Alternativa "e" – Retoma "horários" e equivale a "nos quais". Lê-se: determinada via apresenta maior fluxo "em" alguns horários. A preposição "em" foi exigida.

RESPOSTA: E

---

16. (Cebraspe – DEPEN – Agente Federal - 2021) No trecho, "poderão produzir tais mudanças na organização da vida humana e das relações sociais que se criem ocasiões favoráveis para o nascimento de novos carecimentos[1]", seria mantida a correção gramatical, caso o "se" fosse deslocado para imediatamente após o verbo: **criem-se**.

( ) Certo ( ) Errado

COMENTÁRIOS:

Lê-se: ... relações sociais **as quais** se criem ocasiões. Fica evidente que o vocábulo "que" é pronome relativo e este atrai o pronome oblíquo, isto é, a próclise é obrigatória.

Resposta: Errado.

---

17. (Cebraspe – IBGE – Agente de Pesquisas - 2021 - adaptada) Com relação à colocação pronominal, a correção gramatical dos fragmentos de texto[2] seria mantida caso, no trecho

I "Não me lembro de vozes", o pronome "me" fosse deslocado para logo após "lembro": lembro-me.

II "Estávamos o tempo todo em guerra ou nos preparando para ela", o pronome "nos" fosse deslocado para logo após "preparando": preparando-nos.

III "a realidade me assustava", o pronome "me" fosse deslocado para logo após "assustava": assustava-me.

Assinale a opção correta.

A) Apenas o item I está certo.

B) Apenas o item III está certo.

C) Apenas os itens I e II estão certos.

D) Apenas os itens II e III estão certos.

E) Todos os itens estão certos.

---

1 Norberto Bobbio. A era dos direitos. Internet: <www.edisciplinas.usp.br> (com adaptações).

2 Svetlana Aleksiévitch. A guerra não tem rosto de mulher. Companhia das Letras, 2016, p. 9-11 (com adaptações).

↘ COMENTÁRIOS:

I. Errado: o advérbio de negação "não" atrai o pronome oblíquo.

II. Errado. Tem *pegadinha!* Se retirar a conjunção "ou", fica fácil notar que as locuções adverbais "o tempo todo" (tempo) e "em guerra" (modo) atraem o pronome.

III. Certo: como não há fator atrativo, a ênclise estaria correta.

Alternativa "a" – I: errado.

Alternativa "b" – II também está errado.

Alternativa "c" – I: errado.

Alternativa "d" – II e III corretos.

Alternativa "e" – I: errado.

Resposta: D

◉ FRAGMENTO DE TEXTO PARA RESPONDER À QUESTÃO.

(...) Estúpida, tímida e livre. Não vitoriosa como seria um galo em fuga. Que é que havia nas suas vísceras que fazia dela um ser? A galinha é um ser. **É verdade que não se poderia contar com ela para nada**. Nem ela própria contava consigo, como o galo crê na sua crista. Sua única vantagem é que havia tantas galinhas que morrendo uma surgiria no mesmo instante outra tão igual como se fora a mesma.

Clarice Lispector. Uma galinha. In: Laços de família: contos. Rio de Janeiro: Rocco, 1998.

---

18. (Cebraspe – Técnico Ministerial – MPE CE - 2020 - adaptada) No trecho "É verdade que não se poderia contar com ela para nada", o uso da próclise justifica-se pela presença da palavra negativa "não".

( ) Certo ( ) Errado

↘ COMENTÁRIOS:

Advérbio e palavras negativas atraem o pronome pessoal oblíquo, ou seja, a próclise é obrigatória nesses casos.

Resposta: Certo.

◉ TEXTO PARA RESPONDER À QUESTÃO.

Entre todos os fatores técnicos da mobilidade, um papel particularmente importante foi desempenhado pelo transporte da informação — o tipo de comunicação que não envolve o movimento de corpos físicos ou só o faz secundária e marginalmente. Desenvolveram-se, de forma consistente, meios técnicos que também permitiram à informação viajar independentemente dos seus **portadores físicos** — e independentemente também dos objetos sobre **os quais** informava: meios que libertaram os "significantes" do controle dos "significados". A separação dos movimentos da informação em relação aos movimentos dos seus portadores e objetos permitiu, por sua vez, a diferenciação de suas velocidades; o movimento da informação ganhava velocidade num ritmo muito mais rápido que a viagem dos corpos ou a mudança da **situação** sobre **a qual** se informava. Afinal, o aparecimento da rede mundial de computadores pôs fim — no que diz respeito à informação — à própria noção de "viagem" (e de "distância" a ser percorrida), o que tornou a informação instantaneamente disponível em todo o planeta, tanto na teoria como na prática.

Zygmunt Bauman. Globalização: as consequências humanas. Trad. Marcus Penchel. Rio de Janeiro: Zahar, 1999 (com adaptações).

19. (Cebraspe – Técnico Ministerial – MPE CE - 2020 - adaptada) As formas pronominais "os quais" e "a qual" referem-se, respectivamente, a "portadores físicos" e "situação".

( ) Certo ( ) Errado

COMENTÁRIOS:

Nota da autora: Questão de pronome e coesão textual.

O pronome relativo "os quais" retoma "objetos". Lê-se: informava sobre os objetos. O pronome relativo "a qual" retoma "mudança". Lê-se: informava sobre a mudança.

Resposta: Errado.

1.3. QUESTÕES - NÍVEL SUPERIOR

FRAGMENTO DE TEXTO PARA RESPONDER À QUESTÃO.

(...) O homem, **que se havia equipado para a viagem** com muitas coisas, lança mão de tudo, por mais valioso que seja, para subornar o porteiro. Este aceita tudo. Durante todos esses anos, o homem observa o porteiro quase sem interrupção. Esquece outros porteiros e este primeiro parece-lhe o único obstáculo para a entrada na lei. (...)

Franz Kafka. O processo. Tradução de Modesto Carone. Companhia das Letras, 1997 (com adaptações).

20. (Cespe/Cebraspe - DPE DF - Auditoria/2022 - adaptada) Seria mantida a correção gramatical do texto caso, no trecho "que se havia equipado para a viagem", o pronome "se" fosse deslocado para depois do particípio, escrevendo-se **equipado-se**.

( ) Certo ( ) Errado

COMENTÁRIOS:

Regra: após o particípio, não se coloca o pronome oblíquo.

Resposta: Errado.

FRAGMENTO DE TEXTO PARA RESPONDER À QUESTÃO.

Na ótica da saúde pública, **pode-se conceituar** a política de redução de danos como um conjunto de estratégias que visam minimizar os danos causados pelo uso de diferentes drogas, sem necessariamente exigir a abstinência de seu uso. Vale dizer, enquanto não for possível ou desejável a abstinência, outros agravos à saúde podem ser evitados, como, por exemplo, as doenças infectocontagiosas transmissíveis por via sanguínea, tais quais as hepatites e HIV/AIDS. (...)

Maurides de Melo Ribeiro. Drogas e redução de danos. São Paulo: Editora Saraiva, 2013, p. 45-46 (com adaptações).

---

21. (Cebraspe – MJ SP – Técnico em pesquisa e análise de dados - 2022 - adaptada) No segmento "pode-se conceituar" (primeiro período), a colocação do pronome "se" em ênclise ao verbo "conceituar" — escrevendo-se **pode conceituar-se** — prejudicaria a correção gramatical e alteraria os sentidos originais do texto.

( ) Certo ( ) Errado

COMENTÁRIOS:

Trata-se de **colocação pronominal em locução verbal** formada por infinitivo.

Regra: nas situações em que se tem um **verbo auxiliar** e um **verbo no infinitivo ou** um verbo **no gerúndio**, a posição do **pronome** pode ser **antes, no meio, ou depois**. É evidente que não pode haver fator atrativo em nenhuma situação.

- No caso, não pode ser próclise (antes do verbo auxiliar) porque existe uma vírgula demarcando a inversão do adjunto adverbial.

As opções a seguir não prejudicam a correção gramatical tampouco alteram o sentido:

Na ótica da saúde pública, **pode-se conceituar** a política de redução.

Na ótica da saúde pública, **pode conceituar-se** a política de redução.

Observações:

1. nas locuções formadas por **auxiliar + particípio**, a regra muda – o **pronome** só pode estar **antes** ou **no meio**, nunca após o particípio.
2. Com fator atrativo: o pronome pode vir antes ou depois da locução – não **lhe** estava dirigindo a palavra/não estava dirigindo-**lhe** a palavra.

Resposta: Errado.

FRAGMENTO DE TEXTO PARA RESPONDER À QUESTÃO.

(...) Podemos dizer que o racismo é uma forma sistemática de discriminação que tem a raça como fundamento e que se manifesta por meio de práticas conscientes ou inconscientes que culminam em desvantagens ou privilégios para indivíduos, a depender do grupo racial ao qual pertençam. (...)

Silvio Almeida. Racismo Estrutural (Feminismos Plurais). Editora Jandaíra. Edição do Kindle (com adaptações).

---

22. (Cespe/Cebraspe – DPE-RS - 2022 - adaptada) O pronome relativo "que", em "que se manifesta por meio de práticas conscientes ou inconscientes", retoma o termo "raça".

( ) Certo ( ) Errado

COMENTÁRIOS:

Nota da autora: cuidado porque há paralelismo sintático.

O racismo é uma forma sistemática de discriminação

que (a qual – uma forma sistemática de discriminação) tem a raça como fundamento

e

que (a qual – uma forma sistemática de discriminação) se manifesta por meio de práticas conscientes.

Os dois pronomes relativos retomam "**uma forma sistemática de discriminação**" que possui função sintática de predicativo do sujeito.

Resposta: Errado.

◉ FRAGMENTO DE TEXTO PARA RESPONDER À QUESTÃO.

Um registro de mutações ligadas ao mundo eletrônico se refere ao que chamo de a ordem das propriedades, tanto em um sentido jurídico — o que fundamenta a propriedade literária e o *copyright* — quanto em um sentido textual — o que define as características ou propriedades dos textos. (...)

Roger Chartier. Os desafios da escrita. Tradução de Fulvia M. L. Moreto. São Paulo: Editora UNESP, 2002, p. 24-25 (com adaptações).

---

23. (Cespe/Cebraspe – DPE-RS - 2022 - adaptada) Seria mantida a correção gramatical do texto se o pronome "se" fosse deslocado para imediatamente após a forma verbal "refere", da seguinte maneira: refere-se.

( ) Certo ( ) Errado

COMENTÁRIOS:

Não há fator atrativo e o sujeito está explícito: o pronome pode ser enclítico ou proclítico – refere-se ou se refere.

Resposta: Certo.

Como não há palavra atrativa e o **sujeito** está **explícito**, a partícula pode ficar tanto na posição enclítica quanto na posição proclítica.

Dica: a ênclise é também facultativa quando há pronomes pessoais, pronome de tratamento e infinitivo não flexionado antecedido de preposição ou fator atrativo.

Exemplos: Ele **me perturba** – Ele **perturba-me**. Vossa Excelência **me perguntou** – Vossa Excelência **perguntou-me**. Por **me perguntar**, entendeu a matéria – Por **perguntar-me**, entendeu a matéria. Nunca **me perguntar** é perigoso – Nunca **perguntar-me** é perigoso.

◉ TEXTO CG1A1-I

Prática já adotada pela população de países asiáticos para se proteger de doenças respiratórias transmitidas principalmente no inverno, o uso de máscaras se mostrou um instrumento eficaz na prevenção ao novo coronavírus; no entanto, crianças pequenas não devem usá-las. Especialistas lembram que, para quem tem menos de dois anos de idade, o uso de máscara facial pode dificultar a respiração e até aumentar o risco de asfixia.

"O sufocamento é o principal risco. Não somente crianças menores de dois anos, mas também crianças com doenças pulmonares, como asmáticos em crise, ou crianças com distúrbios neurológicos não devem usar máscaras", afirmam infectologistas.

Renata Okumura. O Estado de São Paulo. 28/5/2020 (com adaptações).

---

24. (Cespe/Cebraspe – TJ RJ – Analista Judiciário /2021) Com relação aos aspectos linguísticos do primeiro período do texto CG1A1-I, é correto afirmar que o termo "se",

A) no trecho "se proteger", remete ao termo "Prática".

B) no trecho "se mostrou", tem como referente o termo "instrumento".

C) em ambas as ocorrências, pode, sem prejuízo da correção gramatical do texto, ser deslocado para imediatamente após a forma verbal, escrevendo-se, respectivamente, proteger-se e mostrou-se.

D) em ambas as ocorrências, pode ser suprimido sem prejuízo dos sentidos e da correção gramatical do texto.

E) em ambas as ocorrências, expressa a noção de reciprocidade.

➘ *COMENTÁRIOS:*

Alternativa "a" – Remete à população de países asiáticos.

Alternativa "b" – Referente: o uso de máscaras.

Alternativa "c" – Em "para se proteger": preposição e verbo no infinitivo = próclise facultativa; em "o uso de máscaras se mostrou": sujeito explícito sem fator atrativo = próclise facultativa.

Alternativa "d" – Proteger-se e mostrar-se: verbos pronominais = "se" é parte integrante do verbo e não pode ser suprimido.

Alternativa "e" – Em ambas as ocorrências, expressa noção de reflexividade: a ação praticada pelo sujeito reflete nele mesmo (ele próprio). Se indicasse reciprocidade, a ação seria trocada entre os elementos do sujeito: eles abraçaram-se, eu e ela nos cumprimentamos.

Resposta: C

◉ FRAGMENTO DE TEXTO PARA RESPONDER À QUESTÃO.

(...) Deduz-se do anúncio que os sonhos são como veleiros, capazes de **levar-nos** a lugares idílicos, perfeitos, altamente... desejáveis. (...)

Sidarta Ribeiro. O oráculo da noite: a história e a ciência do sonho. São Paulo: Companhia das Letras, 2019, p. 19-20 (com adaptações).

---

25. (Cebraspe – PG DF – Analista Jurídico – Administração – 2021 - adaptada) Prejudicaria a correção do trecho o deslocamento da forma pronominal "nos", em "levar-nos", para imediatamente antes da forma verbal "levar" — **nos levar**.

( ) Certo ( ) Errado

↘ COMENTÁRIOS:

O infinitivo impessoal (levar) é antecedido de preposição. Nesse caso, o pronome oblíquo pode ser enclítico ou proclítico: capazes **de nos levar** ou capazes **de levar-nos**.

Resposta: Errado.

◉ FRAGMENTO DE TEXTO PARA RESPONDER À QUESTÃO.

(...) **Quando me lembro dessa noite** (e estou sempre lembrando) me vejo repartida em dois momentos: antes e depois. Antes, as pequenas palavras, os pequenos gestos, os pequenos amores culminados nesse Fernando, aventura medíocre de gozo breve e convivência comprida. Se ao menos ele não fizesse aquela voz para perguntar se por acaso alguém tinha levado a sua caneta. (...)

Lygia Fagundes Telles. Noturno Amarelo. In: Mistérios. Rio de Janeiro: Nova Fronteira, 1981 (com adaptações).

26. (Cebraspe – PC DF - Escrivão - 2021 - adaptada) No trecho "Quando me lembro dessa noite", a correção gramatical seria mantida caso o pronome "me" fosse deslocado para imediatamente após a forma verbal "lembro", da seguinte forma: Quando lembro-me dessa noite.

( ) Certo ( ) Errado

↘ COMENTÁRIOS:

A conjunção subordinativa adverbial temporal "quando" atrai o pronome oblíquo, isto é, a próclise obrigatória.

Resposta: Errado.

◉ FRAGMENTO DE TEXTO PARA RESPONDER À QUESTÃO.

(...) Convém não responder aos olhares interrogativos, deixando crescer, por instantes, a intensa expectativa que se instala. Mas não exagere na medida e suba sem demora ao quarto, libertando aí os pés das meias e dos sapatos, tirando a roupa do corpo como se retirasse a importância das coisas, **pondo-se enfim em vestes mínimas**, quem sabe até em pelo, mas sem ferir o pudor (o seu pudor, bem entendido), e aceitando ao mesmo tempo, como boa verdade provisória, toda mudança de comportamento. (...)

Raduan Nassar. Aí pelas três da tarde. In: Ítalo Moriconi (Org.). Os cem melhores contos brasileiros do século. Rio de Janeiro: Objetiva, 2001 (com adaptações).

27. (Cebraspe – PC DF - Agente - 2021) No trecho "pondo-se enfim em vestes mínimas", o elemento "se" veicula a noção de reflexividade.

( ) Certo ( ) Errado

↘ COMENTÁRIOS:

Indica reflexividade por possuir o sentido de pôr em **si mesmo**.

Resposta: Certo.

◉ FRAGMENTO DE TEXTO PARA RESPONDER À QUESTÃO.

A história da irrigação se confunde, na maioria das vezes, com a história da agricultura e da prosperidade econômica de inúmeros povos. Muitas civilizações antigas se originaram assim, em regiões áridas, **onde** a produção só era possível com o uso da irrigação. (...)

Internet: www.codevasf.com.br (com adaptações)

28. (Cebraspe – CODEVASF – Analista - 2021 - adaptada) Sem prejuízo da correção gramatical e dos sentidos originais, o vocábulo "onde" poderia ser substituído pela expressão **uma vez que**.

( ) Certo ( ) Errado

COMENTÁRIOS:

O vocábulo "onde" é pronome relativo e retoma "regiões áridas". Equivale a "em que" ou "nas quais". A locução conjuntiva "uma vez que" é adverbial causal e o sentido seria alterado, pois no trecho original existe referência a lugar, não há causa.

São sinônimos de "uma vez que": já que, visto que, dado que, posto que, porque, sendo que, pois que etc.

Gramática correta; sentido alterado.

Resposta: Errado.

◉ FRAGMENTO DE TEXTO PARA RESPONDER À QUESTÃO.

Algumas das primeiras incursões pelos mundos paralelos ocorreram na década de 50 do século passado, graças ao trabalho de pesquisadores interessados em certos aspectos da mecânica quântica — teoria desenvolvida para explicar os fenômenos que ocorrem no reino microscópico dos átomos e das partículas subatômicas. A mecânica quântica quebrou o molde da mecânica clássica, que a antecedeu, ao firmar o conceito de que as previsões científicas são necessariamente probabilísticas. Podemos prever a probabilidade de alcançar determinado resultado ou outro, mas em geral não podemos prever qual deles acontecerá. Essa quebra de rumo com relação a centenas de anos de pensamento científico já é suficientemente chocante, mas há outro aspecto da teoria quântica que nos confunde ainda mais, embora desperte menos atenção. Depois de anos de criterioso estudo da mecânica quântica, e depois da acumulação de uma pletora de dados que confirmam suas previsões probabilísticas, ninguém até hoje soube explicar **por que razão** apenas uma das muitas resoluções possíveis de qualquer situação que se estude torna-se real. (...)

Brian Greene. A realidade oculta: universos paralelos e as leis profundas do cosmo. José Viegas Jr. (Trad.) São Paulo: Cia das Letras, 2012, p. 15-16 (com adaptações)

29. (Cebraspe – Ministério da Economia Tecnologia da Informação - 2020) No trecho "por que razão", no quinto período, o vocábulo "que" poderia ser substituído por **qual**, sem prejuízo da correção gramatical do texto.

( ) Certo ( ) Errado

COMENTÁRIOS:

Nota da autora: Não se trata de pronome relativo, mas sim de pronome interrogativo.

Em frases interrogativas diretas ou indiretas (é o caso), o "que" equivale a "qual": ninguém até hoje soube explicar por **qual** razão.

Resposta: Certo.

FRAGMENTO DE TEXTO PARA RESPONDER À QUESTÃO.

(...) "Longe" e "tarde", assim como "perto" e "cedo", significavam quase a mesma coisa: exatamente quanto esforço seria necessário para que um ser humano percorresse uma certa distância — fosse caminhando, semeando ou arando. Se as pessoas fossem instadas a explicar o que entendiam por "espaço" e "tempo", poderiam ter dito que "espaço" é o que **se pode percorrer** em certo tempo, e que "tempo" é o que **se precisa** para percorrê-lo. Se não fossem muito pressionados, porém, não entrariam no jogo da definição. (...)

Zygmunt Bauman. A modernidade como história do tempo. In: Modernidade líquida. Plínio Dentzien (Trad.). Rio de Janeiro: Zahar, 2001 (com adaptações).

---

30. (Cebraspe – Ministério da Economia – Tecnologia da Informação - 2020 - adaptada) A próclise observada em "se pode percorrer" e "se precisa" é opcional, de modo que o emprego da ênclise nesses dois casos também seria correto: **pode-se percorrer** e **precisa-se**, respectivamente.

( ) Certo ( ) Errado

COMENTÁRIOS:

Nos dois casos, o pronome relativo "que" atrai o pronome oblíquo e a próclise é obrigatória.

Usa-se a próclise, isto é, atraem o pronome oblíquo:

Pronomes substantivos	**Poucos** a conhecem. **Ninguém** a viu.
Advérbios	**Talvez** o veja. **Não** o encontrei.
Pronomes relativos	O juiz a **que** se dirigia. O lugar **onde** me ouvem.
Conjunções subordinadas	Não será preciso **que** lhe entregue o resultado.
Preposição "em" seguida de gerúndio	**Em** se **tratando** de Brasil, tudo pode acontecer.

- A próclise é usada também nestas frases:

frases optativas (expressam previsões, desejos)	A vida **lhe** seja calma.
frases interrogativas	Por que **se** vestiu assim?
frases exclamativas	Quanto **me** dói sua indiferença!

Atenção! Não se usa a próclise:

em verbos no imperativo afirmativo	Por favor, ajude-**me**!
nas orações reduzidas de gerúndio	Ele recuou, amedrontando-**se** com a cena.
em verbos no infinito impessoal	É necessário contar-**lhe** tudo.
em frases iniciadas por verbos **(desde que não esteja no tempo futuro)**	Importava-**se** com as mortes.

Resposta: Errado.

◉ FRAGMENTO DE TEXTO PARA RESPONDER À QUESTÃO.

(...) Observa-se que a solidez dos lugares ocupados por cada uma das pessoas, nos moldes da família nuclear, não se adéqua à realidade social do momento, **em que** as relações são caracterizadas por sua dinamicidade e pluralidade. De acordo com o médico e psicanalista Jurandir Freire Costa, "família nem é mais um modo de transmissão do patrimônio material; nem de perpetuação de nomes de linhagens; nem da tradição moral ou religiosa; tampouco é a instituição que garante a estabilidade do lugar **em que** são educadas as crianças". (...)

Reflexões sobre a paternidade na pós-modernidade.
Internet: <www.newpsi.bvs-psi.org.br> (com adaptações).

31. (CESPE/CEBRASPE - Analista Judiciário - TJ PA - 2020 - adaptada) Seria mantida a correção gramatical do trecho se o segmento "em que" fosse substituído, respectivamente, por

A) onde e onde.

B) onde e que.

C) a qual e o qual.

D) no qual e onde.

E) que e no qual.

↘ *COMENTÁRIOS:*

Nota da autora: Encontre o termo que o pronome relativo retoma (momento) e coloque a oração posterior ao pronome relativo na ordem direta até encaixar o termo retomado. No primeiro caso, lê-se: as relações são caracterizadas por sua dinamicidade e pluralidade **no** momento. A preposição "em" foi exigida e deve estar junto do pronome relativo. No segundo caso: retoma "lugar". Lê-se: as crianças são educadas **no** lugar. A preposição "em" também foi exigida e deve estar junto do pronome relativo. Note que nesse caso cabe o pronome relativo *onde* por referir-se a lugar.

Alternativa "a" – No primeiro caso, o pronome relativo não retoma lugar e por isso não pode ser substituído por "onde".

Alternativa "b" – Como visto, não cabe o relativo "onde" no primeiro caso e no segundo a preposição "em" foi exigida.

Alternativa "c" – Nos dois casos, a preposição "em" foi exigida, como analisado na nota.

Alternativa "d" – No qual = **em** + que; onde = **em** que.

Alternativa "e" – Faltou a preposição "me" anteposta ao pronome relativo no primeiro caso.

Resposta: D

1.4. QUESTÕES - CARREIRAS FISCAIS

FRAGMENTO DE TEXTO PARA RESPONDER À QUESTÃO.

(...) Tem meia dúzia de atendentes, conheço dois ou três pelo nome, e o dono do lugar é sempre simpático comigo. Sabe que gosto do seu negócio, que, se me mudasse de novo para lá, seria seu freguês. Mas também sei que me vê como um tipo que há vinte anos vive na capital, que a essa altura é mais metropolitano que interiorano, um cara talvez meio esquisito, ou apenas ridículo, que se interessa por coisas de que não precisa, coisas **das quais** não entende. (...)

Fabrício Corsaletti. Escura. In: Perambule. São Paulo: Editora 34, 2018 (com adaptações).

32. (Cebraspe – SEFAZ AL – Auditor - 2020 - adaptada) A substituição da expressão "das quais" por **que** preservaria tanto o sentido quanto a correção gramatical do período.

( ) Certo ( ) Errado

COMENTÁRIOS:

No fragmento, é transitivo indireto – exige a preposição "de" – e está no sentido de *ser hábil, perito em algo.* Ao retirar a preposição, ou seja, usando apenas o pronome relativo, o sentido é alterado para *assimilar o propósito de alguma coisa, perceber, compreender algo.* A gramática permaneceria correta, mas o sentido seria alterado.

Resposta: Errado.

33. (Cebraspe – Auditor Fiscal da Receita – SEFAZ DF - 2020 - adaptada) No trecho "os investidores reconhecem cada vez mais o impacto, para a sociedade, das empresas nas quais investem[3]", a substituição de "nas quais" por **aonde** prejudicaria a correção gramatical do texto.

( ) Certo ( ) Errado

COMENTÁRIOS:

O pronome relativo "as quais" retoma "empresas". Lê-se: os investidores investem **nas** empresas. A preposição "em" foi exigida e podem ser usadas estas formas: **em que**

3 Assis Moreira. Valor econômico, 18/3/2019. Internet: <valor.globo.com> (com adaptações).

e **nas quais**. A preposição "a" não foi pedida. Como retoma lugar, poderia ser usado também o pronome relativo "**onde**".

Dica: "onde" pode ser substituído por *em que, no qual, na qual, nos quais* e *nas quais*.

RESPOSTA: Certo.

1.5. QUESTÕES MISTAS

34. (CESPE/CEBRASPE – Assistente Judiciário –TJ AM – 2019 – adaptada) O vocábulo "que" poderia ser substituído por **o qual**, sem alteração dos sentidos e da correção gramatical do texto.

(*Os principais avanços ocorreram com a entrada em vigor da Lei da Ação Civil Pública, em 1985, e do Código de Defesa do Consumidor, em 1990,* ***que****, conjuntamente, formaram o microssistema processual para assegurar os interesses da população.*[4])

( ) certo ( ) errado

COMENTÁRIOS:

O "que" é pronome relativo e retoma "Lei da Ação Civil Pública e Código de Defesa do Consumidor". Poderia ser substituído por **os quais.** Lê-se: a Lei da Ação Civil Pública e o Código de Defesa do Consumidor formaram, conjuntamente, o microssistema processual.

Resposta: Errado.

35. (CESPE/CEBRASPE – Técnico Judiciário – TJ PR – 2019 – adaptada) Mantendo-se os sentidos e a correção gramatical, o vocábulo "onde", no trecho "o lugar onde nós vivemos juntos[5]", poderia ser substituído por

A) o qual.

B) em que.

C) que.

D) de cujo.

E) aonde.

COMENTÁRIOS:

Nota da autora: Sigamos o passo a passo para evitar dúvida e você aplicar nas questões de pronomes e regência.

1. O vocábulo "onde" é pronome relativo e retoma o termo "lugar";
2. Colocando a oração posposta ao pronome na ordem direta até aparecer o termo retomado, tem-se: nós vivemos juntos **no** lugar;

4 Mariana Faria. O que tecnologia tem a ver com acesso à justiça? 13/6/2018. Internet: <www.dacordo.com.br> (com adaptações).

5 Mario Sergio Cortella. Ética e convivência. Internet: (com adaptações)

3. A preposição "em" foi exigida pelo verbo *viver* e o pronome retoma lugar.

Alternativa "a" – Faltou a preposição "em" exigida pelo verbo: no qual.

Alternativa "b" – O pronome relativo "onde" equivale a "em que" ou "no qual".

Alternativa "c" – Faltou a preposição "em".

Alternativa "d" – Além de a preposição "de" não ter sido exigida, não há sentido de posse do termo anterior. Exemplo: o autor de cuja obra gosto = gosto da obra do autor (posse).

Alternativa "e" – A preposição "a" não foi exigida pelo verbo *viver.*

Resposta: B

Capítulo 2

Verbo

1.1. QUESTÕES ATUALIZE-SE

TEXTO PARA RESPONDER À QUESTÃO.

A vida em sociedade trouxe para os seres humanos um aprendizado extremamente importante: não se poderiam resolver todas as questões pela força, era preciso usar a palavra para persuadir os outros a fazer alguma coisa. Por isso, o aparecimento da argumentação está ligado à vida em sociedade e, principalmente, ao surgimento das primeiras democracias.

Todo discurso tem uma dimensão argumentativa. Alguns se apresentam como explicitamente argumentativos (por exemplo, o discurso político, o discurso publicitário), enquanto outros não se apresentam como tal (por exemplo, o discurso didático, o discurso romanesco, o discurso lírico). No entanto, todos são argumentativos: de um lado, porque o modo de funcionamento real do discurso é o dialogismo; de outro, porque sempre o enunciador pretende que suas posições sejam acolhidas, que ele mesmo seja aceito, que o enunciatário faça dele uma boa imagem.

José Luiz Fiorin. Argumentação. 2.ª ed. revista e ampliada. São Paulo: Editora Contexto, 2022, p.11 (com adaptações).

---

01. (Cebraspe – CAPES – Analista em Ciência e em Tecnologia - 2024) O emprego do presente do indicativo no segundo parágrafo do texto sinaliza que as ações apresentadas tiveram início no passado e se estendem até o momento atual.

( ) certo ( ) errado

COMENTÁRIOS:

No texto: *Todo discurso* ***tem*** *uma dimensão argumentativa. Alguns* ***se apresentam*** *[...] outros não* ***se apresentam*** *como tal [...] No entanto, todos* ***são*** *argumentativos [...]o modo de funcionamento real do discurso* ***é*** *o dialogismo [...] sempre o enunciador* ***pretende****...*

O presente do indicativo refere-se a ações que acontecem no momento da escrita e que são habituais, permanentes.

Pode, também, indicar um fato certo que ocorrerá em um futuro próximo.

Em relação ao passado, só é usado com valor de presente histórico – traz mais realidade a algo que aconteceu.

Exemplo: Em 1500, Pedro Álvares Cabral descobre o Brasil.

Quanto ao comando, as características mencionadas referem-se ao pretérito imperfeito do indicativo.

Resposta: Errado

◉ TEXTO 2A1-I

O ordenamento jurídico vem sendo confrontado com as inovações tecnológicas decorrentes da aplicação da inteligência artificial (IA) nos sistemas computacionais. Não apenas se vivencia uma ampliação do uso de sistemas lastreados em IA no cotidiano, como também se observa a existência de robôs com sistemas computacionais cada vez mais potentes, nos quais os algoritmos passam a decidir autonomamente, superando a programação original. Nesse contexto, um dos grandes desafios ético-jurídicos do uso massivo de sistemas de inteligência artificial é a questão da responsabilidade civil advinda de danos decorrentes de robôs inteligentes, uma vez que os sistemas delituais tradicionais são baseados na culpa e essa centralidade da culpa na responsabilidade civil se encontra desafiada pela realidade de sistemas de inteligência artificial.

Perante a autonomia algorítmica na qual os sistemas de IA passam a decidir de forma diversa da programada, há uma dificuldade de diferenciar quais danos decorreram de erro humano e aqueles que derivaram de uma escolha equivocada realizada pelo próprio sistema ao agir de forma autônoma. O comportamento emergente da máquina, em função do processo de aprendizado profundo, sem receber qualquer controle da parte de um agente humano, torna difícil indicar quem seria o responsável pelo dano, uma vez que o processo decisório decorreu de um aprendizado automático que culminou com escolhas equivocadas realizadas pelo próprio sistema. Há evidentes situações em que se pode vislumbrar a existência de culpa do operador do sistema, como naquelas em que não foram realizadas atualizações de *software* ou, até mesmo, de quebra de deveres objetivos de cuidado, como falhas que permitem que *hackers* interfiram no sistema. Entretanto, excluídas essas situações, estará ausente o juízo de censura necessário para a responsabilização com base na culpa.

B. L. da Anunciação Melo e H. Ribeiro Cardoso. Sistemas de inteligência artificial e responsabilidade civil: uma análise da proposta europeia acerca da atribuição de personalidade civil. In: Revista Brasileira de Direitos Fundamentais & Justiça, 16(1), 2020, p. 93-4 (com adaptações).

---

02. (CEBRASPE - MP SC - Promotor - 2023) A oração "ao agir de forma autônoma" (primeiro período do segundo parágrafo) poderia ser substituída por **quando agiu de forma autônoma**, sem prejuízo da correção gramatical e do paralelismo temporal dos eventos tratados no período.

( ) certo ( ) errado

COMENTÁRIOS:

Vejamos o paralelismo temporal: *diferenciar quais danos decorreram de erro humano e aqueles que derivaram de uma escolha equivocada realizada pelo próprio sistema ao agir de forma autônoma*.

Tempo dos verbos: pretérito perfeito do indicativo (ações passadas e concluídas).

Ao substituir por "quando **agiu** de forma autônoma", o paralelismo foi mantido pelo fato de conjugar, também, o verbo no pretérito perfeito do indicativo.

Resposta: Certo

03. (CEBRASPE - MP SC - Promotor - 2023) No segundo período do segundo parágrafo, o tempo verbal em "seria" indica que se trata de um acontecimento que se deu no passado posteriormente a outro também ocorrido no passado.

( ) certo ( ) errado

COMENTÁRIOS:

No trecho: *O comportamento emergente da máquina, em função do processo de aprendizado profundo, sem receber qualquer controle da parte de um agente humano, torna difícil indicar quem* ***seria*** *o responsável pelo dano, uma vez que o processo decisório decorreu de um aprendizado automático que culminou com escolhas equivocadas realizadas pelo próprio sistema.*

O verbo "seria" está conjugado no futuro do pretérito do indicativo. O verbo anteposto está conjugado no presente do indicativo, isto é, não há relação alguma com ação passada posterior à outra ação também passada.

Dica: Isso só ocorre com o verbo conjugado no pretérito mais-que-perfeito do indicativo, cuja terminação é "-ra" (fora, tornara, fizera, estudara, trabalhara).

Resposta: Errado

04. (CEBRASPE - MP SC - Promotor - 2023) No penúltimo período do segundo parágrafo, o modo verbal expresso em "interfiram" denota, no texto, um desejo.

( ) certo ( ) errado

COMENTÁRIOS:

No texto: *permitem que hackers interfiram no sistema.*

Perceba que não existe noção de desejo ou de ordem; indica uma ação duvidosa: *hackers* podem interferir ou não no sistema.

O verbo está conjugado no presente do subjuntivo.

Dica: denotaria desejo se estivesse no modo imperativo.

Exemplo: Interfira no sistema!

Resposta: Errado

◉ FRAGMENTO DE TEXTO PARA RESPONDER À QUESTÃO.

(...) A justiça está se fazendo pela organização popular, pelo aguçamento dos conflitos. E cada um de nós vislumbra o norte da justiça, por via da busca de uma visão coerente da história, aliada a uma prática e a uma análise rigorosa das circunstâncias presentemente vividas. (...)

Roberto Aguiar. O que é justiça: uma abordagem dialética. Brasília: Senado Federal. Conselho Editorial, 2020, p. 319-20 (com adaptações).

05. (CEBRASPE - MP SC - Promotor - 2023 - adaptada) No primeiro período, o segmento "pela organização popular, pelo aguçamento dos conflitos" constitui o agente da passiva da oração que compõe o período.

( ) certo ( ) errado

COMENTÁRIOS:

No trecho: *A justiça está se fazendo pela organização popular.*

A justiça	está se fazendo	pela organização popular.
Sujeito	a locução equivale a "faz-se" verbo intransitivo	**adjunto adverbial de modo**

Para haver agente da passiva, a oração precisa estar na voz passiva analítica, ou seja, é necessário haver o verbo "ser" + particípio.

Na oração acima, não existe o verbo "ser" nem particípio. Está na voz ativa.

Dica para a próxima prova: pode haver oração na voz passiva analítica com o vero "ser" implícito.

O estudo feito pelos candidatos na semana passada.

Lê-se: o estudo [foi] feito pelos candidatos.

A expressão "pelos candidatos" possui função de agente da passiva.

Para evitar erro, transponha a oração para a voz ativa: os candidatos fizeram o estudo.

Resposta: Errado

FRAGMENTO DE TEXTO PARA RESPONDER À QUESTÃO.

A origem da instituição Ministério Público (MP) não é facilmente situada na história, não sendo possível precisar ou afirmar com certeza a data e o local nos quais se tenha originado.

No Brasil, a figura do promotor de justiça só surge em 1609, quando é regulamentado o Tribunal de Relação na Bahia. No Império, tratava-se a instituição no Código de Processo Criminal, sem nenhuma referência constitucional. Somente na Constituição de 1824, foram criados o Supremo Tribunal de Justiça e os tribunais de relação, nomeando-se desembargadores, procuradores da Coroa, conhecidos como "chefe do parquet". No entanto, a expressão "Ministério Público" só seria utilizada no Decreto n.º 5.618, de 2 de maio de 1874. (...)

Internet: www.anpr.org.br (com adaptações)

06. (CEBRASPE - MP SC - Promotor - 2023) O tempo verbal empregado no primeiro período do segundo parágrafo é denominado presente histórico e, em seu lugar, seria adequado o uso do pretérito perfeito do modo indicativo.

( ) certo ( ) errado

COMENTÁRIOS:

Usa-se o presente histórico para se referir a algo que aconteceu no passado. O objetivo é enfatizar o fato, dando um ar de imediatismo ou de atualidade a um fato já ocorrido e finalizado.

Por se tratar de um fato passado, poderia ser assim reescrito: a figura do promotor de justiça só **surgiu** em 1609.

Resposta: Certo

1.2. QUESTÕES - NÍVEL MÉDIO

07. (Cespe/Cebraspe - TJ RJ - Técnico Judiciário/2021 - adaptada) No trecho "Quando tinha dez anos, relembrou, um menino que a amava jogara-lhe um rato morto. Porcaria! berrara branca com a ofensa. **Fora** uma experiência.[1]", o termo "Fora" poderia ser substituído, sem prejuízo dos sentidos do texto, por

A) Teria sido.

B) Foi.

C) Havia sido.

D) Haveria sido.

E) Havia tido.

COMENTÁRIOS:

Nota da autora: A banca exige a equivalência entre o tempo simples e o tempo composto. O verbo "ser", no trecho, está conjugado no pretérito mais-que-perfeito do indicativo e equivale ao pretérito mais-que-perfeito composto do indicativo, pois possuem o mesmo valor.

O tempo composto é formado pelo verbo "ter" ou "haver" + particípio. O verbo auxiliar, nesse caso, deve estar conjugado no pretérito imperfeito do indicativo.

Alternativa "a" – Futuro do pretérito composto do indicativo: formado pelo futuro do pretérito do indicativo + particípio. Não possui equivalência com o passado.

Alternativa "b" – O pretérito perfeito do indicativo refere-se a uma ação concluída e é impossível equivaler ao mais-que-perfeito – que indica uma ação passada em relação a outra ação também passada.

Alternativa "c" – Verbo "haver" no pretérito imperfeito do indicativo + particípio = tempo composto equivalente ao mais-que-perfeito simples.

Alternativa "d" – A alternativa está no mesmo tempo da alternativa "a": futuro.

Alternativa "e" – Eliminada facilmente porque o verbo "ser" desapareceu. .

Resposta: C

1 Clarice Lispector. Preciosidade. In: Laços de Família. Rio de Janeiro: Rocco, 1998, p. 86-87 (com adaptações).

08. (Cebraspe – IBGE – Agente de Pesquisas - 2021 - adaptada) Assinale a opção em que as formas verbais do trecho[2] foram empregadas no mesmo tempo verbal.

A) "Nunca tínhamos vivido de outra forma, talvez nem saibamos como fazer isso"

B) "Não imaginamos outro modo de viver, teremos que passar um tempo aprendendo"

C) "Por muito tempo fui uma pessoa dos livros: a realidade me assustava e atraía"

D) "de seus três filhos, dois serviram no Exército e desapareceram nos primeiros meses da guerra"

E) "Tanto que isso ficou comigo: quem conta a guerra são as mulheres"

COMENTÁRIOS:

Alternativa "a" – Tínhamos vivido: pretérito mais-que-perfeito composto do indicativo (formado pelo pretérito imperfeito do indicativo + particípio)/saibamos: presente do subjuntivo.

Alternativa "b" – Imaginamos: presente do indicativo/teremos: futuro do presente do indicativo.

Alternativa "c" – Fui: pretérito perfeito do indicativo/assustava: pretérito imperfeito do indicativo.

Alternativa "d" – Serviram e desapareceram: pretérito perfeito do indicativo.

Alternativa "e" – Ficou: pretérito perfeito do indicativo/conta e são: presente do indicativo.

Resposta: D

◉ FRAGMENTO DE TEXTO PARA RESPONDER À QUESTÃO.

Entre todos os fatores técnicos da mobilidade, um papel particularmente importante foi desempenhado pelo transporte da informação — o tipo de comunicação que não envolve o movimento de corpos físicos ou só o faz secundária e marginalmente. **Desenvolveram-se**, de forma consistente, meios técnicos que também permitiram à informação viajar independentemente dos seus portadores físicos — e independentemente também dos objetos sobre os quais informava: meios que libertaram os "significantes" do controle dos "significados".

Zygmunt Bauman. Globalização: as consequências humanas. Trad. Marcus Penchel. Rio de Janeiro: Zahar, 1999 (com adaptações).

09. (Cebraspe – Técnico Ministerial – MPE CE - 2020 - adaptada) O termo "Desenvolveram-se" poderia ser substituído pela locução **Foram desenvolvidos**, sem prejuízo do sentido e da correção gramatical do texto.

( ) Certo ( ) Errado

2 Trechos retirados do texto - Svetlana Aleksiévitch. A guerra não tem rosto de mulher. Companhia das Letras, 2016, p. 9-11 (com adaptações).

COMENTÁRIOS:

Em "desenvolveram-se meios técnicos", a oração está na voz passiva sintética (verbo transitivo direto + pronome apassivador *se*); em "foram desenvolvidos meios técnicos", a oração permanece na voz passiva, mas passa para a forma analítica (verbo *ser* + particípio). O sentido passivo é mantido e a correção gramatical também, pois a concordância verbal é mantida com o sujeito. Coloque a oração na ordem direta (iniciando-a com o sujeito): Meios técnicos forma desenvolvidos.

Resposta: Certo.

1.3. QUESTÕES - NÍVEL SUPERIOR

FRAGMENTO DE TEXTO PARA RESPONDER À QUESTÃO.

(...) Enquanto prestava minuciosa atenção ao movimento dos guindastes no porto, deixou o pensamento emaranhar-se livremente em sua própria trama. **Formara, havia tempos, a ideia de que momentos de solidão eram propícios à reflexão**. Sentado naquele banco, acabara por concluir que isso não se aplicava a si próprio. A forma mais comum como transcorria sua vida mental era a de um fluxo semienlouquecido de imagens acompanhado de diálogos inteiramente fantásticos. Não se julgava capaz de uma reflexão puramente racional, o que, para um policial, era no mínimo embaraçoso.

Luiz Alfredo Garcia-Roza. O silêncio da chuva. Companhia das Letras, 2005 (com adaptações).

10. (Cespe/Cebraspe - DPE DF - Auditoria/2022 - adaptada) No período "Formara, havia tempos, a ideia de que momentos de solidão eram propícios à reflexão", o trecho "Formara, havia tempos" poderia ser substituído por **Formou, há tempos**, sem prejuízo dos sentidos originais e da correção gramatical do texto.

( ) Certo ( ) Errado

COMENTÁRIOS:

A gramática continuaria correta, mas o sentido seria alterado.

O verbo no pretérito mais-que-perfeito do indicativo refere-se a uma ação passada que possui relação com outra ação também passada (deixou). O pretérito perfeito (formou) refere-se apenas a uma ação já concluída, finalizada.

Resposta: Errado.

FRAGMENTO DE TEXTO PARA RESPONDER À QUESTÃO.

Em **O processo**, a antevisão do inferno em que se transformaria a burocracia moderna, das culpas imputadas, da tortura anônima e da morte que caracterizam os regimes totalitários do século vinte já é um lugar-comum. O trucidamento (literal) de que K. tornou-se um ícone do homicídio político. "A colônia penal" de Kafka transformou-se em realidade pouco depois de sua morte, quando também os temas da aniquilação e dos "vermes", de sua **Metamorfose**, adquiriram macabra realidade. A realização concreta de suas premonições, com pormenores de clarividência, está indissociavelmente relacionada às suas fantasias aparentemente desvairadas. Haveria algum sentido em pensar que, de alguma forma, as previsões claramente formuladas na ficção de Kafka, em **O processo** principalmente, **teriam contribuído** para que de fato ocorressem? Seria possível que uma profecia articulada de maneira tão impiedosa tivesse outro destino que não a sua realização? As três irmãs de K. e sua Milena morreram em campos de concentração. O judeu da Europa Central que Kafka ironizou e celebrou foi extinto de maneira abominável. (...)

George Steiner. Um comentário sobre O processo de Kafka. In: Nenhuma paixão desperdiçada. Tradução de Maria Alice Máximo. Rio de Janeiro: Record, 2001 (com adaptações).

---

11. (Cespe/Cebraspe - DPE DF - Auditoria/2022) No quinto período do texto, a locução verbal "teriam contribuído" poderia ser substituída por **contribuiriam**, sem prejuízo da correção gramatical do texto.

( ) Certo ( ) Errado

COMENTÁRIOS:

O **futuro do pretérito composto do indicativo** é conjugado com o verbo "ter" ou "haver" no futuro do pretérito indicativo + particípio e possui o mesmo valor do futuro do pretérito do indicativo simples.

As previsões **teriam contribuído** para que ocorressem = as previsões **contribuiriam**.

Ele **teria estudado** ontem de não tivesse perdido a hora = ele **estudaria**.

Resposta: Certo.

FRAGMENTO DE TEXTO PARA RESPONDER À QUESTÃO.

Na ótica da saúde pública, pode-se conceituar a política de redução de danos como um conjunto de estratégias que visam minimizar os danos causados pelo uso de diferentes drogas, sem necessariamente exigir a abstinência de seu uso. Vale dizer, **enquanto não for possível ou desejável a abstinência**, outros agravos à saúde podem ser evitados, como, por exemplo, as doenças infectocontagiosas transmissíveis por via sanguínea, tais quais as hepatites e HIV/AIDS. (...)

Maurides de Melo Ribeiro. Drogas e redução de danos. São Paulo: Editora Saraiva, 2013, p. 45-46 (com adaptações).

---

12. (Cebraspe – MJ SP – Técnico em pesquisa e análise de dados - 2022 - adaptada) A oração "enquanto não for possível ou desejável a abstinência" (segundo período) expressa uma vontade, haja vista o emprego do modo subjuntivo em "for".

( ) Certo ( ) Errado

COMENTÁRIOS:

O verbo "ser" está conjugado no **futuro do subjuntivo** e indica uma **ação futura duvidosa.** Apenas o modo imperativo (afirmativo ou negativo) expressa vontade, pedido, sugestão ou conselho.

Resposta: Errado.

◉ FRAGMENTO DE TEXTO PARA RESPONDER À QUESTÃO.

(...) E, no entanto, sonha-se. Sonha-se muito e a granel, sonha-se sofregamente apesar das luzes e dos ruídos da cidade, da incessante faina da vida e da tristeza das perspectivas. (...)

Sidarta Ribeiro. O oráculo da noite: a história e a ciência do sonho. São Paulo: Companhia das Letras, 2019, p. 19-20 (com adaptações).

13. (Cebraspe – PG DF – Analista Jurídico – Administração – 2021 - adaptada) A construção "sonha-se", presente três vezes no último parágrafo do texto, indica que a ação verbal é resultado da intervenção de um agente cuja referência é indefinida.

( ) Certo ( ) Errado

COMENTÁRIOS:

Nos três casos, o verbo *sonhar* é intransitivo. Nos dois últimos casos, o verbo está anteposto a adjunto adverbial. O "se", em todos os casos, é classificado como índice de indeterminação do sujeito. Isso indica que a ação verbal não é resultado da intervenção de um agente.

Dica: para que houvesse intervenção de um agente, a oração deveria estar na voz passiva analítica (verbo *ser* + particípio) – Foi sonhado por alguém.

Resposta: Certo.

◉ FRAGMENTO DE TEXTO PARA RESPONDER À QUESTÃO.

Socorro

Socorro, eu não estou sentindo nada.

Nem medo, nem calor, nem fogo,

não vai dar mais pra chorar

nem pra rir. (...)

Alice Ruiz. Socorro, 1986.

14. (Cebraspe – SEED/Paraná – Professor – 2021 - adaptada) Acerca da locução verbal presente no verso "não vai dar mais pra chorar", é correto afirmar que

I a flexão de modo é dada pelo verbo principal, que está no imperativo negativo.

II a flexão de número é dada pelo verbo principal, que está no singular.

III a flexão de tempo ocorre no verbo auxiliar, que está no presente.

IV a flexão de pessoa ocorre no verbo auxiliar, que está na terceira pessoa.

Estão certos apenas os itens

A) I e II.

B) I e IV.

C) III e IV.

D) I, II e III.

E) II, III e IV.

COMENTÁRIOS:

I. Errado. O verbo principal está no infinitivo: "dar".

II. Errado. A flexão de número é dada pelo verbo auxiliar: terceira pessoa do singular.

III. Certo. "Vai": verbo auxiliar no **presente do indicativo**.

IV. Certo. "Vai": eu vou, tu vais, **ele vai** – terceira pessoa do singular.

Alternativa "a" – I e II: errados.

Alternativa "b" – Apenas o item IV está correto.

Alternativa "c" – III e IV estão corretos.

Alternativa "d" – I e II: errados.

Alternativa "e" – II: errado.

Resposta: C

CHARGE PARA RESPONDER À QUESTÃO.

15. (Cebraspe – SEED/Paraná – Professor – 2021 - adaptada) A forma verbal "seja" está no modo subjuntivo e foi empregada em uma oração que expressa

A) desejo.

B) dúvida.

C) condição.

D) surpresa.

E) concessão.

↘ COMENTÁRIOS:

Nota da autora: O **modo subjuntivo** é usado para transmitir um acontecimento irreal, hipotético ou desejado, isto é, de possível realização, mas ainda incerto.

Alternativa "a" – A personagem deseja que o ano seja melhor.

Alternativa "b" – Não há dúvida quanto ao desejo. Ele realmente deseja.

Alternativa "c" – Não se trata de condição.

Alternativa "d" – Não é surpresa.

Alternativa "e" – As ideias não são opostas.

Resposta: A

⦿ FRAGMENTO DE TEXTO PARA RESPONDER À QUESTÃO.

Em vez disso, **gostaria** de propor uma reflexão sobre a ecologia das máquinas. Para dar início a essa ecologia das máquinas, precisamos primeiro voltar ao conceito de ecologia. Seu fundamento está na diversidade, já que é apenas com biodiversidade (ou multiespécies que incluam todas as formas de organismos, até mesmo bactérias) que os sistemas ecológicos podem ser conceitualizados. A fim de discutir uma ecologia de máquinas, precisaremos de uma noção diferente e em paralelo com a de biodiversidade — uma noção a que chamamos tecnodiversidade. (...)

Yuk Hui. Tecnodiversidade. São Paulo: Ubu Editora, 2020, p. 122-123 (com adaptações).

16. (Cebraspe - SERPRO – Analista – Tecnologia da Informação - 2021) No trecho "gostaria de propor uma reflexão sobre a ecologia das máquinas" (terceiro período), a forma verbal "gostaria" expressa uma incerteza.

( ) Certo ( ) Errado

↘ COMENTÁRIOS:

Nota da autora: Não é memorizar, é prestar atenção no contexto.

O futuro do pretérito do indicativo indica uma ação que é consequente de outra (voltar ao conceito), encontrando-se condicionada. Se voltar, podemos refletir.

Perceba que não cabe incerteza porque o autor propõe, nos períodos posteriores, a reflexão.

Resposta: Errado.

⦿ FRAGMENTO DE TEXTO PARA RESPONDER À QUESTÃO.

(...) É fácil rir de despesas tão grosseiramente excêntricas, cuja aparente falta de propósito utilitário dá a impressão de que, por comparação, pelo menos parte de nosso próprio consumo tem um caráter racional. Como os objetos adquiridos por esses pescadores parecem não ter função em seu meio, não conseguimos entender por que eles deveriam desejá-los. Por outro lado, **se eles colecionassem peças antigas de porcelana chinesa** e as enterrassem, como fazem os Ibans, seriam considerados sensatos, senão encantados, tal como os temas antropológicos normais. (...)

Alfred Gell. Recém-chegados ao mundo dos bens: o consumo entre os Gonde Muria. In: Arjun Appadurai (org). A vida social das coisas: mercadorias sob uma perspectiva cultural. Niterói: Eduff, 2008, p. 147-48 (com adaptações)

---

17. (Cebraspe – APEX – Analista Tecnologia da Informação – 2021 - adaptada) No trecho "se eles colecionassem peças antigas de porcelana chinesa", o modo da forma verbal "colecionassem" indica uma

A) hipótese.

B) avaliação.

C) vontade.

D) ordem.

COMENTÁRIOS:

Alternativa "a" – O modo subjuntivo indica hipótese, dúvida, incerteza. O tempo pretérito imperfeito desse modo indica condição, ou seja, hipótese.

Alternativa "b" – Não existe tempo verbal que se refira à avaliação.

Alternativa "c" – O imperativo afirmativo e negativo pode indicar desejo, vontade.

Alternativa "d" – O imperativo afirmativo e negativo indica ordem.

Resposta: A

FRAGMENTO DE TEXTO PARA RESPONDER À QUESTÃO.

Algumas das primeiras incursões pelos mundos paralelos ocorreram na década de 50 do século passado, graças ao trabalho de pesquisadores interessados em certos aspectos da mecânica quântica — teoria desenvolvida para explicar os fenômenos que ocorrem no reino microscópico dos átomos e das partículas subatômicas. A mecânica quântica quebrou o molde da mecânica clássica, que a antecedeu, ao firmar o conceito de que as previsões científicas são necessariamente probabilísticas. Podemos prever a probabilidade de alcançar determinado resultado ou outro, mas em geral não podemos prever qual deles acontecerá. Essa quebra de rumo com relação a centenas de anos de pensamento científico já é suficientemente chocante, mas há outro aspecto da teoria quântica que nos confunde ainda mais, embora desperte menos atenção. Depois de anos de criterioso estudo da mecânica quântica, e depois da acumulação de uma pletora de dados que confirmam suas previsões probabilísticas, ninguém até hoje soube explicar por que razão apenas uma das muitas resoluções possíveis de qualquer situação que se **estude** torna-se real. (...)

Brian Greene. A realidade oculta: universos paralelos e as leis profundas do cosmo. José Viegas Jr. (Trad.) São Paulo: Cia das Letras, 2012, p. 15-16 (com adaptações)

18. (Cebraspe – Ministério da Economia Tecnologia da Informação - 2020) No quinto período do texto, a forma verbal "estude" expressa uma exigência.

( ) Certo ( ) Errado

COMENTÁRIOS:

Nota da autora: Verbos no imperativo (afirmativo ou negativo) expressam exigência.

No trecho, o verbo foi conjugado no **presente do subjuntivo**: que eu estude, que tu estudes, que ele estude. A ação indica dúvida, suposição.

Resposta: Errado.

1.4. QUESTÕES - CARREIRAS FISCAIS

19. (CEBRASPE – Auditor Fiscal – Prefeitura Aracaju – 2021 - adaptada) Os sentidos seriam mantidos caso, no trecho "De um dia para o outro, parecia que a peste se tinha instalado confortavelmente no seu paroxismo[3]", a locução "tinha instalado" fosse substituída por

A) instalara.

B) instalava.

C) instalou.

D) instalasse.

E) instalaria.

COMENTÁRIOS:

Nota da autora: Existe um tempo composto formado pelo pretérito imperfeito do indicativo (tinha - auxiliar) + verbo no particípio (instalado - principal). O tempo é o pretérito mais-que-perfeito composto do indicativo.

Alternativa "a" – O tempo pretérito mais que perfeito do indicativo equivale ao pretérito mais-que-perfeito simples: instalara.

Alternativa "b" – Não equivale ao pretérito imperfeito do indicativo – ação prolongada.

Alternativa "c" – É impossível equivaler ao pretérito perfeito – ação concluída.

Alternativa "d" – Se o modo no composto é indicativo, não pode equivaler ao subjuntivo.

Alternativa "e" – O futuro do pretérito simples do indicativo equivale ao futuro do pretérito composto do indicativo.

Resposta: A

---

3 Albert Camus. A peste. Internet: <www.ihu.unisino.br> (com adaptações)

◉ FRAGMENTO DE TEXTO PARA RESPONDER À QUESTÃO.

D. Amélia conformava-se com as impertinências do marido. Cada vez mais sentia ela que a doença do seu Lula morreria com ele. Não lutou mais, não sofreu mais. Era tudo como Deus quisesse. A vida que tinha que viver seria aquela, sem outro remédio que vivê-la. Tinha pena da filha, mas ao mesmo tempo para que lhe desejar casamento que fosse como o seu? Para que **ligar-se** a um homem que viesse **magoá-la, arrancar-lhe** a paz de espírito? (...)

José Lins do Rego. Fogo morto. 47.ª ed. Rio de Janeiro: José Olympio, 1957, p. 164.

20. (Cebraspe – TCE RJ – Analista Controle Externo - 2021 - adaptada) Em "ligar-se", "magoá-la" e "arrancar-lhe", as formas verbais estão no modo infinitivo.

( ) Certo ( ) Errado

COMENTÁRIOS:

Ligar: infinitivo; viesse **magoá**-la = viesse magoar alguém (verbo principal da locução – está no infinito e só perdeu a consoante "r" por ter ocorrido acréscimo do pronome oblíquo); viesse **arrancar**-lhe (verbo principal da locução – está no infinitivo).

Resposta: Certo.

◉ FRAGMENTO DE TEXTO PARA RESPONDER À QUESTÃO.

(...) Os prefeitos e gestores dos municípios perceberam que, isoladamente, era mais complicado enfrentar as decisões judiciais. Por meio do consórcio intermunicipal, **criou-se** um padrão comum de atuação, que evitou sobreposições de pedidos e racionalizou gastos e investimentos.

Bruno De Pierro. Demandas crescentes. In: Revista Pesquisa FAPESP, 18 (252), fev. 2017, p. 18-22 (com adaptações).

21. (Cebraspe – TCE RJ – Analista Controle Externo - 2021 - adaptada) Sem prejuízo da correção gramatical do texto, o termo "criou-se" poderia ser substituído pela locução **foi criado**.

( ) Certo ( ) Errado

COMENTÁRIOS:

A oração foi transposta da voz passiva sintética (verbo transitivo direto + se) para a voz passiva analítica (verbo *ser* + particípio). Não há prejuízo da correção gramatical porque concorda com o sujeito nos dois casos: criou-se **um padrão comum** e **um padrão comum** foi criado.

Resposta: Certo.

1.5. QUESTÕES MISTAS

22. (CESPE/CEBRASPE – Analista Judiciário – Direito – TJ AM – 2019 – adaptada) A substituição da forma verbal "estaria" por **estava** não modificaria os sentidos originais do fragmento do texto.

(*Em 1996, no artigo Contratos inteligentes, o criptógrafo Nick Szabo predizia que a Internet mudaria para sempre a natureza dos sistemas legais. A justiça do futuro, dizia,* ***estaria*** *baseada em uma tecnologia chamada contratos inteligentes.*[4])

( ) certo ( ) errado

COMENTÁRIOS:

Analisemos todos os tempos e modos verbais para entender melhor: predizia = pretérito imperfeito do indicativo (ação contínua); mudaria = futuro do pretérito do indicativo (ação condicional); dizia = pretérito imperfeito do indicativo (ação contínua); **estaria** = **futuro do pretérito do indicativo** (ação condicional). A ideia original é de que a justiça do futuro poderia estra baseada em uma tecnologia chamada contratos inteligentes, ou seja, é uma condição e a forma verbal não pode ser substituída por uma ação contínua. Os sentidos seriam modificados.

Resposta: Errado.

23. (CESPE/Cebraspe – Analista Judiciário de Procuradoria – PGE PE – 2019 – adaptada) A coerência e a correção gramatical do trecho seriam preservadas se a forma verbal "mudaram" fosse substituída por **mudam.**

(Raras vezes na história humana, o trabalho, a riqueza, o poder e o saber mudaram simultaneamente.[5])

( ) certo ( ) errado

COMENTÁRIOS:

Trata-se de presente histórico: o verbo no presente do indicativo pode se referir a uma ação passada. É utilizado para dar maior vivacidade ao fato.

Resposta – Certo

4 Federico Ast. Como faremos justiça? – A chegada dos contratos inteligentes. In: ÉPOCA negócios. 9/12/2018. Internet: <https://epocanegocios.globo.com> (com adaptações).

5 Domenico de Masi. Alfabeto da sociedade desorientada: para entender o nosso tempo. Trad. Silvana Cobucci e Federico Carotti. São Paulo: Objetiva, 2017, p. 93-4 (com adaptações).

JULGUE O SEGUINTE ITEM, CONSIDERANDO OS ASPECTOS GRAMATICAIS DO CARTAZ PRECEDENTE VEICULADO PELO MINISTÉRIO PÚBLICO FEDERAL, NO ÂMBITO DO PROJETO AMAZÔNIA PROTEGE.

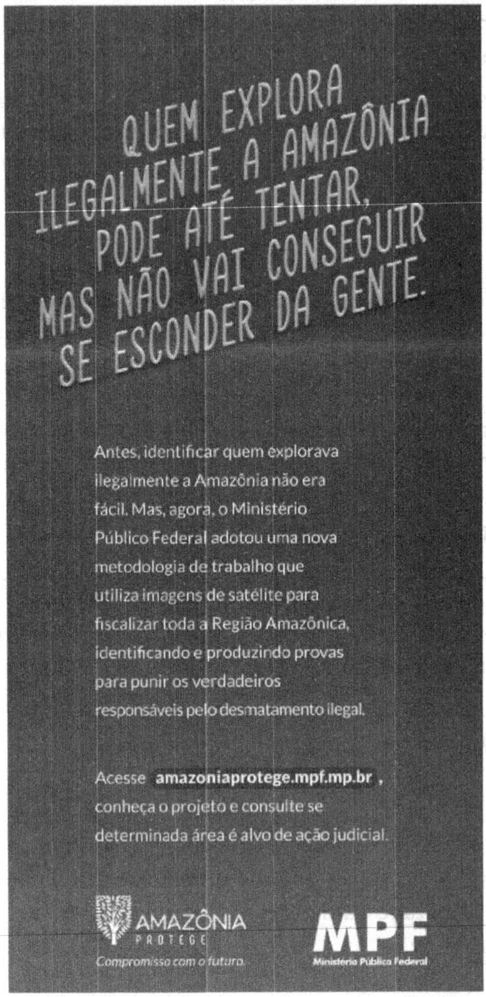

Internet: <www.amazoniaprotege.mpf.mp.br> (com adaptações).

24. (Cespe – Procurador Municipal – Pref. de Boa Vista – RR/2019) As formas verbais “Acesse”, “conheça” e “consulte” caracterizam-se por uma uniformidade na flexão de modo e de pessoa.

( ) certo ( ) errado

COMENTÁRIOS:

Os três verbos estão conjugados na terceira pessoa do singular do modo imperativo afirmativo.

Presente do subjuntivo	Imperativo afirmativo	Presente do subjuntivo	Imperativo afirmativo	Presente do subjuntivo	Imperativo afirmativo
Que eu acesse	X	Que eu conheça	X	Que eu consulte	X
Que tu acesses	Acessa tu (do presente do indicativo menos o "s")	Que tu conheças	Conhece tu	Que tu consultes	Consulta tu
Que ele acesse →	Acesse você	Que ele conheça →	Conheça você	Que ele consulte →	Consulte você

Resposta: Certo

◉ FRAGMENTO DE TEXTO PARA JULGAR O ITEM.

O preconceito é um fenômeno que se verifica quando um sujeito discrimina ou exclui outro, a partir de concepções equivocadas, oriundas de hábitos, costumes, sentimentos ou impressões. O preconceito decorre de incompatibilidades entre a pessoa e o ato que ela executa. Isso quer dizer que, se houver uma ideia favorável de uma pessoa, tudo o que ela fizer ou disser pode ser aceito, mesmo que o que disser ou fizer **seja** errado, falso ou impreciso.

Marli Quadros Leite. Preconceito e intolerância na linguagem. São Paulo: Contexto, 2012, p. 27-9 (com adaptações).

25. (Cespe – Procurador Municipal – Pref. de Boa Vista – RR/2019) Seria prejudicada a correção gramatical do texto caso a forma verbal "seja" fosse substituída por *for*.

( ) certo ( ) errado

COMENTÁRIOS:

Mesmo que **seja** errado: presente do subjuntivo; mesmo que **for** errado: futuro do subjuntivo. O tempo é alterado do presente para o futuro e isso prejudica a correção gramatical.

Resposta: Certo

26. (CESPE/CEBRASPE – Policial Rodoviário Federal – 2019 – adaptada) A correção gramatical e os sentidos do trecho seriam mantidos caso a forma verbal "existia" fosse substituída por **existisse**.

(*Não consigo pensar em um cargo público mais empolgante que o desse homem. Claro que o cargo, se **existia**, já foi extinto, e o homem da luz já deve ter se transferido para o mundo das trevas eternas.*[6])

( ) certo ( ) errado

6 Reinaldo Moraes. "Luz! Mais luz". Internet: <www.nexojornal.com.br> (com adaptações).

↘ COMENTÁRIOS:

O tempo foi alterado de pretérito imperfeito do indicativo (existia) para pretérito imperfeito do subjuntivo.

DICA – poderia ser utilizado o tempo condicional (imperfeito do subjuntivo), caso fosse alterado o tempo posterior: se **existisse**, já **teria** sido extinto. Indicam condição: pretérito imperfeito do subjuntivo e futuro do pretérito do indicativo.

Resposta: Errado.

---

27. (CESPE/CEBRASPE – SEFAZ RS – Auditor Fiscal – 2019 – adaptada) Os sentidos originais e a correção gramatical seriam preservados se a forma verbal "invertera" (Liszt, no entanto, registraria que um erro tipográfico **invertera**, no programa do concerto, os nomes de Pixis e Beethoven...[7]) fosse substituída por

A) inverteria.

B) teria invertido.

C) invertesse.

D) havia invertido.

E) houve de inverter.

↘ COMENTÁRIOS:

Nota da autora: Questão de tempos compostos.

Alternativa "a" – O pretérito mais-que-perfeito do indicativo não equivale ao futuro do pretérito do indicativo – tempo condicional.

Alternativa "b" – Passaria para o futuro do pretérito composto do indicativo e alteraria o sentido.

Alternativa "c" – Não equivale ao pretérito imperfeito do subjuntivo – tempo condicional.

Alternativa "d" – O pretérito mais-que-perfeito do indicativo (invertera) equivale ao pretérito mais-que-perfeito composto do indicativo – formado pelo verbo auxiliar *ter* ou *haver* conjugado no pretérito imperfeito do indicativo + o particípio (havia invertido).

Alternativa "e" – Não se trata de tempo composto, pois não é formado com auxiliar + particípio.

Resposta: D

---

28. (CESPE - STM - Técnico Judiciário – Área Administrativa – 2018- adaptada) A forma verbal "passara" (*O Zoológico de Sapucaia do Sul abrigou um dia um macaco chamado Alemão. Em um domingo de Sol, Alemão conseguiu abrir o cadeado de sua jaula e escapou. O largo horizonte do mundo estava à sua espera. As árvores do bosque estavam ao*

7 Charles Kiefer. O paradoxo de Pixis. In: Para ser escritor. São Paulo: Leya, 2010 (com adaptações).

*alcance de seus dedos. Ele **passara** a vida tentando abrir aquele cadeado.)* denota um fato ocorrido antes de duas outras ações também já concluídas, as quais são descritas nos dois períodos imediatamente anteriores ao período em que ela se insere.

( ) certo ( ) errado

COMENTÁRIOS

Nota da autora: O pretérito mais-que-perfeito do indicativo é usado para falar de ação pretérita concluída antes de outra ação do passado ter iniciado. Exemplo: Quando o candidato chegou, o fiscal **aparecera** na sala.

Errado – No trecho apresentado, os verbos antepostos não estão conjugados no pretérito perfeito do indicativo (esteve – ação concluída), mas sim no pretérito imperfeito do indicativo (*estava à sua espera* e *estavam ao alcance).* Isso indica que as ações se prolongam, não foram finalizadas, tornando errada a questão.

FRAGMENTO DO TEXTO CB1A1AAA[8] PARA RESPONDER À QUESTÃO.

Não sou de choro fácil a não ser quando descubro qualquer coisa muito interessante sobre ácido desoxirribonucleico. Ou quando acho uma carta que fale sobre a descoberta de um novo modelo para a estrutura do ácido desoxirribonucleico, uma carta que **termine** com "Muito amor, papai". Francis Crick descobriu o desenho do DNA e escreveu a seu filho só para dizer que "nossa estrutura é muito bonita". Estrutura, foi o que ele falou. Antes de despedir-se ainda disse: "Quando chegar em casa, vou te mostrar o modelo". Não esqueça os dois pacotes de leite, passe para comprar pão, guarde o resto do dinheiro para seus caramelos e, quando chegar, eu mostro a você o mecanismo copiador básico a partir do qual a vida vem da vida. (...)

29. (CESPE - STM - Analista Judiciário – Área Administrativa – 2018) A forma verbal "termine", que denota uma ação incerta ou irreal, foi empregada para indicar que a carta que Crick escreveu a seu filho, na realidade, não se encerra com as palavras 'Muito amor, papai'.

( ) certo ( ) errado

COMENTÁRIOS

Nota da autora: Questão de verbo e interpretação.

Errado – O verbo "terminar" está conjugado no presente do subjuntivo e denota ação incerta. O erro está ao afirmar que a carta não termina com as palavras entre aspas. Ora, ora, se estão entre aspas, é porque foram retiradas da carta, isto é, trata-se de uma citação.

30. (CESPE – TRF1 2017 - Técnico Judiciário - adaptada) A substituição das formas verbais "é" (Nem se pode dizer que toda contratação direta de advogado pelo poder público é

8 Matilde Campilho. Notícias escrevinhadas na beira da estrada. In: Jóquei. São Paulo: Editora 34, 2015, p. 26-7 (com adaptações).

lícita) e "deve" (nem se pode afirmar que toda e qualquer contratação de advogado deve ser precedida de licitação) por **seja** e **deva**, respectivamente, não alteraria a correção gramatical do texto.

( ) certo ( ) errado

COMENTÁRIOS

Certo – Por que os verbos podem ser conjugados no presente do subjuntivo? Simplesmente pelo fato de estarem ligados a uma conjunção integrante.

Lembre-se de que antes da conjunção integrante (*que* ou *se*) cabe a inserção do pronome catafórico "isto". A ideia é de que algo será mencionado. Veja: Nem se pode dizer **isto**; nem se pode afirmar **isto**. As ações das orações subordinadas substantivas são duvidosas e por esse motivo cabe o verbo no presente do subjuntivo: nem se pode dizer que toda contratação **seja** ilícita; nem se pode afirmar que toda e qualquer contratação **deva** ser precedida de licitação.

---

31. (CESPE – TRF1 2017 - Analista Judiciário – Áreas Administrativa e Judiciária - adaptada) Sem prejuízo da correção gramatical e do sentido original do texto, o trecho "são protegidos" (os animais **são protegidos** com a finalidade de garantir um hábitat saudável às atuais e futuras gerações humanas.[9]) poderia ser substituído por **protegem-se**.

( ) certo ( ) errado

COMENTÁRIOS

Errado – Em "são protegidos", a oração está na voz passiva (alguém protege os animais). Caso substitua por "protegem-se", a oração para a voz reflexiva (protegem a si mesmos, a si próprios). Não há incorreção gramatical, mas o sentido é alterado.

---

32. (CESPE – Técnico Judiciário – TRE BA/2017 - adaptada) A correção gramatical, a coerência e o sentido do trecho do texto de Moacir Gadotti[10] - "Esta tem sido uma prática, sobretudo no nível do poder local, que **tem ajudado** na construção de uma democracia participativa"-, seriam mantidos caso a forma verbal "tem ajudado" fosse substituída por

a) vem ajudando.

b) ajudou.

c) ajudaria.

d) vinha ajudando.

e) pode ajudar.

---

9 Nathalie Santos Caldeira Gomes. Ética e dignidade animal. Internet: <www.publicadireito.com.br> (com adaptações).

10 Moacir Gadotti. Escola cidadã – educação para e pela cidadania. Internet: <http://acervo.paulofreire.org> (com adaptações).

COMENTÁRIOS

Alternativa correta: letra "a" – 1. O verbo está no tempo composto: pretérito perfeito composto do indicativo e se refere a um fato que tem ocorrido com frequência; 2. Formam o tempo composto os verbos TER e HAVER + particípio; 3. Ao substituir o verbo "tem" por "vem", passa-se a ter uma locução verbal que também indica um fato que tem ocorrido com frequência, não alterando o sentido da informação, nem a coerência, nem a correção gramatical.

Alternativa "b" – O pretérito perfeito do indicativo indica fato passado, concluído.

Alternativa "c" – O futuro do pretérito do indicativo refere-se a fato condicional.

Alternativa "d" – Passa para o pretérito imperfeito do indicativo, ou seja, uma ação contínua.

Alternativa "e" – Perde a ideia de ação que ocorre com frequência e passa a indicar dúvida: pode acontecer, não se sabe se realmente ajudará.

TRECHO PARA A QUESTÃO.

(...) Da parte de um juiz tão competente em matérias literárias este ato é honroso para o Sr. Oliveira.

Estamos ansiosos por ler a peça do Sr. Oliveira, e ficamos certos de que ela fará a fortuna de qualquer teatro. (...)

Machado de Assis. A mulher de preto. In: *Contos fluminenses*. São Paulo: Globo, 1997 (com adaptações).

33. (CESPE – Analista do Seguro Social – INSS 2016) A oração introduzida pela preposição "por" remete a uma ação anterior ao estado descrito na oração "Estamos ansiosos".

( ) Certo ( ) Errado

COMENTÁRIOS

Errado

Estamos (verbo de ligação) ansiosos (predicativo do sujeito) **por** algo = oração subordinada substantiva completiva nominal reduzida de infinitivo. As formas nominais – infinitivo, gerúndio e particípio – não indicam tempo e CESPE analisou isso. Aprofundando para não haver dúvida: a ação seria posterior e não anterior (ainda não lemos, leremos).

34. (CESPE - Analista do Seguro Social - INSS 2016) A substituição de "destacou-se" (Pena ganhou evidência como comediógrafo a partir de 1838, ano em que foi encenada sua peça O Juiz de Paz na Roça. Embora tenha produzido alguns dramas, destacou-se de fato pelas suas comédias e farsas) por **foi destacado** prejudicaria o sentido original do período.

( ) Certo ( ) Errado

COMENTÁRIOS

Certo – Em *destacou-se*, o pronome é parte integrante do verbo. Transpondo para a voz passiva analítica (verbo ser + particípio), o sentido é alterado, pois afirma que ele foi destacado (por alguém). Facilitando: Pena se destacou por méritos próprios e alguém destacou Pena.

◉ TRECHO PARA O ITEM.

(...) Pedi a um dos homens ao lado da parede que me contasse como tinha sido sua viagem. Ele objetou. Membros do snakebody têm de jurar segredo aos snakeheads que organizam sua viagem. Tive de convencê-lo, concordando em usar um nome falso e camuflar outros aspectos de sua jornada. Depois de uma série de encontros e entrevistas, pelos quais paguei alguma coisa, a história de como Huang chegou a Prato emergiu lentamente.

James Kynge. *A China sacode o mundo*. São Paulo: Globo, 2007 (com adaptações).

35. (Cespe – Agente de Polícia Federal – DPF/2014) A correção gramatical do texto seria preservada caso se substituísse a locução "tinha sido" pela forma verbal fora.

( ) Certo ( ) Errado

↘ *COMENTÁRIOS*

Certo – "Tinha sido" = pretérito mais-que-perfeito composto (ter/haver + particípio); "fora" = pretérito mais-que-perfeito simples. As formas são equivalentes, ou intercambiais.

Parte IV
SINTAXE

Capítulo 1

Análise Sintática

◉ TEXTO PARA RESPONDER À QUESTÃO.

Há muitas especulações sobre qual meio de transporte teria sido "inventado" primeiro, desde o início da evolução humana, antes mesmo do surgimento da escrita. Referentemente a esse período, o fato é que muito pouco pode ser comprovado, o que nos deixa com algumas hipóteses e poucas certezas.

É provável que o ser humano tenha pensado em formas de solucionar problemas como transportar sua caça ou transpor obstáculos, mas afirmar com exatidão que isso se transformou em algum meio de transporte da forma como conhecemos hoje é bem mais complicado.

Sabemos que o homem pré-histórico se deslocava em função do clima e da oferta de alimentos. Os pés humanos foram os primeiros responsáveis por esses deslocamentos. A melhor solução para o transporte a partir dessa época surgiu com a domesticação de animais selvagens. O homem pode ter notado a facilidade de lidar com determinadas espécies animais a ponto de utilizar sua força para transportar seus pertences.

Oswaldo Dias dos Santos Junior. Transportes turísticos. Curitiba, InterSaberes, 2014, p. 20 (com adaptações).

---

01. (Cebraspe - ANTT – Especialista em Regulação de Serviços - 2024) Os termos preposicionados "a esse período" (segundo período do primeiro parágrafo) e "de alimentos" (primeiro período do terceiro parágrafo) desempenham a mesma função sintática nas orações em que ocorrem.

( ) certo ( ) errado

COMENTÁRIOS:

No texto: Referentemente a esse período [...] o homem pré-histórico se deslocava em função do clima e da oferta de alimentos.

- Referentemente = advérbio; a esse período: complemento nominal.
- oferta de alimentos = "oferta" é um substantivo e "de alimentos" possui sentido passivo (os alimentos são ofertados): complemento nominal.

Dicas:

1. Quando o termo preposicionado estiver ligado a um substantivo, é necessário saber se o termo preposicionado possui sentido ativo, ou passivo.

   Ativo = Adjunto Adnominal – substantivo concreto ou abstrato.

Passivo = complemento nominal – substantivo abstrato.

2. Se o termo preposicionado estiver ligado a um advérbio, ou a um adjetivo: complemento nominal.

Resposta: Certo

◉ FRAGMENTO DE TEXTO PARA RESPONDER À QUESTÃO.

Devemos salientar mais uma vez o caráter essencial dos sentimentos negativos. Manifestações populares e mudança social advêm do acúmulo de muitos cidadãos irritados e ofendidos. Ocultar sentimentos negativos sob o tapete do pensamento positivo significa estigmatizar e tornar vexaminosa a estrutura emocional do mal-estar social e da instabilidade. Alguns dirão que **optamos** por privar trabalhadores dos benefícios da ciência do bem-estar em troca do aceno de uma ideia vaga de consciência coletiva. A felicidade, como alguns empiristas ferrenhos afirmarão, é o único bem tangível em que **podemos** pôr as mãos aqui e agora. Nossa resposta e nossa objeção final podem ser encontradas na famosa refutação do utilitarismo do filósofo Robert Nozick. (...)

Edgar Cabanas e Eva Illouiz. Happycracia: fabricando cidadãos felizes. São Paulo: Ubu, 2022, p. 274-275 (com adaptações).

02. (Cebraspe - ANVISA – Especialista em Regulação - 2024) Os sujeitos das formas verbais “optamos” e “podemos” têm referentes distintos.

( ) certo ( ) errado

COMENTÁRIOS:

1. Alguns dirão que **optamos** por privar trabalhadores = sujeito de “optar”: elíptico ou implícito (nós); **refere-se aos autores** – Edgar Cabanas e Eva Illouiz.
2. é o único bem tangível em que **podemos** pôr as mãos = sujeito de “optar”: elíptico ou implícito (nós); **refere-se à sociedade, aos cidadãos em geral**.

Dica: está claro que não são apenas os autores que podem pôr as mãos. Eles e nós todos podemos.

Resposta: Certo

◉ FRAGMENTO DE TEXTO PARA RESPONDER À QUESTÃO.

(...) Como estudar a falta de conhecimento? Uma das respostas tem sido examinar as práticas correntes de ocultação de informações ou circulação de *fake news*, descrevendo essas atividades como exemplos da construção, produção ou fabricação da ignorância, quando, por exemplo, encobrem calamidades ou defendem que determinada droga não tem efeitos colaterais perigosos. Seria mais preciso falar de manutenção do que de produção da ignorância. (...)

Peter Burke. A ignorância na política. E a política da ignorância. Revista Piauí, ed. 168, 2020. Internet: <https://piaui.folha.uol.com.br/> (com adaptações).

03. (Cebraspe – CAPES – Analista em Ciência e em Tecnologia – 2024 - adaptada) No último período, a oração "falar de manutenção" funciona como complemento do termo "preciso", que está empregado como adjetivo no referido período.

( ) certo ( ) errado

COMENTÁRIOS:

No texto: *Seria mais preciso falar de manutenção do que de produção da ignorância.*

- O que seria mais preciso?

- Falar de manutenção do que [falar] de produção da ignorância. = sujeito oracional.

Coloque o período na ordem direta: falar de manutenção do que de produção da ignorância seria mais preciso.

Para ser complemento, deveria possuir a função de complemento nominal porque complementaria um nome (predicativo).

Resposta: Errado

FRAGMENTO DE TEXTO PARA RESPONDER À QUESTÃO.

A vida em sociedade trouxe para os seres humanos um aprendizado extremamente importante: não se poderiam resolver todas as questões pela força, era preciso usar a palavra para persuadir os outros a fazer alguma coisa. Por isso, o aparecimento da argumentação está ligado à vida em sociedade e, principalmente, ao surgimento das primeiras democracias. (...)

José Luiz Fiorin. Argumentação. 2.ª ed. revista e ampliada. São Paulo: Editora Contexto, 2022, p. 11 (com adaptações).

04. (Cebraspe – CAPES – Analista em Ciência e em Tecnologia – 2024 - adaptada) Ao empregar o vocábulo "se" em "não se poderiam resolver todas as questões pela força" (primeiro período), o autor, ao mesmo tempo, indetermina o sujeito gramatical da oração e omite o agente responsável pela ação expressa pelo verbo "resolver".

( ) certo ( ) errado

COMENTÁRIOS:

A oração está na voz passiva sintética: verbo transitivo direto + se.

Lê-se: não se resolveriam todas as questões.

Na passiva analítica: todas as questões não poderiam ser resolvidas.

O sujeito é simples e paciente (sofre a ação): todas as questões.

Resposta: Errado

TEXTO PARA RESPONDER À QUESTÃO.

As regiões metropolitanas e as grandes cidades brasileiras concentram hoje a atenção das autoridades de gestão territorial em nível local, regional e nacional.

O conhecimento da complexa realidade dessas áreas em suas múltiplas dimensões e de modo dinâmico torna-se imprescindível para geri-las de forma eficiente. Não se trata apenas do levantamento de dados brutos, mas da proficiente manipulação e interpretação desses dados a partir de processamentos quantitativos (matemáticos e lógicos) sobre uma base espacial, de forma a revelar características e processos intrínsecos aos fenômenos em análise. Dito de outra forma, não basta somente a confecção de mapas digitais coloridos ilustrando, por exemplo, a exclusão social de uma determinada cidade por quantis, mas é fundamental que, com o auxílio de técnicas apropriadas de análise espacial, se possam extrair tendências do padrão de manifestação da exclusão social de forma contínua no espaço. Ou ainda, não é suficiente apenas mapear a ocorrência de crimes em um sistema georreferenciado, mas sim estudá-los de forma dinâmica, entendendo a sua proliferação no espaço e no tempo em articulação com inúmeras variáveis socioeconômicas e biofísicas, e como as estradas podem atuar como vetores de expansão da criminalidade.

Nessa linha de pensamento, elaborar mapas estáticos de uso do solo urbano não mais atende às necessidades atuais dos gestores locais, mas é necessário que se permitam simulações de diferentes cenários futuros de expansão urbana e dinâmica de uso do solo em ambiente computacional. Aí reside o desafio da geoinformação em gestão urbana e regional, que pode ser entendida como um paradigma emergente na pesquisa multi e interdisciplinar que se dedica a explorar a extrema complexidade de problemas socioambientais em um ambiente de Sistemas de Informações Geográficas (SIG). Openshaw (2000) argumenta que a geoinformação não se reduz ao uso de técnicas computacionais para solucionar problemas espaciais, mas se refere, ao contrário, a uma forma totalmente nova de se fazer ciência em um contexto geográfico.

Cláudia Maria de Almeida, Gilberto Câmara e Antonio Miguel V. Monteiro (Org.). **Geoinformação em urbanismo. Cidade Real X Cidade Virtual**. São Paulo: Oficina de Texto, 2007, p. 5 e 6. (com adaptações).

---

05. (Cebraspe - CAU/BR - Advogado - 2024) O sujeito da oração apresentada no primeiro período do texto é "a atenção das autoridades de gestão territorial".

( ) certo ( ) errado

COMENTÁRIOS:

Primeiro período: *As regiões metropolitanas e as grandes cidades brasileiras concentram hoje a atenção das autoridades de gestão territorial em nível local, regional e nacional.*

Sujeito do verbo "concentram": *As regiões metropolitanas e as grandes cidades brasileiras;*

Verbo transitivo direto: *concentram;*

Adjunto adverbial de tempo: *hoje;*

Objeto direto do verbo "concentram": *a atenção das autoridades de gestão territorial;*

Adjunto adverbial: *em nível local, regional e nacional.*

Resposta: Errado.

◉ FRAGMENTO DE TEXTO PARA RESPONDER À QUESTÃO.

Em 1947, o físico brasileiro César Lattes causou grande impacto nos meios científicos internacionais e conquistou reconhecimento com sua descoberta que elucidou alguns problemas pendentes de solução no campo da radiação cósmica e confirmou a teoria do físico japonês Hideki Yukawa sobre a existência de uma partícula supostamente responsável pela ligação entre prótons e nêutrons nos núcleos atômicos. Esse último aspecto foi bastante para dar um relevo todo especial à descoberta, enriquecendo seu significado com a possibilidade de novas aberturas no controle das forças nucleares, tão cobiçado depois das explosões atômicas. (...)

Rodrigo Cunha. 60 anos do CNPq: da política nuclear ao desafio da descentralização. In: Ciência e Cultura, São Paulo, v. 63, n.º 2, 2011 (com adaptações).

06. (Cebraspe - CNPQ - Analista – 2024 - adaptada) O sujeito da forma verbal "confirmou" (primeiro período) é "César Lattes".

( ) certo ( ) errado

↘ COMENTÁRIOS:

No texto: Em 1947, o físico brasileiro César Lattes causou grande impacto nos meios científicos internacionais e conquistou reconhecimento com sua descoberta que elucidou alguns problemas pendentes de solução no campo da radiação cósmica e confirmou a teoria do físico japonês Hideki Yukawa sobre a existência de uma partícula supostamente responsável pela ligação entre prótons e nêutrons nos núcleos atômicos.

Venha comigo:

sujeito de "causou": o físico brasileiro César Lattes;

sujeito de "conquistou": o físico brasileiro César Lattes;

sujeito de "elucidou": o pronome relativo "que" o qual retoma "sua descoberta";

sujeito de "confirmou": o pronome relativo "**que**" o qual retoma "**sua descoberta**".

Lê-se: **sua descoberta** elucidou alguns problemas pendentes de solução no campo da radiação cósmica e **confirmou** a teoria do físico japonês.

Resposta: Errado

◉ TEXTO CB1A1-II

O conceito de civilização não pode ser precisamente definido, não apenas por ser um processo evolucionário, mas também por ter se manifestado de formas muito diferentes através dos tempos. Entre as civilizações antigas, havia múltiplas diferenças nas crenças religiosas, nos costumes sociais, nas formas de governo e na criação artística. Contudo, uma faceta de fundamental importância para todas elas era a tecnologia, que, em sentido mais amplo, pode significar a aplicação do conhecimento para finalidades práticas.

Hoje, a tecnologia é, na prática, sinônimo de ciência aplicada, mas as tecnologias básicas — tais como agricultura, construção, cerâmica, tecidos — foram originalmente empíricas e transmitidas de uma geração para outra, enquanto a ciência, no sentido de pesquisa sistemática das leis do universo, é um fenômeno relativamente recente. A tecnologia foi fundamental, já que proporcionava os recursos necessários para sociedades organizadas, e essas sociedades tornaram possíveis não apenas a divisão do trabalho — por exemplo, entre trabalhadores da terra, oleiros, marinheiros e similares —, como também um ambiente no qual puderam florescer as artes em geral, não necessárias à vida no dia a dia. A maioria dessas artes dependia de alguma espécie de suporte tecnológico: o escultor requeria ferramentas, o escritor necessitava de tinta e de papiro (ou papel, mais tarde), o dramaturgo precisava de teatros especialmente construídos.

Trevor I. Williams. História das invenções: do machado de pedra às tecnologias da informação. Tradução de Cristina Antunes. Atualização e revisão de William E. Schaaf, Jr. e Arianne E. Burnette. Belo Horizonte: Gutenberg, 2009, p. 12-13 (com adaptações).

---

07. (Cebraspe - INPI - Analista de Planejamento - 2024) No segundo período do primeiro parágrafo, a substituição de "havia" por **existia** manteria os sentidos do texto, mas prejudicaria a sua correção gramatical.

( ) certo ( ) errado

COMENTÁRIOS:

No texto: *havia múltiplas diferenças.*

Substituindo: existia múltiplas diferenças = errado.

O verbo "haver" é impessoal, ou seja, possui sentido de "existir". A oração não possui sujeito, o verbo é transitivo direto e "múltiplas diferenças" possui sentido de objeto direto.

Ao substituir por "existir", a oração passa a ter sujeito (múltiplas diferenças) e o verbo deve com ele concordar.

Correção: **existiam** múltiplas diferenças.

Resposta: Certo

TEXTO CB1A1-III

Toda língua satisfaz à necessidade humana de comunicação. Embora muitas pessoas do mundo de hoje sejam tentadas a gastar mais tempo em mídias sociais do que talvez deveriam, é o impulso das trocas linguísticas que as está levando a essa situação. Não importa o quão ocupadas algumas pessoas estejam, é difícil não participarem de alguma conversa na tela à sua frente, para opinar sobre assuntos dos quais elas sabem pouco e se importam menos ainda. Seja por meio de conversas informais, da absorção de informações vindas da televisão, da discussão de jogos ou da leitura/escrita de romances, falar e escrever conecta os humanos, de modo ainda mais íntimo, em uma comunidade.

Daniel Everett. Linguagem: a história da maior invenção da humanidade. Tradução de Mauricio Resende. São Paulo: Editora Contexto, Belo Horizonte: Gutenberg, 2019, p. 12-13 (com adaptações).

08. (Cebraspe - INPI - Analista de Planejamento - 2024) Os termos preposicionados "à necessidade" (primeiro período), "na tela" (terceiro período) e "de romances" (quarto período) desempenham diferentes funções sintáticas.

( ) certo ( ) errado

COMENTÁRIOS:

As funções são distintas.

1. satisfaz à necessidade = objeto indireto;
2. é difícil não participarem de alguma conversa na tela = adjunto adverbial de lugar;
3. discussão de jogos ou da leitura/escrita de romances = complemento nominal.

Resposta: Certo

09. (Cebraspe - INPI - Analista de Planejamento - 2024) As orações "o quão ocupadas algumas pessoas estejam" e "não participarem de alguma conversa na tela à sua frente", no terceiro período, são ambas orações que exercem a função de sujeito.

( ) certo ( ) errado

COMENTÁRIOS:

1. Não importa o quão ocupadas algumas pessoas estejam = sujeito de "não importa";
2. é difícil não participarem de alguma conversa na tela à sua frente = sujeito de "é difícil".

Resposta: Certo

TEXTO 11A1

Trabalho e educação são atividades especificamente humanas. Isso significa que, rigorosamente falando, apenas o ser humano trabalha e educa. Assim, a pergunta sobre os fundamentos ontológicos da relação trabalho-educação traz imediatamente à mente a questão: quais são as características do ser humano que lhe permitem realizar as ações de trabalhar e de educar? Ou: o que é que está inscrito no ser do humano que lhe possibilita trabalhar e educar?

Perguntas desse tipo pressupõem que o ser humano esteja previamente constituído como ser que possui propriedades que lhe permitem trabalhar e educar. Pressupõe-se, portanto, uma definição de ser humano que indique em que ele consiste, isto é, sua característica essencial a partir da qual se possa explicar o trabalho e a educação como atributos desse ser. E, nesse caso, fica aberta a possibilidade de que trabalho e educação sejam considerados atributos essenciais do ser humano, ou acidentais.

Na definição de ser humano mais difundida (animal racional), o atributo essencial é dado pela racionalidade, consoante o significado clássico de definição estabelecido por Aristóteles: uma definição dá-se pelo gênero próximo e pela diferença específica. Pelo gênero próximo, indica-se aquilo que o objeto definido tem em comum com outros seres de espécies diferentes (no caso em tela, o gênero animal); pela diferença específica, indica-se a espécie, isto é, o que distingue determinado ser dos demais que pertencem ao mesmo gênero (no caso do ser humano, a racionalidade). Consequentemente, sendo o ser humano definido pela racionalidade, é esta que assume o caráter de atributo essencial desse ser.

Ora, assim entendido o ser humano, vê-se que, embora trabalhar e educar possam ser reconhecidos como atributos humanos, eles o são em caráter acidental, e não substancial. Com efeito, o mesmo Aristóteles, considerando como próprio do ser humano o pensar, o contemplar, reputa o ato produtivo, o trabalho, como uma atividade não digna de seres humanos livres.

Diversamente, Bergson, ao analisar o desenvolvimento do impulso vital na obra **Evolução criadora**, observa que "torpor vegetativo, instinto e inteligência" são os elementos comuns às plantas e aos animais. E, definindo a inteligência pela fabricação de objetos, fenômeno identificado como comum aos animais, encontra no ser humano a particularidade da fabricação de objetos artificiais, o que lhe permite avançar à seguinte conclusão: "Se pudéssemos nos despir de todo orgulho, se, para definir nossa espécie, nos ativéssemos estritamente ao que a história e a pré-história nos apresentam como a característica constante do ser humano e da inteligência, talvez não disséssemos *Homo sapiens*, mas *Homo faber*. Em conclusão, a inteligência, encarada no que parece ser o seu empenho original, é a faculdade de fabricar objetos artificiais, sobretudo ferramentas para fazer ferramentas, e de diversificar ao infinito a fabricação delas".

Demerval Saviani. **Trabalho e educação**: fundamentos ontológicos e históricos. Internet: <www.https://www.scielo.br/> (com adaptações).

---

10. (Cebraspe - MP TO - Analista Ministerial - Letras - 2024) No último parágrafo do texto, o termo que funciona como sujeito das orações expressas pelas formas verbais "observa" (primeiro período) e "encontra" (segundo período) está elíptico.

( ) certo ( ) errado

COMENTÁRIOS:

No texto: Diversamente, Bergson, ao analisar o desenvolvimento do impulso vital na obra **Evolução criadora**, observa que "torpor vegetativo, instinto e inteligência" são os elementos comuns às plantas e aos animais. E, definindo a inteligência pela fabricação de objetos, fenômeno identificado como comum aos animais, encontra no ser humano a particularidade da fabricação de objetos artificiais, o que lhe permite avançar à seguinte conclusão...

1. No primeiro período, há oração adverbial intercalada e é necessário retirá-la para fazer a análise correta:

Bergson observa que "torpor vegetativo, instinto e inteligência" são os elementos comuns às plantas e aos animais.

- Quem observa?

- Bergson: **sujeito simples.**

2. - Quem encontra no ser humano a particularidade da fabricação de objetos?

   - Ele (Bergson) – mencionado no período anterior.

Nesse caso, o sujeito está elíptico – sabemos quem é, mas foi mencionado no período anterior.

O sujeito não está elíptico nos dois casos.

Resposta: Errado

---

11. (Cebraspe - MP TO - Analista Ministerial - Letras - 2024) No primeiro parágrafo, o pronome "lhe" funciona, nas suas duas ocorrências, como objeto indireto e seu emprego substitui o das expressões **ao ser humano** e **ao humano**, respectivamente.

( ) certo ( ) errado

COMENTÁRIOS:

1. quais são as características do ser humano que lhe permitem realizar as ações de trabalhar e de educar?

   = **o verbo *permitir* é bitransitivo** – objeto direto: realizar as ações de trabalhar e de educar; **objeto indireto: lhe** (ao ser humano);

2. o que é que está inscrito no ser do humano que lhe possibilita trabalhar e educar?

   = **o verbo *possibilitar* é bitransitivo** – objeto direto: trabalhar e educar; **objeto indireto: lhe** (ao humano).

Resposta: Certo

FRAGMENTO DE TEXTO PARA RESPONDER ÀS QUESTÕES.

Em abril de 1968, um grupo de cientistas de dez países se juntou para estudar o futuro da humanidade. O grande assunto da época era o crescimento populacional: naquela década, a taxa média de natalidade havia ultrapassado a marca de cinco filhos por mulher, a maior já registrada.

O grupo, que ficou conhecido como clube de Roma (a primeira reunião ocorreu na capital italiana), passou quatro anos debruçado sobre essa e outras questões, e, em 1972, transformou as conclusões em livro: **Os limites do crescimento**. A obra usava dados históricos e modelos matemáticos para mostrar como, além de aumentar as emissões de CO2 e esquentar a atmosfera, o forte crescimento da população — que acontecia devido à alta natalidade combinada à "redução, muito bem-sucedida, na taxa de mortalidade global" — poderia ter outras consequências catastróficas, como o esgotamento dos recursos naturais. E apresentava duas possíveis soluções: ou a humanidade diminuía voluntariamente seu ritmo de crescimento, ou o próprio planeta acabaria fazendo isso, reduzindo a população por meio de um colapso ambiental.

Os limites do crescimento tiveram enorme repercussão — foi traduzido para dezenas de idiomas e vendeu mais de 30 milhões de exemplares pelo mundo —, mas suas advertências não foram ouvidas. A população global, que, em 1972, era de 3,8 bilhões, mais que dobrou: em 2022, a Terra cruzou a marca de 8 bilhões de habitantes. (...)

Internet: <https://super.abril.com.br/> (com adaptações).

12. (Cebraspe - MP TO - Analista Ministerial - Letras – 2024) A expressão "da época" (segundo período do primeiro parágrafo) funciona como complemento nominal de "assunto".

( ) certo ( ) errado

COMENTÁRIOS:

No texto: *O grande assunto da época era o crescimento populacional.*

- O que era o grande assunto da época?

- O crescimento populacional.

A oração está na ordem inversa.

"O grande assunto da época" possui função de predicativo do sujeito.

Núcleo: assunto.

O, grande, da época: **adjunto adnominal.**

Resposta: Errado

13. (Cebraspe - MP TO - Analista Ministerial - Letras - 2024) O sintagma "**Os limites do crescimento**" exerce a mesma função sintática tanto no primeiro período do segundo parágrafo quanto no primeiro período do terceiro parágrafo.

( ) certo ( ) errado

COMENTÁRIOS:

No texto:

1. em 1972, transformou as conclusões em livro: **Os limites do crescimento.**

   → aposto explicativo de "livro";

2. **Os limites do crescimento** tiveram enorme repercussão

   → sujeito do verbo "tiveram".

Resposta: Errado

◉ TEXTO CG1A1-I

Uma organização é um sistema complexo de comunicações com um objetivo funcional. Durante sua existência e atuação, a organização vai formando uma imagem perante seus diversos públicos em função de todo um conjunto de contatos realizados, e não somente pelas iniciativas planejadas de comunicação que ela toma para formar a imagem pretendida. Essa imagem, chamada imagem organizacional, pode ser descrita como uma compilação de opiniões e pontos de vista baseados em informações processadas de várias fontes, ao longo do tempo, que gera uma imagem mental dos atributos da organização.

Seguindo uma tendência já percebida na iniciativa privada, os órgãos públicos têm-se preocupado, cada vez mais, com sua imagem organizacional. A imagem organizacional pública tem valor estratégico na medida em que interfere diretamente no relacionamento da organização com diferentes atores, bem como na sua legitimação e credibilidade perante a sociedade. No entanto, apesar de sua relevância, ainda há poucos estudos sobre a imagem organizacional no contexto público, tanto nacional quanto internacionalmente.

Quando se trata da construção da imagem de uma organização, ressalta-se o papel dos veículos de imprensa. Esses veículos, ao publicarem uma notícia, atuam na associação e formação das crenças, das ideias, dos sentimentos e das impressões que uma pessoa ou um grupo tem ou passa a ter sobre aquela organização. Não obstante, a migração desses meios de comunicação para a Internet aumenta o volume de informações em circulação e eleva o seu poder de influência, uma vez que é possível acessar dados e informações de qualquer lugar e a qualquer momento, de modo a expandir a comunicação entre as pessoas e as organizações.

Carolina Coelho da Silveira, Carla Bonato Marcolin e Carlos Henrique Rodrigues. Como somos vistos? Análise da imagem organizacional pública utilizando ciência de dados. Internet: (com adaptações).

---

14. (Cebraspe - CGE RJ - Auditor do Estado - 2024) No primeiro período do terceiro parágrafo, a partícula "se", em ambas as suas ocorrências, indica que é indeterminado o sujeito sintático de cada uma das orações que formam o período.

( ) certo ( ) errado

COMENTÁRIOS:

1. Quando se trata da construção da imagem de uma organização

   = o verbo tratar é transitivo indireto e está acompanhado pelo índice de indeterminação do sujeito "se";

   "da construção da imagem de uma organização" possui função de objeto indireto.

   O sujeito é indeterminado, nesse caso.

2. ressalta-se o papel dos veículos de imprensa.

   = o verbo "ressaltar" é transitivo direto (ressalta algo) e está acompanhado pelo pronome apassivador "se";

   "o papel dos veículos de imprensa" possui função de **sujeito paciente** porque a oração está na voz passiva sintética.

   Transponha para a passiva analítica: o papel dos veículos de imprensa é ressaltado.

   Resposta: Errado

FRAGMENTO DE TEXTO PARA RESPONDER À QUESTÃO.

O ordenamento jurídico vem sendo confrontado com as inovações tecnológicas decorrentes da aplicação da inteligência artificial (IA) nos sistemas computacionais. Não apenas se vivencia uma ampliação do uso de sistemas lastreados em IA no cotidiano, como também se observa a existência de robôs com sistemas computacionais cada vez mais potentes, nos quais os algoritmos passam a decidir autonomamente, superando a programação original. Nesse contexto, um dos grandes desafios ético-jurídicos do uso massivo de sistemas de inteligência artificial é a questão da responsabilidade civil advinda de danos decorrentes de robôs inteligentes, uma vez que os sistemas delituais tradicionais são baseados na culpa e essa centralidade da culpa na responsabilidade civil se encontra desafiada pela realidade de sistemas de inteligência artificial. (...)

B. L. da Anunciação Melo e H. Ribeiro Cardoso. Sistemas de inteligência artificial e responsabilidade civil: uma análise da proposta europeia acerca da atribuição de personalidade civil. In: Revista Brasileira de Direitos Fundamentais & Justiça, 16(1), 2020, p. 93-4 (com adaptações).

---

15. (CEBRASPE - MP SC - Promotor - 2023 - adaptada) No segundo período, o sujeito referencial da forma verbal "superando" é "robôs".

( ) certo ( ) errado

COMENTÁRIOS:

No texto: *Os algoritmos passam a decidir autonomamente, superando a programação original.*

O termo "**os algoritmos**" é sujeito do verbo "passar" e do gerúndio "superando".

A ideia é esta: os algoritmos superam a programação original.

Observação: "a existência de robôs" possui função de sujeito paciente do verbo "observa-se". A oração está na voz passiva sintética (VTD + se) e equivale, na passiva analítica, a "a existência de robôs é observada".

Resposta: Errado

FRAGMENTO DE TEXTO PARA RESPONDER À QUESTÃO.

(...) Perante a autonomia algorítmica na qual os sistemas de IA passam a decidir de forma diversa da programada, há uma dificuldade de diferenciar quais danos decorreram de erro humano e aqueles que derivaram de uma escolha equivocada realizada pelo próprio sistema ao agir de forma autônoma. O comportamento emergente da máquina, em função do processo de aprendizado profundo, sem receber qualquer controle da parte de um agente humano, torna difícil indicar quem seria o responsável pelo dano, uma vez que o processo decisório decorreu de um aprendizado automático que culminou com escolhas equivocadas realizadas pelo próprio sistema. Há evidentes situações em que se pode vislumbrar a existência de culpa do operador do sistema, como naquelas em que não foram realizadas atualizações de *software* ou, até mesmo, de quebra de deveres objetivos de cuidado, como falhas que permitem que *hackers* interfiram no sistema. Entretanto, excluídas essas situações, estará ausente o juízo de censura necessário para a responsabilização com base na culpa.

B. L. da Anunciação Melo e H. Ribeiro Cardoso. Sistemas de inteligência artificial e responsabilidade civil: uma análise da proposta europeia acerca da atribuição de personalidade civil. In: Revista Brasileira de Direitos Fundamentais & Justiça, 16(1), 2020, p. 93-4 (com adaptações).

16. (CEBRASPE - MP SC - Promotor - 2023) No penúltimo período, o segmento "de quebra de deveres objetivos de cuidado" qualifica "situações".

( ) certo ( ) errado

COMENTÁRIOS:

É necessário seguir o raciocínio exigido pela banca:

1. Há **evidentes situações** em que se pode vislumbrar a existência de culpa do operador;
2. como **naquelas [situações]** em que não foram realizadas atualizações de *software...*
3. ou, até mesmo, de quebra de deveres objetivos de cuidado...

O segmento "de quebra de deveres objetivos de cuidado" está qualificando "naquelas [situações]. O termo está implícito.

Resposta: Certo

FRAGMENTOS DE TEXTO PARA RESPONDER À QUESTÃO.

O justo se desvela no decorrer das lutas de libertação na história. O justo é um saber que se vai constituindo à medida que nossa consciência da história se aguça. Mas não basta a consciência da história, pois procurar a justiça é uma atitude **ética** — é uma escolha. [...]

A justiça é uma virtude **agente** que se explicita na prática social comprometida.

Roberto Aguiar. O que é justiça: uma abordagem dialética. Brasília: Senado Federal. Conselho Editorial, 2020, p. 319-20 (com adaptações).

17. (CEBRASPE - MP SC - Promotor - 2023 - adaptada) Os termos "ética" e "agente" desempenham funções sintáticas diferentes.

( ) certo ( ) errado

COMENTÁRIOS:

É necessário fazer duas análises para não errar a questão.

I.

No primeiro caso: procurar a justiça (sujeito) é (verbo de ligação) uma atitude ética (predicativo do sujeito).

No segundo caso: A justiça (sujeito) é (verbo de ligação) uma virtude agente (predicativo do sujeito).

II.

No primeiro caso: o núcleo do predicativo é "atitude", e **"ética" é adjunto adnominal**.

No segundo caso: o núcleo do predicativo é "virtude", e **"agente" é adjunto adnominal**.

As funções sintáticas são idênticas.

Resposta: Errado

⦿ FRAGMENTO DE TEXTO PARA RESPONDER À QUESTÃO.

(...) A busca da justiça como virtude não é equidistante, não é neutra, não é equilibrada. Ela nos força, a cada momento, a tomar partido, a ser parcial, tendo a parcela maior dos seres humanos como fundamento. (...)

Roberto Aguiar. O que é justiça: uma abordagem dialética. Brasília: Senado Federal. Conselho Editorial, 2020, p. 319-20 (com adaptações).

18. (CEBRASPE - MP SC - Promotor - 2023 - adaptada) No segundo período, a forma pronominal "nos" funciona, sintaticamente, como complemento indireto da forma verbal "força".

( ) certo ( ) errado

COMENTÁRIOS:

O verbo "forçar" é bitransitivo (força alguém a algo) e o pronome oblíquo possui função de objeto direto: força-nos (objeto direto) a tomar partido (objeto indireto oracional).

O pronome "nos" funciona como complemento **direto**.

Dica: o objeto indireto é oracional por possuir verbo (tomar).

Resposta: Errado

⦿ FRAGMENTO DE TEXTO PARA RESPONDER À QUESTÃO.

(...) Se aceitássemos essa visão, bastaria ficarmos quietos esperando que a história se fizesse de acordo com seus mecanismos. Mas o real é outro. (...)

19. (CEBRASPE - MP SC - Promotor - 2023 - adaptada) No primeiro período, a oração "ficarmos quietos" funciona, sintaticamente, como complemento da forma verbal "bastaria".

( ) certo ( ) errado

COMENTÁRIOS:

Sempre, em primeiro lugar, é necessário encontrar o sujeito:

- O que bastaria?

- Ficarmos quietos. = **sujeito** oracional (há verbo).

Trata-se de uma oração subordinativa subjetiva reduzida de infinitivo (ficarmos).

Observação: para possuir função de complemento, deveria ser objeto direto ou objeto indireto.

Resposta: Errado

◉ FRAGMENTOS DE TEXTO PARA RESPONDER ÀS QUESTÕES.

(...) No Brasil, a figura do promotor de justiça só surge em 1609, quando é regulamentado o Tribunal de Relação na Bahia. No Império, tratava-se a instituição no Código de Processo Criminal, sem nenhuma referência constitucional. Somente na Constituição de 1824, foram criados o Supremo Tribunal de Justiça e os tribunais de relação, nomeando-se desembargadores, procuradores da Coroa, conhecidos como "chefe do parquet". No entanto, a expressão "Ministério Público" só seria utilizada no Decreto n.º 5.618, de 2 de maio de 1874. (...)

Internet: www.anpr.org.br (com adaptações)

---

20. (CEBRASPE - MP SC - Promotor - 2023 - adaptada) O sujeito das orações "tratava-se a instituição no Código de Processo Criminal" (segundo período) e "nomeando-se desembargadores, procuradores da Coroa, conhecidos como 'chefe do parquet'" (terceiro período) é indeterminado pelo emprego do pronome "se".

( ) certo ( ) errado

COMENTÁRIOS:

Voltemos aos trechos.

1. No Império, **tratava-se** a instituição no Código de Processo Criminal, sem nenhuma referência constitucional.

   → O verbo é transitivo direto (tratava algo) e está acompanhado pelo **pronome apassivador** "se". A oração está na voz passiva sintética.

   Transponha para a voz passiva analítica para facilitar o raciocínio: a instituição no Código de Processo Criminal era tratada sem nenhuma referência constitucional.

2. ... foram criados o Supremo Tribunal de Justiça e os tribunais de relação, **nomeando-se** desembargadores, procuradores da Coroa, conhecidos como "chefe do parquet".

   → O verbo é transitivo direto (nomeando alguém) e está acompanhado pelo **pronome apassivador** "se". A oração também está na voz passiva sintética.

   Transponha para a voz passiva analítica: desembargadores, procuradores da Coroa, foram nomeados.

Nos dois casos, existe sujeito paciente: em 1 = a instituição; em 2 = desembargadores.

Dica para a próxima prova: o sujeito só será indeterminado caso o verbo, seguido de "se", for **intransitivo, transitivo indireto** ou **verbo de ligação.** Nesse caso o "se" será classificado como índice de indeterminação do sujeito.

Se for **transitivo direto** ou **transitivo direto e indireto**, haverá sujeito paciente e o "se" será **pronome apassivador**.

Resposta: Errado

---

21. (CEBRASPE - MP SC - Promotor - 2023 - adaptada) O segmento "a expressão 'Ministério Público'" (último período) contém um aposto.

( ) certo ( ) errado

COMENTÁRIOS:

No trecho: *No entanto, a expressão "Ministério Público" só seria utilizada no Decreto n.º 5.618, de 2 de maio de 1874.*

Trata-se de um aposto especificativo, pois nomeia o vocábulo "expressão" e não possui pontuação.

Relembre a definição: O aposto especificativo serve para especificar ou individualizar um termo genérico da oração. Não se encontra destacado por sinais de pontuação, estando ligado diretamente ao termo que especifica ou através de uma preposição.

Dica: Apostos especificativos são maioritariamente nomes próprios.

A rua **XV de novembro** fica no bairro **São Luiz**.

O poeta **Mário Quintana** escreveu sobre pássaros.

Resposta: Certo

FRAGMENTO DE TEXTO PARA RESPONDER À QUESTÃO.

(...) A CF declara o MP como instituição permanente e essencial à função jurídica, incumbindo-lhe a defesa da ordem jurídica, do regime democrático e dos interesses sociais e individuais indisponíveis.

Internet: www.anpr.org.br (com adaptações)

22. (CEBRASPE - MP SC - Promotor - 2023 - adaptada) O segmento "como instituição permanente e essencial à função jurídica" funciona, sintaticamente, como predicativo do termo "o MP".

( ) certo ( ) errado

COMENTÁRIOS:

Faça a análise completa:

A CF	declara	o MP	como instituição permanente e essencial à função jurídica
sujeito	v.t.d.	o.d.	predicativo do objeto

O verbo de ligação está implícito.

Lê-se: A CF declara o MP [e o MP é] como instituição permanente e essencial à função jurídica.

O segmento qualifica o objeto direto, há verbo de ligação implícito e é classificado como predicativo do objeto direto.

Resposta: Certo

FRAGMENTO DE TEXTO PARA RESPONDER À QUESTÃO.

Justiça é justiça social. É atualização dos princípios condutores, emergindo nas lutas sociais, para levar à criação de uma sociedade em que cessem a exploração e a opressão do homem pelo homem. (...)

Roberto Lyra Filho. O que é direito. São Paulo: Brasiliense, 2003, p. 86 (com adaptações).

23. (CEBRASPE - MP SC - Promotor - 2023 - adaptada) O segundo período do trecho é iniciado por uma forma verbal impessoal.

( ) certo ( ) errado

COMENTÁRIOS:

Ocorre paralelismo sintático e o sujeito está na oração anterior, ou seja, é oculto, ou implícito, ou desinencial, ou elíptico.

Justiça é justiça social. [ela (justiça)] é atualização dos princípios condutores.

Seria verbo impessoal se a oração fosse sem sujeito, não é o caso.

Resposta: Errado

FRAGMENTO DE TEXTO PARA RESPONDER ÀS QUESTÕES.

(...) Essas informações não são sistematicamente reunidas e padronizadas, tratando-se, portanto, de uma análise inédita e essencial para a prevenção e a resposta à violência contra meninas e meninos.

Internet: <www.unicef.org> (com adaptações).

24. (Cebraspe - PC AL - Delegado – 2023 - adaptada) O termo "Essas informações" exerce a função de sujeito das orações expressas pelas formas verbais "são" e "tratando-se".

( ) certo ( ) errado

COMENTÁRIOS:

Sujeito de "são": essas informações.

O verbo "tratar" é transitivo indireto e está seguido pelo "se" (índice de indeterminação do sujeito). Isso indica que é impossível haver sujeito na segunda oração.

Resposta: Errado

FRAGMENTO DE TEXTO PARA RESPONDER ÀS QUESTÕES.

(...) Em compensação, só 5% dos jovens brasileiros dizem querer ser professores quando estão no ensino médio. E, apesar da grande quantidade de alunos matriculada em cursos de licenciatura e pedagogia no Brasil, faltam **docentes** para lecionar disciplinas específicas em áreas de ciências exatas e da natureza.

Na Coreia do Sul, por exemplo, 21% se interessam pela profissão e só 7% ingressam, de fato, na universidade, porque **há muita concorrência e maior seleção**. No Chile e no México, os dois índices são mais próximos: cerca de 7% se interessam pelo magistério e menos de 15% cursam pedagogia ou licenciatura. (...)

Internet: <noticias.uol.com.br> (com adaptações).

JULGUE OS ITENS A SEGUIR, NO QUE DIZ RESPEITO À SINTAXE DE ORAÇÕES.

25. (CEBRASPE - SME RE/PE - Professor – 2023 - adaptada) No segundo período, o termo "docentes" exerce a função sintática de objeto direto.

( ) certo ( ) errado

COMENTÁRIOS:

Dica: coloque a oração na ordem direta para facilitar.

Docentes faltam...

sujeito + verbo intransitivo

Nem existe verbo transitivo direto para que possa haver um complemento direto.

Resposta: Errado

26. (CEBRASPE - SME RE/PE - Professor – 2023 - adaptada) Classifica-se como oração sem sujeito o segmento "há muita concorrência e maior seleção" (primeiro período do segundo parágrafo).

( ) certo ( ) errado

COMENTÁRIOS:

O verbo "haver" é impessoal, ou seja, possui sentido de *existir* e a oração não possui sujeito.

Observação: se fosse empregado o verbo "existir", haveria sujeito.

Perceba a diferença a seguir.

Há	muita concorrência e maior seleção
transitivo direto	**objeto direto**
oração sem sujeito	

Existem	muita concorrência e maior seleção
intransitivo	**Sujeito composto** (núcleos: concorrência, seleção)

Dica para a próxima prova: como há sujeito quando usamos o verbo "existir", este deve concordar com aquele.

O verbo "haver", quando impessoal, é invariável.

Resposta: Certo

FRAGMENTO DE TEXTO PARA RESPONDER À QUESTÃO.

(...) A experiência de encontrar os livros certos nos momentos certos da vida, esses livros que nos fascinam e que nos vão transformando em leitores paulatinamente, não tem uma rota única nem uma metodologia específica; por isso, os mediadores de leitura não são fáceis de definir. No entanto, basta lembrar como descobrimos, nos primeiros anos da vida, esses livros que deixaram rastros em nossa infância e, talvez, aparecerão nítidas algumas figuras que foram nossos mediadores de leitura: esses adultos íntimos que deram vida às páginas de um livro, essas vozes que liam para nós, essas mãos e esses rostos que nos apresentavam os mundos possíveis e as emoções dos livros.

Os mediadores de leitura, consequentemente, não estão somente na escola, mas no lar, nas bibliotecas e nos espaços não convencionais, como os parques, os hospitais e as ludotecas, entre outros lugares. Durante a primeira infância, quando a criança não lê sozinha, a leitura é um trabalho em parceria e o adulto é quem vai dando sentido a essas páginas que, para o bebê, não seriam nada, sem sua presença e sua voz. (...)

Internet: <www.ceale.fae.ufmg.br> (com adaptações).

27. (CEBRASPE - SME RE/PE - Professor – 2023 - adaptada) Os termos "nos primeiros anos da vida" (último período do primeiro parágrafo) e "Durante a primeira infância" (segundo período do segundo parágrafo) desempenham a mesma função sintática nos períodos em que ocorrem.

( ) certo ( ) errado

COMENTÁRIOS:

Possuem função de **adjunto adverbial de tempo**.

1. *basta lembrar como descobrimos, nos primeiros anos da vida, esses livros...*

   → **Quando** descobrimos esses livros? Nos primeiros anos da vida.

2. *Durante a primeira infância, quando a criança não lê sozinha, a leitura é um trabalho em parceria*

   → **Quando** a criança não lê sozinha? *Durante a primeira infância*

Resposta: Certo

1.1. QUESTÕES - NÍVEL MÉDIO

FRAGMENTO DE TEXTO PARA RESPONDER À QUESTÃO.

(...) Com a cabeça entre as mãos, sentada. Dizia quinze vezes: sou vigorosa, sou vigorosa, sou vigorosa — depois percebia que apenas prestara atenção à contagem. Suprindo com a quantidade, disse mais uma vez: sou vigorosa, dezesseis. E já não estava mais à mercê de ninguém. Desesperada porque, vigorosa, livre, não estava mais à mercê. Perdera a fé. Foi conversar com a empregada, **antiga sacerdotisa**. Elas se reconheciam. (...)

Clarice Lispector. Preciosidade. In: Laços de Família. Rio de Janeiro: Rocco, 1998, p. 86-87 (com adaptações).

28. (Cespe/Cebraspe - TJ RJ - Técnico Judiciário/2021 - adaptada) No trecho "Foi conversar com a empregada, antiga sacerdotisa", a expressão "antiga sacerdotisa"

A) exerce a função de complemento indireto de "conversar", introduzindo uma nova personagem que participa da conversa na cozinha.

B) constitui uma oração coordenada, embora não seja introduzida pela conjunção "e".

C) exerce a função sintática de aposto e se refere à expressão "a empregada".

D) funciona sintaticamente como predicativo, uma vez que se refere ao sujeito de "Foi".

E) classifica-se como um vocativo, por se referir a uma possível leitora do texto.

COMENTÁRIOS:

Alternativa "a" – O verbo "conversar" é transitivo indireto (conversar com alguém), mas o complemento indireto é "com a empregada", não a "antiga sacerdotisa".

Alternativa "b" – Para ser uma oração, precisa possuir verbo, não é o caso.

Alternativa "c" – Aposto explicativa de "a empregada". Perceba que possui pontuação.

Dica: o aposto especificativo não possui pontuação. Em "O poeta Carlos Drummond de Andrade era mineiro", "Carlos Drummond de Andrade" possui função de aposto restritivo de "poeta".

Alternativa "d" – O sujeito da locução verbal "foi conversar" é simples e elíptico: ela.

Dica: alguns gramáticos e linguistas consideram apenas como sujeito simples.

Alternativa "e" – Não se trata de interpelação ou chamamento.

Resposta: C

FRAGMENTO DE TEXTO PARA RESPONDER À QUESTÃO.

(...) A vila de minha infância depois da guerra era feminina. Das mulheres. Não me lembro de vozes masculinas. Tanto que isso ficou comigo: quem conta a guerra são as mulheres. Choram. Cantam enquanto choram. (...)

Svetlana Aleksiévitch. A guerra não tem rosto de mulher. Companhia das Letras, 2016, p. 9-11 (com adaptações).

29. (Cebraspe – IBGE – Agente de Pesquisas - 2021 - adaptada) Assinale a opção em que o termo apresentado nos trechos[1] tem a mesma função sintática que "A vila de minha infância"

A) "a leitura preferida de todo mundo" (Eu, que nunca gostei de ler livros de guerra, ainda que, durante minha infância e juventude, essa fosse a leitura preferida de todo mundo.)

B) "Em nossa família" (Em nossa família, meu avô, pai da minha mãe, morreu no front...)

C) "o mundo da guerra" (Não sabíamos como era o mundo sem guerra, o mundo da guerra era o único que conhecíamos...)

D) "Na biblioteca da escola" (Na biblioteca da escola, metade dos livros era sobre a guerra.)

E) "Por muito tempo" (Por muito tempo fui uma pessoa dos livros.)

1 Trechos retirados do texto - Svetlana Aleksiévitch. A guerra não tem rosto de mulher. Companhia das Letras, 2016, p. 9-11 (com adaptações).

COMENTÁRIOS:

Nota da autora: Analise a oração sintaticamente.

A vila de minha infância	depois da guerra	era	feminina.
sujeito	adjunto adverbial de tempo	verbo de ligação	predicativo do sujeito

Alternativa "a" – Predicativo do sujeito.

essa	fosse	**a leitura preferida de todo mundo**
sujeito	verbo de ligação	**predicativo do sujeito**

Alternativa "b" – Adjunto adverbial de lugar – **Onde** morreu no front? Em nossa família. Perceba que na pergunta há outro adjunto adverbial de lugar (no front).

Alternativa "c" – **Sujeito.**

o mundo da guerra	era	o único
sujeito	verbo de ligação	predicativo do sujeito

Alternativa "d" – Adjunto adverbial de lugar – **Onde** metade dos livros era sobre a guerra?

Alternativa "e" – Adjunto adverbial de tempo – **Quando** fui uma pessoa dos livros?

Resposta: C

1.2. QUESTÕES - NÍVEL SUPERIOR

◉ FRAGMENTO DE TEXTO PARA RESPONDER À QUESTÃO.

(...) Para retomar uma fórmula muito conhecida de Descartes, o homem se fez então "mestre e senhor da natureza". Resultou daí **um extraordinário desenvolvimento das ciências e das técnicas**, mas também **a exploração desenfreada de uma natureza composta, a partir de então, de objetos sem ligação com os humanos**: plantas, animais, terras, águas e rochas convertidos em meros recursos que podemos usar e dos quais podemos tirar proveito. Naquela altura, a natureza havia perdido sua alma e nada mais nos impedia de vê-la unicamente como fonte de riqueza.

Philippe Descola. Outras naturezas, outras culturas. São Paulo: Editora 34, 2016, p. 22-23 (com adaptações).

30. (Cespe/Cebraspe - FUNPRESP - Analista Previdenciário/2022 - adaptada) No penúltimo período do fragmento, os termos "um extraordinário desenvolvimento das ciências e das técnicas" e "a exploração desenfreada (...) os humanos" exercem a função de complemento da forma verbal "Resultou".

( ) Certo ( ) Errado

↘ COMENTÁRIOS:

Nota da autora: Coloque as orações na ordem direta para evitar erro.

1. **um extraordinário desenvolvimento das ciências e das técnicas** resultou daí = sujeito;
2. **a exploração desenfreada** [resultou daí] = sujeito.

Seriam complementos se possuíssem função de objeto direto ou de objeto indireto.

Resposta: Errado.

◉ FRAGMENTO DE TEXTO PARA RESPONDER À QUESTÃO.

(...) Na concepção da política de redução de danos, tem-se como pressuposto o fator histórico-cultural do uso de psicotrópicos — uma vez que o uso dessas substâncias é parte indissociável da própria história da humanidade, a pretensão de um mundo livre de drogas não passa de uma quimera. Dentro dessa perspectiva, contemplam-se **ações voltadas para as drogas lícitas e ilícitas**, e suas intervenções não são de natureza estritamente públicas, delas participando, também, organizações não governamentais e necessariamente, com especial ênfase, o próprio cidadão que usa drogas.

Maurides de Melo Ribeiro. Drogas e redução de danos. São Paulo: Editora Saraiva, 2013, p. 45-46 (com adaptações).

31. (Cebraspe – MJ SP – Técnico em pesquisa e análise de dados - 2022 - adaptada) No último período do segundo parágrafo, o termo "ações voltadas para as drogas lícitas e ilícitas" constitui o sujeito da forma verbal "contemplam".

( ) Certo ( ) Errado

↘ COMENTÁRIOS:

A oração está na voz passiva sintética (verbo transitivo direto + se) e possui sujeito. Para evitar erro, basta transpor a oração para a voz passiva analítica (verbo *ser* + particípio): ações voltadas para as drogas lícitas e ilícitas **são contempladas.**

Sujeito paciente: ações voltadas para as drogas lícitas e ilícitas.

Resposta: Certo.

◉ TEXTO PARA RESPONDER ÀS QUESTÕES.

Um registro de mutações ligadas ao mundo eletrônico se refere ao que chamo de a ordem das propriedades, tanto em um sentido jurídico — o que fundamenta a propriedade literária e o *copyright* — quanto em um sentido textual — o que define as características ou propriedades dos textos.

O texto eletrônico, tal qual o conhecemos, é um texto móvel, maleável, aberto. O leitor pode intervir em seu próprio conteúdo, e não somente nos espaços deixados em branco pela composição tipográfica. Pode deslocar, recortar, estender, recompor as unidades textuais das quais se apodera. Nesse processo, desaparece a atribuição dos textos ao nome de seu autor, **já que são constantemente modificados por uma escritura coletiva, múltipla, polifônica**.

Essa mobilidade lança um desafio aos critérios e às categorias que, pelo menos desde o século XVIII, identificam as obras com base na sua estabilidade, singularidade e originalidade. **Há um estreito vínculo entre a identidade singular, estável, reproduzível dos textos** e o regime de propriedade que protege os direitos dos autores e dos editores. É essa relação que coloca em questão o mundo digital, que propõe textos brandos, ubíquos, palimpsestos.

Roger Chartier. Os desafios da escrita. Tradução de Fulvia M. L. Moreto. São Paulo: Editora UNESP, 2002, p. 24-25 (com adaptações).

---

32. (Cespe/Cebraspe – DPE-RS - 2022) No trecho "Um registro de mutações ligadas ao mundo eletrônico se refere ao que chamo de a ordem das propriedades", o verbo **chamar**, que está empregado com o mesmo sentido de **classificar**, **denominar**, tem dois complementos: um direto, que está elíptico, e outro indireto, que é o termo "de a ordem das propriedades".

( ) Certo ( ) Errado

COMENTÁRIOS:

O verbo "chamar", nesse caso, é **bitransitivo** (tem dois complementos) e está no sentido de ***"dar o nome de"***. Possui sentido de "classificar, denominar", quando pronominal: Ele se chama João. Além disso, **os dois complementos verbais estão explícitos**. Note que existe um pronome demonstrativo (o) seguido de um pronome relativo (que). Lê-se: refere-se àquilo que chamo de a ordem das propriedades. Como há pronome relativo, na ordem direta, temos: chamo aquilo de a ordem das propriedades.

chamo	aquilo (o)	de a ordem das propriedades
V.T.D.I.	objeto direto	objeto indireto

Resposta: Errado.

---

33. (Cespe/Cebraspe – DPE-RS - 2022) Na oração "já que são constantemente modificados por uma escritura coletiva, múltipla, polifônica" (segundo parágrafo), o termo introduzido pela preposição "por" expressa o responsável pela ação de modificar.

( ) Certo ( ) Errado

COMENTÁRIOS:

A oração está na voz passiva analítica (são modificados) e o termo preposicionado possui função de agente da passiva. Isso indica que é o responsável pela ação de modificar.

Dica: é bom lembrar que, na voz ativa, o termo possui função de sujeito. Lê-se: uma escritura coletiva, múltipla, polifônica os modifica.

Resposta: Certo.

34. (Cespe/Cebraspe – DPE-RS - 2022) No trecho "Há um estreito vínculo entre a identidade singular, estável, reproduzível dos textos" (último parágrafo), o termo "dos textos" funciona como complemento do adjetivo "reproduzível".

( ) Certo ( ) Errado

COMENTÁRIOS:

Basta atentar-se ao paralelismo sintático:

um estreito vínculo	entre a **<u>identidade</u>**	**singular estável reproduzível**	**<u>dos textos</u>**

A identidade é singular, é estável, é reproduzível = adjetivos do substantivo "identidade".

A identidade é **dos textos.**

Resposta: Errado.

FRAGMENTO DE TEXTO PARA RESPONDER À QUESTÃO.

Na sociedade líquido-moderna da hipermodernidade globalizante, o fazer compras não pressupõe nenhum discurso. O consumidor — o hiperconsumidor — compra aquilo que lhe apraz. Ele segue as suas inclinações individuais. O curtir é o seu lema. (...)

Fellipe V. B. Fraga e Bruno B. de Oliveira. O consumo colaborativo como mecanismo de desenvolvimento sustentável na sociedade líquido-moderna. LAECC. Edição do Kindle (com adaptações).

35. (Cespe/Cebraspe - DPE-RS - 2022 - adaptada) Os sujeitos das formas verbais "pressupõe" e "é" são classificados como oracionais, por serem constituídos pelos verbos "fazer" e "curtir", respectivamente.

( ) Certo ( ) Errado

COMENTÁRIOS:

1. O que não pressupõe? **O fazer compras** = sujeito.
2. O que é o seu lema? **O curtir** = sujeito.

Como, nos dois casos, foi inserido o artigo, ocorreu nominalização: o verbo passa a ser substantivo, e os sujeitos não são oracionais porque não possuem verbo, mas sim substantivo.

Dica: o sujeito seria oracional se não houvesse o artigo – **Fazer compras não pressupõe** e **Curtir é o seu lema.**

Resposta: Errado.

◉ FRAGMENTO DE TEXTO PARA RESPONDER ÀS QUESTÕES.

A palavra sonho significa muitas coisas diferentes: "o sonho da minha vida" e "meu sonho de consumo" são expressões usadas pelas pessoas para dizer que pretendem ou conseguiram alcançar algo. **Todo mundo** tem um sonho, no sentido de plano futuro. Todo mundo deseja algo que não tem.

(...)

Entretanto, **a rotina do trabalho diário e a falta de tempo para dormir e sonhar, que acometem a maioria dos trabalhadores, são cruciais para o mal-estar da civilização contemporânea.**

(...)

Mesmo assim impera a **insônia**. Se o tempo é sempre escasso, se despertamos diariamente com o toque insistente do despertador, ainda sonolentos e já atrasados para cumprir compromissos que se renovam ao infinito, se tão poucos se lembram de que sonham pela simples falta de oportunidade de contemplar a vida interior, quando a insônia grassa e o bocejo se impõe, chega-se a duvidar da sobrevivência do sonho. (...)

Sidarta Ribeiro. O oráculo da noite: a história e a ciência do sonho. São Paulo: Companhia das Letras, 2019, p. 19-20 (com adaptações).

36. (Cebraspe – PG DF – Analista Jurídico – Administração – 2021 - adaptada) O termo "a insônia" exerce função de complemento da forma verbal "impera".

( ) Certo ( ) Errado

↘ COMENTÁRIOS:

É necessário colocar na ordem direta para não haver engano.

Lê-se: A insônia impera mesmo assim. "A insônia" possui função de sujeito. O verbo *imperar* é intransitivo.

Resposta: Errado.

37. (Cebraspe – PG DF – Analista Jurídico – Administração – 2021 - adaptada) O emprego da expressão "Todo mundo" é um recurso de indeterminação do sujeito sintático da oração, dado o seu sentido generalizante.

( ) Certo ( ) Errado

↘ COMENTÁRIOS:

Semanticamente, ocorre generalização, mas sintaticamente possui função de sujeito simples e determinado. Faça a pergunta ao verbo: quem tem um sonho? Todo mundo = sujeito.

Dica: na oração "Quem saiu?", o sujeito também é simples e determinado: "quem" – pronome interrogativo, considerado como pronome substantivo e se refere apenas a pessoas ou a algo personificado.

Resposta: Errado.

---

38. (Cebraspe – PG DF – Analista Jurídico – Administração – 2021 - adaptada) No trecho "a rotina do trabalho diário e a falta de tempo para dormir e sonhar, que acometem a maioria dos trabalhadores, são cruciais para o mal-estar da civilização contemporânea", o pronome "que" exerce a função de sujeito das formas verbais "acometem" e "são", as quais estão empregadas no plural porque concordam com o antecedente desse pronome: o sujeito composto "a rotina do trabalho diário e a falta de tempo".

( ) Certo ( ) Errado

COMENTÁRIOS:

Há duas orações e os verbos estão em orações distintas.

1. **Oração principal**: a rotina do trabalho diário e a falta de tempo são cruciais para o mal-estar da civilização contemporânea.

Nesse caso, não há pronome relativo e o sujeito é composto: a rotina do trabalho diário e a falta de tempo.

2. **Oração subordinada adjetiva explicativa**: que acometem a maioria dos trabalhadores.

Nesse caso, o pronome relativo retoma o sujeito e, consequentemente, possui função também de sujeito.

O erro está ao afirmar que o pronome relativo exerce função de sujeito dos dois verbos.

Vamos relembrar as funções sintáticas do relativo?

Em primeiro lugar, ele terá a mesma função do termo o qual retoma. Sendo assim, é necessário montar oração com os termos pospostos a ele até encaixar o termo por ele retomado:

O homem que viaja não se encontra na realidade. = retoma "o homem": o homem viaja – função de sujeito.

O livro que ele comprou não foi entregue. = retoma "o livro": ele comprou o livro – função de objeto direto.

Resposta: Errado.

FRAGMENTO DE TEXTO PARA RESPONDER À QUESTÃO.

(...) Quais as origens do folclore alagoano, quais os componentes culturais que o forjaram? Théo Brandão, com a autoridade de quem estudou a vida inteira e deixou uma obra irrepreensível sobre o assunto, diz que são muitas as contribuições na formatação do nosso folclore. E que não é fácil nem simples demarcar a que grupo pertence uma de suas variantes ou estabelecer com precisão a fronteira de determinada manifestação folclórica. Afirma que há dúvidas em alguns casos e em outros é inteiramente impossível **chegar** a uma conclusão única e definitiva. Cita como exemplo concreto dessas incertezas o caso da dança existente em várias unidades nordestinas, que aparece ora como Coco, ora como Pagode, ora como Samba.

Instituto Arnon de Mello. Alagoas popular: folguedos e danças de nossa gente. Maceió: IAM, 2013, p. 24 (com adaptações).

---

39. (Cebraspe – PC AL - Escrivão – 2021 – adaptada) A oração iniciada pelo verbo "chegar" exerce a função de sujeito.

( ) Certo ( ) Errado

COMENTÁRIOS:

Nota da autora: Questão polêmica! A banca simplesmente não inseriu, no comando, o verbo (ou a oração) que deve ser analisada.

Vamos dividir as orações e encontrar os sujeitos para entender melhor:

- Afirma: sujeito simples e implícito (ele: Théo Brandão);

- que há dúvidas em alguns casos: oração sem sujeito (o verbo *haver* é impessoal);

- é inteiramente impossível: o sujeito é oracional (chegar a uma conclusão única e definitiva), ou seja, a oração é subordinada substantiva subjetiva.

Entenda melhor:

O que é impossível?

Chegar a uma conclusão única e definitiva = sujeito.

Gabarito preliminar da banca: Errado.

Gabarito após análise de recurso: Certo.

Provavelmente a questão será anulada.

---

40. (Cebraspe – PC AL - Escrivão – 2021) Em "Ele nada faz sem motivo[2]", o termo "sem motivo" exerce a função de complemento da forma verbal "faz".

( ) Certo ( ) Errado

COMENTÁRIOS:

Coloque a oração da ordem direta:

Ele	faz	nada	sem motivo
sujeito	V.T.D.	objeto direto	adjunto adverbial de modo

O termo exerce função de adjunto adverbial, não complementa o verbo, indica uma circunstância modal.

Resposta: Errado.

2 Instituto Arnon de Mello. Alagoas popular: folguedos e danças de nossa gente. Maceió: IAM, 2013, p. 24 (com adaptações).

41. (Cebraspe – PC AL - Escrivão – 2021) Estaria gramaticalmente correta a substituição de "há" por **existe** em "Afirma que há dúvidas em alguns casos".

( ) Certo ( ) Errado

COMENTÁRIOS:

Em "há dúvidas", o verbo é impessoal (sentido de "existir" e não possui sujeito), o termo "dúvidas" possui função de objeto direto, pois complementa o verbo transitivo direto.

Ao substituir por "existir", a oração passa a ter sujeito e o verbo deve com ele concordar: **existem** dúvidas.

Resposta: Errado.

◉ FRAGMENTO DE TEXTO PARA RESPONDER À QUESTÃO.

À área da linguística que se ocupa em contribuir para a solução de problemas judiciais e que auxilia também na compreensão de discursos e interações produzidos em ambiente jurídico chamamos de linguística forense. Pouco ainda se fala e se conhece sobre a aplicação da linguística à esfera forense, apesar de muitos crimes serem cometidos unicamente ou parcialmente por meio da língua, como a calúnia, a injúria, a difamação, a ameaça, o estelionato e a extorsão. (...)

Welton Pereira e Silva. Linguística forense: como o linguista pode contribuir em uma demanda judicial? In: Roseta, v. 2, n.º 2, 2019 (com adaptações).

42. (Cebraspe – MPE AP – Analista Ministerial - 2021 - adaptada) No primeiro período do trecho, o sujeito da oração principal

A) está indeterminado, haja vista o emprego do vocábulo "se".

B) é o termo "área da linguística".

C) é o termo "linguística forense".

D) está elíptico e corresponde à primeira pessoa do plural.

E) é composto.

COMENTÁRIOS:

Nota da autora: A oração está na ordem inversa, basta prestar atenção no acento indicativo de crase no início.

Lê-se: [nós] chamamos à área da linguística que se ocupa em contribuir para a solução de problemas judiciais e que auxilia também na compreensão de discursos e interações produzidos em ambiente jurídico de linguística forense.

Nesse caso, o verbo "chamar" possui significado de "qualificar", é transitivo indireto seguido de predicativo de objeto (linguística forense).

Outras opções de regência:

- nós chamamos a área da linguística [...] **de** linguística forense = V.T.D. + predicativo (com a preposição "de")
- nós chamamos a área da linguística [...] **linguística** forense = V.T.D. + predicativo (sem preposição)
- nós chamamos **à** área da linguística [...] **de** linguística forense = V.T.I. + predicativo (com a preposição "de")
- nós chamamos **à** área da linguística [...] **linguística** forense = V.T.I. + predicativo (sem preposição).

Alternativa "a" – Não é indeterminado. O sujeito é o pronome pessoal reto da primeira pessoa do plural.

Alternativa "b" – A expressão "à área linguística" possui função de objeto indireto do verbo *chamar.*

Alternativa "c" – A expressão "linguística forense" possui função de predicativo do objeto.

Alternativa "d" – Está implícito. Lê-se, na ordem direta: [nós] chamamos à área da linguística de linguística forense.

Alternativa "e" – Não possui dois núcleos ou mais, possui um núcleo e está implícito.

Resposta: D

FRAGMENTO DE TEXTO PARA RESPONDER À QUESTÃO.

(...) Mas era preciso levar suas poucas coisas. Uma calça, duas camisas, um rádio de cabeceira, talcos, dentifrícios, uma lavanda, quatro ou cinco toalhas. Cabia tudo em uma mala só. Mas tinha a gaveta. Tinha de desocupar aquela gaveta. Cinco ou seis cartas guardadas ali. (...)

Antônio Maria. Com vocês, Antônio Maria. Rio de Janeiro, Paz e Terra, 1994, p. 83-84 (com adaptações).

---

43. (Cebraspe – Polícia Federal - 2021) Na oração "Cabia tudo em uma mala só", o vocábulo "tudo" exerce a função de sujeito.

( ) Certo ( ) Errado

COMENTÁRIOS:

Como sempre, a oração não está na ordem direta, não é iniciada pelo sujeito.

Colocando na ordem direta (sujeito + verbo + complemento ou adjunto adverbial), temos:

Tudo cabia em uma mala só.

O que cabia em uma mala só? Tudo = sujeito.

Resposta: Certo.

◉ FRAGMENTO DE TEXTO PARA RESPONDER À QUESTÃO.

(...) Em quase toda parte, a rede de prisões está se ampliando **intensamente**. Os gastos orçamentários do Estado com as forças da lei e da ordem, principalmente os efetivos policiais e os serviços penitenciários, crescem em todo o planeta. Mais importante, a proporção da população em conflito direto com a lei e sujeita à prisão cresce em ritmo que indica uma mudança mais que meramente quantitativa e sugere uma "significação muito **ampliada** da solução institucional como componente da política criminal" — e assinala, além disso, que muitos governos alimentam a pressuposição, que goza de amplo apoio na opinião pública, de que "há uma crescente necessidade de disciplinar importantes grupos e segmentos populacionais". (...)

Zygmunt Bauman. Globalização: as consequências humanas. Tradução: Marcus Penchel. Rio de Janeiro, Zahar, 1999, p. 122-123 (com adaptações).

44. (Cebraspe – Polícia Federal – 2021 - adaptada) As palavras "intensamente" e "ampliada" desempenham a mesma função sintática nos períodos em que ocorrem.

( ) Certo ( ) Errado

COMENTÁRIOS:

1. **Como** a rede de prisões está se ampliando? Intensamente: **adjunto adverbial de modo**.
2. Sugere (verbo transitivo direto) uma significação muito ampliada (objeto direto).

   Núcleo do objeto direto: significação;

   "uma" e "ampliada": **adjunto adnominal**;

   muito: adjunto adverbial de intensidade.

Resposta: Errado.

◉ TEXTO PARA RESPONDER À QUESTÃO.

Socorro

Socorro, eu não estou sentindo nada.
Nem medo, nem calor, nem fogo,
não vai dar mais pra chorar
nem pra rir.

Socorro, alguma alma, mesmo que penada,
me empreste suas penas.
Já não sinto amor nem dor,
já não sinto nada.

Socorro, alguém me dê um coração,
que esse já não bate nem apanha.

Por favor, uma emoção pequena,
qualquer coisa que se sinta,
tem tantos sentimentos,
deve ter algum que sirva.

Socorro, alguma rua que me dê sentido,
em qualquer cruzamento,
acostamento, encruzilhada,
socorro, eu já não sinto nada.

Alice Ruiz. Socorro, 1986.

---

45. (Cebraspe – SEED/Paraná – Professor – 2021 - adaptada) No texto, a vírgula foi empregada para separar termos da oração com a mesma função sintática no trecho

A) "alguma alma, mesmo que penada" (segunda estrofe).

B) "em qualquer cruzamento, / acostamento, encruzilhada" (quarta estrofe).

C) "Já não sinto amor nem dor, / já não sinto nada" (segunda estrofe).

D) "Por favor, uma emoção pequena" (terceira estrofe).

E) "tem tantos sentimentos, / deve ter algum que sirva" (terceira estrofe).

COMENTÁRIOS:

Alternativa "a" – Alguma alma: sujeito; mesmo que penada: adjunto adnominal.

Alternativa "b" – Onde alguma rua que me dê sentido? Em qualquer cruzamento, acostamento, encruzilhada: adjunto adverbial de lugar.

Alternativa "c" – A vírgula separa duas orações.

Alternativa "d" – Sentido: alguém me dê <u>uma emoção pequena</u>: objeto direto.

Alternativa "e" – A vírgula separa duas orações.

Resposta: B

1.3. QUESTÕES - CARREIRAS FISCAIS

⦿ FRAGMENTO DE TEXTO PARA RESPONDER ÀS QUESTÕES.

(...) O termo "cultura" foi concebido no interior de uma família de conceitos que incluía expressões como "cultivo", "lavoura", "criação" — todos significando aperfeiçoamento, seja na prevenção de um prejuízo, seja na interrupção e reversão da deterioração. O que o agricultor fazia com a semente por meio de atenção cuidadosa, desde a semeadura até a colheita, <u>podia e devia ser feito com os incipientes seres humanos pela educação e pelo treinamento</u>. **As pessoas** não nasciam, eram feitas. Precisavam tornar-se humanas — e, nesse processo de se tornar humanas (uma trajetória cheia de obstáculos e armadilhas que elas não seriam capazes de evitar nem poderiam negociar, caso fossem deixadas por sua própria conta), **teriam de ser guiadas por outros seres humanos**, educados e treinados na arte de educar e treinar seres humanos. (...)

Zygmunt Bauman. Vida líquida. Carlos Alberto Medeiros (Trad.). Rio de Janeiro: Zahar, 2009 (com adaptações).

---

46. (Cebraspe – TCE RJ – Analista Controle Externo - 2021 - adaptada) O sujeito da oração "teriam de ser guiadas por outros seres humanos" está oculto e se refere ao termo "As pessoas".

( ) Certo ( ) Errado

COMENTÁRIOS:

Basta voltar ao trecho e ir encaixando os sujeitos implícitos para se certificar: **As pessoas** não nasciam, [**as pessoas**] eram feitas. [**as pessoas**] Precisavam tornar-se humanas — e, nesse processo de se tornar humanas (uma trajetória cheia de obstáculos e armadilhas que elas não seriam capazes de evitar nem poderiam negociar, caso fossem deixadas por sua própria conta), [**as pessoas**] teriam de ser guiadas por outros seres humanos.

Resposta: Certo.

---

47. (Cebraspe – TCE RJ – Analista Controle Externo - 2021 - adaptada) No trecho "podia e devia ser feito com os incipientes seres humanos pela educação e pelo treinamento", os termos "pela educação" e "pelo treinamento" exercem a função de agente da passiva, veiculando o agente da ação expressa pelo verbo **fazer**.

( ) Certo ( ) Errado

COMENTÁRIOS:

Nota da autora: O gabarito preliminar era "certo". Após análise da banca e dos recursos de alguns especialistas, foi alterado para "errado".

A oração encontra-se na voz passiva analítica: verbo *ser* + particípio, mas os termos mencionados não são agentes da ação, ou seja, é impossível serem agentes da passiva. Os termos indicam o meio, isto é, são adjuntos adverbiais de meio.

Resposta: Errado.

FRAGMENTO DE TEXTO PARA RESPONDER À QUESTÃO.

(...) Aqui e ali, **a luz dos postes elétricos da rua** projetava pálidas manchas no teto e no alto dos móveis, mas embaixo, onde ele se achava, reinava a escuridão. (...)

Franz Kafka. A metamorfose. Luiz A. de Araújo (Trad.). Barueri: Princípios, 2018.

---

48. (Cebraspe – TCE RJ – Analista Controle Externo - 2021 - adaptada) O termo "a luz dos postes elétricos da rua" exerce a função de sujeito da forma verbal "projetava", além de ser o referente do sujeito da forma verbal "reinava", que está elíptico.

( ) Certo ( ) Errado

COMENTÁRIOS:

O que **projetava** pálidas manchas no teto? **A luz** dos postes elétricos = sujeito do verbo "projetar".

O que **reinava**? **A escuridão** = sujeito do verbo "reinar". Note que o verbo é intransitivo e a oração está na ordem indireta.

Resposta: Errado.

Capítulo 2

Período Composto

1.1. QUESTÕES ATUALIZE-SE

TEXTO PARA RESPONDER À QUESTÃO.

A palavra carreta começou a ser empregada para definir o que até então era chamado de carroça; é possível pensar que fora definido o termo carreteiro para designar quem conduzia as carretas.

As primeiras carretas foram utilizadas para várias finalidades. Em um primeiro momento, auxiliaram no processo de colonização, mas também ajudaram em situações de guerra, quando estavam carregadas de materiais bélicos e demais apetrechos militares. Serviram de apoio ainda para comerciantes, mascates, conhecidos também como vivandeiros, que transportavam os mais variados tipos de mercadorias, desde produtos alimentícios até produtos mais simples, como pentes e espelhos. Dessa maneira, surgia o carreteiro e, junto a ele, as representações que iriam compor a identidade desses profissionais.

Danilo Leite Moreira. Uma breve abordagem histórica do desenvolvimento do rodoviarismo e do transporte rodoviário de cargas no Brasil. In: Faces da História, v. 10, n.º 1, jan.-jun./2023, p. 157 (com adaptações)

---

01. (Cebraspe - ANTT – Especialista em Regulação de Serviços - 2024) No segundo período do segundo parágrafo, identificam-se três orações; a segunda delas exprime ideia de acréscimo, e a terceira, circunstância de tempo.

( ) certo ( ) errado

COMENTÁRIOS:

No texto: *Em um primeiro momento, auxiliaram no processo de colonização, mas também ajudaram em situações de guerra, quando estavam carregadas de materiais bélicos e demais apetrechos militares.*

Dividindo as orações:

Em um primeiro momento, auxiliaram no processo de colonização, = oração coordenada assindética (sem conjunção)

mas também *ajudaram em situações de guerra,* = oração coordenada aditiva

quando *estavam carregadas de materiais bélicos e demais apetrechos militares. = oração subordinada adverbial temporal.*

Resposta: Certo

◉ FRAGMENTO DE TEXTO PARA RESPONDER À QUESTÃO.

(...) A humanidade nunca soube tantas coisas como hoje, mas cada indivíduo tem conhecimento apenas de uma parte ínfima desse saber. Quanto mais se tem a saber, mais se pode ignorar.

Peter Burke. A ignorância na política. E a política da ignorância. Revista Piauí, ed. 168, 2020. Internet: <https://piaui.folha.uol.com.br/> (com adaptações).

02. (Cebraspe – CAPES – Analista em Ciência e em Tecnologia – 2024 - adaptada) As orações que formam o último período do fragmento estão coordenadas com base em uma relação semântica de contraste.

( ) certo ( ) errado

↘ COMENTÁRIOS:

No texto: Quanto mais se tem a saber, mais se pode ignorar.

"Quanto mais... mais" indica que se trata de oração subordinada adverbial proporcional.

A oração coordenada que possui contraste, mencionado no comando, existe no período anterior: ***mas** cada indivíduo tem conhecimento apenas de uma parte ínfima desse saber.*

Resposta: Errado

◉ TEXTO CB1A9

A partir do ano de 1990, o Brasil efetuou um programa unilateral de liberalização das importações, eliminando as barreiras não tarifárias e reduzindo a tarifa aduaneira média de 32,2% em 1990 para 10,7%, em 2005, **ainda que** tenha passado por alguns retrocessos pontuais em decorrência de problemas macroeconômicos. Esse notável desempenho estimulou o debate sobre a continuidade ou não do processo de abertura comercial, que é recorrente e se acentua na presença de desequilíbrios da taxa de câmbio. De um lado, um grupo de economistas assinala os ganhos que uma liberalização adicional proporcionaria sobre a produtividade e o investimento privado, fatores fundamentais para o crescimento econômico. De outro, especialistas apontam as inconveniências de uma redução tarifária em um cenário com fortes flutuações da taxa de câmbio e a necessidade de preservar o poder de barganha nas negociações comerciais de acesso aos mercados externos.

H. Kume; G. Piani; P. Miranda. Estudos de economia internacional – IPEA: 2000-2009. In: *Pesquisas em relações econômicas internacionais*. Brasília, Fundação Alexandre Gusmão, 2009, p. 116 (com adaptações).

03. (Cebraspe - APEX - Analista Aquisições e Jurídico - 2024) No texto CB1A9, a oração introduzida por "ainda que" (primeiro período) expressa

A) uma ressalva no passado.

B) uma dúvida no passado.

C) uma explicação no passado.

D) uma condição no passado.

COMENTÁRIOS:

Alternativa "a" – A locução conjuntiva "ainda que" é concessiva e indica contradição (equivale a "embora): o programa eliminou as barreiras não tarifárias e reduziu a tarifa aduaneira ***versus*** passou por alguns retrocessos pontuais em decorrência de problemas macroeconômicos.

Isso significa que indica uma ressalva no passado.

Ressalva é *aquilo que se escreve para consertar o que foi escrito de maneira errada ou para validar a introdução de uma palavra ou trecho.*

Alternativa "b" – Não é dúvida, é certeza.

Alternativa "c" – As ideias são opostas, a oração não expressa uma explicação.

Alternativa "d" – Não é condição, é certeza.

RESPOSTA: A

TEXTO PARA RESPONDER ÀS QUESTÕES.

As regiões metropolitanas e as grandes cidades brasileiras concentram hoje a atenção das autoridades de gestão territorial em nível local, regional e nacional. O conhecimento da complexa realidade dessas áreas em suas múltiplas dimensões e de modo dinâmico torna-se imprescindível para geri-las de forma eficiente. Não se trata apenas do levantamento de dados brutos, mas da proficiente manipulação e interpretação desses dados a partir de processamentos quantitativos (matemáticos e lógicos) sobre uma base espacial, de forma a revelar características e processos intrínsecos aos fenômenos em análise. Dito de outra forma, não basta somente a confecção de mapas digitais coloridos ilustrando, por exemplo, a exclusão social de uma determinada cidade por quantis, mas é fundamental que, com o auxílio de técnicas apropriadas de análise espacial, se possam extrair tendências do padrão de manifestação da exclusão social de forma contínua no espaço. Ou ainda, não é suficiente apenas mapear a ocorrência de crimes em um sistema georreferenciado, mas sim estudá-los de forma dinâmica, entendendo a sua proliferação no espaço e no tempo em articulação com inúmeras variáveis socioeconômicas e biofísicas, e como as estradas podem atuar como vetores de expansão da criminalidade.

Nessa linha de pensamento, elaborar mapas estáticos de uso do solo urbano não mais atende às necessidades atuais dos gestores locais, mas é necessário que se permitam simulações de diferentes cenários futuros de expansão urbana e dinâmica de uso do solo em ambiente computacional. Aí reside o desafio da geoinformação em gestão urbana e regional, que pode ser entendida como um paradigma emergente na pesquisa multi e interdisciplinar que se dedica a explorar a extrema complexidade de problemas socioambientais em um ambiente de Sistemas de Informações Geográficas (SIG). Openshaw (2000) argumenta que a geoinformação não se reduz ao uso de técnicas computacionais para solucionar problemas espaciais, mas se refere, ao contrário, a uma forma totalmente nova de se fazer ciência em um contexto geográfico.

Cláudia Maria de Almeida, Gilberto Câmara e Antonio Miguel V. Monteiro (Org.). **Geoinformação em urbanismo. Cidade Real X Cidade Virtual**. São Paulo: Oficina de Texto, 2007, p. 5 e 6. (com adaptações).

---

04. (Cebraspe - CAU/BR - Advogado - 2024) Em todas as suas ocorrências nos 3º, 4º e 5º períodos do primeiro parágrafo, a conjunção "mas" introduz no texto uma ideia de contraste.

( ) certo ( ) errado

COMENTÁRIOS:

Ocorrências e classificações:

Não se trata apenas do levantamento de dados brutos, **mas** da proficiente manipulação e interpretação desses dados...

= **ideia de adição**: não se trata apenas ..., mas [também]...

Dito de outra forma, não basta somente a confecção de mapas digitais coloridos ilustrando, por exemplo, a exclusão social de uma determinada cidade por quantis, **mas** é fundamental que, com o auxílio de técnicas apropriadas de análise espacial, se possam extrair tendências do padrão de manifestação da exclusão social de forma contínua no espaço.

= **ideia de adição**: não basta somente ..., mas é [também]...

Ou ainda, não é suficiente apenas mapear a ocorrência de crimes em um sistema georreferenciado, **mas** sim estudá-los de forma dinâmica, entendendo a sua proliferação no espaço e no tempo...

= **ideia de adição**: não é suficiente apenas ..., mas sim (mas também) ...

Dica: em todos os casos, analisando os vocábulos anteriores, fica evidente que haverá uma complementação, uma adição.

Não se trata de contraste, de oposição.

Resposta: Errado.

---

05. (Cebraspe - CAU/BR - Advogado - 2024) No trecho "mas é necessário que se permitam simulações de diferentes cenários futuros de expansão urbana e dinâmica de uso do solo em ambiente computacional", o vocábulo "que" introduz uma oração que exerce a função de sujeito da oração anterior.

( ) certo ( ) errado

COMENTÁRIOS:

Pode ser inserido o pronome catafórico "isto" antes do "que", ou seja, a ideia é de que algo será mencionado.

O "que" é uma conjunção integrante que inicia uma oração subordinada substantiva.

Pergunta: o que é necessário?

Resposta: que se permitam simulações de diferentes cenários futuros de expansão urbana e dinâmica de uso do solo em ambiente computacional.

A oração é subjetiva, isto é, possui função de sujeito da oração anterior.

Resposta: Certo

◉ TEXTO CB1A1-II

O conceito de civilização não pode ser precisamente definido, não apenas por ser um processo evolucionário, mas também por ter se manifestado de formas muito diferentes através dos tempos. Entre as civilizações antigas, havia múltiplas diferenças nas crenças religiosas, nos costumes sociais, nas formas de governo e na criação artística. Contudo, uma faceta de fundamental importância para todas elas era a tecnologia, que, em sentido mais amplo, pode significar a aplicação do conhecimento para finalidades práticas.

Hoje, a tecnologia é, na prática, sinônimo de ciência aplicada, mas as tecnologias básicas — tais como agricultura, construção, cerâmica, tecidos — foram originalmente empíricas e transmitidas de uma geração para outra, enquanto a ciência, no sentido de pesquisa sistemática das leis do universo, é um fenômeno relativamente recente. A tecnologia foi fundamental, já que proporcionava os recursos necessários para sociedades organizadas, e essas sociedades tornaram possíveis não apenas a divisão do trabalho — por exemplo, entre trabalhadores da terra, oleiros, marinheiros e similares —, como também um ambiente no qual puderam florescer as artes em geral, não necessárias à vida no dia a dia. A maioria dessas artes dependia de alguma espécie de suporte tecnológico: o escultor requeria ferramentas, o escritor necessitava de tinta e de papiro (ou papel, mais tarde), o dramaturgo precisava de teatros especialmente construídos.

Trevor I. Williams. História das invenções: do machado de pedra às tecnologias da informação. Tradução de Cristina Antunes. Atualização e revisão de William E. Schaaf, Jr. e Arianne E. Burnette. Belo Horizonte: Gutenberg, 2009, p. 12-13 (com adaptações).

06. (Cebraspe - INPI - Analista de Planejamento - 2024) No primeiro período do texto, o conectivo "mas também" confere sentido aditivo à oração que introduz, de modo que são complementares entre si as informações veiculadas no trecho "não apenas por ser um processo evolucionário, mas também por ter se manifestado de formas muito diferentes através dos tempos".

( ) certo ( ) errado

↘ *COMENTÁRIOS:*

No texto: *O conceito de civilização não pode ser precisamente definido, não apenas por ser um processo evolucionário,* ***mas também*** *por ter se manifestado de formas muito diferentes através dos tempos.*

São sinônimos de "mas também": *além disso, bem como, assim como.* Isso indica que possui sentido de adição.

Ideias adicionais: não pode ser precisamente definido

→ não por ser um processo evolutivo

e

→ por ter se manifestado de formas diferentes através dos tempos.

Resposta: Certo

---

07. (Cebraspe - INPI - Analista de Planejamento - 2024) No segundo parágrafo, a oração introduzida por "já que" (segundo período) denota a razão que justifica a afirmação contida na oração imediatamente anterior.

( ) certo ( ) errado

COMENTÁRIOS:

No texto: A tecnologia foi fundamental, já que proporcionava os recursos necessários para sociedades organizadas, e essas sociedades tornaram possíveis não apenas a divisão do trabalho.

- **Por que** a tecnologia foi fundamental? (a pergunta é a consequência).

- **Porque** proporcionava os recursos necessários. (a resposta é a **causa**).

Resposta: Certo

FRAGMENTO DE TEXTO PARA RESPONDER À QUESTÃO.

(...) Na definição de ser humano mais difundida (animal racional), o atributo essencial é dado pela racionalidade, consoante o significado clássico de definição estabelecido por Aristóteles: uma definição dá-se pelo gênero próximo e pela diferença específica. Pelo gênero próximo, indica-se aquilo que o objeto definido tem em comum com outros seres de espécies diferentes (no caso em tela, o gênero animal); pela diferença específica, indica-se a espécie, isto é, o que distingue determinado ser dos demais que pertencem ao mesmo gênero (no caso do ser humano, a racionalidade). Consequentemente, sendo o ser humano definido pela racionalidade, é esta que assume o caráter de atributo essencial desse ser. (...)

Demerval Saviani. **Trabalho e educação**: fundamentos ontológicos e históricos. Internet: <www.https://www.scielo.br/> (com adaptações).

---

08. (Cebraspe - MP TO - Analista Ministerial - Letras - 2024) O emprego do adjunto adverbial "Consequentemente", no último período do terceiro parágrafo, indica uma relação de causa e efeito entre as ideias apresentadas.

( ) certo ( ) errado

COMENTÁRIOS:

Nota da autora: Se pensar rapidamente, já acerta. O advérbio indica consequência e, se há consequência, há causa.

No texto: Consequentemente, sendo o ser humano definido pela racionalidade, é esta que assume o caráter de atributo essencial desse ser.

- **Por que** a racionalidade assume o caráter de atributo essencial desse ser? (consequência)

- **Porque** o ser humano é definido pela racionalidade (causa).

Resposta: Certo

◉ FRAGMENTO DE TEXTO PARA RESPONDER ÀS QUESTÕES.

(...) **Os limites do crescimento** tiveram enorme repercussão — foi traduzido para dezenas de idiomas e vendeu mais de 30 milhões de exemplares pelo mundo —, mas suas advertências não foram ouvidas. A população global, que, em 1972, era de 3,8 bilhões, mais que dobrou: em 2022, a Terra cruzou a marca de 8 bilhões de habitantes. (...)

Internet: <https://super.abril.com.br/> (com adaptações).

09. (Cebraspe - MP TO - Analista Ministerial - Letras - 2024) A oração "mas suas advertências não foram ouvidas" expressa, em relação à primeira oração do período, sentido de oposição.

( ) certo ( ) errado

COMENTÁRIOS:

Há oposição entre "tiveram enorme repercussão" e "suas advertências não foram ouvidas". Trata-se de uma oração coordenada adversativa.

Resposta: Certo

10. (Cebraspe - MP TO - Analista Ministerial - Letras – 2024 - adaptada) O segundo período do fragmento é formado de três orações e uma delas, classificada como subordinada adjetiva explicativa, apresenta uma informação a respeito da população global em 1972.

( ) certo ( ) errado

COMENTÁRIOS:

No texto: A população global, que, em 1972, **era** de 3,8 bilhões, mais que **dobrou**: em 2022, a Terra **cruzou** a marca de 8 bilhões de habitantes.

Possui três orações porque possui três verbos.

A primeira é a principal: a população global mais que dobrou.

A segunda é subordinada adjetiva explicativa: que, em 1972, era de 3,8 bilhões

Possui pronome relativo e vírgula; informa a quantidade da população em 1972.

Resposta: Certo

◉ FRAGMENTO DE TEXTO PARA RESPONDER À QUESTÃO.

(...) A história mostrou que a resistência fiscal, por mais que pareça natural e inevitável a toda realidade tributária, teve proporções menores em regimes considerados mais democráticos, uma vez que os abusos e o arbítrio das autoridades foram, em muitas sociedades, as principais causas para a recusa ao pagamento dos tributos. Verifica-se, assim, uma razão inversamente proporcional entre o *quantum* democrático de um regime político e a resistência social aos tributos por ele instituídos. Assim, a democracia participativa, em superação aos modelos clássicos e insuficientes da representação ou do exercício semidireto do poder, aponta para uma "relegitimação" do Estado fiscal, na qual a sociedade passa a tomar parte de espaços de decisões políticas. (...)

Isaac Rodrigues Cunha. Resistência fiscal, democracia e educação tributária: fundamentos para uma fiscalidade democrático-participativa por meio de uma "pedagogia fiscal". Universidade Federal do Ceará, Faculdade de Direito, Programa de Pós-Graduação em Direito, Fortaleza, 2017 (com adaptações).

---

11. (CEBRASPE - CGDF - Auditor de Controle Interno - 2023 - adaptada) No primeiro período, a expressão "por mais que" introduz oração que expressa circunstância de

A) causa.

B) concessão.

C) consequência.

D) proporcionalidade.

COMENTÁRIOS:

Alternativa "a" – É impossível fazer a pergunta "por quê?" à outra oração, ou seja, não indica causa. Não equivale a "já que" ou a "porque".

Alternativa "b" – A expressão possui valor concessivo e pode ser substituída por "embora". Inicia uma oração subordinada em que se admite um facto contrário à ação principal, mas incapaz de impedi-la. Essa locução introduz orações subordinadas finitas e exige conjuntivo: Por mais que implorasse, ele não confessou o seu erro.[1]

Alternativa "c" – Não pode ser substituída pela locução conjuntiva "de modo que".

Alternativa "d" – Não são fatos, ou ações, que acontecem simultaneamente.

RESPOSTA: B

◉ FRAGMENTO DE TEXTO PARA RESPONDER À QUESTÃO.

(...) Com efeito, dado que seja gênero de múltiplas espécies, podem ser elencadas como modalidades de resistência fiscal: a) a resistência à cobrança de tributos ilícitos/inconstitucionais, que tem total amparo no princípio constitucional da legalidade tributária, tendo os contribuintes direito de resistir a essa tributação ilegal/inconstitucional; b) a resistência à cobrança ou à instituição de tributos que, mesmo amparados na lei e na Constituição Federal de 1988, são, porém, rechaçados pela sociedade, considerados ilegítimos pela população, ou rechaçados por camada social que se veja prejudicada com sua instituição; c) o crime tributário, que não passa de uma ofensa deliberada à lei; e d) a resistência lícita, na qual se opta por alternativa legal menos onerosa ou pela abstenção de conduta tributável. (...)

1 in Ciberdúvidas da Língua Portuguesa, https://ciberduvidas.iscte-iul.pt/consultorio/perguntas/por-mais-que/19730 [consultado em 13-07-2023]

Isaac Rodrigues Cunha. Resistência fiscal, democracia e educação tributária: fundamentos para uma fiscalidade democrático-participativa por meio de uma "pedagogia fiscal". Universidade Federal do Ceará, Faculdade de Direito, Programa de Pós-Graduação em Direito, Fortaleza, 2017 (com adaptações).

---

12. (CEBRASPE - CGDF - Auditor de Controle Interno - 2023) No parágrafo, o vocábulo "que" empregado nos segmentos identificados por "a)", "b)" e "c)" apresentam, em todas as ocorrências, a mesma função sintática de introdução a oração

A) coordenada explicativa.

B) subordinada adverbial consecutiva.

C) subordinada substantiva.

D) subordinada adjetiva.

COMENTÁRIOS:

Nota da autora: Vamos reescrever os quatro trechos e fazer análise completa para facilitar.

a) a resistência à cobrança de tributos ilícitos/inconstitucionais, **que** tem total amparo no princípio constitucional da legalidade tributária...

1. É pronome relativo, retoma *a resistência à cobrança de tributos ilícitos/inconstitucionais;*
2. Possui função de sujeito e pode ser substituído por "a qual".

   Lê-se: a resistência à cobrança de tributos ilícitos/inconstitucionais tem total amparo;
3. A oração inicia-se com pronome relativo e é classificada como **subordinada adjetiva**; possui vírgula antes do pronome: é **explicativa**.

b) a resistência à cobrança ou à instituição de tributos **que** são, porém, rechaçados pela sociedade...

1. É pronome relativo, retoma *tributos;*
2. Possui função de sujeito e pode ser substituído por "o qual".

   Lê-se: tributos são rechaçados pela sociedade;
3. A oração inicia-se com pronome relativo e é classificada como **subordinada adjetiva**; não possui vírgula antes do pronome: é **restritiva**.

c) o crime tributário, **que** não passa de uma ofensa deliberada à lei;

1. É pronome relativo, retoma *o crime tributário;*
2. Possui função de sujeito e pode ser substituído por "o qual".

   Lê-se: o crime tributário não passa de uma ofensa deliberada à lei;
3. A oração inicia-se com pronome relativo e é classificada como **subordinada adjetiva**; possui vírgula antes do pronome: é **explicativa**.

d) a resistência lícita, **na qual** se opta por alternativa legal menos onerosa ou pela abstenção de conduta tributável.

1. É pronome relativo, retoma *a resistência lícita;*
2. Possui função de adjunto adverbial e pode ser substituído por "em que". A preposição "em" é exigida.

   Lê-se: opta-se por alternativa legal menos onerosa **na** resistência lícita;
3. A oração inicia-se com pronome relativo e é classificada como **subordinada adjetiva**; possui vírgula antes do pronome: é **explicativa**.

Alternativa "a" – As orações não são sintaticamente independentes, ou seja, não podem ser coordenadas.

Alternativa "b" – São subordinadas porque possuem dependência sintática, mas são adjetivas por possuírem pronome relativo. Não indicam circunstâncias, por isso não são podem ser adverbiais.

Alternativa "c" – São subordinadas porque possuem dependência sintática, mas são substantivas por possuírem pronome relativo.

> Observação: precisaria haver conjunção integrante para ser substantiva, isto é, caberia o pronome catafórico "isto" antes da conjunção.
>
> Exemplo: É necessário que leia todos os comentários.
>
> É necessário [isto] = que (conjunção integrante) leia todos os comentários.
>
> Nesse caso, a oração é subordinada substantiva subjetiva – exerce função de sujeito da oração principal.

Alternativa "d" – Como mencionado na nota, todas as orações são subordinadas adjetivas.

RESPOSTA: D

◉ TEXTO 2A1-I

O ordenamento jurídico vem sendo confrontado com as inovações tecnológicas decorrentes da aplicação da inteligência artificial (IA) nos sistemas computacionais. Não apenas se vivencia uma ampliação do uso de sistemas lastreados em IA no cotidiano, como também se observa a existência de robôs com sistemas computacionais cada vez mais potentes, nos quais os algoritmos passam a decidir autonomamente, superando a programação original. Nesse contexto, um dos grandes desafios ético-jurídicos do uso massivo de sistemas de inteligência artificial é a questão da responsabilidade civil advinda de danos decorrentes de robôs inteligentes, uma vez que os sistemas delituais tradicionais são baseados na culpa e essa centralidade da culpa na responsabilidade civil se encontra desafiada pela realidade de sistemas de inteligência artificial.

Perante a autonomia algorítmica na qual os sistemas de IA passam a decidir de forma diversa da programada, há uma dificuldade de diferenciar quais danos decorreram de erro humano e aqueles que derivaram de uma escolha equivocada realizada pelo próprio sistema ao agir de forma autônoma. O comportamento emergente da máquina, em função do processo de aprendizado profundo, sem receber qualquer controle da parte de um agente humano, torna difícil indicar quem seria o responsável pelo dano, uma vez que o processo decisório decorreu de um aprendizado automático que culminou com escolhas equivocadas realizadas pelo próprio sistema. Há evidentes situações em que se pode vislumbrar a existência de culpa do operador do sistema, como naquelas em que não foram realizadas atualizações de *software* ou, até mesmo, de quebra de deveres objetivos de cuidado, como falhas que permitem que *hackers* interfiram no sistema. Entretanto, excluídas essas situações, estará ausente o juízo de censura necessário para a responsabilização com base na culpa.

B. L. da Anunciação Melo e H. Ribeiro Cardoso. Sistemas de inteligência artificial e responsabilidade civil: uma análise da proposta europeia acerca da atribuição de personalidade civil. In: Revista Brasileira de Direitos Fundamentais & Justiça, 16(1), 2020, p. 93-4 (com adaptações).

---

13. (CEBRASPE - MP SC - Promotor - 2023) No segundo período do segundo parágrafo, a expressão "uma vez que" confere noção de consequência à oração "o processo decisório decorreu de um aprendizado automático".

( ) certo ( ) errado

COMENTÁRIOS:

A locução conjuntiva "uma vez que" é classificada como **subordinativa adverbial causal**.

Dicas:

1. Sempre faça pergunta à outra oração para se certificar.

Por que o comportamento emergente da máquina torna difícil indicar quem seria o responsável pelo dano?	**Porque** o processo decisório decorreu de um aprendizado automático que culminou com escolhas equivocadas realizadas pelo próprio sistema.
A pergunta indica a **consequência**.	A resposta indica a **causa**.

2. Indicam causa: *porque, como, pois, pois que, já que, uma vez que, visto que.*
3. Indicam consequência: *que* (precedido de *tal, tanto, tão, tamanho*), *de forma que, de sorte que, tanto que, tão... que, tanto... que, tamanho... que.*

Resposta: Errado

---

14. (CEBRASPE - MP SC - Promotor - 2023) No último período do primeiro parágrafo, a oração "essa centralidade da culpa na responsabilidade civil se encontra desafiada pela realidade de sistemas de inteligência artificial" está coordenada, por adição, à oração imediatamente anterior a ela e ambas estão coordenadas à oração inicial desse período.

( ) certo ( ) errado

COMENTÁRIOS:

Nota da autora: No gabarito preliminar, a banca considerou como "certo". Após recursos, alterou o gabarito para "errado".

No texto: *Nesse contexto, um dos grandes desafios ético-jurídicos do uso massivo de sistemas de inteligência artificial é a questão da responsabilidade civil advinda de danos decorrentes de robôs inteligentes, uma vez que os sistemas delituais tradicionais são baseados na culpa e essa centralidade da culpa na responsabilidade civil se encontra desafiada pela realidade de sistemas de inteligência artificial.*

1. A oração destacada é coordenada aditiva, pois inicia-se com a conjunção "e";
2. A oração anterior é subordinativa adverbial causal, não coordenativa, pois inicia-se com a locução conjuntiva "uma vez que".

Resposta: Errado

---

15. (CEBRASPE - MP SC - Promotor - 2023) No último período do segundo parágrafo, a oração "excluídas essas situações" expressa circunstância de modo.

( ) certo ( ) errado

COMENTÁRIOS:

No texto: *Entretanto, excluídas essas situações, estará ausente o juízo de censura necessário...*

Equivale a: **caso** sejam excluídas, **se** forem excluídas.

Expressa circunstância condicional, não modal.

Resposta: Errado

FRAGMENTO DE TEXTO PARA RESPONDER À QUESTÃO.

O justo se desvela no decorrer das lutas de libertação na história. O justo é um saber que se vai constituindo à medida que nossa consciência da história se aguça. Mas não basta a consciência da história, pois procurar a justiça é uma atitude ética — é uma escolha. (...)

Roberto Aguiar. O que é justiça: uma abordagem dialética. Brasília: Senado Federal. Conselho Editorial, 2020, p. 319-20 (com adaptações).

---

16. (CEBRASPE - MP SC - Promotor - 2023 - adaptada) No segundo período, a locução conjuntiva "à medida que" denota proporcionalidade entre duas situações.

( ) certo ( ) errado

COMENTÁRIOS:

O fato (nossa consciência da história se aguça) acontece proporcionalmente à ocorrência de outro (um saber que se vai constituindo).

Dica: pode ser substituída por "à proporção que", isto é, são ações simultâneas.

Resposta: Certo

FRAGMENTO DE TEXTO PARA RESPONDER À QUESTÃO.

(...) Foi na Constituição de 1891 que, pela primeira vez, o MP mereceu uma referência no texto fundamental. (...)

Internet: www.anpr.org.br (com adaptações)

17. (CEBRASPE - MP SC - Promotor - 2023 - adaptada) O vocábulo "que" introduz uma oração subordinada adjetiva restritiva.

( ) certo ( ) errado

COMENTÁRIOS:

É necessário retirar os termos intercalados para evitar erro:

Foi na Constituição de 1891 que o MP mereceu uma referência no texto fundamental.

O vocábulo "que" não está retomando termo e não pode ser substituído por "a qual", ou seja, não é pronome relativo.

Trata-se de uma expressão expletiva (ou de realce – "foi... que"), pois pode ser retirada.

Lê-se: Na Constituição de 1891, o MP mereceu uma referência...

As expressões expletivas servem para dar ênfase. As mais comuns em provas são: *que, se, me, verbo "ser" + que.*

Resposta: Errado

FRAGMENTO DE TEXTO PARA RESPONDER ÀS QUESTÕES.

(...) A crítica ao colonialismo, a análise dos povos latino-americanos e a valorização do ponto de vista indígena fazem da obra de Darcy Ribeiro uma fonte de inspiração para pesquisadores do campo de estudos pós-coloniais e decoloniais, de acordo com Pereira da Silva. "São releituras e apropriações, porque, quando ele publicou, esses termos não eram usados. A tendência ao evolucionismo e ao eurocentrismo de seus primeiros anos deu lugar, no exílio, a uma visão mais diversificada, em que a América Latina aparece como um polo civilizacional", afirma.

Apesar de ter sido reitor, fundador e reformador de universidades, Darcy viveu a maior parte de sua carreira fora de instituições universitárias brasileiras. Entretanto, jamais deixou de refletir sobre seu projeto para o ensino superior. Publicou livros como **A universidade necessária e La universidad latinoamericana**, em que expôs seu projeto baseado em interdisciplinaridade, investimento em pesquisa científica avançada, compromisso social e participação do corpo discente na tomada de decisões.

Diego Viana. Darcy Ribeiro: a chama da utopia. Revista Pesquisa FAPESP, 30/10/2022 (com adaptações).

18. (CEBRASPE - SME RE/PE - Professor - 2023) No início do último parágrafo, o termo "Apesar" introduz uma oração que expressa noção de causa.

( ) certo ( ) errado

COMENTÁRIOS:

A oração expressa noção de concessão, ou seja, as ideias são opostas e classifica-se como subordinativa adverbial concessiva.

Foi reitor, fundador e reformador de universidades *versus* viveu a maior parte de sua carreira fora de instituições universitárias brasileiras.

Resposta: Errado

◉ FRAGMENTO DE TEXTO PARA RESPONDER ÀS QUESTÕES.

O Brasil é um dos países com maior proporção de alunos matriculados em cursos de formação de professores, mas com um dos mais baixos índices de interesse na profissão. Para especialistas, isso mostra **que** a docência se torna opção pela facilidade em ingressar no ensino superior, pelas baixas mensalidades e pela alternativa de cursos a distância — não pela vocação.

Estudos internacionais mostram que um bom professor é um dos fatores que mais influenciam na aprendizagem. Os dados são de pesquisa feita pelo Banco Interamericano de Desenvolvimento (BID), que traçou o perfil de quem estuda para ser professor na América Latina e no Caribe. Enquanto, no Brasil, 20% dos universitários estão em cursos como licenciatura e pedagogia, na América Latina são 10% e, em países desenvolvidos, 8%.

Em compensação, só 5% dos jovens brasileiros dizem querer ser professores quando estão no ensino médio. E, apesar da grande quantidade de alunos matriculada em cursos de licenciatura e pedagogia no Brasil, faltam docentes **para** lecionar disciplinas específicas em áreas de ciências exatas e da natureza.

Na Coreia do Sul, por exemplo, 21% se interessam pela profissão e só 7% ingressam, de fato, na universidade, **porque há muita concorrência e maior seleção**. No Chile e no México, os dois índices são mais próximos: cerca de 7% se interessam pelo magistério e menos de 15% cursam pedagogia ou licenciatura.

"Muitos alunos concluintes do ensino médio entram em programas de formação de professores para conseguir um título", diz o economista chefe da divisão de educação no BID, Gregory Elacqua. **Ele afirma que isso não é bom para a educação.** (...)

Internet: <noticias.uol.com.br > (com adaptações).

JULGUE OS ITENS A SEGUIR, NO QUE DIZ RESPEITO À SINTAXE DE PERÍODOS NO TEXTO.

---

19. (CEBRASPE - SME RE/PE - Professor - 2023) O primeiro período do texto é composto por coordenação e subordinação, sendo a última oração desse período classificada como coordenada sindética adversativa.

( ) certo ( ) errado

➘ *COMENTÁRIOS:*

Nota da autora: Para saber se o período é simples (uma oração) ou composto (mais de uma oração), é necessário encontrar o(s) verbo(s).

Pegadinha da banca: aparentemente o período é simples, mas, ao aprofundar um pouco na análise, nota-se o emprego da conjunção adversativa "mas" e percebe-se que existem termos implícitos.

Lê-se: O Brasil é um dos países com maior proporção de alunos matriculados em cursos de formação de professores, mas **[é um dos países]** com um dos mais baixos índices de interesse na profissão.

Classificação:

1. Oração coordenada: *O Brasil **é** um dos países com maior proporção de alunos matriculados em cursos de formação de professores.*

2. Oração coordenada adversativa: mas [**é** um dos países] com um dos mais baixos índices de interesse na profissão.

Não existe subordinação.

Resposta: Errado

---

20. (CEBRASPE - SME RE/PE - Professor - 2023) No segundo período do primeiro parágrafo, o vocábulo "que" introduz uma oração subordinada substantiva objetiva direta.

( ) certo ( ) errado

➘ COMENTÁRIOS:

1. Para introduzir uma oração **subordinada substantiva**, é necessário haver **conjunção integrante**, ou seja, encaixa-se o pronome catafórico "isto" antes do vocábulo e existe a ideia de que algo será mencionado: mostra **isto**.

   É uma conjunção integrante e a oração é substantiva.

2. Para ser **objetiva direta**, a oração principal (a que não possui conjunção ou pronome relativo) deve terminar em verbo transitivo direto: mostra algo – V.T.D.

Feitas essas análises, sabemos que a oração é **subordinada substantiva objetiva direta.**

Resposta: Certo

---

21. (CEBRASPE - SME RE/PE - Professor - 2023) O último período do quinto parágrafo é composto por subordinação.

( ) certo ( ) errado

➘ COMENTÁRIOS:

Existem dois verbos, isto é, existem duas orações. Basta classificá-las.

Dica: Acompanhe o passo a passo.

Ele afirma	que isso não é bom para a educação.
afirma "**isto**"	que = conjunção integrante e **oração subordinada substantiva**
Sujeito + **V.T.D.**	**objetiva direta**

Resposta: Certo

---

22. (CEBRASPE - SME RE/PE - Professor - 2023) No segundo período do terceiro parágrafo, a oração introduzida pela preposição "para" expressa circunstância de finalidade.

( ) certo ( ) errado

➘ COMENTÁRIOS:

Simples demais! Basta fazer a pergunta correta.

- Faltam docentes **para quê? Para qual finalidade?**

- **Para** lecionar disciplinas específicas em áreas de ciências exatas e da natureza.

Observação: a oração subordinativa adverbial final é reduzida de infinitivo (lecionar).

Dica para a próxima prova: desenvolva a oração (retire o verbo da forma nominal, conjugue-o e insira uma conjunção, ou uma locução conjuntiva) = para que lecionem disciplinas...

Resposta: Certo

---

23. (CEBRASPE - SME RE/PE - Professor - 2023) No quarto parágrafo, a oração "porque há muita concorrência e maior seleção" (primeiro período) consiste em uma explicação para o fato expresso na oração imediatamente anterior, por isso se classifica como subordinada adjetiva explicativa.

( ) certo ( ) errado

COMENTÁRIOS:

Nota da autora: Pense rapidamente e ganhe tempo. Possui pronome relativo? Não! É impossível ser oração adjetiva.

Agora vamos à análise completa.

1. Na Coreia do Sul, por exemplo, 21% se interessam pela profissão
   = oração coordenada assindética (não possui conjunção)
2. e só 7% ingressam, de fato, na universidade
   = oração coordenada aditiva (possui a conjunção "e")
3. **porque há muita concorrência e maior seleção**
   = oração coordenada explicativa (possui a conjunção "porque" e possui vírgula antes da conjunção)

Dica para a próxima prova: antes da conjunção coordenada explicativa "porque", a vírgula é obrigatória; antes da conjunção subordinada adverbial causal, a vírgula é desnecessária.

Cuidado! A banca faz adaptações nos textos e pode, com isso, montar uma bela *pegadinha*.

Pense assim:

A oração explicativa **justifica** a informação. = Cala-te, **porque ele chegou**.

A oração causal apresenta a causa, **o motivo**, **a razão** para a situação descrita na oração subordinante. = Maria caiu **porque Ana empurrou**.

Resposta: Errado

FRAGMENTO DE TEXTO PARA RESPONDER À QUESTÃO.

Os mediadores de leitura são aquelas pessoas que estendem pontes entre os livros e os leitores, ou seja, que criam as condições para fazer com que seja possível que um livro e um leitor se encontrem. A experiência de encontrar os livros certos nos momentos certos da vida, esses livros que nos fascinam e que nos vão transformando em leitores paulatinamente, não tem uma rota única nem uma metodologia específica; por isso, os mediadores de leitura não são fáceis de definir. (...)

Internet: <www.ceale.fae.ufmg.br> (com adaptações).

---

24. (CEBRASPE - SME RE/PE - Professor – 2023 - adaptada) No segundo período, as orações "que nos fascinam e que nos vão transformando em leitores paulatinamente" são classificadas como adjetivas explicativas, pois qualificam e explicam o termo antecedente, "esses livros".

( ) certo ( ) errado

COMENTÁRIOS:

As duas **orações** são **subordinativas adjetivas** porque possuem pronome relativo e retomam "livros": esses livros que = os quais.

Não há pontuação antes do pronome relativo (vírgula, travessão ou parênteses) e isso indica que as orações são **restritivas**.

Perceba que restringe a ideia: não são quaisquer livros, são os que fascinam e os que nos vão transformando em leitores.

Resposta: Errado

1.2. QUESTÕES - NÍVEL MÉDIO

FRAGMENTO DE TEXTO PARA RESPONDER À QUESTÃO.

Na casa vazia, sozinha com a empregada, já não andava **como** um soldado, já não precisava tomar cuidado. Mas sentia falta da batalha das ruas. Melancolia da liberdade, com o horizonte ainda tão longe. Dera-se ao horizonte. Mas a nostalgia do presente. O aprendizado da paciência, o juramento da espera. Do qual talvez não soubesse jamais se livrar. (...)

Clarice Lispector. Preciosidade. In: Laços de Família. Rio de Janeiro: Rocco, 1998, p. 86-87 (com adaptações).

---

25. (Cespe/Cebraspe - TJ RJ - Técnico Judiciário/2021 - adaptada) No primeiro período do texto, o termo "como" expressa a ideia de

A) explicação.

B) causa.

C) intensidade.

D) adição.

E) comparação.

COMENTÁRIOS:

Nota da autora: A conjunção "como" pode ser causal (seguida de verbo no pretérito imperfeito do subjuntivo), comparativa (normalmente com verbo implícito) ou conformativa (equivale a "segundo", "conforme"). Isso significa que são subordinativas.

Alternativa "a" – Não equivale à conjunção "porque", não é explicação.

Alternativa "b" – Não existe consequência nem cabe a pergunta "por quê?", não pode indicar causa.

Alternativa "c" – Não intensifica termo algum, o advérbio exerce tal função.

Alternativa "d" – Não pode ser substituído por "e" ou "nem", logo não adiciona.

Alternativa "e" – Perceba que existe um verbo implícito – fato que normalmente ocorre na comparação. A ideia é esta: **ela** não andava como um **soldado** anda.

Resposta: E

◉ FRAGMENTO DE TEXTO PARA RESPONDER À QUESTÃO.

A lembrança da empregada ausente me coagia. **Quis lembrar-me de seu rosto, e admirada não consegui** — de tal modo ela acabara de me excluir de minha própria casa, como se me tivesse fechado a porta e me tivesse deixado remota em relação à minha moradia. A lembrança de sua cara fugia-me, devia ser um lapso temporário. Mas seu nome — é claro, é claro, lembrei-me finalmente: Janair.

Clarice Lispector. A paixão segundo G. H. Rio de Janeiro: Rocco, 2009 (com adaptações)

---

26. (Cebraspe - PG DF - Técnico Jurídico - Tecnologia e Informação - 2021 - adaptada) No trecho "Quis lembrar-me de seu rosto, e admirada não consegui", a conjunção "e" está empregada com o mesmo sentido de **porém**.

( ) Certo ( ) Errado

➘ *COMENTÁRIOS:*

As ideias são opostas: *quis lembrar-me* versus *não consegui*. Além disso, há vírgula antes da conjunção. Está empregada no sentido de *mas, porém, contudo, todavia, entretanto*, ou seja, existe relação de adversidade.

Resposta: Certo.

◉ FRAGMENTO DO TEXTO CG2A1-I PARA RESPONDER À QUESTÃO.

(...) Muitas cidades eram mais densamente povoadas no passado, quando as populações nacionais e mundial eram bem menores. A expansão dos meios de transporte mais rápidos e baratos, com preço viável para uma quantidade muito maior de pessoas, fez com que a população urbana se espalhasse para as áreas rurais em torno das cidades à medida que os subúrbios se desenvolviam. Devido a um transporte mais rápido, esses subúrbios agora estão próximos, em termos temporais, das instituições e atividades de uma cidade, embora as distâncias físicas sejam cada vez maiores. (...)

Thomas Sowell. Fatos e falácias da economia. Record. Edição do Kindle, p. 24-25 (com adaptações).

27. (Cebraspe – MPE AP – Técnico Ministerial – 2021 - adaptada) Mantendo-se a correção gramatical e o sentido original do texto CG2A1-I, a expressão "à medida que" (segundo período) poderia ser substituída por

A) onde.

B) visto que.

C) na medida que.

D) à proporção que.

E) no momento em que.

COMENTÁRIOS:

Alternativa "a" – Se inserisse o pronome relativo "onde", a gramática permaneceria correta, mas o sentido seria alterado porque retomaria "em torno das cidades". O sentido seria alterado para este: os subúrbios se desenvolviam em torno das cidades.

O sentido original é este: a população urbana se espalhou para as áreas rurais em torno das cidades **ao passo que** os subúrbios se desenvolviam.

Alternativa "b" – Não existe relação de causa e consequência.

Alternativa "c" – Não existe a locução "na medida que". Existem estas duas opções: à medida que = proporção; na medida em que = causa.

Alternativa "d" – As duas locuções conjuntivas indicam proporcionalidade, ou seja, as ações são simultâneas.

Alternativa "e" – Não há relação de tempo.

Resposta: D

FRAGMENTO DE TEXTO PARA RESPONDER À QUESTÃO.

(...) Seja para a educação de pedestres e motoristas, seja para quem quer iniciar um investimento no ramo automotivo, as ferramentas tecnológicas atuais estão aí para trazer mais facilidade. **Portanto**, se você é (ou pretende se tornar) um profissional que atua nesse segmento, deve, sempre, estar atualizado com as novidades tecnológicas criadas para essa área.

Como a tecnologia influencia o trânsito. 19/9/2019. Internet: (com adaptações).

28. (Cebraspe – Pref. Barra dos Coqueiros/SE – Assistente Administrativo -2020) Seriam mantidas a correção gramatical e a coerência do trecho se o termo "Portanto" fosse substituído por

A) Conquanto.

B) Contanto.

C) Logo.

D) No entanto.

E) Outrossim.

COMENTÁRIOS:

Nota da autora: Trata-se de uma conjunção coordenada conclusiva.

Alternativa "a" – Indica concessão, refere-se a ideias opostas.

Alternativa "b" – Indica condição: conjunção subordinativa adverbial condicional.

Alternativa "c" – "Logo" indica conclusão.

Alternativa "d" – Indica oposição: conjunção coordenada adversativa.

Alternativa "e" – Indica adição.

RESPOSTA: C

FRAGMENTO DE TEXTO PARA RESPONDER À QUESTÃO.

Atribui-se ao filósofo Rousseau o uso originário da expressão serviço público. Em um texto da obra O contrato social, a expressão abrange qualquer atividade estatal. E o faz com duas conotações: de um lado, trata-se de atividades destinadas ao serviço do público, isto é, ações pelas quais se assegura aos cidadãos a satisfação de uma necessidade sentida coletivamente, sem que cada um tenha de atendê-la pessoalmente; de outro, é concebida como uma atividade estatal que sucede ao serviço do rei, porque se operou uma substituição na titularidade da soberania.

Na França e nos países que sofreram sua influência, esse conceito político de Rousseau vai extravasar para o plano jurídico, com as duas mesmas notas entrelaçadas, que, por sinal, permanecem válidas na configuração atual do conceito, quais sejam: 1) trata-se de uma atividade estatal, não de uma atividade privada; 2) trata-se de uma atuação a serviço do público para satisfazer a uma necessidade sentida coletivamente pela sociedade.

Ademais, para a captação do conceito de serviço público, deve-se considerar ainda o fator histórico-político, o seu surgimento em uma época presidida ideologicamente por determinada concepção das relações entre Estado e sociedade e pela separação de suas distintas esferas de atuação, que apareceram com a Revolução Francesa. (...)

Dinorá Adelaide Mussetti Grossi. Evolução da teoria do serviço público. Internet: (com adaptações).

29. (Cebraspe – Pref. Barra dos Coqueiros/SE – Assistente Administrativo -2020) A conjunção "Ademais" introduz um trecho com sentido

A) conclusivo.

B) adversativo.

C) explicativo.

D) aditivo.

E) condicional.

COMENTÁRIOS:

Nota da autora: O vocábulo "ademais" é um advérbio que representa ideia de acréscimo de outra informação sobre algo que já foi mencionado.

Alternativa "a" – Indicam conclusão: **logo, pois, portanto, por conseguinte, por isso, assim.**

Alternativa "b" – Indicam adversidade: **mas, porém, contudo, todavia, entretanto, no entanto, não obstante.**

Alternativa "c" – Indicam explicação: que, porque, pois, porquanto.

Alternativa "d" – Se acrescenta ideia, adiciona. Conjunções e locuções que também indicam adição: **e, nem** (= e não), **não só... mas também, não só... como também, bem como, não só... mas ainda.**

Alternativa "e" – Indicam condição: **se, caso, contanto que, salvo se, a não ser que, desde que, a menos que, sem que** etc.

RESPOSTA: D

◉ FRAGMENTO DE TEXTO PARA RESPONDER À QUESTÃO.

> Estou escrevendo um livro sobre a guerra...
>
> Eu, que nunca gostei de ler livros de guerra, ainda que, durante minha infância e juventude, essa fosse a leitura preferida de todo mundo. De todo mundo da minha idade. E isso não surpreende — éramos filhos da Vitória. Filhos dos vencedores. (...)
>
> Svetlana Aleksiévitch. A guerra não tem rosto de mulher. Companhia das Letras, 2016, p. 9-11 (com adaptações).

---

30. (Cebraspe – IBGE – Agente de Pesquisas - 2021 - adaptada) No segundo parágrafo, a expressão "ainda que" expressa uma

A) consequência.

B) concessão.

C) oposição.

D) explicação.

E) causa.

COMENTÁRIOS:

Alternativa "a" – Indicam consequência: ***de sorte que, de modo que, sem que (= que não), de forma que, de jeito que, que (tendo como antecedente na oração principal uma palavra como tal, tão, cada, tanto, tamanho) etc.***

Alternativa "b" – Indicam concessão: ***embora, ainda que, apesar de que, se bem que, mesmo que, por mais que, posto que, conquanto*** etc.

Alternativa "c" – As conjunções e as locuções conjuntivas adversativas indicam oposição: *mas, porém, contudo, todavia, entretanto, não obstante.*

Alternativa "d" – Indicam explicação: *que, porque, pois.*

Alternativa "e" – Indicam causa: ***porque, que, como (= porque, no início da frase), pois que, visto que, uma vez que, porquanto, já que, desde que etc.***

Resposta: B

◉ FRAGMENTO DE TEXTO PARA RESPONDER À QUESTÃO.

(...) O que as pesquisas mais recentes nos apontam é que, ao menos em 2020, aquela "quarta onda" de transtornos mentais que era prevista pelos especialistas não aconteceu na prática graças à resiliência do ser humano e **a despeito de** uma piora na qualidade de vida e de um esperado aumento de sentimentos como tristeza, frustração, raiva e nervosismo. (...)

Internet: <uol.com.br> (com adaptações).

31. (Cebraspe – IBGE – Agente de Pesquisas - 2021 - adaptada) A expressão "a despeito de" poderia ser substituída no trecho, mantendo-se seu sentido e sua correção gramatical, por

A) apesar.

B) embora.

C) devido a.

D) contanto.

E) apesar de.

COMENTÁRIOS:

Nota da autora: "A despeito de" indica concessão.

Alternativa "a" – Falta a inserção da preposição "de".

Alternativa "b" – Acarretaria erro gramatical.

Alternativa "c" – "Devido a" indica causa.

Alternativa "d" – "Contanto" indica condição.

Alternativa "e" – "Apesar de" também indica concessão, isto é, o sentido não é alterado e a gramática permanece correta.

Resposta: E

◉ FRAGMENTO DE TEXTO PARA RESPONDER À QUESTÃO.

(...) A separação dos movimentos da informação em relação aos movimentos dos seus portadores e objetos permitiu, por sua vez, a diferenciação de suas velocidades; o movimento da informação ganhava velocidade num ritmo muito mais rápido que a viagem dos corpos ou a mudança da situação sobre a qual se informava. **Afinal**, o aparecimento da rede mundial de computadores pôs fim — no que diz respeito à informação — à própria noção de "viagem" (e de "distância" a ser percorrida), o que tornou a informação instantaneamente disponível em todo o planeta, tanto na teoria como na prática.

Zygmunt Bauman. Globalização: as consequências humanas. Trad. Marcus Penchel. Rio de Janeiro: Zahar, 1999 (com adaptações).

32. (Cebraspe – Técnico Ministerial – MPE CE - 2020 - adaptada) A substituição do conectivo "Afinal" por **Contudo** manteria os sentidos originais do texto.

( ) Certo ( ) Errado

COMENTÁRIOS:

Nota da autora: Questão de período composto, coesão e coerência.

O vocábulo “afinal” indica conclusão e “contudo” indica oposição, adversidade. O sentido é alterado.

Resposta: Errado.

◉ FRAGMENTO DE TEXTO PARA RESPONDER À QUESTÃO.

(...) Estúpida, tímida e livre. Não vitoriosa como seria um galo em fuga. Que é que havia nas suas vísceras que fazia dela um ser? A galinha é um ser. É verdade que não se poderia contar com ela para nada. **Nem ela própria contava consigo, como o galo crê na sua crista**. Sua única vantagem é que havia tantas galinhas que morrendo uma surgiria no mesmo instante outra tão igual como se fora a mesma.

Clarice Lispector. Uma galinha. In: Laços de família: contos. Rio de Janeiro: Rocco, 1998.

---

33. (Cebraspe – Técnico Ministerial – MPE CE - 2020 - adaptada) No trecho “Nem ela própria contava consigo, como o galo crê na sua crista”, existe uma relação de oposição entre as orações que compõem o período.

( ) Certo ( ) Errado

COMENTÁRIOS:

Existe uma evidente comparação entre a galinha e o galo demonstrada pela conjunção “como”.

Dica: há duas possibilidades de haver relação de oposição – adversidade, na coordenação, e concessão, na subordinação.

Conjunções e locuções conjuntivas que indicam **adversidade:** *mas, **porém, contudo, todavia, entretanto, no entanto, não obstante, nada obstante.***

Conjunções e locuções conjuntivas que indicam **concessão** são *embora, conquanto, ainda que, ainda quando, mesmo que, se bem que, posto que, apesar de que.*

Resposta: Errado.

1.3. QUESTÕES - NÍVEL SUPERIOR

◉ FRAGMENTO DE TEXTO PARA RESPONDER À QUESTÃO.

(...) O vírus atinge o planeta. O vírus ameaça a humanidade. Planeta ou humanidade designam tanto os habitantes de Manhattan, da Avenue Foch, em Paris, do Leblon, no Rio de Janeiro, ou dos Jardins, em São Paulo, como também designam os 800 milhões de pessoas que passam fome no mundo, segundo dados da Organização das Nações Unidas (2017). No planeta vive o 1% das pessoas que detém renda maior que os restantes 99% da população mundial. **Vivem 42 pes-**

soas cuja riqueza é igual à de 3,7 bilhões dos mais pobres que lutam para sobreviver, para suprir necessidades básicas. Vivem os que têm renda para ficar em casa e fazer suas compras de alimentos pela Internet, os que não vão comer hoje por causa da pandemia e os que já não comiam antes da pandemia. Vivem os que podem se isolar e os que moram em aglomerados miseráveis, em um cômodo apenas, para os quais as palavras "confinamento", "isolamento" ou "quarentena" são piadas de mau gosto. Vivem 4,5 bilhões de pessoas que não têm saneamento nem água encanada, desprovidas das condições mínimas de higiene.

Internet: <revistacult.uol.com.br> (com adaptações).

---

34. (Cespe/Cebraspe - DPE DF - Auditoria/2022 - adaptada) No trecho "Vivem 42 pessoas cuja riqueza é igual à de 3,7 bilhões dos mais pobres que lutam para sobreviver, para suprir necessidades básicas", as orações introduzidas por "para" indicam as causas por que os 3,7 bilhões de pessoas que fazem parte do grupo dos mais pobres do mundo lutam.

( ) Certo ( ) Errado

COMENTÁRIOS:

As duas orações indicam finalidade:

Lutam **para quê?** Para sobreviver.

Lutam **para quê?** Para suprir necessidades básicas.

Dica: além de caber a pergunta "**para quê?**", cabe a locução "**a fim de que**": a fim de sobreviver; a fim de suprir necessidades básicas.

Resposta: Errado.

TEXTO PARA RESPONDER ÀS QUESTÕES.

Diante da lei está um porteiro. Um homem do campo dirige-se a este porteiro e pede para entrar na lei. Mas o porteiro diz que agora não pode permitir-lhe a entrada. O homem do campo reflete e depois pergunta se então não pode entrar mais tarde. "É possível", diz o porteiro, "mas agora não". **Uma vez que a porta da lei continua como sempre aberta, e o porteiro se põe de lado, o homem se inclina para o interior através da porta**. Quando nota isso, o porteiro ri e diz: "**Se o atrai tanto, tente entrar apesar da minha proibição**. Mas veja bem: eu sou poderoso. E sou apenas o último dos porteiros. De sala para sala, porém, existem mais porteiros, cada um mais poderoso que o outro. O camponês não esperava tais dificuldades: a lei deve ser acessível a todos e a qualquer hora, pensa ele. Ele faz muitas tentativas para ser admitido, e cansa o porteiro com os seus pedidos. O homem, que se havia equipado para a viagem com muitas coisas, lança mão de tudo, por mais valioso que seja, para subornar o porteiro. Este aceita tudo. Durante todos esses anos, o homem observa o porteiro quase sem interrupção. Esquece outros porteiros e este primeiro parece-lhe o único obstáculo para a entrada na lei. Nos primeiros anos, amaldiçoa em voz alta o acaso infeliz. Antes de morrer, todas as experiências daquele tempo convergem na sua cabeça para uma pergunta que até então não havia feito ao porteiro. Faz-lhe um aceno para que se aproxime. "O que é que você ainda quer saber?", pergunta o porteiro. "Você é insaciável." "Todos aspiram à lei", diz o homem. "Como se explica que, em tantos anos, ninguém além de mim pediu para entrar?" O porteiro percebe que o homem já está no fim e, para ainda alcançar sua audição em declínio, ele berra: "**Aqui ninguém mais podia ser admitido, pois esta entrada estava destinada só a você**. Agora eu vou embora e fecho-a".

Franz Kafka. O processo. Tradução de Modesto Carone. Companhia das Letras, 1997 (com adaptações).

---

35. (Cespe/Cebraspe - DPE DF - Auditoria/2022) Seria mantida a correção gramatical e os sentidos originais do texto caso, no trecho 'Aqui ninguém mais podia ser admitido, pois esta entrada estava destinada só a você', a conjunção 'pois' fosse substituída por **posto que**.

( ) Certo ( ) Errado

COMENTÁRIOS:

A locução conjuntiva "posto que" é adverbial concessiva. A conjunção "pois", no contexto, possui valor explicativo.

Resposta: Errado.

---

36. (Cespe/Cebraspe - DPE DF - Auditoria/2022) Em 'Se o atrai tanto, tente entrar apesar da minha proibição', a expressão 'apesar da' está empregada com o mesmo sentido de **não obstante a**.

( ) Certo ( ) Errado

COMENTÁRIOS:

São adverbiais concessivas: embora, conquanto, ainda que, ainda quando, mesmo que, se bem que, posto que, **apesar de** que. A locução "não obstante" pode indicar concessão ou adversidade – no sentido de *mas, porém, todavia, entretanto*.

Observação: utiliza-se "não obstante" para expressar que determinada situação aconteceu de forma contrária daquela que se esperava; algo que deveria ter acontecido de um modo (não entrar), mas que por algum motivo aconteceu de outro (entrar).

Resposta: Certo.

---

37. (Cespe/Cebraspe - DPE DF - Auditoria/2022) A locução "Uma vez que", que inicia o período "Uma vez que a porta da lei continua como sempre aberta, e o porteiro se põe de lado, o homem se inclina para o interior através da porta", foi empregada no sentido de conformidade.

( ) Certo ( ) Errado

COMENTÁRIOS:

Existe uma evidente relação de causa e consequência:

1. **Por que** o homem se inclina para o interior através da porta?
2. **Porque** a porta da lei continua aberta e o porteiro se põe de lado.

A pergunta (1) é a consequência; a resposta (2) é a causa.

Não indica conformidade, ou seja, não é regra.

Exemplo: Fez conforme indicava o edital.

Resposta: Errado.

◉ FRAGMENTO DE TEXTO PARA RESPONDER À QUESTÃO.

Amado nos levou com um grupo para descansarmos na fazenda de um amigo. Esta confirmava as descrições que eu lera no livro de Freyre: embaixo, as habitações de trabalhadores, a moenda, onde se mói a cana, uma capela ao longe; na colina, uma casa. O amigo de Amado e sua família estavam ausentes; tive uma primeira amostra da hospitalidade brasileira: todo mundo achava normal instalar-se na varanda e pedir que servissem bebidas. Amado encheu meu copo de suco de caju amarelo-pálido: ele pensava, **como eu**, que se conhece um país em grande parte pela boca. A seu pedido, amigos nos convidaram para comer o prato mais típico do Nordeste: a feijoada. (...)

Simone de Beauvoir. A força das coisas. Rio de Janeiro: Nova Fronteira, 2018, p. 497-498 (com adaptações).

38. (Cebraspe – MJ SP – Técnico em pesquisa e análise de dados - 2022 - adaptada) A expressão "como eu" (quarto período) transmite ideia de proporcionalidade.

( ) Certo ( ) Errado

↘ COMENTÁRIOS:

Trata-se de uma **comparação**, perceba que o verbo está implícito: **ele** pensava como **eu** [pensava].

Resposta: Errado.

◉ FRAGMENTO DE TEXTO PARA RESPONDER À QUESTÃO.

(...) Se o tempo é sempre escasso, se despertamos diariamente com o toque insistente do despertador, **ainda** sonolentos e já atrasados para cumprir compromissos que se renovam ao infinito, se tão poucos se lembram de que sonham pela simples falta de oportunidade de contemplar a vida interior, quando a insônia grassa e o bocejo se impõe, chega-se a duvidar da sobrevivência do sonho. (...)

Sidarta Ribeiro. O oráculo da noite: a história e a ciência do sonho. São Paulo: Companhia das Letras, 2019, p. 19-20 (com adaptações).

39. (Cebraspe – PG DF – Analista Jurídico – Administração – 2021 - adaptada) O termo "ainda" está empregado no texto com o mesmo sentido de **embora**.

( ) Certo ( ) Errado

↘ COMENTÁRIOS:

O vocábulo "ainda" é advérbio e possui sentido de *até o momento*. "Embora" é conjunção subordinativa adverbial concessiva e, obviamente, não faz referência ao tempo. Os sentidos são distintos.

Resposta: Errado.

◉ FRAGMENTO DE TEXTO PARA RESPONDER À QUESTÃO.

[...]

A disposição para admitir ignorância tornou a ciência moderna mais dinâmica, versátil e indagadora do que todas as tradições de conhecimentos anteriores. Isso expandiu enormemente nossa capacidade de entender como o mundo funciona e nossa habilidade de inventar novas tecnologias, mas nos coloca diante de um problema sério que a maioria dos nossos ancestrais não precisou enfrentar. Nosso pressuposto atual de que não sabemos tudo e de que até mesmo o conhecimento que temos é provisório se estende aos mitos partilhados que possibilitam que milhões de estranhos cooperem de maneira eficaz. Se as evidências mostrarem que muitos desses mitos são duvidosos, como manter a sociedade unida? Como fazer com que as comunidades, os países e o sistema internacional funcionem?

Isso Yuval Noah Harari. Sapiens: uma breve história da humanidade. 26.º ed. Porto Alegre, RS: L&PM, 2017,p. 261-263 (com adaptações).

---

40. (Cebraspe – PC DF - Agente - 2021 - adaptada) As orações que compõem o primeiro período do fragmento de texto estabelecem entre si uma relação de causa e consequência.

( ) Certo ( ) Errado

COMENTÁRIOS:

No período mencionado, há duas relações, não apenas de causa e consequência:

1. Causa e consequência:

Por que a ciência moderna se tornou mais dinâmica, versátil e indagadora? (consequência).

Porque houve disposição para admitir ignorância. (causa).

2. Comparação: a ciência moderna tornou **mais** dinâmica, versátil e indagadora **do que** todas as tradições de conhecimentos anteriores.

Resposta: Errado.

◉ FRAGMENTO DE TEXTO PARA RESPONDER À QUESTÃO.

(...) As definições encontradas nos dicionários e enciclopédias falham em capturar a riqueza e a variedade dos dados no mundo da ciência ou falham em revelar as premissas epistemológicas e ontológicas sobre as quais eles são baseados. Na esfera acadêmica, grande parte das definições são uma enumeração de exemplos: dados são fatos, números, letras e símbolos. Listas de exemplos não são verdadeiramente definições, **visto que** não estabelecem uma clara fronteira entre o que inclui e o que não inclui o conceito.

Luis Fernando Sayão; Luana Farias Sales. Afinal, o que é dado de pesquisa? In: Biblos: Revista do Instituto de Ciências Humanas e da Informação, Rio Grande. v. 34, n. 02, jul.-dez./2020, p. 32-33. Internet: <periódicos.furg.br>. (com adaptações).

41. (Cebraspe – IBGE – Supervisor de Coleta - 2021 - adaptada) A locução "visto que" (último período) é usada no trecho com o mesmo sentido que

A) mesmo que.

B) de modo que.

C) se bem que.

D) sempre que.

E) uma vez que.

COMENTÁRIOS:

Alternativa "a" – A ideia não é de concessão. Indicam concessão: **embora, ainda que, apesar de que, se bem que, mesmo que, por mais que, posto que, conquanto** etc.

Alternativa "b" – Não indica consequência, indica causa. Entenda melhor a relação entre causa e efeito:

Por que listas de exemplos não são definições?	**Porque** não estabelecem fronteira entre o que inclui e o que não inclui o contexto.
A pergunta é a consequência.	A resposta é a causa.

Alternativa "c" – Não indica concessão, como visto na alternativa "a".

Alternativa "d" – Não ser refere a tempo. São temporais: **quando, enquanto, antes que, depois que, logo que, todas as vezes que, desde que, sempre que, assim que, agora que, mal (= assim que)** etc.

Alternativa "e" – Indicam causa: **porque, que, como (= porque, no início da frase), pois que, visto que, uma vez que, porquanto, já que, desde que** etc.

Resposta: E

FRAGMENTO DE TEXTO PARA RESPONDER À QUESTÃO.

(...) Se queremos relações pessoais e profissionais mais saudáveis e felizes, usemos e abusemos das palavras positivas na nossa vida. E não nos cansemos de elogiar. Palavras de louvor e honra trazem felicidade não só a quem as recebe, mas também, e sobretudo, a quem as oferece.

Sandra Duarte Tavares. O poder das palavras. In: Visão, ed. 1298, 2017. Internet: (com adaptações).

42. (Cebraspe – SEED/Paraná – Professor – 2021 - adaptada) No fragmento, a expressão "mas também", no trecho "Palavras de louvor e honra trazem felicidade não só a quem as recebe, mas também, e sobretudo, a quem as oferece", está empregada com sentido

A) adversativo.

B) concessivo.

C) explicativo.

D) conclusivo.

E) aditivo.

COMENTÁRIOS:

Nota da autora: São sinônimos de *mas também*: *como, e, e também*. "Não só... mas também" e "não só... como [também]" possuem nexo de adição.

Alternativa "a" – Indicam adversidade: **mas, porém, contudo, todavia, entretanto, no entanto, não obstante.**

Alternativa "b" – Indicam concessão e são subordinativas: ***embora, ainda que, apesar de que, se bem que, mesmo que, por mais que, posto que, conquanto*** etc.

Alternativa "c" – Indicam explicação: ***que, porque, pois*** (antes do verbo), ***porquanto.***

Alternativa "d" – Indicam conclusão: ***logo, pois*** (= logo), ***portanto, por conseguinte, por isso, assim.***

Alternativa "e" – Indicam adição: ***e, nem*** (= e não), ***não só... mas também, não só... como também, bem como, não só... mas ainda.***

A ideia é de adição: *Palavras de louvor e honra trazem felicidade não só a quem as recebe, mas também, e sobretudo, a quem as oferece.*

Resposta: E

FRAGMENTO DE TEXTO PARA RESPONDER À QUESTÃO.

(...) Veio depois a contribuição das línguas africanas em suas duas principais correntes para o Brasil: ao Norte, de procedência sudanesa, e ao Sul, de procedência banto; temos, assim, no Norte, na Bahia, a língua nagô ou iorubá; no Sul, no Rio de Janeiro e Minas Gerais, o quimbundo.

A pouco e pouco, **à medida que** se ia impondo, pela cultura dos europeus, o desenvolvimento e o progresso da colônia e do país independente, a língua portuguesa foi predominando sobre a "língua geral" de base indígena e dos falares africanos, a partir da segunda metade do século XVIII.

Evanildo Bechara. Breve história externa da língua portuguesa. In: Gramática Escolar da Língua Portuguesa. 2 ed. ampliada e atualizada pelo novo Acordo Ortográfico. Rio de Janeiro: Nova Fronteira, 2010, p. 690-691(com adaptações).

---

43. (Cebraspe – SEED/Paraná – Professor – 2021 - adaptada) A expressão "à medida que" tem o mesmo sentido de

A) à proporção que.

B) desde que.

C) sempre que.

D) visto que.

E) uma vez que.

COMENTÁRIOS:

Alternativa "a" – A locução conjuntiva indica proporcionalidade e significa que as ações ocorrem concomitantemente.

Dicas: 1. "na medida em que" indica causa; 2. Sem o acento indicativo de crase, não é locução conjuntiva: A medida que ela tomou foi precipitada.

Alternativa "b" – A locução "desde que" é condicional e equivale a "com a condição de que". Pode ser, também, temporal (Desde que viajou, ficou preocupado.)

Alternativa "c" – "Sempre que" indica tempo.

Alternativa "d" – "Visto que" indica causa e equivale a "já que", "uma vez que".

Dica: Caberá sempre a pergunta "por quê?" na oração consecutiva: Visto que estudou muito, foi convocado rapidamente.

Por que foi convocado rapidamente? → Indica consequência ou efeito.

Porque estudou muito. → É a causa.

Alternativa "e" – "Uma vez que" também é causal: Uma vez que estudou muito, foi convocado rapidamente.

Dica: onde há causa, há consequência.

Resposta: A

◉ FRAGMENTO DE TEXTO PARA RESPONDER À QUESTÃO.

(...)
Socorro, alguém me dê um coração,
que esse já não bate nem apanha.
Por favor, uma emoção pequena,
qualquer coisa que se sinta,
tem tantos sentimentos,
deve ter algum que sirva. (...)

Alice Ruiz. Socorro, 1986.

---

44. (Cebraspe – SEED/Paraná – Professor – 2021 - adaptada) No segundo verso, "que esse já não bate nem apanha", o termo "que" introduz uma oração

A) coordenada adversativa.

B) coordenada explicativa.

C) subordinada adverbial condicional.

D) subordinada adjetiva restritiva.

E) subordinada adverbial concessiva.

COMENTÁRIOS:

Nota da autora: orações coordenadas são independentes sintaticamente; as orações subordinadas possuem dependência sintática entre si.

Alternativa "a" – A oração é coordenada, mas a conjunção não indica oposição.

Alternativa "b" – Ocorre coordenação e a conjunção "que" equivale a "**porque**", ou seja, explica.

Alternativa "c" – Não é subordinada, muito menos equivale a "caso" ou "se".

Alternativa "d" – Não é subordinada nem possui pronome relativo – para ser adjetiva.

Alternativa "e" – Não é subordinada nem indica ideias opostas.

Resposta: B

◉ CHARGE PARA RESPONDER À QUESTÃO.

---

45. (Cebraspe – SEED/Paraná – Professor – 2021 - adaptada) Nos períodos correspondentes às falas das personagens no texto, predominam orações

A) intercaladas.

B) absolutas.

C) coordenadas.

D) subordinadas.

E) reduzidas.

↘ *COMENTÁRIOS:*

Nota da autora: É necessário dividir as orações.

1º quadrinho:

As pessoas esperam: oração principal;

que o ano seja melhor: oração subordinada substantiva objetiva direta – a oração principal termina com verbo transitivo direto;

que o anterior [foi]: oração subordinada adverbial comparativa;

que está começando: oração subordinada adjetiva restritiva.

2º quadrinho:

Aposto: oração principal;
que o ano espera: oração subordinada substantiva objetiva direta;
que as pessoas [é que] sejam melhores: oração subordinada substantiva objetiva direta;
que está começando: oração subordinada adjetiva restritiva.

Alternativa "a" – Se não há pontuação, não há orações intercaladas.

Alternativa "b" – Não existe apenas uma oração nos períodos, como comentado na nota.

Alternativa "c" – As orações não possuem dependência sintática, isto é, não são coordenadas.

Alternativa "d" – Possuem dependência sintática e são subordinadas. Classificações na nota.

Alternativa "e" – Existe conjunção integrante nas orações substantivas, e pronome relativo nas orações adjetivas. Com isso, fica evidente que não são reduzidas.

Dica: as orações reduzidas possuem verbo nas formas nominais: infinitivo, gerúndio ou particípio.

Resposta: D

◉ FRAGMENTO DE TEXTO PARA RESPONDER À QUESTÃO.

Pixinguinha e seus oito Batutas subvertem a ordem racista da elite brasileira da época conquistando — literalmente — a cidade luz, estabelecendo novos parâmetros culturais e de modernidade para os próprios europeus. **No entanto, <u>mesmo que seu impacto no exterior tenha se dado de maneira espaçada e pontual</u>, a Semana de Arte Moderna de 1922 ficou conhecida como símbolo de nossa inserção na modernidade-mundo vigente, em detrimento do impacto imediato causado pela arte revolucionária de Pixinguinha e sua trupe musical entre os círculos culturais europeus.** Cada apresentação era uma demonstração ao mundo de uma nova forma de música urbana, articulada e desenvolvida, com estrutura rítmica e harmoniosa de alta sofisticação. Não é por acaso que as gravações e partituras desse período em Paris tornaram-se referenciais para o cenário musical francês e para o mundo do jazz norte-americano, como ficaria comprovado pela admiração confessa de Louis Armstrong (1901-1971) por Pixinguinha ou pela regravação de Tico-Tico no fubá por Charlie Parker (1920-1955), no álbum La Paloma, em 1954.

Christian Ribeiro. Pixinguinha, o samba e a construção do Brasil moderno. Internet: <www.geledes.org.br> (com adaptações).

---

46. (Cebraspe – IBGE – Supervisor de Coleta - 2021 - adaptada) No trecho destacado, a oração "mesmo que seu impacto no exterior tenha se dado de maneira espaçada e pontual", expressa uma ideia de

A) causa.

B) finalidade.

C) concessão.

D) conformidade.

E) condição.

↘ COMENTÁRIOS:

Alternativa "a" – Indicam causa: *porque, como, pois que, já que, uma vez que, visto que.*

Alternativa "b" – Indicam finalidade: *a fim de que, que, para que, porque* (= para que).

Alternativa "c" – Possui sentido de "embora", "apesar de" e indica contradição. Indicam concessão: *conquanto, ainda que, ainda quando, mesmo que, se bem que, posto que.*

Alternativa "d" – Indicam conformidade: *conforme, como, consoante, segundo.*

Alternativa "e" – Indicam condição: *se, caso, contanto que, desde que, salvo se, exceto se, a não ser que, a menos que, sem que, uma vez que* (seguida de verbo no subjuntivo).

Resposta: C

◉ FRAGMENTO DE TEXTO PARA RESPONDER ÀS QUESTÕES.

> Não estamos opondo máquinas a ecologia, como se as máquinas fossem aquelas coisas que só servem para violentar a Mãe Natureza e violar a harmonia entre o ser humano e a natureza — uma imagem atribuída à tecnologia desde o fim do século XVIII. Também não estamos seguindo a hipótese de Gaia de que a Terra é um único superorganismo ou uma coletividade de organismos. Em vez disso, gostaria de propor uma reflexão sobre a ecologia das máquinas. Para dar início a essa ecologia das máquinas, precisamos primeiro voltar ao conceito de ecologia. Seu fundamento está na diversidade, já que é apenas com biodiversidade (ou multiespécies que incluam todas as formas de organismos, até mesmo bactérias) que os sistemas ecológicos podem ser conceitualizados. **A fim de** discutir uma ecologia de máquinas, precisaremos de uma noção diferente e em paralelo com a de biodiversidade — uma noção a que chamamos tecnodiversidade. A biodiversidade é o correlato da tecnodiversidade, **uma vez que** sem esta só testemunharemos o desaparecimento de espécies diante de uma racionalidade homogênea. (...)
>
> Yuk Hui. Tecnodiversidade. São Paulo: Ubu Editora, 2020, p. 122-123 (com adaptações).

---

47. (Cebraspe - SERPRO – Analista – Tecnologia da Informação - 2021 - adaptada) A locução "A fim de" introduz uma oração que expressa finalidade.

( ) Certo ( ) Errado

↘ COMENTÁRIOS:

Basta fazer pergunta à oração posterior: **para que** precisaremos de uma noção diferente? **Para** discutir uma ecologia de máquinas. A locução indica finalidade.

Indicam finalidade: *a fim de que, que, para que, porque* (= para que).

Resposta: Certo.

48. (Cebraspe - SERPRO – Analista – Tecnologia da Informação - 2021 - adaptada) No texto, a substituição da expressão "uma vez que" por **contanto que** preservaria os sentidos originais.

( ) Certo ( ) Errado

COMENTÁRIOS:

A locução conjuntiva "**uma vez que**" vem seguida de verbo no subjuntivo (testemunharemos) e indica **causa**.

A locução conjuntiva "**contanto que**" possui ideia de **condição**, equivale a *se, caso, salvo se, desde que, dado que, a menos que, a não ser que.*

Resposta: Errado.

TEXTO PARA RESPONDER ÀS QUESTÕES.

Durante um seminário sobre a antropologia do dinheiro ministrado na Escola de Economia e Ciência Política de Londres, Jock Stirratt descreveu em um gráfico os usos a que alguns pescadores do Sri Lanka que prosperaram nos últimos anos submetiam sua riqueza recém-adquirida. A renda desses pescadores, antes muito baixa, deu um grande salto desde que o gelo se tornou disponível, o que possibilitou que seus peixes alcançassem, em boas condições, os mercados distantes da costa, onde atingiram preços altos. No entanto, as aldeias de pescadores ainda permanecem isoladas e, à época do estudo, não tinham eletricidade, estradas nem água encanada. Apesar desses desincentivos aparentes, os pescadores mais ricos gastavam os excedentes de seus lucros na compra de aparelhos de televisão inutilizáveis, na construção de garagens em casas a que automóveis sequer tinham acesso e na instalação de caixas-d'água jamais abastecidas. De acordo com Stirratt, isso tudo ocorre por uma imitação entusiasmada da alta classe média das zonas urbanas do Sri Lanka.

É fácil rir de despesas tão grosseiramente excêntricas, cuja aparente falta de propósito utilitário dá a impressão de que, por comparação, pelo menos parte de nosso próprio consumo tem um caráter racional. **Como** os objetos adquiridos por esses pescadores parecem não ter função em seu meio, não conseguimos entender por que eles deveriam desejá-los. Por outro lado, se eles colecionassem peças antigas de porcelana chinesa e as enterrassem, como fazem os Ibans, seriam considerados sensatos, senão encantados, tal como os temas antropológicos normais. Não pretendo negar as explicações óbvias para esse tipo de comportamento — ou seja, busca de status, competição entre vizinhos, e assim por diante. **Mas** penso que também dever-se-ia reconhecer a presença de uma certa vitalidade cultural nessas atrevidas incursões a campos ainda não inexplorados do consumo: a habilidade de transcender o aspecto meramente utilitário dos bens de consumo, de modo que se tornem mais parecidos com obras de arte, carregados de expressão pessoal.

Alfred Gell. Recém-chegados ao mundo dos bens: o consumo entre os Gonde Muria. In: Arjun Appadurai (org). A vida social das coisas: mercadorias sob uma perspectiva cultural. Niterói: Eduff, 2008, p. 147-48 (com adaptações)

49. (Cebraspe – APEX – Analista Tecnologia da Informação – 2021 - adaptada) No segundo período do segundo parágrafo do texto, a conjunção "Como" introduz um segmento com sentido

A) causal.

B) comparativo.

C) conformativo.

D) temporal.

COMENTÁRIOS:

Nota da autora: A conjunção "como" pode indicar: conformidade (conforme), causa (porque), adição (e) ou comparação (igual a).

Alternativa "a" – Existe uma relação clara de causa e consequência e o vocábulo "como" pode ser substituído por "porque".

Por que não conseguimos entender?	**Porque** os objetos adquiridos por esses pescadores parecem não ter função em seu meio.
A pergunta é a consequência.	A resposta é a **causa.**

Alternativa "b" – Não compara.

Alternativa "c" – Não indica regra.

Alternativa "d" – Não se refere a tempo.

Resposta: A

50. (Cebraspe – APEX – Analista Tecnologia da Informação – 2021 - adaptada) No segundo parágrafo do texto, com o emprego da conjunção "Mas" (último período), o autor introduz

A) uma retificação à informação apresentada no período imediatamente anterior.

B) uma discordância com relação à informação apresentada no período imediatamente anterior.

C) uma razão para ele não negar as explicações apresentadas no período imediatamente anterior.

D) uma ressalva à informação apresentada no período imediatamente anterior.

COMENTÁRIOS:

Nota da autora: As conjunções adversativas indicam oposição, contraste, ressalva ou compensação.

Alternativa "a" – Não corrige.

Alternativa "b" – Não indica divergência, não está em desacordo.

Alternativa "c" – Não indica causa.

Alternativa "d" – Indica oposição. Compare: ***"Não pretendo negar as explicações óbvias** para esse tipo de comportamento"* versus *"penso que também **dever-se-ia reconhecer a presença de uma certa vitalidade cultural**"*.

Resposta: D

1.4. QUESTÕES - CARREIRAS FISCAIS

FRAGMENTO DE TEXTO PARA RESPONDER À QUESTÃO.

D. Amélia conformava-se com as impertinências do marido. Cada vez mais sentia ela que a doença do seu Lula morreria com ele. **Não lutou mais, não sofreu mais**. Era tudo como Deus quisesse. (...)

José Lins do Rego. Fogo morto. 47.ª ed. Rio de Janeiro: José Olympio, 1957, p. 164.

51. (Cebraspe – TCE RJ – Analista Controle Externo - 2021 - adaptada) As orações do período "Não lutou mais, não sofreu mais" estabelecem, entre si, relação lógica de oposição.

( ) Certo ( ) Errado

COMENTÁRIOS:

Por que não sofreu mais? **Porque** não lutou mais.

A pergunta é a consequência, e a resposta é a causa. Existe relação lógica de causa e efeito, não de oposição. Perceba que não cabe a conjunção "mas".

Resposta: Errado.

Capítulo 3
Concordância

1.1. QUESTÕES ATUALIZE-SE

FRAGMENTO DE TEXTO PARA RESPONDER À QUESTÃO.

Nos últimos anos, uma das tendências mais surpreendentes das ciências sociais pode ser descrita como a descoberta da ignorância. À primeira vista, parece bizarra a escolha desse objeto de estudo, pois há mais de trinta anos nos dizem que vivemos numa sociedade do conhecimento. (...)

Peter Burke. A ignorância na política. E a política da ignorância. Revista Piauí, ed. 168, 2020. Internet: <https://piaui.folha.uol.com.br/> (com adaptações).

01. (Cebraspe – CAPES – Analista em Ciência e em Tecnologia - 2024) No segundo período, a substituição de "bizarra" por **bizarro** comprometeria a correção gramatical do texto.

( ) certo ( ) errado

COMENTÁRIOS:

No texto: *À primeira vista, parece bizarra a escolha desse objeto de estudo.*

- O que parece **bizarra**?

- A **escolha** desse objeto de valor.

O adjetivo (predicativo do sujeito) concorda com o substantivo (sujeito).

Resposta: Certo

TEXTO PARA RESPONDER À QUESTÃO.

O eucalipto é cortado, e dele se faz o papel. Processo quase alquímico. O inflexível se dobra, o marrom se torna branco, onde cabiam folhas verdes agora cabem ideias maduras. Chegada a obra-prima, alguém trabalha o preenchê-la. E era isso que fascinava tanto o jornalista Pinheiro Júnior — fosse jovem fosse experiente.

— Por que arquitetura? Por que arquitetura quando o senhor já havia contribuído tanto com esse talento, com esse dom?

— Uma das coisas que mais me atraiu na Última Hora foi a diagramação da UH, a paginação da UH. Enquanto os outros jornais eram jornais duros, feios, a UH era um jornal bonito, era um jornal, inclusive, a cores. Os outros jornais não eram. Arquitetura, em jornalismo, é exatamente a diagramação dos jornais.

Bruna Rezende e Victor Gabry. **A Arquitetura tem tudo a ver com o Jornalismo!** Uma conversa com Pinheiro Júnior, veterano do jornalismo, sobre o que ele ainda não falou. In: **Cadernos de reportagem**, 2018. Internet: <cadernosdereportagem.wordpress.com>.

---

02. (Cebraspe - CAU/BR - Advogado - 2024) No trecho "Uma das coisas que mais me atraiu na Última Hora foi a diagramação da UH, a paginação da UH" (terceiro parágrafo), a forma verbal "atraiu" poderia ser corretamente empregada no plural — **atraíram**.

( ) certo ( ) errado

COMENTÁRIOS:

A regra é simples: na expressão "um dos que", o verbo pode ser flexionado no singular (concordando com "um") ou no plural (concordando com "os" – pronome demonstrativo).

Dica: "os que" = pronome demonstrativo + pronome relativo.

Lê-se: um daqueles os quais.

No contexto, estão corretas estas formas:

Uma das coisas que mais me **atraiu**. = uma coisa – sujeito singular.

Uma das **coisas** que mais me **atraíram**. = coisas – sujeito plural.

Resposta: Certo

FRAGMENTO DE TEXTO PARA RESPONDER À QUESTÃO.

(...) Nessa linha de pensamento, elaborar mapas estáticos de uso do solo urbano não mais atende às necessidades atuais dos gestores locais, mas é necessário que se permitam simulações de diferentes cenários futuros de expansão urbana e dinâmica de uso do solo em ambiente computacional. Aí reside o desafio da geoinformação em gestão urbana e regional, que pode ser entendida como um paradigma emergente na pesquisa multi e interdisciplinar que se dedica a explorar a extrema complexidade de problemas socioambientais em um ambiente de Sistemas de Informações Geográficas (SIG). Openshaw (2000) argumenta que a geoinformação não se reduz ao uso de técnicas computacionais para solucionar problemas espaciais, mas se refere, ao contrário, a uma forma totalmente nova de se fazer ciência em um contexto geográfico.

Cláudia Maria de Almeida, Gilberto Câmara e Antonio Miguel V. Monteiro (Org.). **Geoinformação em urbanismo. Cidade Real X Cidade Virtual**. São Paulo: Oficina de Texto, 2007, p. 5 e 6. (com adaptações).

---

03. (Cebraspe - CAU/BR - Advogado - 2024) No trecho "Aí reside o desafio da geoinformação em gestão urbana e regional, que pode ser entendida como um paradigma emergente na pesquisa multi e interdisciplinar", a flexão do feminino em "entendida" justifica-se pela concordância com o substantivo "gestão".

( ) certo ( ) errado

COMENTÁRIOS:

- O que pode ser entendida como um paradigma emergente?
- A **geoinformação** em gestão urbana e regional.

Concorda com “geoinfomração”.

Resposta: Errado.

◉ TEXTO CB1A1-II

O conceito de civilização não pode ser precisamente definido, não apenas por ser um processo evolucionário, mas também por ter se manifestado de formas muito diferentes através dos tempos. Entre as civilizações antigas, havia múltiplas diferenças nas crenças religiosas, nos costumes sociais, nas formas de governo e na criação artística. Contudo, uma faceta de fundamental importância para todas elas era a tecnologia, que, em sentido mais amplo, pode significar a aplicação do conhecimento para finalidades práticas.

Hoje, a tecnologia é, na prática, sinônimo de ciência aplicada, mas as tecnologias básicas — tais como agricultura, construção, cerâmica, tecidos — foram originalmente empíricas e transmitidas de uma geração para outra, enquanto a ciência, no sentido de pesquisa sistemática das leis do universo, é um fenômeno relativamente recente. A tecnologia foi fundamental, já que proporcionava os recursos necessários para sociedades organizadas, e essas sociedades tornaram possíveis não apenas a divisão do trabalho — por exemplo, entre trabalhadores da terra, oleiros, marinheiros e similares —, como também um ambiente no qual puderam florescer as artes em geral, não necessárias à vida no dia a dia. A maioria dessas artes dependia de alguma espécie de suporte tecnológico: o escultor requeria ferramentas, o escritor necessitava de tinta e de papiro (ou papel, mais tarde), o dramaturgo precisava de teatros especialmente construídos.

Trevor I. Williams. História das invenções: do machado de pedra às tecnologias da informação. Tradução de Cristina Antunes. Atualização e revisão de William E. Schaaf, Jr. e Arianne E. Burnette. Belo Horizonte: Gutenberg, 2009, p. 12-13 (com adaptações).

---

04. (Cebraspe - INPI - Analista de Planejamento - 2024) No segundo parágrafo, a flexão de plural no termo “possíveis” (segundo período) justifica-se por sua concordância com “essas sociedades”, que é o sujeito da oração.

( ) certo ( ) errado

➘ *COMENTÁRIOS:*

Basta fazer as perguntas corretas:

1. o que tornaram possíveis?
   - Essas sociedades = sujeito do verbo “tornaram”.
2. O que eram possíveis?
   - a <u>divisão</u> do trabalho e um <u>ambiente</u> no qual puderam florescer as artes em geral.

Coloque na ordem direta para facilitar a análise:

Essas sociedades tornaram <u>não apenas a divisão do trabalho como também um ambiente</u> **possíveis.**

Resposta: Errado

⦿ TEXTO PARA RESPONDER À QUESTÃO.

Quando falamos em direito, estamos falando inicialmente de um enorme conjunto de regras obrigatórias, o chamado direito positivo. Mas o vocábulo direito é usado também para os estudos, o curso de direito, a assim chamada "ciência do direito". Numa terceira acepção, a palavra designa os direitos de cada um de nós, chamados de direitos subjetivos, pois somos os sujeitos, os titulares, desses direitos.

Ninguém ignora que paira sobre nossas cabeças uma gigantesca teia de normas, que atinge praticamente todas as nossas atividades. Muitos pensadores têm destacado que o direito atual parece ter invadido tudo: há direito em toda parte, para todos, para tudo. A contrapartida é que, assim como temos de seguir as normas, os outros também têm de obedecer a elas e, desse modo, respeitar os direitos de cada um de nós, os ditos direitos subjetivos.

Vivemos num tempo em que as questões legais se tornaram corriqueiras. Apesar dessa popularização, ainda existe uma enorme dificuldade de acesso às coisas do direito. Ao mesmo tempo, os mecanismos da justiça são cada vez mais acionados, até para resolver quem fica com o cachorro depois da separação, ou se o condomínio pode impedir seus moradores de ter animais. A sobrecarga dos tribunais, e sua lentidão, é parcialmente consequência desse excesso de litigiosidade e da incapacidade das pessoas de resolver com bom senso, compreensão e respeito as questões de convivência em sociedade.

Eduardo Muylaert. Direito no cotidiano: guia de sobrevivência na selva das leis. São Paulo: Editora Contexto, 2020, p. 11-13 (com adaptações).

05. (Cebraspe - MP TO - Analista Ministerial - Letras - 2024) Estaria mantida a correção gramatical do texto caso se substituísse "atinge" (primeiro período do segundo parágrafo) por **atingem**.

( ) certo ( ) errado

COMENTÁRIOS:

No texto: Ninguém ignora que paira sobre nossas cabeças uma gigantesca teia de normas, que **atinge** praticamente todas as nossas atividades.

Perceba que o verbo está posposto ao pronome relativo "que" o qual retoma "uma gigantesca teia de normas".

No texto, concorda com o núcleo "teia": a teia atinge todas as nossas atividades.

Na reescrita, passa a concordar com "normas": as normas atingem todas as nossas atividades.

A correção gramatical estaria mantida.

Observação: a banca não mencionou alteração de sentido.

Resposta: Certo

⦿ FRAGMENTO DE TEXTO PARA RESPONDER À QUESTÃO.

(...) **Os limites do crescimento** tiveram enorme repercussão — foi traduzido para dezenas de idiomas e vendeu mais de 30 milhões de exemplares pelo mundo

—, mas suas advertências não foram ouvidas. A população global, que, em 1972, era de 3,8 bilhões, mais que dobrou: em 2022, a Terra cruzou a marca de 8 bilhões de habitantes. (...)

Internet: <https://super.abril.com.br/> (com adaptações).

---

06. (Cebraspe - MP TO - Analista Ministerial - Letras - 2024) No primeiro período, a flexão da forma verbal "tiveram" na terceira pessoa do plural justifica-se pela concordância verbal com título no plural.

( ) certo ( ) errado

COMENTÁRIOS:

No texto: **Os limites do crescimento** tiveram enorme repercussão.

O título do livro é o sujeito e o núcleo é o substantivo plural "limites". O verbo concorda com o sujeito.

Resposta: Certo

TEXTO 2A1-I

O ordenamento jurídico vem sendo confrontado com as inovações tecnológicas decorrentes da aplicação da inteligência artificial (IA) nos sistemas computacionais. Não apenas se vivencia uma ampliação do uso de sistemas lastreados em IA no cotidiano, como também se observa a existência de robôs com sistemas computacionais cada vez mais potentes, nos quais os algoritmos passam a decidir autonomamente, superando a programação original. Nesse contexto, um dos grandes desafios ético-jurídicos do uso massivo de sistemas de inteligência artificial é a questão da responsabilidade civil advinda de danos decorrentes de robôs inteligentes, uma vez que os sistemas delituais tradicionais são baseados na culpa e essa centralidade da culpa na responsabilidade civil se encontra desafiada pela realidade de sistemas de inteligência artificial.

Perante a autonomia algorítmica na qual os sistemas de IA passam a decidir de forma diversa da programada, há uma dificuldade de diferenciar quais danos decorreram de erro humano e aqueles que derivaram de uma escolha equivocada realizada pelo próprio sistema ao agir de forma autônoma. O comportamento emergente da máquina, em função do processo de aprendizado profundo, sem receber qualquer controle da parte de um agente humano, torna difícil indicar quem seria o responsável pelo dano, uma vez que o processo decisório decorreu de um aprendizado automático que culminou com escolhas equivocadas realizadas pelo próprio sistema. Há evidentes situações em que se pode vislumbrar a existência de culpa do operador do sistema, como naquelas em que não foram realizadas atualizações de *software* ou, até mesmo, de quebra de deveres objetivos de cuidado, como falhas que permitem que *hackers* interfiram no sistema. Entretanto, excluídas essas situações, estará ausente o juízo de censura necessário para a responsabilização com base na culpa.

B. L. da Anunciação Melo e H. Ribeiro Cardoso. Sistemas de inteligência artificial e responsabilidade civil: uma análise da proposta europeia acerca da atribuição de personalidade civil. In: Revista Brasileira de Direitos Fundamentais & Justiça, 16(1), 2020, p. 93-4 (com adaptações).

07. (CEBRASPE - MP SC - Promotor - 2023) No último período do primeiro parágrafo, o termo “desafiada” concorda com “centralidade”.

( ) certo ( ) errado

➘ COMENTÁRIOS:

No texto: *essa centralidade da culpa na responsabilidade civil se encontra desafiada pela realidade de sistemas de inteligência artificial.*

Faça análise sintática: o que se encontra desafiada? Essa **centralidade** da culpa = sujeito.

O termo “desafiada” possui função de predicativo de sujeito e concorda com o sujeito.

Resposta: Certo

08. (CEBRASPE - MP SC - Promotor - 2023) No texto, os termos da expressão “da programada” (primeiro período do segundo parágrafo) poderiam ser flexionados no gênero masculino — **do programado** —, sem prejuízo para a correção gramatical do texto.

( ) certo ( ) errado

➘ COMENTÁRIOS:

Nota da autora: Muito cuidado, porque a banca não menciona alteração de sentido, quer apenas que não ocorra erro gramatical.

1. No texto: Perante a autonomia algorítmica na qual os sistemas de IA passam a decidir de forma diversa **da [forma] programada**.
2. Na sugestão: Perante a autonomia algorítmica na qual os sistemas de IA passam a decidir de forma diversa **do [que foi] programado**.

O sentido foi alterado, mas a gramática permanece correta.

Resposta: Certo

09. (CEBRASPE - MP SC - Promotor - 2023) No trecho “os sistemas de IA passam a decidir” (primeiro período do segundo parágrafo), é facultativa a flexão da forma verbal “decidir” no plural, razão por que seria igualmente correta a expressão **os sistemas de IA passam a decidirem**.

( ) certo ( ) errado

➘ COMENTÁRIOS:

Trata-se de uma locução verbal e o verbo principal (decidir) não admite pluralização, apenas o verbo auxiliar é variável.

Dica: em locuções verbais, nunca serão pluralizados os dois verbos.

Resposta: Errado

⦿ FRAGMENTO DE TEXTO PARA RESPONDER À QUESTÃO.

(...) A justiça está se fazendo pela organização popular, pelo aguçamento dos conflitos. E cada um de nós vislumbra o norte da justiça, por via da busca de uma visão coerente da história, aliada a uma prática e a uma análise rigorosa das circunstâncias presentemente vividas. (...)

Roberto Aguiar. O que é justiça: uma abordagem dialética. Brasília: Senado Federal. Conselho Editorial, 2020, p. 319-20 (com adaptações).

---

10. (CEBRASPE - MP SC - Promotor - 2023 - adaptada) No trecho "cada um de nós vislumbra o norte da justiça" (segundo período), a flexão da forma verbal na primeira pessoa do plural — **vislumbramos** — prejudicaria a correção gramatical do texto.

( ) certo ( ) errado

COMENTÁRIOS:

O verbo não pode ser pluralizado porque o sujeito é formado pela expressão "cada um".

Regra: O pronome indefinido **cada**, quando acompanhado dos numerais **um** e **uma**, funciona como um substantivo. Por trazer uma ideia de gradação e de distribuição, a concordância verbal com **cada um** e **cada uma** deve sempre ocorrer no **singular**.

Dica para a próxima prova: se **cada** estiver acompanhado por um **numeral maior que um**, o verbo deve ir para o plural = Cada <u>três</u> livros **custam** R$180.

Resposta: Certo

⦿ FRAGMENTO DE TEXTO PARA RESPONDER ÀS QUESTÕES.

(...) **Foram solicitados** a cada estado brasileiro os dados de boletins de ocorrência dos últimos cinco anos, referentes a mortes violentas intencionais (homicídio doloso; feminicídio; latrocínio; lesão corporal seguida de morte; e mortes decorrentes de intervenção policial) e violência sexual (estupros e estupros de vulneráveis) contra crianças e adolescentes. (...)

Internet: <www.unicef.org> (com adaptações).

---

11. (Cebraspe - PC AL - Delegado – 2023 - adaptada) A substituição da locução verbal "Foram solicitados" pela forma correspondente no singular — **Foi solicitado** — prejudicaria a correção gramatical do trecho.

( ) certo ( ) errado

COMENTÁRIOS:

Encontre o sujeito:

- O que foram solicitados?

- Os **<u>dados</u>** de boletins de ocorrência = sujeito.

Na ordem direta: Os dados de boletins de ocorrência dos últimos cinco anos foram solicitados a cada estado brasileiro.

Observação: A oração está na voz passiva analítica (verbo *ser* + particípio) e não possui agente da passiva.

Na ativa: Solicitaram (verbo na 3ª pessoa do plural para indeterminar o sujeito) os dados de boletins de ocorrência.

Resposta: Certo

⦿ FRAGMENTO DE TEXTO PARA RESPONDER ÀS QUESTÕES.

(...) "Darcy Ribeiro é uma figura fascinante e um dos autores latino-americanos que projetaram mais futuros. Em alguns dos textos, ele parece comentar em voz alta as alternativas, utópicas e distópicas, para o Brasil e a América Latina", observa o sociólogo Fabrício Pereira da Silva. "Este é um momento excelente para reexaminar suas ideias, suas utopias e seus projetos." (...)

Diego Viana. Darcy Ribeiro: a chama da utopia. Revista Pesquisa FAPESP, 30/10/2022 (com adaptações).

12. (CEBRASPE - SME RE/PE - Professor – 2023 - adaptada) No primeiro período, se a forma verbal 'projetaram' fosse flexionada no singular — **projetou** —, a concordância verbal, nesse caso, passaria a ser estabelecida com o termo 'figura', sem prejuízo da correção gramatical do texto.

( ) certo ( ) errado

COMENTÁRIOS:

No trecho: *Darcy Ribeiro é uma figura fascinante e um dos autores latino-americanos que projetaram mais futuros.*

Como existe a expressão "um dos que", a concordância do verbo poderia ser no singular ou no plural, mas não concordaria com o termo "figura", mas com "Darcy Ribeiro".

No plural, a ênfase é em *autores latino-americanos: Darcy Ribeiro é uma figura fascinante e um dos autores latino-americanos que* ***projetaram*** *mais futuros.*

No singular, a ênfase é em *Darcy Ribeiro: Darcy Ribeiro é uma figura fascinante e um dos autores latino-americanos que* ***projetou*** *mais futuros.*

A regra é esta: *quando o sujeito é precedido da expressão UM DOS QUE (mesmo que haja um substantivo no meio da expressão, como em UM DOS POETAS QUE), o verbo pode ficar normalmente no singular ou no plural*[1].

Veja que há um pronome demonstrativo (os = aqueles) + pronome relativo (que).

Observação: alguns gramáticos não aceitam o verbo no singular; outros aceitam. A banca CEBRASPE também aceita as duas formas.

Resposta: Errado

⦿ FRAGMENTO DE TEXTO PARA RESPONDER À QUESTÃO.

(...) Estudos internacionais mostram que um bom professor é um dos fatores que mais influenciam na aprendizagem. Os dados são de pesquisa feita pelo Banco Interamericano de Desenvolvimento (BID), que traçou o perfil de quem estuda para ser professor na América Latina e no Caribe. Enquanto, no Brasil, 20% dos universitários estão em cursos como licenciatura e pedagogia, na América Latina são 10% e, em países desenvolvidos, 8%.

1 Recanto das Letras. Disponível em <www.recantodasletras.com.br/gramatica/3042212>. Acesso em 26 julho 2023, com adaptações.

Em compensação, só 5% dos jovens brasileiros dizem querer ser professores quando estão no ensino médio. E, apesar da grande quantidade de alunos matriculada em cursos de licenciatura e pedagogia no Brasil, faltam docentes para lecionar disciplinas específicas em áreas de ciências exatas e da natureza.

Na Coreia do Sul, por exemplo, 21% se interessam pela profissão e só 7% ingressam, de fato, na universidade, porque há muita concorrência e maior seleção. No Chile e no México, os dois índices são mais próximos: cerca de 7% se interessam pelo magistério e menos de 15% cursam pedagogia ou licenciatura. (...)

Internet: <noticias.uol.com.br > (com adaptações).

---

13. (CEBRASPE - SME RE/PE - Professor – 2023 - adaptada) Estaria mantida a correção gramatical do texto caso as formas verbais empregadas nos segmentos "20% dos universitários estão em cursos como licenciatura e pedagogia" (último período do primeiro parágrafo) e "21% se interessam pela profissão" (primeiro período do terceiro parágrafo) estivessem flexionadas no singular — **está** e **interessa**, respectivamente —, dada a possibilidade de concordância do verbo com a expressão **por cento**, representada graficamente por "%".

( ) certo ( ) errado

COMENTÁRIOS:

Nota da autora: Fique de olho no resumo que CEBRASPE segue.

✓ Porcentagem com um número: o verbo concorda com o número inteiro

= **1%** entendeu a regra. **100%** entenderam a regra.

✓ Porcentagem com dois números: o verbo concorda com o número inteiro, isto é, com o primeiro número

= **1**,9% entendeu a regra. **90**,4% entenderam a regra.

✓ Porcentagem com determinante "do", "da": o verbo pode concordar com o número ou com o determinante

= **1%** das aulas foi vendida. 1% d**as aulas** foram vendidas.

Voltemos, agora, à questão.

1. 20% dos **universitários** **estão** em cursos como licenciatura e pedagogia

Porcentagem + substantivo = o verbo pode concordar tanto com o numeral quanto com o substantivo. Como o numeral é acima de 1 e o substantivo é plural, não admite verbo no singular.

Aqui já descobrimos que a resposta é "errado".

2. 21% **se interessam** pela profissão

Porcentagem sem substantivo = o verbo concorda com o numeral (21).

Também não admite singular porque o numeral é maior que 1.

Resposta: Errado

◉ FRAGMENTO DE TEXTO PARA RESPONDER À QUESTÃO.

(...) Não é fácil reduzir o trabalho do mediador de leitura a um manual de funções. Seu ofício essencial é ler de muitas formas possíveis: em primeiro lugar, para si mesmo, porque um mediador de leitura é um leitor sensível e perspicaz, que se deixa tocar pelos livros, que desfruta e que sonha em compartilhá-los com outras pessoas. Em segundo lugar, um mediador cria rituais, momentos e atmosferas **propícias** para facilitar os encontros entre livros e leitores. Às vezes, pode fazer a hora do conto e ler em voz alta uma ou várias histórias a um grupo, mas, outras vezes, propicia leituras íntimas e solitárias ou encontros em pequenos grupos. Assim, em certas ocasiões, conversa ou recomenda algum livro; em outras, permanece em silêncio ou se oculta para deixar que livro e leitor conversem. (...)

Internet: <www.ceale.fae.ufmg.br> (com adaptações).

14. (CEBRASPE - SME RE/PE - Professor – 2023 - adaptada) A correção gramatical estaria mantida se o vocábulo “propícias” fosse substituído por **propícios**.

( ) certo ( ) errado

COMENTÁRIOS:

Existem três substantivos antepostos ao adjetivo e este pode concordar apenas com o último ou com os três:

1. um mediador cria rituais, momentos e atmosferas **propícias** para facilitar os encontros entre livros e leitores
2. um mediador cria rituais, momentos e atmosferas **propícios** para facilitar os encontros entre livros e leitores

Observação: A banca questiona apenas a **correção gramatical**, não o sentido.

Perceba que a gramática permaneceria correta, mas o sentido é alterado: no primeiro caso, as atmosferas são propícias; no segundo caso, os rituais, os momentos e as atmosferas são propícios.

Atente-se, sempre, ao comando da questão.

Resposta: Certo

1.2. QUESTÕES - NÍVEL MÉDIO

◉ FRAGMENTO DE TEXTO PARA RESPONDER À QUESTÃO.

Reconhecer o *status* de mulheres brancas e homens negros como oscilante nos possibilita enxergar as especificidades desses grupos e romper com a invisibilidade da realidade das mulheres negras. Por exemplo, ainda é muito **comum** a gente ouvir a seguinte **afirmação**: “**mulheres ganham 30% a menos do que homens brancos no Brasil**”, quando a discussão é desigualdade salarial. (...)

Djamila Ribeiro. O que é lugar de fala? Belo Horizonte: Letramento; Justificando, 2017 (com adaptações).

15. (Cebraspe - PG DF - Técnico Jurídico - Tecnologia e Informação - 2021 - adaptada) O termo "comum" concorda sintaticamente com "afirmação", de modo a qualificar como corriqueira a ideia de que 'mulheres ganham 30% a menos do que homens brancos no Brasil'.

( ) certo ( ) errado

COMENTÁRIOS:

O sujeito é oracional (possui verbo) e por isso o verbo *ser* está no singular.

Na ordem direta: A gente ouvir a seguinte informação (sujeito) é (verbo de muito comum

A gente ouvir a seguinte informação	é	muito	comum.
Sujeito	verbo de ligação	adjunto adverbial de intensidade	predicativo do sujeito

O termo "comum" concorda com o sujeito oracional.

Resposta: Errado.

FRAGMENTO DE TEXTO PARA RESPONDER À QUESTÃO.

A Casa de Detenção Feminina era antiquada, embolorada, lúgubre e sombria. O chão da sala de admissão era de cimento, sem pintura, **com a sujeira dos sapatos de milhares de prisioneiras**, policiais e inspetoras de polícia incrustada na superfície. (...)

Angela Y. Davis. Uma autobiografia. Heci Regina Candiani (Trad.). 1.ª ed. São Paulo: Boitempo, 2019 (com adaptações).

16. (Cebraspe – DEPEN – Agente Federal - 2021) Sem prejuízo da correção gramatical do texto, a primeira ocorrência da preposição "de", no trecho "com a sujeira dos sapatos de milhares de prisioneiras", poderia ser substituída por "dos", da seguinte forma: **com a sujeira dos sapatos dos milhares de prisioneiras.**

( ) certo ( ) errado

COMENTÁRIOS:

"Milhão" e "milhar" são substantivos masculinos e o artigo deve com eles concordar: os milhares de prisioneiras.

O numeral, o artigo, o adjetivo e o pronome que o acompanham devem concordar com ele: *os milhões de pessoas, dois milhões de crianças, duzentos milhões de estrelas, o milhão de dólares.*

Dica: *"Mil" é numeral e* concorda com o substantivo a que se refere: *duzentas mil pessoas, duzentos mil homens, duas mil crianças, quatrocentas mil mulheres, dois mil alunos*[2].

Resposta: Certo.

2 Dad Squarisi. Disponível em <blogs.correiobraziliense.com.br/dad/16673-2>. Acesso em 06 julho 2021, com adaptações.

1.3. QUESTÕES - NÍVEL SUPERIOR

◉ FRAGMENTO DE TEXTO PARA RESPONDER À QUESTÃO.

(...) No planeta vive o 1% das pessoas que detém renda maior que os restantes 99% da população mundial. Vivem 42 pessoas cuja riqueza é igual à de 3,7 bilhões dos mais pobres que lutam para sobreviver, para suprir necessidades básicas. Vivem os que têm renda para ficar em casa e fazer suas compras de alimentos pela Internet, os que não vão comer hoje por causa da pandemia e os que já não comiam antes da pandemia. Vivem os que podem se isolar e os que moram em aglomerados miseráveis, em um cômodo apenas, para os quais as palavras "confinamento", "isolamento" ou "quarentena" são piadas de mau gosto. Vivem 4,5 bilhões de pessoas que não têm saneamento nem água encanada, **desprovidas** das condições mínimas de higiene.

Internet: <revistacult.uol.com.br> (com adaptações).

17. (Cespe/Cebraspe - DPE DF - Auditoria/2022 - adaptada) Caso a palavra "desprovidas" fosse empregada no masculino — desprovidos —, em concordância com o termo "4,5 bilhões", a correção gramatical e o sentido do texto seriam mantidos.

( ) certo ( ) errado

COMENTÁRIOS:

Encontre o sujeito: quem vivem? 4,5 bilhões de pessoas.

Quanto à concordância verbal, só é admissível plural porque o numeral e o substantivo estão no plural.

Quanto à **concordância nominal**: o sujeito é formado por porcentagem mais substantivo e o verbo admite duas concordâncias:

4,5 bilhões de **pessoas** [são] **desprovidas.**

4,5 bilhões de pessoas [são] **desprovidos.**

Resposta: Certo.

◉ FRAGMENTO DE TEXTO PARA RESPONDER À QUESTÃO.

(...) Confundir o terror total com um sintoma de governo tirânico é tão fácil, porque o governo totalitário tem de conduzir-se como uma tirania e põe abaixo as fronteiras da lei feita pelos homens. Mas o terror total não deixa atrás de si nenhuma ilegalidade arbitrária, e a sua fúria não visa ao benefício do poder despótico de um homem contra todos, muito menos a uma guerra de todos contra todos. Em lugar das fronteiras e dos canais de comunicação entre os homens individuais, **constrói** um cinturão de ferro que os cinge de tal forma que é como se a sua pluralidade se dissolvesse em Um-Só-Homem de dimensões gigantescas. Abolir as cercas da lei entre os homens — como o faz a tirania — significa tirar dos homens os seus direitos e destruir a liberdade como realidade política viva, pois o espaço entre os homens, delimitado pelas leis, é o espaço vital da liberdade.

Hannah Arendt. Origens do totalitarismo. Internet: <www.dhnet.org.br> (com adaptações)

18. (Cespe/Cebraspe - DPE RO - Analista/2022 - adaptada) A forma verbal "constrói" (terceiro período) estabelece concordância com o termo

A) "o terror total" (segundo período).

B) "um cinturão de ferro" (terceiro período).

C) "nenhuma ilegalidade arbitrária" (segundo período).

D) "a sua fúria" (segundo período).

E) "uma guerra de todos contra todos" (segundo período).

COMENTÁRIOS:

Nota da autora: Volte aos períodos, encontre os respectivos sujeitos.

o terror total não deixa...

a fúria **do terror total** não visa...

o terror total constrói um cinturão...

Lembre-se de que o verbo deve concordar com o sujeito (concordância verbal), não com o complemento verbal.

Alternativa "a" – O terror total constrói um cinturão de ferro.

Alternativa "b" – Objeto direto do verbo *construir.*

Alternativa "c" – Objeto direto do verbo *deixar.*

Alternativa "d" – Sujeito do verbo *visar.*

Alternativa "e" – Objeto indireto do verbo *visar.*

Resposta: A

FRAGMENTO DE TEXTO PARA RESPONDER À QUESTÃO.

Na ótica da saúde pública, pode-se conceituar a política de redução de danos como um conjunto de estratégias que **visam** minimizar os danos causados pelo uso de diferentes drogas, sem necessariamente exigir a abstinência de seu uso. Vale dizer, enquanto não for possível ou desejável a abstinência, outros agravos à saúde podem ser evitados, como, por exemplo, as doenças infectocontagiosas transmissíveis por via sanguínea, tais quais as hepatites e HIV/AIDS. (...)

Maurides de Melo Ribeiro. Drogas e redução de danos. São Paulo: Editora Saraiva, 2013, p. 45-46 (com adaptações).

---

19. (Cebraspe – MJ SP – Técnico em pesquisa e análise de dados - 2022 - adaptada) A substituição da forma verbal "visam" (primeiro período) por **visa** manteria a correção gramatical do texto.

( ) certo ( ) errado

COMENTÁRIOS:

Há pronome relativo antes do verbo "visar", e existem duas opções de concordância:

1. um conjunto de **estratégias** que (as quais) **visam** minimizar os danos...
2. um **conjunto** de estratégias que (o qual) **visa** minimizar os danos...

Resposta: Certo.

◉ FRAGMENTO DE TEXTO PARA RESPONDER À QUESTÃO.

(...) A discriminação indireta é marcada pela ausência de intencionalidade explícita de discriminar pessoas. Isso pode acontecer porque a norma ou prática não leva em consideração ou não pode prever de forma concreta as consequências da norma.

Silvio Almeida. Racismo Estrutural (Feminismos Plurais). Editora Jandaíra. Edição do Kindle (com adaptações).

20. (Cespe/Cebraspe – DPE-RS - 2022 - adaptada) A correção gramatical do último período seria prejudicada se a forma verbal "leva" fosse substituída por **levam.**

( ) certo ( ) errado

COMENTÁRIOS:

Há duas opções de concordância:

1. a norma ou a prática não **leva** [...] ou não **pode** prever [...] as consequências da norma.
2. a norma ou a prática não **levam** [...] ou não **podem** prever [...] as consequências da norma.

Isso significa que a forma verbal "leva" poderia ser substituída por "levam" se o verbo posterior (pode) também fosse substituído (podem).

Resposta: Certo.

◉ FRAGMENTO DE TEXTO PARA RESPONDER ÀS QUESTÕES.

Cresce rapidamente, em quase todos os países, o número de pessoas na prisão ou que **esperam** prováveis sentenças de prisão. Em quase toda parte, a rede de prisões está se ampliando intensamente. Os gastos orçamentários do Estado com as forças da lei e da ordem, principalmente os efetivos policiais e os serviços penitenciários, **crescem** em todo o planeta. (...)

Zygmunt Bauman. Globalização: as consequências humanas. Tradução: Marcus Penchel. Rio de Janeiro, Zahar, 1999, p. 122-123 (com adaptações).

21. (Cebraspe – Polícia Federal – 2021 - adaptada) A forma verbal "crescem" (terceiro período) está flexionada no plural para concordar com o sujeito composto cujos núcleos são "gastos", "efetivos" e "serviços".

( ) certo ( ) errado

COMENTÁRIOS:

Para evitar erro, é necessário retirar as intercalações, pois já sabemos que não pode haver vírgula entre sujeito e predicado.

Lê-se: Os gastos orçamentários do Estado com as forças da lei e da ordem crescem em todo o planeta.

Sujeito: Os gastos orçamentários do Estado.

O núcleo é o primeiro substantivo: gastos. O verbo concorda com o núcleo do sujeito simples plural.

Resposta: Errado.

---

22. (Cebraspe – Polícia Federal – 2021 - adaptada) Seria mantida a correção gramatical do texto caso a forma verbal "esperam" (primeiro período) fosse substituída por **espera**.

( ) certo ( ) errado

COMENTÁRIOS:

Nota da autora: Deve ser feita apenas a análise gramatical, quanto à concordância. Não deve ser avaliado o sentido.

*Cresce o número de pessoas na prisão ou que **esperam** prováveis sentenças de prisão.*

Sujeito do verbo "crescer": o número de pessoas. → o verbo concorda com o primeiro substantivo (número).

Sujeito do verbo "esperar": o pronome relativo "que".

O relativo retoma "o número de pessoas" e pode se referir tanto a "número" quanto a "pessoas": o número de pessoas o qual espera ou o número de pessoas as quais esperam.

A gramática permaneceria correta.

Resposta: Certo.

FRAGMENTO DE TEXTO PARA RESPONDER À QUESTÃO.

(...) Na Europa ocidental, as novas instituições estatais de vigilância deveriam controlar o exercício da força em sociedades em que os níveis de violência física nas relações interpessoais e do Estado com a sociedade estavam em declínio. De acordo com a difundida teoria do processo civilizador, de Norbert Elias, no Ocidente moderno, a agressividade, assim como outras emoções e prazeres, foi domada, "refinada" e "civilizada". O autor estabelece um contraste entre a violência "franca e desinibida" do período medieval, que não excluía ninguém da vida social e era socialmente permitida e até certo ponto necessária, e **o autocontrole e a moderação das emoções que acabaram por se impor na modernidade**. A conversão do controle que se exercia por terceiros no autocontrole é relacionada à organização e à estabilização de Estados modernos, nos quais a monopolização da força física em órgãos centrais permitiu a criação de espaços pacificados. Em tais espaços, os indivíduos passaram a ser submetidos a regras e leis mais rigorosas, mas ficaram mais protegidos da irrupção da violência na sua vida, na medida em que as ameaças físicas tornaram-se despersonalizadas e monopolizadas por especialistas.

C. Mauch. Considerações sobre a história da polícia. In: MÉTIS: história & cultura, v. 6, n.º 11, jan./jun. 2007, p. 107-19 (com adaptações).

23. (Cebraspe – PRF - 2021 - adaptada) Mantém-se a correção gramatical do trecho "o autocontrole e a moderação das emoções que acabaram por se impor na modernidade", do texto, caso a forma verbal "impor" seja flexionada no plural **imporem**.

( ) certo ( ) errado

COMENTÁRIOS:

Sujeito composto: o autocontrole e a moderação das emoções. Como há o pronome relativo "que" em seguida, este possui função sintática de sujeito.

Locução verbal: acabaram por se impor – equivale a "impuseram". Como o verbo auxiliar está flexionado no plural, é impossível flexionar também o verbo principal.

Resposta: Errado

FRAGMENTO DE TEXTO PARA RESPONDER À QUESTÃO.

(...) Para dar início a essa ecologia das máquinas, **precisamos primeiro voltar ao conceito de ecologia**. Seu fundamento está na diversidade, já que é apenas com biodiversidade (ou multiespécies que incluam todas as formas de organismos, até mesmo bactérias) que os sistemas ecológicos podem ser conceitualizados. (...)

Yuk Hui. Tecnodiversidade. São Paulo: Ubu Editora, 2020, p. 122-123 (com adaptações).

24. (Cebraspe - SERPRO – Analista – Tecnologia da Informação - 2021 - adaptada) No trecho "precisamos primeiro voltar ao conceito de ecologia", o vocábulo "primeiro" estabelece concordância com o termo "conceito".

( ) certo ( ) errado

COMENTÁRIOS:

O vocábulo "primeiro" foi usado no sentido de "antes", ou seja, é advérbio de tempo e não estabelece concordância com termo algum – é invariável. Com a palavra "conceito", o raciocínio é parecido, pois se trata de um substantivo e este não deve concordar com o advérbio.

Resposta: Errado.

FRAGMENTO DE TEXTO PARA RESPONDER À QUESTÃO.

(...) Localidade não significa necessariamente etnocentrismo ou nacionalismo, mas é aquilo que nos força a repensar o processo de modernização e de globalização e que nos permite refletir sobre a possibilidade de reposicionar as tecnologias modernas. (...)

Yuk Hui. Tecnodiversidade. São Paulo: Ubu Editora, 2020, p. 122-123 (com adaptações).

25. (Cebraspe - SERPRO – Analista – Tecnologia da Informação - 2021 - adaptada) No trecho, a forma verbal "é" concorda com o termo "Localidade".

( ) certo ( ) errado

COMENTÁRIOS:

Nota da autora: É necessário fazer análise sintática para não errar a concordância verbal.

O que é aquilo que nos força a repensar o processo? A LOCALIDADE = sujeito.

O verbo concorda com o sujeito.

Resposta: Certo.

FRAGMENTO DE TEXTO PARA RESPONDER À QUESTÃO.

(...) A maioria das coisas que fazem parte da vida cotidiana são compreendidas razoavelmente até que se precise defini-las; e, a menos que solicitados, não precisaríamos defini-las. O modo como compreendíamos essas coisas que hoje tendemos a chamar de "espaço" e "tempo" era não apenas satisfatório, mas tão preciso quanto necessário, **pois era o wetware — os humanos, os bois e os cavalos — que fazia o esforço e punha os limites.** Um par de pernas humanas pode ser diferente de outros, mas a substituição de um par por outro não faria uma diferença suficientemente grande para requerer outras medidas além da capacidade dos músculos humanos.

Zygmunt Bauman. A modernidade como história do tempo. In: Modernidade líquida. Plínio Dentzien (Trad.). Rio de Janeiro: Zahar, 2001 (com adaptações).

26. (Cebraspe – Ministério da Economia – Tecnologia da Informação - 2020 - adaptada) No trecho "pois era o wetware — os humanos, os bois e os cavalos — que fazia o esforço e punha os limites", o verbo **fazia** está flexionado no singular porque concorda com o termo "wetware".

( ) certo ( ) errado

COMENTÁRIOS:

Há intercalação do aposto explicativo. Retire a intercalação: era o wetware que fazia o esforço e punha os limites.

Quem fazia o esforço? O wetware.

Resposta: Certo.

FRAGMENTO DE TEXTO PARA RESPONDER À QUESTÃO.

(...) Já as pesquisas na área de psicologia experimental, que muitas vezes estudam o comportamento dos animais, poderiam encontrar uma explicação para o racismo de bases evolutivas — apesar de não **existirem**, nos animais, traços de preconceito ou discriminação propriamente dita. (...)

Internet: <www.uol.com.br> (com adaptações).

27. (Cebraspe – Analista Ministerial – MPE CE - 2020 - adaptada) A correção gramatical do texto seria mantida caso a forma "existirem" fosse substituída por **existir.**

( ) certo ( ) errado

COMENTÁRIOS:

O verbo deve concordar com o sujeito plural (traços) – apesar de traços não existirem.

Resposta: Errado.

1.4. QUESTÕES - CARREIRAS FISCAIS

FRAGMENTO DE TEXTO PARA RESPONDER À QUESTÃO.

O mundo urbano já abriga mais da metade da população do planeta, e os processos de urbanização espalham globalmente, mas de forma desigual, tanto os benefícios quanto as crises da ocupação urbana do espaço. Com isso, **o planejamento urbano e a gestão das cidades e áreas metropolitanas vêm** sendo inseridos em discussões na busca de alternativas para a urbanização e para o desenvolvimento urbano, a fim de mitigar os impactos nocivos e adaptar o ordenamento territorial e a distribuição socioespacial das cidades às condições de ambiente e clima locais e regionais.

Ana Célia Baía Araújo e Zoraide Souza Pessoa. O desafio das cidades sustentáveis: prós e contras de uma proposta para o desenvolvimento urbano. Internet: (com adaptações).

28. (Cebraspe – TC DF – Analista Controle Externo - 2021 - adaptada) A forma verbal "vêm" é acentuada devido à concordância que estabelece com o termo "o planejamento urbano e a gestão das cidades e áreas metropolitanas".

( ) certo ( ) errado

COMENTÁRIOS:

Nota da autora: Quando a banca pede para analisar uma oração que está na ordem direta (sujeito + verbo), a sensação é de que há *pegadinha*. Não há!

Sujeito composto (o que vêm sido inseridos em discussões?): **o planejamento urbano e a gestão das cidades e áreas metropolitanas**. Os núcleos são os substantivos "planejamento" e "gestão". Sujeito composto = verbo no plural.

Dica: o acento do verbo "vir" é diferencial = ele vem (singular); eles vêm (plural).

É bom relembrar os outros acentos diferenciais que podem ser exigidos nas próximas provas.

Nas formas verbais usadas no **presente do indicativo**: **"ter"** (ele tem – eles têm) e **"vir"**.

Atenção! Nos verbos derivados também. Exemplos: reter (retém – retêm), deter, conter, convir (convém – convêm) etc.

Verbo "poder": no **pretérito perfeito do indicativo** – ele **pôde**; no **presente do indicativo** – ele **pode**.

No **verbo** "**pôr**", o acento foi mantido: É preciso pôr a vida em ordem. Na **preposição**, não há acento: Ele sempre passa **por** ali.

Além desses, há diferença entre "**ás**" (carta de baralho, piloto de avião), "**as**" (artigo, pronome oblíquo ou pronome demonstrativo) e "**às**" (preposição "a" + artigo "as").

Complemento:

As aulas estão me ajudando. = **artigo definido**

Não **as** encontrei hoje. = **pronome oblíquo** – pode se referir à **pessoa** ou à **coisa**: não encontrei as mulheres [as]. Não encontrei as ideias [as].

Elas foram **as** que mais tiveram dúvida. = **pronome demonstrativo** – elas foram [aquelas].

Resposta: Certo.

◉ FRAGMENTO DE TEXTO PARA RESPONDER À QUESTÃO.

(...) Em pesquisa com dez setores industriais ao longo de três anos, os dois professores do IMD concluíram que, ao contrário do otimismo gerado pelo Acordo de Paris para combater a mudança climática e pelos Objetivos de Desenvolvimento Sustentável das Nações Unidas, as iniciativas nas empresas deixam a desejar. Na pesquisa, eles constataram que menos de um terço das companhias **desenvolveram** casos de negócios claros ou proposições de valor apoiadas em sustentabilidade. (...)

Assis Moreira. Valor econômico, 18/3/2019. Internet: <valor.globo.com> (com adaptações).

---

29. (Cebraspe – Auditor Fiscal da Receita – SEFAZ DF - 2020 - adaptada) A substituição da forma verbal "desenvolveram" por **desenvolveu** manteria a correção gramatical do texto.

( ) certo ( ) errado

↘ *COMENTÁRIOS:*

O sujeito é formado por uma expressão partitiva seguida de um substantivo plural e são possíveis duas concordâncias: menos de um terço das companhias **desenvolveu** ou menos de um terço das companhias **desenvolveram**.

RESPOSTA: Certo.

↘ 1.5. QUESTÕES MISTAS

---

30. (CESPE/ Cebraspe – Analista Judiciário – TJ PA – 2020 – adaptada) Sem prejuízo da correção gramatical e do sentido original do trecho, a forma verbal "há" (Mas há exceções...[3]) poderia ser substituída por

3 Internet: <www.agenciabrasil.ebc.com.br> (com adaptações).

A) existem.

B) existe.

C) ocorre.

D) têm.

E) tem.

COMENTÁRIOS:

Nota da autora: O verbo *haver*, quando impessoal – sentido de *existir* ou *ocorrer* –, não admite pluralização. Veja a diferença das funções sintáticas:

- Oração sem sujeito

Há	exceções.
verbo transitivo direto (singular)	objeto direto

- Sujeito simples

Existem	exceções.
verbo intransitivo (plural)	sujeito

Alternativa "a" – Na ordem direta: exceções existem.

Alternativa "b" – O verbo deve concordar com o sujeito: existem.

Alternativa "c" – O verbo deve concordar com o sujeito: ocorrem.

Alternativa "d" – O verbo "ter", no sentido de *existir* é utilizado apenas na forma coloquial, não na linguagem culta. Ter: *passar a possuir, receber*; *ser o dono de, possuir; deter a posse de alguma coisa.*

Alternativa "e" – Como mencionado na alternativa anterior, não cabe tal substituição por não indicar posse.

ALTERNATIVA CORRETA: A

---

31. (CESPE/Cebraspe – Analista Judiciário de Procuradoria – PGE PE – 2019) Seria mantida a correção gramatical do trecho caso a forma verbal "representa" (tudo isso representa saltos de época) fosse substituída por **representam**.

( ) certo ( ) errado

COMENTÁRIOS:

O verbo concorda com o núcleo do sujeito – o pronome indefinido "tudo": tudo representa.

Resposta – Errado

◉ FRAGMENTO DO TEXTO CB3A2BBB PARA RESPONDER À QUESTÃO.

(...) O reconhecimento e a proteção dos direitos humanos **estão** na base das Constituições democráticas modernas. A paz, por sua vez, é o pressuposto necessário para o reconhecimento e a efetiva proteção dos direitos humanos em cada Estado e no sistema internacional. (...)

Norberto Bobbio. A era dos direitos. Trad. Carlos Nelson Coutinho. Rio de Janeiro: Elsevier, 2004, p. 1 (com adaptações)

---

32. (CESPE - Técnico Municipal - Prefeitura São Luiz- MA/2017 - adaptada) A forma verbal "estão" está no plural para concordar com "direitos humanos".

( ) certo ( ) errado

COMENTÁRIOS

Errado – Concorda com os núcleos do sujeito composto: O **reconhecimento** e a **proteção** dos direitos humanos. A expressão "direitos humanos" possui função de adjunto adnominal do sujeito e não manda na concordância.

---

33. (CESPE – SEDF – Cargos 1, 3 a 26/2017 - adaptada) Seriam mantidos a correção gramatical e o sentido original se o trecho "São duas gramáticas distintas" fosse reescrito da seguinte forma: Tratam-se de duas gramáticas diferentes.

( ) certo ( ) errado

COMENTÁRIOS

Errado – O verbo *tratar* é transitivo indireto seguido de "se" e não admite pluralização, pois o sujeito é indeterminado – o *se* é, consequentemente, índice de indeterminação do sujeito.

Observação: Admitem plural os verbos transitivos diretos ou os transitivos diretos e indiretos seguidos de "se" (pronome apassivador).

Exemplos: Criaram-se pássaros (voz passiva sintética; pássaros: sujeito) = Pássaros foram criados (voz passiva analítica).

Entregaram-se os documentos ao juiz = Os documentos foram entregues aos juiz.

---

34. (CESPE – Técnico do Seguro Social – INSS 2016) A forma verbal "teria" está flexionada na terceira pessoa do singular, para concordar com "apartamento" (*Naquele novo **apartamento** da rua Visconde de Pirajá pela primeira vez **teria** um escritório para trabalhar.* Não era um cômodo muito grande, mas dava para armar ali a minha tenda de reflexões e leitura: uma escrivaninha, um sofá e os livros.), núcleo do sujeito da oração em que ocorre.

( ) Certo ( ) Errado

COMENTÁRIOS

Errado

Nota da autora: Questão de concordância e análise sintática.

Sujeito simples e implícito (ou elíptico): eu. Na continuidade do trecho, fica evidente o uso da primeira pessoa ao usar o pronome possessivo *minha* – em *minha tenda*. *Naquele novo **apartamento** da rua Visconde de Pirajá* possui sentido de adjunto adverbial de lugar; *escritório* é objeto direto do verbo "ter" (teria algo). Na ordem direta e com o sujeito explícito: Eu teria um escritório para trabalhar naquele novo apartamento da rua Visconde de Pirajá.

Capítulo 4

Regência

1.1. QUESTÕES ATUALIZE-SE

TEXTO PARA RESPONDER À QUESTÃO.

Quando falamos em direito, estamos falando inicialmente de um enorme conjunto de regras obrigatórias, o chamado direito positivo. Mas o vocábulo direito é usado também para os estudos, o curso de direito, a assim chamada "ciência do direito". Numa terceira acepção, a palavra designa os direitos de cada um de nós, chamados de direitos subjetivos, pois somos os sujeitos, os titulares, desses direitos.

Ninguém ignora que paira sobre nossas cabeças uma gigantesca teia de normas, que atinge praticamente todas as nossas atividades. Muitos pensadores têm destacado que o direito atual parece ter invadido tudo: há direito em toda parte, para todos, para tudo. A contrapartida é que, assim como temos de seguir as normas, os outros também têm de obedecer a elas e, desse modo, respeitar os direitos de cada um de nós, os ditos direitos subjetivos.

Vivemos num tempo em que as questões legais se tornaram corriqueiras. Apesar dessa popularização, ainda existe uma enorme dificuldade de acesso às coisas do direito. Ao mesmo tempo, os mecanismos da justiça são cada vez mais acionados, até para resolver quem fica com o cachorro depois da separação, ou se o condomínio pode impedir seus moradores de ter animais. A sobrecarga dos tribunais, e sua lentidão, é parcialmente consequência desse excesso de litigiosidade e da incapacidade das pessoas de resolver com bom senso, compreensão e respeito as questões de convivência em sociedade.

Eduardo Muylaert. Direito no cotidiano: guia de sobrevivência na selva das leis. São Paulo: Editora Contexto, 2020, p. 11-13 (com adaptações).

01. (Cebraspe - MP TO - Analista Ministerial - Letras - 2024) No terceiro período do segundo parágrafo, o termo "a elas" poderia ser corretamente substituído por **lhes**, escrevendo-se **obedecer-lhes**.

( ) certo ( ) errado

COMENTÁRIOS:

No texto: *temos de seguir as normas, os outros também têm de* ***obedecer a elas***.

O complemento do verbo transitivo indireto "obedecer" é o referente "as normas", ou seja, é não-humano.

O verbo "obedecer" possui algumas peculiaridades. Vamos a elas:

1ª: embora seja transitivo indireto, admite voz passiva = a regra foi obedecida.

2ª: admite o pronome "lhe" como complemento se estiver se referindo à pessoa = obedece à patroa = obedece-lhe.

Quando se referir à coisa, isto é, a um não-humano, deve ser usado o pronome pessoal, exatamente como está no texto: obedecer **a elas**.

Gabarito preliminar: certo.

A banca anulou e justificou: *Não há consenso entre os gramáticos acerca do uso do pronome "lhe" em referência a objetos indiretos não-humanos, fato que prejudicou o julgamento objetivo do item.*

Resposta: ANULADA

◉ FRAGMENTO DE TEXTO PARA RESPONDER À QUESTÃO.

(...) A história mostrou que a resistência fiscal, por mais que pareça natural e inevitável a toda realidade tributária, teve proporções menores em regimes considerados mais democráticos, uma vez que os abusos e o arbítrio das autoridades foram, em muitas sociedades, as principais causas para a recusa ao pagamento dos tributos. Verifica-se, assim, uma razão inversamente proporcional entre o *quantum* democrático de um regime político e a resistência social aos tributos por ele instituídos. Assim, a democracia participativa, em superação aos modelos clássicos e insuficientes da representação ou do exercício semidireto do poder, aponta para uma "relegitimação" do Estado fiscal, na qual a sociedade passa a tomar parte de espaços de decisões políticas. (...)

Isaac Rodrigues Cunha. Resistência fiscal, democracia e educação tributária: fundamentos para uma fiscalidade democrático-participativa por meio de uma "pedagogia fiscal". Universidade Federal do Ceará, Faculdade de Direito, Programa de Pós-Graduação em Direito, Fortaleza, 2017 (com adaptações).

02. (CEBRASPE - CGDF - Auditor de Controle Interno – 2023 - adaptada) Estariam mantidos os sentidos e a correção gramatical do texto caso se substituísse o segmento "na qual a" (último período) por

A) à qual a

B) a qual a

C) em que a

D) em cuja a

COMENTÁRIOS:

Nota da autora: Questão de regência e pronome relativo.

Volte ao trecho e faça a análise necessária.

... aponta para uma "relegitimação" do Estado fiscal, na qual a sociedade passa a tomar parte de espaços de decisões políticas.

1. O pronome relativo retoma *"relegitimação" do Estado fiscal;*
2. Lê-se: a sociedade passa a tomar parte de espaços de decisões políticas **na** relegitimação do Estado fiscal;

3. A preposição "em" é exigida.

a democracia participativa, em superação aos modelos clássicos e insuficientes da representação ou do exercício semidireto do poder, aponta para uma "relegitimação" do Estado fiscal, na qual a sociedade passa a tomar parte de espaços de decisões políticas.

Alternativa "a" – A preposição "a" não foi exigida.

Alternativa "b" – Nesse caso, não existe preposição, apenas o pronome demonstrativo.

Alternativa "c" – Como é exigida a preposição "em", pode substituir por "em que a".

Alternativa "d" – A preposição "em" foi exigida, mas há dois erros em seguida:

1. Não cabe o relativo "cuja" porque não há ideia de posse;
2. Não pode existir artigo após o pronome relativo "cuja".

Exemplo: Li o livro cujo autor é muito famoso.

O relativo "cujo" concorda com o termo posterior (autor) e indica posse do termo anterior (livro).

Lê-se: o autor do livro.

RESPOSTA: C

◉ TEXTO 2A1-I

O ordenamento jurídico vem sendo confrontado com as inovações tecnológicas decorrentes da aplicação da inteligência artificial (IA) nos sistemas computacionais. Não apenas se vivencia uma ampliação do uso de sistemas lastreados em IA no cotidiano, como também se observa a existência de robôs com sistemas computacionais cada vez mais potentes, nos quais os algoritmos passam a decidir autonomamente, superando a programação original. Nesse contexto, um dos grandes desafios ético-jurídicos do uso massivo de sistemas de inteligência artificial é a questão da responsabilidade civil advinda de danos decorrentes de robôs inteligentes, uma vez que os sistemas delituais tradicionais são baseados na culpa e essa centralidade da culpa na responsabilidade civil se encontra desafiada pela realidade de sistemas de inteligência artificial.

Perante a autonomia algorítmica na qual os sistemas de IA passam a decidir de forma diversa da programada, há uma dificuldade de diferenciar quais danos decorreram de erro humano e aqueles que derivaram de uma escolha equivocada realizada pelo próprio sistema ao agir de forma autônoma. O comportamento emergente da máquina, em função do processo de aprendizado profundo, sem receber qualquer controle da parte de um agente humano, torna difícil indicar quem seria o responsável pelo dano, uma vez que o processo decisório decorreu de um aprendizado automático que culminou com escolhas equivocadas realizadas pelo próprio sistema. Há evidentes situações em que se pode vislumbrar a existência de culpa do operador do sistema, como naquelas em que não foram realizadas atualizações de *software* ou, até mesmo, de quebra de deveres objetivos de cuidado, como falhas que permitem que *hackers* interfiram no sistema. Entretanto, excluídas essas situações, estará ausente o juízo de censura necessário para a responsabilização com base na culpa.

B. L. da Anunciação Melo e H. Ribeiro Cardoso. Sistemas de inteligência artificial e responsabilidade civil: uma análise da proposta europeia acerca da atribuição de personalidade civil. In: Revista Brasileira de Direitos Fundamentais & Justiça, 16(1), 2020, p. 93-4 (com adaptações).

---

03. (CEBRASPE - MP SC - Promotor - 2023) No trecho "necessário para a responsabilização" (último período do segundo parágrafo), o segmento "para a" poderia ser substituído pelo vocábulo **à**.

( ) certo ( ) errado

COMENTÁRIOS:

Segundo o *Dicionário de Regimes de Substantivos e Adjetivos*, de Francisco Fernandes, a regência do adjetivo "necessário" pode ser: **necessário a**, **necessário para** ou **necessário em**.

Como o termo regido é um substantivo feminino (responsabilização), deve haver a fusão da preposição "a" e do artigo "a", resultando no acento indicativo de crase.

Estão corretas estas regências: necessário para a responsabilização, necessário à responsabilização, necessário na responsabilização.

Resposta: Certo

---

04. (CEBRASPE - MP SC - Promotor - 2023) Em "culminou com escolhas" (segundo período do segundo parágrafo), a substituição da preposição "com" por **em** resultaria em incorreção gramatical no texto.

( ) certo ( ) errado

COMENTÁRIOS:

O verbo "culminar", segundo o *Dicionário Prático de Regência Verbal*, de Celso Pedro Luft, admite tanto a preposição "com" como a preposição "em": **culminou com escolhas** ou **culminou em escolhas**.

Resposta: Errado

---

05. (CEBRASPE - MP SC - Promotor - 2023) Haja vista a regência de "confrontado" (primeiro período do primeiro parágrafo) admitida no texto, o complemento regido por esse termo só pode ser introduzido pela preposição "com".

( ) certo ( ) errado

COMENTÁRIOS:

O verbo "confrontar" pode ser transitivo direto, transitivo indireto ou direto e indireto. Quando indireto ou direto e indireto, exigirá a preposição "com".

Observação: sendo pronominal, ou não; na voz ativa ou na voz passiva.

Exemplos: Confrontado com as inovações, confrontando as inovações, confrontando-se com as Inovações, confrontando-se as inovações, confrontando o projeto com as inovações.

Resposta: Certo

⦿ FRAGMENTO DE TEXTO PARA RESPONDER À QUESTÃO.

(...) "A gente atrai as pessoas mais vulneráveis e que lá na frente vão enfrentar o desafio de educar crianças vulneráveis também", diz a diretora de políticas públicas do Instituto Península, que atua na área de formação de professores, Mariana Breim. "Se é este público que está procurando a docência, temos de abraçá-lo e fazê-lo se apaixonar por ela", completa. Os dados mostram que 71% dos estudantes de pedagogia e licenciatura no Brasil são mulheres, índice semelhante ao verificado em outros países latinos.

Internet: <noticias.uol.com.br > (com adaptações).

---

06. (CEBRASPE - SME RE/PE - Professor – 2023 - adaptada) Sem prejuízo da correção gramatical do fragmento, o trecho 'temos de abraçá-lo e fazê-lo se apaixonar por ela' (segundo período) poderia ser reescrito da seguinte maneira: **temos de lhe abraçar e lhe fazer apaixonar-se por ela**.

( ) certo ( ) errado

↘ COMENTÁRIOS:

Na primeira substituição, há um erro crasso: o verbo "abraçar" é transitivo direto e não admite o pronome "lhe" como complemento.

Lembre-se de que os pronomes oblíquos "o(s)" e "a(s)" possuem função de objeto direto e o "lhe" de objeto indireto, ou de adjunto adnominal, ou de complemento nominal.

Resposta: Errado

↘ 1.2. QUESTÕES - NÍVEL MÉDIO

⦿ FRAGMENTO DE TEXTO PARA RESPONDER À QUESTÃO.

A lembrança da empregada ausente me coagia. Quis lembrar-me de seu rosto, e admirada não consegui — de tal modo ela acabara de me excluir de minha própria casa, como se me tivesse fechado a porta e me tivesse deixado remota em relação à minha moradia. A lembrança de sua cara **fugia-me**, devia ser um lapso temporário. Mas seu nome — é claro, é claro, **lembrei-me** finalmente: Janair. (...)

Clarice Lispector. A paixão segundo G. H. Rio de Janeiro: Rocco, 2009 (com adaptações).

---

07. (Cebraspe - PG DF - Técnico Jurídico - Tecnologia e Informação - 2021 - adaptada) Em "fugia-me" e "lembrei-me", a forma pronominal "me" poderia ser suprimida sem prejuízo da correção gramatical do texto.

( ) Certo ( ) Errado

↘ COMENTÁRIOS:

Quanto ao verbo *lembrar*, sim: pode ser pronominal ou não = **lembrei-me finalmente** ou **lembrei finalmente**.

Dica: se houvesse complemento, a regência seria diferente = lembrei-**me do** seu nome e **lembrei seu** nome (com pronome → com preposição/sem pronome → sem preposição).

Quanto ao verbo *fugir*, a supressão não é permitida, pois o verbo, no contexto, é transitivo indireto e o pronome possui função de objeto direto. Suprimir o complemento verbal causaria erro gramatical.

Resposta: Errado.

1.3. QUESTÕES – NÍVEL SUPERIOR

FRAGMENTO DE TEXTO PARA RESPONDER À QUESTÃO.

Amado nos levou com um grupo para descansarmos na fazenda de um amigo. Esta confirmava as descrições que eu lera no livro de Freyre: embaixo, as habitações de trabalhadores, a moenda, onde se mói a cana, uma capela ao longe; na colina, uma casa. O amigo de Amado e sua família estavam ausentes; tive uma primeira amostra da hospitalidade brasileira: todo mundo achava normal instalar-se na varanda e pedir que servissem bebidas. Amado encheu meu copo de suco de caju amarelo-pálido: ele pensava, como eu, que se conhece um país em grande parte pela boca. A seu pedido, amigos nos **convidaram para comer o prato mais típico do Nordeste**: a feijoada. (...)

Simone de Beauvoir. A força das coisas. Rio de Janeiro: Nova Fronteira, 2018, p. 497-498 (com adaptações).

08. (Cebraspe – MJ SP – Técnico em pesquisa e análise de dados - 2022 - adaptada) No trecho “convidaram para comer o prato mais típico do Nordeste”, seria gramaticalmente correto substituir a preposição “para” pela preposição **a**.

( ) Certo ( ) Errado

COMENTÁRIOS:

O verbo “convidar”, no sentido de *pedir o comparecimento; solicitar que compareça; convocar; brindar com convite,* pode ser transitivo direto e indireto e admite tanto a preposição “a” quanto a preposição “para”: amigos nos (objeto direto) convidaram a comer (objeto indireto) ou amigos nos convidaram **para** comer.

Resposta: Certo.

FRAGMENTO DE TEXTO PARA RESPONDER À QUESTÃO.

(...) A discriminação direta é o repúdio ostensivo a indivíduos ou grupos, motivado pela condição racial, exemplo do que ocorre em países que proíbem a entrada de negros, judeus, muçulmanos, pessoas de origem árabe ou persa, ou ainda **lojas que se recusam a atender clientes de determinada raça**. Já a discriminação indireta é um processo em que a situação específica de grupos minoritários é ignorada — discriminação de fato — ou sobre a qual são impostas regras de “neutralidade racial” sem que se leve em conta a existência de diferenças sociais significativas — discriminação pelo direito ou discriminação por impacto adverso. A discriminação indireta é marcada pela ausência de intencionalidade explícita de discriminar pessoas. Isso pode acontecer porque a norma ou prática não leva em consideração ou não pode prever de forma concreta as consequências da norma.

Silvio Almeida. Racismo Estrutural (Feminismos Plurais). Editora Jandaíra. Edição do Kindle (com adaptações).

---

09. (Cespe/Cebraspe – DPE-RS - 2022 - adaptada) A supressão da preposição "a", em "lojas que se recusam a atender clientes de determinada raça", prejudicaria a correção gramatical do texto.

( ) Certo ( ) Errado

COMENTÁRIOS:

O verbo *recusar*, quando pronominal (recusar-se) e no sentido de "negar-se", "opor-se", "resistir", é transitivo indireto e exige a preposição "a". A supressão da preposição acarretaria erro gramatical.

Resposta: Certo.

1.4. QUESTÕES MISTAS

---

10. (CESPE/CEBRASPE – Assistente Judiciário –TJ AM – 2019 – adaptada) A correção gramatical do trecho seria preservada caso se inserisse a preposição *a* imediatamente após "atende" — **atende a**.

(*No Brasil, as medidas para garantir a assistência judiciária a quem não pode arcar com as custas de um processo ou ser assistido por um advogado particular foram efetivadas principalmente pela Lei n.º 1.060, de 1950, e pela criação da Defensoria Pública da União, em 1994, que* ***atende*** *muitos segurados do INSS que têm de recorrer ao Poder Judiciário para conseguir um benefício.*)

( ) certo ( ) errado

COMENTÁRIOS:

É facultativo o emprego da preposição "a" junto ao verbo *atender*. Estão corretas as duas formas: atende muitos segurados e atende a muitos segurados.

Complemento: Apesar de o emprego ser facultativo, há preferência para a regência com preposição quando indica uma coisa (atende ao telefone) e sem preposição quando indica uma pessoa (atende o cliente).

Resposta: Certo.

---

11. (CESPE/Cebraspe – Analista Judiciário de Procuradoria – PGE PE – 2019 – adaptada) Os sentidos e a correção gramatical do trecho seriam mantidos se fosse inserido o vocábulo **do** imediatamente após a palavra "espírito".

(A própria palavra "crise" é bem mais a expressão de um movimento do espírito que de um juízo fundado em argumentos extraídos da razão ou da experiência.[1])

( ) certo ( ) errado

COMENTÁRIOS:

Existe uma comparação e por isso a preposição é facultativa.

DICA – Pode-se usar, ou não, a preposição em frases comparativas: Ele é mais estudioso que você – Ele é mais estudioso do que você.

Resposta – Certo

---

12. (CESPE/Cebraspe – Analista Judiciário de Procuradoria – PGE PE – 2019 – adaptada) Nos trechos "intenção de difamar" e "nem de deplorar", a preposição "de" poderia ser substituída por **em**, sem que a correção gramatical do trecho fosse comprometida.

(Que fique claro: não tenho nenhuma **intenção de difamar** ou condenar o passado para absolver o presente, **nem de deplorar** o presente para louvar os bons tempos antigos.[2])

( ) certo ( ) errado

COMENTÁRIOS:

Nota da autora: Questão de regência nominal.

O substantivo *intenção* pode reger estas preposições: **de, para com, sobre**.

Resposta – Certo

---

13. (CESPE - STM - Técnico Judiciário – Área Administrativa – 2018- adaptada) Sem prejudicar a correção gramatical tampouco alterar o sentido do trecho, a expressão "serve para" (*Um zoológico* ***serve para*** *muitas coisas, algumas delas edificantes.*) poderia ser substituída por **convém à**.

( ) certo ( ) errado

COMENTÁRIOS

Nota da autora: Questão de regência, semântica e crase.

Errado

1. Quanto ao **sentido**, não há alteração, pois *convir* é sinônimo de ***servir***, <u>concordar</u>, <u>condizer</u>, <u>interessar</u>;

---

1 Norberto Bobbio. Elogio da serenidade e outros escritos morais. Trad. Marco Aurélio Nogueira. São Paulo: Editora UNESP, 2002, p. 160-1 (com adaptações).

2 Norberto Bobbio. Elogio da serenidade e outros escritos morais. Trad. Marco Aurélio Nogueira. São Paulo: Editora UNESP, 2002, p. 160-1 (com adaptações).

2. Quanto à **regência**, estaria correta por ser um verbo transitivo indireto (exige a preposição "a") e estar no sentido de *ficar bem; ser adequado; condizer com*;
3. Quanto à **crase**, está errada a reescritura por dois motivos: não pode existir crase entre palavra no singular (a) + plural (muitas coisas) - preposição apenas -, não há crase antes de pronome indefinido. Retificando: convém **a** muitas coisas.

---

14. (CESPE – SEDF – Professor/2017) Considerando-se as regências do verbo **esquecer** prescritas para o português, estaria correta a seguinte reescrita para a oração "Já esqueci a língua": Já esqueci da língua.

( ) certo ( ) errado

COMENTÁRIOS

Errado – Os verbos *esquecer* e *lembrar* admitem a preposição "de" apenas quando estiverem preposicionados.

Esqueci a língua: verbo transitivo direto + objeto direto.

Esqueci-me da língua: verbo transitivo indireto (verbo pronominal) + objeto indireto. Assim sendo, para ficar correto, deveria inserir o pronome: Já **me** esqueci **da** língua.

Fixe: com pronome = com preposição; sem pronome, sem preposição.

---

15. (CESPE – Técnico do Seguro Social – INSS 2016) Seria mantida a correção do texto caso o trecho "onde caberiam" (*Na parede da esquerda ficaria a grande e sonhada estante **onde caberiam** todos os meus livros.*) fosse substituído por "que caberia".

( ) Certo ( ) Errado

COMENTÁRIOS

Errado

Nota da autora: Questão de regência e pronome relativo.

Façamos o passo a passo para não haver engano:

1. "Onde" é pronome relativo e retoma o substantivo "estante";
2. Ordem direta: todos os meus livros caberiam na estante;
3. A preposição em foi exigida e poderiam ser usadas as formas: em que, na qual ou onde (por retomar lugar).

No comando da questão, foi retirada a preposição "em", aqui está o erro.

---

16. (CESPE – Agente Administrativo – DPU/2016) No trecho "respostas às **demandas**" (levou respostas às demandas solicitadas pelos moradores), o emprego do sinal indicativo de crase justifica-se pela regência do substantivo "respostas", que exige complemento antecedido da preposição "a", e pela presença de artigo feminino plural que determina "demandas".

( ) Certo ( ) Errado

↘ COMENTÁRIOS

Certo

Nota da autora: Questão de regência e crase.

Levou algo (V.T.D.) respostas (O.D.)

Levou respostas a algo (a demandas = complemento nominal)

A preposição "a" é exigida + artigo definido plural "as" que acompanha o substantivo "demandas" = às demandas.

Por substituição: levou resposta aos homens. Resultou em "ao", há crase.

---

17. (CESPE – Agente Administrativo – DPU/2016) Seria mantida a correção do texto caso o trecho 'para que seus direitos sejam garantidos' (Nós entramos para solucionar problemas: vamos até as ruas para informar sobre o trabalho da defensoria, **para que seus direitos sejam garantidos**", afirma a coordenadora.) fosse reescrito da seguinte forma: **visando à garantia de seus direitos.**

( ) Certo ( ) Errado

↘ COMENTÁRIOS

Certo

Nota da autora: Questão de regência e crase.

O verbo *visar* foi usado no sentido de *possuir (alguma coisa) como objetivo ou propósito* e exige a preposição "a". Unida ao artigo definido que acompanha o substantivo feminino "garantia", resulta em à.

Por substituição: visando ao poder (substantivo masculino). Resultou em ao, há crase antes da palavra feminina.

---

18. Seriam preservados, caso se substituísse o trecho "lembrei-me de que" (lembrei-me de que havia uma diferença na numeração) por *lembrei que*.

( ) Certo ( ) Errado

↘ COMENTÁRIOS

Certo – Há duas observações a serem feitas.

1. O verbo *lembrar*, assim como o *esquecer*, possui regência peculiar: com pronome = com preposição; sem pronome = sem preposição. Lembrei que havia uma diferença; lembrei-me (pronome) de (preposição) que havia uma diferença;
2. Em orações subordinadas substantivas objetivas indiretas e completivas nominais, a preposição é facultativa.

◉ TRECHO PARA O ITEM.

(...) Questão de relevância na discussão dos efeitos adversos do uso indevido de drogas é a associação do tráfico de drogas ilícitas e dos crimes conexos – geralmente de caráter transnacional – com a criminalidade e a violência.

Esses fatores ameaçam a soberania nacional e afetam a estrutura social e econômica interna, devendo o governo adotar uma postura firme de combate ao tráfico de drogas, articulando-se internamente e com a sociedade, de forma a aperfeiçoar e otimizar seus mecanismos de prevenção e repressão e garantir o envolvimento e a aprovação dos cidadãos.

Internet: <www.direitosh.umanos.usp.br>

19. (Cespe – Agente de Polícia Federal – DPF/2014) O emprego da preposição "com", em "com a criminalidade e a violência", deve-se à regência do vocábulo "conexos".

( ) Certo ( ) Errado

↘ COMENTÁRIOS

Errado – É a associação → de algo (do tráfico de drogas ilícitas e dos crimes conexos) → com algo (com a criminalidade e a violência), isto é, a preposição deve-se à regência do vocábulo "associação".

◉ TRECHO PARA O ITEM.

(...) Quando me lembro do meu pai me proibindo de mudar de escola, a voz que ouço dele é a de hoje, e me pergunto se algo parecido acontece com ele: se a lembrança que ele tem de mim aos treze anos se confunde com a visão que ele tem de mim agora, depois de tudo o que ficou sabendo a meu respeito nessas quase três décadas, um acúmulo de fatos que apagam os tropeços do caminho para chegar até aqui, e o que para mim foi um capítulo decisivo da vida, a briga que tivemos por causa da mudança de escola, para ele pode não ter sido mais que um fato banal, uma entre tantas coisas que aconteciam em casa e no trabalho e na vida dele com a minha mãe e as outras pessoas ao redor durante a adolescência do filho.

Michel Laub. Diário da queda. São Paulo: Companhia das Letras, 2011, p. 48-9 (com adaptações).

20. (CESPE – Técnico Judiciário – Área Administrativa – STF/2013) Seria mantida a correção gramatical do texto caso a expressão "mais que" fosse substituída por *mais do que*.

( ) Certo ( ) Errado

↘ COMENTÁRIOS

Certo – O segundo termo de comparação pode ser introduzido por **que** ou por **do que**.

◉ TRECHO PARA JULGAR O ITEM.

(...) Contemporaneamente, para o alcance de resultados de desenvolvimento nacional, exige-se dessa liderança não apenas o enfrentamento de desafios de gestão, como a busca da eficiência na execução dos projetos e das atividades governamentais, no conhecido lema de "fazer mais com menos", mas também o desafio de "fazer melhor" (com mais qualidade), como se espera, por exemplo, nos serviços públicos de educação e saúde prestados à população.

Internet: <http://aquarius.mcti.gov.br>(com adaptações).

21. (CESPE/Unb – TCU – Auditor Federal de Controle Externo/2013) O emprego da preposição em "dessa liderança" justifica-se pela regência do verbo **exigir**.

( ) Certo ( ) Errado

COMENTÁRIOS

Certo – Exige-se **de** alguém não apenas o enfrentamento. A estrutura vale ser comentada por se tratar de verbo transitivo direto e indireto seguido de SE (pronome apassivador).

A oração está na voz passiva sintética, transpondo para a analítica, teremos: não apenas o enfrentamento é exigido por alguém.

ATENÇÃO! JULGUE O ITEM QUE SE SEGUE, RELATIVO A ASPECTOS GRAMATICAIS E SEMÂNTICOS DO TRECHO.

Tal como em seu best-seller A Cabeça do Brasileiro, o autor expõe no livro as conclusões de pesquisa realizada em todo o país. A que deu origem a O Dedo na Ferida foi realizada no ano passado e revela que, apesar de a população estar ciente de que é tributada ao adquirir bens e serviços, a maioria desconhece a proporção dos impostos embutidos nos preços finais.

22. (UNB/CESPE – TRT 21ª Região – Técnico Judiciário – Área Administrativa /2010) No trecho "A que deu origem a **O Dedo na Ferida** foi realizada no ano passado", o elemento **a** recebe a mesma classificação na primeira e na segunda ocorrências.

( ) Certo ( ) Errado

COMENTÁRIOS

Errado.

Nota da autora: Palavra mágica que todo *concurseiro* ama: **sempre** que **o** ou **a** estiver ao lado do pronome relativo **que**, será classificado como pronome demonstrativo.

Exemplo: Ele foi **o** que mais estudou a matéria = Ele foi **aquele** que mais estudou a matéria.

Voltando à questão. **A** que deu origem: **Aquela** que deu origem = pronome demonstrativo.

Deu origem **a** O Dedo na Ferida = deu origem **a** algo. O substantivo *origem* pede a **preposição a**.

Capítulo 5

Crase

1.1. QUESTÕES ATUALIZE-SE

TEXTO PARA RESPONDER À QUESTÃO.

A iniciativa Mãe Servidora, inserida no contexto do programa Pró-Equidade de Gênero, reflete um esforço significativo da ANTT para promover o equilíbrio entre a vida profissional e familiar de suas colaboradoras. Essa ação é direcionada especialmente para mães servidoras, no regime de trabalho presencial, com filhos menores de sete anos de idade, oferecendo a elas a oportunidade de reduzir a jornada de trabalho semanal em quatro horas em um dia específico. O objetivo principal é fortalecer a interação entre mãe e filho durante os anos cruciais de formação da criança, beneficiando-se tanto o bem-estar da servidora quanto o da família como um todo.

Em caso de dúvidas, fale com a Coordenação de Projetos Especiais de Gestão de Pessoas (COPEP), pelo *e-mail* *<copep@antt.gov.br>*.

ANTT. Revista Via Sustentável. Destaques 2023, s/d, p. 35 (com adaptações).

---

01. (Cebraspe - ANTT – Especialista em Regulação de Serviços - 2024) Estaria mantida a correção gramatical do segundo período do primeiro parágrafo caso o segmento "para mães servidoras" fosse reescrito como **à mães servidoras**, visto que o termo "mães" está especificado.

( ) certo ( ) errado

COMENTÁRIOS:

Quanto à regência, as duas preposições são válidas: direcionada para e direcionada a.

Quanto ao acento indicativo de crase:

singular (a) + plural (mães) = sem crase.

Motivo: o artigo definido feminino plural não acompanha a preposição "a".

Resposta: Errado

FRAGMENTO DE TEXTO PARA RESPONDER À QUESTÃO.

(...) A pergunta de Nozick, então, era: dada a possibilidade de escolha, **você preferiria a máquina prazerosa à vida real** (e presumivelmente mais infeliz)? Uma resposta a essa questão parece hoje ainda mais relevante do que antes, sobretudo agora que a ciência da felicidade e as tecnologias virtuais se tornam tão predominantes. (...)

02. (Cebraspe - ANVISA – Especialista em Regulação – 2024 - adaptada) Em "você preferiria a máquina prazerosa à vida real", o emprego do acento indicativo de crase no vocábulo "à" justifica-se pela regência do termo "prazerosa" somada ao fato de a palavra "vida" ser do gênero feminino e estar empregada com sentido específico no texto, determinado pelo termo "real".

( ) certo ( ) errado

COMENTÁRIOS:

O termo regente é o verbo "**preferir**": preferiria algo (a máquina prazerosa – objeto direto) **a** algo (à vida real – objeto indireto).

Somada a preposição exigida pelo verbo ao fato de a palavra posposta ser feminina e admitir o artigo "a", o acento indicativo de crase é obrigatório.

Resposta: Errado

TEXTO PARA RESPONDER À QUESTÃO.

Maniçoba, 19 de junho de 1911. Minha mãe: Aqui cheguei em *paz* e *salvamento*, graças a Nosso Senhor Jesus Cristo. Isto aqui é bom como o diabo: acorda-se às cinco da manhã, leva-se o dia lendo, fumando, comendo e rezando; dorme-se às nove da noite. Uma vida de anjo. Quando chegar aí — está compreendendo? — hei de ter o corpo pesando 70 quilos e a alma leve de pecados, tão leve como os *vagons* que levam material para a construção da estrada de ferro de Palmeira. Fui visitar o tal Lajedo das Cobras, segundo a senhora insinuou-me, e não vi nada que se parecesse com cobras. Tenha a bondade de dizer-me onde ficam esses bichos, sempre tenho vontade de admirá-los. Só se são umas listas pretas que há em cima da pedra. Mas quem lhe meteu na cabeça que aquilo eram cobras, hem? Nem semelhança, minha senhora! Ali nunca houve cobras nem nada. Isto agora está seco, sabe? Um pouquinho seco. A água do Ipanema tem assim uns tons de verde-paris: é mesmo da cor do açude daí. Por aqui nada de novo, tudo na santa paz do senhor... não, há uma coisa de novo: o Siriaco, o velho Siriaco, o impagável, o incomensurável Siriaco. Diga a meu pai que lhe não escrevo porque nesta carta vai tudo o que é preciso dizer. Adeus. Lembranças às meninas, a tia Ju, etc. Recomendações à família do sr. Antero, a d. Iaiá, e mais a algumas pessoas conhecidas. O filho e amigo Graciliano. NB: Mando dizer ao Antônio Panta que guarde todos os meus Malhos. Não se esqueça deste recado. Lembranças a d. Anatólia.

Graciliano Ramos. Cartas. Rio de Janeiro: Record, 2013 (com adaptações).

03. (Cebraspe – Câmara de Maceió AL – Analista Legislativo - 2024) É obrigatório o emprego do sinal indicativo de crase no vocábulo "às" em "Lembranças às meninas" (décimo oitavo período).

( ) certo ( ) errado

COMENTÁRIOS:

No texto: Lembranças às meninas, a tia Ju, etc.

A preposição "a" é exigida pelo substantivo "lembranças", o artigo definido feminino pode ser inserido antes do substantivo "meninas": a + as = às.

É melhor que você substitua o substantivo feminino plural por um masculino plural:

Lembranças aos moços.

Se resultou em "ao(s)" no masculino, indica que a crase é obrigatória no feminino.

Dica: Se estivesse no singular, não haveria crase porque seria apenas uma preposição = Lembranças a meninas.

Resposta: Certo

◉ FRAGMENTO DE TEXTO PARA RESPONDER À QUESTÃO.

A vida em sociedade trouxe para os seres humanos um aprendizado extremamente importante: não se poderiam resolver todas as questões pela força, era preciso usar a palavra para persuadir os outros a fazer alguma coisa. Por isso, o aparecimento da argumentação está ligado à vida em sociedade e, principalmente, ao surgimento das primeiras democracias. (...)

José Luiz Fiorin. Argumentação. 2.ª ed. revista e ampliada. São Paulo: Editora Contexto, 2022, p.11 (com adaptações).

---

04. (Cebraspe – CAPES – Analista em Ciência e em Tecnologia – 2024 - adaptada) Em "à vida" (segundo período), é facultativo o emprego do acento indicativo de crase no vocábulo "à".

( ) certo ( ) errado

COMENTÁRIOS:

No texto: *o aparecimento da argumentação está ligado à vida em sociedade...*

A preposição "a" foi exigida pelo adjetivo/predicativo "ligado" e o artigo definido feminino acompanha o substantivo "vida": a + a = à.

O acento indicativo de crase é obrigatório.

Substitua por palavra masculina da mesma classe gramatical e perceba que resulta em "ao".

AO (no masculino) = À (no feminino)

... está ligado **AO** homem.

Resposta: Errado

◉ TEXTO PARA RESPONDER À QUESTÃO.

O eucalipto é cortado, e dele se faz o papel. Processo quase alquímico. O inflexível se dobra, o marrom se torna branco, onde cabiam folhas verdes agora cabem ideias maduras. Chegada a obra-prima, alguém trabalha o preenchê-la. E era isso que fascinava tanto o jornalista Pinheiro Júnior — fosse jovem fosse experiente.

— Por que arquitetura? Por que arquitetura quando o senhor já havia contribuído tanto com esse talento, com esse dom?

— Uma das coisas que mais me atraiu na Última Hora foi a diagramação da UH, a paginação da UH. Enquanto os outros jornais eram jornais duros, feios, a

UH era um jornal bonito, era um jornal, inclusive, a cores. Os outros jornais não eram. Arquitetura, em jornalismo, é exatamente a diagramação dos jornais.

Bruna Rezende e Victor Gabry. **A Arquitetura tem tudo a ver com o Jornalismo!** Uma conversa com Pinheiro Júnior, veterano do jornalismo, sobre o que ele ainda não falou. In: **Cadernos de reportagem**, 2018. Internet: <cadernosdereportagem.wordpress.com>.

---

05. (Cebraspe - CAU/BR - Advogado - 2024) Em "Chegada a obra-prima" (quarto período do primeiro parágrafo), o emprego do sinal indicativo de crase é facultativo, de modo que seu emprego manteria os sentidos originais do texto.

( ) certo ( ) errado

COMENTÁRIOS:

É inadmissível haver preposição no sujeito, ou seja, a crase é proibida porque "a obra-prima" possui função de sujeito.

O vocábulo "a" é artigo definido feminino.

Dica: admite plural. A preposição não admite (Fui a Londres).

Em "Fomos às praias", temos a contração da preposição "a" com o artigo "as". A preposição nunca será pluralizada.

Resposta: Errado

TEXTO CB1A1-III

Toda língua satisfaz à necessidade humana de comunicação. Embora muitas pessoas do mundo de hoje sejam tentadas a gastar mais tempo em mídias sociais do que talvez deveriam, é o impulso das trocas linguísticas que as está levando a essa situação. Não importa o quão ocupadas algumas pessoas estejam, é difícil não participarem de alguma conversa na tela à sua frente, para opinar sobre assuntos dos quais elas sabem pouco e se importam menos ainda. Seja por meio de conversas informais, da absorção de informações vindas da televisão, da discussão de jogos ou da leitura/escrita de romances, falar e escrever conecta os humanos, de modo ainda mais íntimo, em uma comunidade.

Daniel Everett. Linguagem: a história da maior invenção da humanidade. Tradução de Mauricio Resende. São Paulo: Editora Contexto, Belo Horizonte: Gutenberg, 2019, p. 12-13 (com adaptações).

---

06. (Cebraspe - INPI - Analista de Planejamento - 2024) No segmento "a essa situação" (segundo período), poderia ser corretamente inserido o acento indicativo de crase no vocábulo "a", em razão da presença do pronome "essa".

( ) certo ( ) errado

COMENTÁRIOS:

Os pronomes demonstrativos não admitem determinantes, ou seja, não admitem artigo, e não pode ser inserido o acento indicativo de crase antes de "essa".

Resposta: Errado

◉ TEXTO PARA RESPONDER À QUESTÃO.

Quando falamos em direito, estamos falando inicialmente de um enorme conjunto de regras obrigatórias, o chamado direito positivo. Mas o vocábulo direito é usado também para os estudos, o curso de direito, a assim chamada "ciência do direito". Numa terceira acepção, a palavra designa os direitos de cada um de nós, chamados de direitos subjetivos, pois somos os sujeitos, os titulares, desses direitos.

Ninguém ignora que paira sobre nossas cabeças uma gigantesca teia de normas, que atinge praticamente todas as nossas atividades. Muitos pensadores têm destacado que o direito atual parece ter invadido tudo: há direito em toda parte, para todos, para tudo. A contrapartida é que, assim como temos de seguir as normas, os outros também têm de obedecer a elas e, desse modo, respeitar os direitos de cada um de nós, os ditos direitos subjetivos.

Vivemos num tempo em que as questões legais se tornaram corriqueiras. Apesar dessa popularização, ainda existe uma enorme dificuldade de acesso às coisas do direito. Ao mesmo tempo, os mecanismos da justiça são cada vez mais acionados, até para resolver quem fica com o cachorro depois da separação, ou se o condomínio pode impedir seus moradores de ter animais. A sobrecarga dos tribunais, e sua lentidão, é parcialmente consequência desse excesso de litigiosidade e da incapacidade das pessoas de resolver com bom senso, compreensão e respeito as questões de convivência em sociedade.

Eduardo Muylaert. Direito no cotidiano: guia de sobrevivência na selva das leis. São Paulo: Editora Contexto, 2020, p. 11-13 (com adaptações).

07. (Cebraspe - MP TO - Analista Ministerial - Letras - 2024) No segundo período do terceiro parágrafo, o emprego do sinal indicativo de crase no trecho "ainda existe uma enorme dificuldade de acesso às coisas do direito" é obrigatório.

( ) certo ( ) errado

COMENTÁRIOS:

O substantivo "acesso" exige a preposição "a" e o substantivo feminino plural "coisas" está acompanhado pelo artigo definido plural "as" = às (crase obrigatória).

Dica 1: para evitar erro, substitua por uma palavra plural masculina da mesma classe gramatical e veja se resulta em "ao". Em caso positivo, a crase é obrigatória e você nem precisa pensar na regência = acesso **aos** direitos.

Dica 2: se estivesse no singular, o "a" seria apenas preposição e não admitiria o acento indicativo de crase = acesso **a** coisas.

Fixe: **singular + plural = sem crase.**

Resposta: Certo

◉ FRAGMENTO DO TEXTO CG1A1-I PARA RESPONDER À QUESTÃO.

Uma organização é um sistema complexo de comunicações com um objetivo funcional. Durante sua existência e atuação, a organização vai formando uma imagem perante seus diversos públicos em função de todo um conjunto de contatos realizados, e não somente pelas iniciativas planejadas de comunicação que ela toma para formar a imagem pretendida. Essa imagem, chamada imagem organizacional, pode ser descrita como uma compilação de opiniões e pontos de vista baseados em informações processadas de várias fontes, ao longo do tempo, que gera uma imagem mental dos atributos da organização.

Seguindo uma tendência já percebida na iniciativa privada, os órgãos públicos têm-se preocupado, cada vez mais, com sua imagem organizacional. A imagem organizacional pública tem valor estratégico na medida em que interfere diretamente no relacionamento da organização com diferentes atores, bem como na sua legitimação e credibilidade perante a sociedade. No entanto, apesar de sua relevância, ainda há poucos estudos sobre a imagem organizacional no contexto público, tanto nacional quanto internacionalmente. (...)

Carolina Coelho da Silveira, Carla Bonato Marcolin e Carlos Henrique Rodrigues. Como somos vistos? Análise da imagem organizacional pública utilizando ciência de dados. Internet: (com adaptações).

---

08. (Cebraspe - CGE RJ - Auditor do Estado - 2024) É facultativo o emprego do sinal indicativo de crase no vocábulo "a" em "perante a sociedade" (segundo período do segundo parágrafo).

( ) certo ( ) errado

COMENTÁRIOS:

O vocábulo "perante" é uma preposição que significa "diante de", "na presença de" e é impossível haver preposição + preposição.

O vocábulo "a" é artigo definido e o acento indicativo de crase é proibido nesse caso.

Dica I: substitua o termo feminino posposto por um termo feminino da mesma classe gramatical e veja que não resulta em "ao" – perante o povo.

Dica II: se resultasse em "ao", haveria preposição + artigo, isto é, haveria crase.

Exemplo: foi à biblioteca = foi ao espetáculo.

Resposta: Errado

FRAGMENTO DE TEXTO PARA RESPONDER À QUESTÃO.

(...) Perante a autonomia algorítmica na qual os sistemas de IA passam a decidir de forma diversa da programada, há uma dificuldade de diferenciar quais danos decorreram de erro humano e aqueles que derivaram de uma escolha equivocada realizada pelo próprio sistema ao agir de forma autônoma. (...)

B. L. da Anunciação Melo e H. Ribeiro Cardoso. Sistemas de inteligência artificial e responsabilidade civil: uma análise da proposta europeia acerca da atribuição de personalidade civil. In: Revista Brasileira de Direitos Fundamentais & Justiça, 16(1), 2020, p. 93-4 (com adaptações).

---

09. (CEBRASPE - MP SC - Promotor - 2023 - adaptada) No início do parágrafo, a substituição de "Perante a" por **Perante à** comprometeria a correção gramatical do texto.

( ) certo ( ) errado

COMENTÁRIOS:

O vocábulo "perante" é classificado, morfologicamente, como preposição. É impossível haver outra preposição posposta, ou seja, a palavra posterior é um artigo definido feminino e não cabe o acento indicativo de crase.

Dica: em caso de dúvida, substitua a palavra posterior ao "a" por uma palavra masculina que pertença à mesma classe gramatical. Se resultar em "ao", haverá crase; caso contrário, não haverá = perante o evento (sem "ao" = sem crase).

Resposta: Certo

FRAGMENTO DE TEXTO PARA RESPONDER À QUESTÃO.

(...) O artigo 225 da Carta Magna transmite a ideia da imprescindibilidade de um meio ambiente ecologicamente equilibrado, criando o dever, tanto para o poder público quanto para a coletividade, de sua preservação. Esse comando é subjacente **a todas** as relações da República, sejam elas travadas sob a ordem econômico-financeira, sejam elas derivadas da gestão de direitos e garantias individuais e coletivos. (...)

Internet: <jus.com.br> (com adaptações).

---

10. (Cebraspe - PC AL - Delegado – 2023 - adaptada) Caso a expressão "a todas" fosse suprimida, o sinal indicativo de crase deveria ser necessariamente empregado no vocábulo "as" que precede "relações", para que a correção gramatical do texto fosse mantida.

( ) certo ( ) errado

COMENTÁRIOS:

Nota da autora: Questão de crase e de regência nominal.

O adjetivo "subjacente" exige a preposição "a" (subjacente a algo) e está seguido por um substantivo feminino plural (relações) que está acompanhado pelo artigo definido plural. O acento indicativo de crase é obrigatório.

Dica: caso prefira, basta substituir a palavra feminina por uma masculina da mesma classe gramatical e veja se resulta em "ao" (preposição + artigo) – AO(s) no masculino = À(s) no feminino.

→ subjacentes <u>**às**</u> relações = subjacentes <u>**aos**</u> processos.

Resposta: Certo

FRAGMENTO DE TEXTO PARA RESPONDER À QUESTÃO.

(...) "A gente atrai as pessoas mais vulneráveis e que lá na frente vão enfrentar o desafio de educar crianças vulneráveis também", diz a diretora de políticas públicas do Instituto Península, que atua na área de formação de professores, Mariana Breim. "Se é este público que está procurando a docência, temos de abraçá-lo e fazê-lo se apaixonar por ela", completa. Os dados mostram que 71%

dos estudantes de pedagogia e licenciatura no Brasil são mulheres, índice semelhante ao verificado em outros países latinos.

Internet: <noticias.uol.com.br > (com adaptações).

11. (CEBRASPE - SME RE/PE - Professor - 2023) No trecho 'A gente atrai as pessoas mais vulneráveis' (primeiro período), a colocação do acento indicativo de crase no vocábulo 'as' manteria tanto a correção gramatical quanto a coerência do texto, dada a possibilidade de emprego do verbo **atrair**, no contexto em questão, quer como transitivo direto, quer como transitivo indireto.

( ) certo ( ) errado

COMENTÁRIOS:

Não manteria a correção gramatical, pois o verbo é transitivo direto (atrai alguém) no sentido de *aproximar; chamar* (a si). Isso significa que não exige a preposição "a" e que o acento indicativo de crase é proibido.

Observação: Admitiria complemento indireto se fosse bitransitivo e possuísse sentido de "ocasionar" (Isso lhe atraiu invejas) ou sentido de "fazer aderir a uma opinião" (Atrair os povos ao cristianismo).

Resposta: Errado

FRAGMENTO DE TEXTO PARA RESPONDER À QUESTÃO.

(...) A experiência de encontrar os livros certos nos momentos certos da vida, esses livros que nos fascinam e que nos vão transformando em leitores paulatinamente, não tem uma rota única nem uma metodologia específica; por isso, os mediadores de leitura não são fáceis de definir. No entanto, basta lembrar como descobrimos, nos primeiros anos da vida, esses livros que deixaram rastros em nossa infância e, talvez, aparecerão nítidas algumas figuras que foram nossos mediadores de leitura: esses adultos íntimos que deram vida às páginas de um livro, essas vozes que liam para nós, essas mãos e esses rostos que nos apresentavam os mundos possíveis e as emoções dos livros. (...)

Internet: <www.ceale.fae.ufmg.br> (com adaptações).

12. (CEBRASPE - SME RE/PE - Professor - 2023) O emprego do sinal indicativo de crase em "às páginas de um livro" (último período) é facultativo, já que sua supressão não prejudicaria a correção gramatical nem o sentido original do texto.

( ) certo ( ) errado

COMENTÁRIOS:

O verbo "dar", no contexto, é bitransitivo: deram vida (algo - objeto direto) às páginas de um livro (a algo - objeto indireto)

A preposição "a" foi exigida e o termo posterior é um substantivo feminino plural, isto é, pode vir acompanhado pelo artigo feminino plural "as" → "a" + "as" = às.

Dica para a próxima prova: caso a construção fosse singular + plural, não haveria crase porque existiria apenas a preposição.

Fique de olho: deram vida **a** páginas de um livro / deram vida **às** páginas de um livro.

singular + plural = sem crase plural + plural = com crase

Resposta: Errado

1.2. QUESTÕES - NÍVEL MÉDIO

FRAGMENTO DE TEXTO PARA RESPONDER À QUESTÃO.

A lembrança da empregada ausente me coagia. Quis lembrar-me de seu rosto, e admirada não consegui — de tal modo ela acabara de me excluir de minha própria casa, como se me tivesse fechado a porta e me tivesse deixado remota **em relação à minha moradia**. A lembrança de sua cara fugia-me, devia ser um lapso temporário. Mas seu nome — é claro, é claro, lembrei-me finalmente: Janair. (...)

Clarice Lispector. A paixão segundo G. H. Rio de Janeiro: Rocco, 2000 (com adaptações).

13. (Cebraspe - PG DF - Técnico Jurídico - Tecnologia e Informação - 2021 - adaptada) É facultativo o emprego do acento indicativo de crase no trecho "em relação à minha moradia".

( ) Certo ( ) Errado

COMENTÁRIOS:

O acento indicativo de crase é facultativo antes de pronome possessivo feminino singular.

Motivo: a inserção do artigo é facultativa. Consequentemente, a crase – junção da preposição "a" com o artigo "a" – também é opcional.

Resposta: Certo.

FRAGMENTO DE TEXTO PARA RESPONDER À QUESTÃO.

(...) No entanto, as primeiras iniciativas para descoberta de metais e pedras preciosas em terras brasileiras falharam, **devido às dificuldades** daquela época. (...)

Iran F. Machado e Silvia F. de M. Figueirôa. 500 anos de mineração no Brasil: breve histórico. Parte I. In: Brasil Mineral. São Paulo, n.º 186, p. 44-47, ago./2000 (com adaptações).

14. (Cebraspe – ANM – Técnico Segurança de Barragens - 2021 - adaptada) No trecho "devido às dificuldades", a supressão do acento indicativo de crase em "às" manteria a correção gramatical do texto.

( ) Certo ( ) Errado

COMENTÁRIOS:

Quanto à regência, foi pedida a preposição "a": devido a algo. Como a palavra posterior é substantivo feminino plural, o artigo definido pode acompanhá-la: a + as = às.

Em caso de dúvida, substitua por uma palavra masculina e veja que resulta em "ao": devido **aos** problemas.

Dica para a próxima prova: se fosse singular (a) + plural (dificuldades), não haveria crase porque não haveria artigo. Substituindo: devido a problemas. Sem "ao" no masculino = sem crase no feminino.

Resposta: Errado.

◉ FRAGMENTO DE TEXTO PARA RESPONDER À QUESTÃO.

> (...) o aparecimento da rede mundial de computadores pôs fim — no que diz respeito à informação — **à própria noção de "viagem"** (e de "distância" a ser percorrida), o que tornou a informação instantaneamente disponível em todo o planeta, tanto na teoria como na prática.
>
> Zygmunt Bauman. Globalização: as consequências humanas. Trad. Marcus Penchel. Rio de Janeiro: Zahar, 1999 (com adaptações).

15. (Cebraspe – Técnico Ministerial – MPE CE - 2020 - adaptada) A supressão do acento indicativo de crase em "à própria noção de 'viagem'" manteria os sentidos e a correção gramatical do texto.

( ) Certo ( ) Errado

COMENTÁRIOS:

É necessário retirar a oração intercalada entre travessões para saber a regência. Lê-se: o aparecimento da rede mundial de computadores pôs fim **à própria noção de "viagem"**.

A preposição "a" foi exigida pelo objeto direto (fim) do verbo *pôr:* pôs fim **a** algo. Como o termo posterior é feminino, admite o artigo definido "a" e resulta no sinal indicativo de crase.

Caso prefira, substitua as palavras femininas pospostas ao "a" por palavras masculinas que pertençam à mesma classe gramatical. Se resultar em "ao", a crase será obrigatória: pôs fim ao próprio pensamento.

Resposta: Errado.

◉ FRAGMENTO DE TEXTO PARA RESPONDER À QUESTÃO.

> (...) Muitas vezes comentamos "Ah, foi apenas um ritual", querendo enfatizar exatamente que o evento em questão não teve maior significado e conteúdo. Por exemplo, um discurso pode receber esse comentário se for considerado superficial **em relação à expectativa de um importante comunicado**. Ritual, nesse caso, é a dimensão menos importante de um evento, sinal de uma forma vazia, algo pouco sério — e, portanto, "apenas um ritual".
>
> Mariza Peirano. Rituais ontem e hoje. Rio de Janeiro: Jorge Zahar Editor, 2003, p. 7-8 (com adaptações).

16. (Cebraspe – Técnico Ministerial – MPE CE - 2020 - adaptada) No trecho "em relação à expectativa de um importante comunicado", a retirada do sinal indicativo de crase no vocábulo "à" prejudicaria a correção gramatical do texto.

( ) Certo ( ) Errado

COMENTÁRIOS:

A expressão "em relação" exige a preposição "a" (em relação a algo) e o substantivo feminino singular "expectativa" pede o emprego do artigo feminino singular "a". Preposição (a) + artigo (a) = à. Isso indica que o sinal indicativo de crase não pode ser retirado.

Caso haja dúvida, substitua o substantivo feminino por um masculino e veja se resulta em "ao". Resultando, haverá crase antes do termo feminino: em relação ao processo.

Resposta: Certo.

1.3. QUESTÕES - NÍVEL SUPERIOR

FRAGMENTO DE TEXTO PARA RESPONDER À QUESTÃO.

(...) Quando a natureza atinge a existência humana, o impulso primário é buscar o culpado mais **à mão** no imaginário. Pode ser Deus, a cruel natureza ou o enigmático ente a que se denomina destino. Mas muito frequentemente destino é uma expressão que encobre com um véu de irracionalidade o que é apenas obra humana. (...)

Internet: <revistacult.uol.com.br> (com adaptações).

17. (Cespe/Cebraspe - DPE DF - Auditoria/2022 - adaptada) A supressão do sinal indicativo de crase na expressão "à mão" alteraria o sentido do texto e prejudicaria sua coerência.

( ) Certo ( ) Errado

COMENTÁRIOS:

Com o acento indicativo de crase, "à mão" é uma locução adverbial de modo que significa *muito perto, mais próximo.*

Sem o acento de crase, temos uma preposição seguida de um substantivo. Isso significa que o sentido seria alterado e não existiria lógica entre as ideias, isto é, não haveria coerência.

Resposta: Certo.

FRAGMENTO DE TEXTO PARA RESPONDER À QUESTÃO.

(...) Eu lera no livro de Freyre que as moças do Nordeste casavam-se outrora aos treze anos. Um professor me apresentou sua filha, muito bonita, muito pintada, olhos de brasa: quatorze anos. Nunca encontrei adolescentes: eram crianças ou mulheres feitas. Estas, no entanto, fanavam-se com menos rapidez do que suas antepassadas; aos vinte e seis e vinte e quatro anos, respectivamente, Lucia e Cristina irradiavam juventude. A despeito dos costumes patriarcais do Nordeste, elas tinham liberdades; Lucia lecionava, e Cristina, desde a morte do pai, dirigia, nos arredores de Recife, um hotel de luxo pertencente **à família**; ambas faziam um pouco de jornalismo, e viajavam.

Simone de Beauvoir. A força das coisas. Rio de Janeiro: Nova Fronteira, 2018, p. 497-498 (com adaptações).

---

18. (Cebraspe – MJ SP – Técnico em pesquisa e análise de dados - 2022 - adaptada) Do emprego do sinal indicativo de crase no vocábulo "à", em "à família" (final do parágrafo), depreende-se que se trata de uma família específica.

( ) Certo ( ) Errado

COMENTÁRIOS:

Não é qualquer família, é a família mencionada. Substitua por um pronome anafórico: pertencente **àquela** (a **essa**) família - de Lucia e Cristina. O acento indicativo de crase é obrigatório por haver preposição "a" + artigo definido "a".

Conceito: o artigo definido define ou individualiza, de forma precisa, os substantivos, seja uma pessoa, objeto ou lugar.

Resposta: Certo.

FRAGMENTO DE TEXTO PARA RESPONDER À QUESTÃO.

(...) Nem mesmo o hermético universo do direito resistiu **às mudanças tecnológicas** trazidas pela rede mundial de computadores e pela possibilidade do uso de softwares de inteligência artificial para análise de grandes volumes de dados. Novidades cuja aplicação foi impulsionada pelo incessante crescimento de demandas judiciais e pela necessidade de implementar e efetivar o sistema de precedentes qualificados. Todas essas inovações, sem dúvida nenhuma, transformaram o sistema de justiça como o conhecíamos e o cotidiano dos operadores do direito. (...)

Rafael Muneratti. Justiça virtual e acesso à justiça. In: Revista da Defensoria Pública do Estado do Rio Grande do Sul, ano 12, v. 1, n.º 28, 2021 (com adaptações).

---

19. (Cespe/Cebraspe – DPE-RS - 2022 - adaptada) A supressão do sinal indicativo de crase no vocábulo "às", em "às mudanças tecnológicas", prejudicaria a correção gramatical do texto.

( ) Certo ( ) Errado

COMENTÁRIOS:

1. Quanto à **regência**: o verbo *resistir* é transitivo indireto e exige a preposição "a". O termo regido é um substantivo feminino plural (mudanças) e admite o artigo feminino plural "as": a + as = às. O acento indicativo de crase é obrigatório.
2. Se preferir, substitua o substantivo feminino plural por um masculino também plural e veja se resulta em "ao". Se resultar, haverá crase: resistiu **aos** problemas.

Dica: se o "a" estivesse no singular, não haveria crase porque seria apenas uma preposição – que é invariável: resistiu **a** mudanças.

Resposta: Certo.

◉ FRAGMENTO DE TEXTO PARA RESPONDER À QUESTÃO.

(...) E, no entanto, sonha-se. Sonha-se muito e **a granel**, sonha-se sofregamente apesar das luzes e dos ruídos da cidade, da incessante faina da vida e da tristeza das perspectivas. (...)

Sidarta Ribeiro. O oráculo da noite: a história e a ciência do sonho. São Paulo: Companhia das Letras, 2019, p. 19-20 (com adaptações).

---

20. (Cebraspe – PG DF – Analista Jurídico – Administração – 2021 - adaptada) A correção gramatical do texto seria prejudicada caso se inserisse acento indicativo de crase na expressão "a granel".

( ) Certo ( ) Errado

COMENTÁRIOS:

O vocábulo "granel" é um **substantivo masculino** (*depósito de cereais; celeiro, tulha*). A expressão "a granel" é locução adverbial formada por palavra masculina e não admite o acento indicativo de crase.

Resposta: Certo.

◉ FRAGMENTO DE TEXTO PARA RESPONDER À QUESTÃO.

Nesta sala atulhada de mesas, máquinas e papéis, onde invejáveis escreventes dividiram entre si o bom senso do mundo, aplicando-se em ideias claras apesar do ruído e do mormaço, seguros ao se pronunciarem sobre problemas que afligem o homem moderno (espécie da qual você, milenarmente cansado, talvez se sinta um tanto excluído), **largue tudo de repente sob os olhares à sua volta**, componha uma cara de louco quieto e perigoso, faça os gestos mais calmos quanto os tais escribas mais severos, dê um largo *ciao* ao trabalho do dia, assim como quem se despede da vida, surpreenda pouco mais tarde, com sua presença em hora tão insólita, os que estiveram em casa ocupados na limpeza dos armários, que você não sabia antes como era conduzida. (...)

Raduan Nassar. Aí pelas três da tarde. In: Ítalo Moriconi (Org.). Os cem melhores contos brasileiros do século. Rio de Janeiro: Objetiva, 2001 (com adaptações).

---

21. (Cebraspe – PC DF - Agente - 2021) No trecho "largue tudo de repente sob os olhares à sua volta", o uso do acento indicativo de crase é facultativo.

( ) Certo ( ) Errado

COMENTÁRIOS:

O acento de crase é opcional antes do pronome adjetivo possessivo feminino singular. O pronome é adjetivo porque acompanha o substantivo "volta". Estaria, também, correto se utilizasse *a sua volta*. É importante notar que não causaria ambiguidade.

Dica: em alguns casos, principalmente quando a preposição for regida por verbo, é aconselhável inserir a crase para evitar ambiguidade. Exemplos:

Fez críticas a sua prima. = "a sua prima" pode ser sujeito.

Fez críticas à sua prima. = "à sua prima" é objeto indireto do verbo *fazer*.

Resposta: Certo.

◉ FRAGMENTO DE TEXTO PARA RESPONDER À QUESTÃO.

(...) A irrigação, **de caráter suplementar às chuvas**, tem sido aplicada na região Centro-Oeste do país, especialmente em culturas perenes. (...)

Internet: www.codevasf.com.br (com adaptações)

22. (Cebraspe – CODEVASF – Analista - 2021 - adaptada) O emprego do sinal indicativo de crase no trecho "de caráter suplementar às chuvas" é facultativo; portanto, a supressão desse sinal não prejudicaria a correção gramatical do trecho.

( ) Certo ( ) Errado

COMENTÁRIOS:

O emprego não é facultativo, é obrigatório.

Há duas opções para chegar à resposta:

1. Conferir a regência – suplementar **a** algo = a preposição "a" foi exigida + o artigo feminino plural "as" que acompanha o substantivo *chuva* resulta em crase (às);
2. Substituir a palavra feminina por uma masculina (da mesma classe gramatical e ver se resulta em "ao". Se resultar, o sinal indicativo de crase é obrigatório = suplementar **aos** temporais.

Dica: se não houvesse o artigo plural, não haveria crase = suplementar **a** chuvas. Singular + plural = sem crase.

Resposta: Errado.

◉ FRAGMENTO DE TEXTO PARA RESPONDER À QUESTÃO.

(...) Também não estamos seguindo a hipótese de Gaia de que a Terra é um único superorganismo ou uma coletividade de organismos. Em vez disso, gostaria de propor uma reflexão sobre a ecologia das máquinas. **Para dar início a essa ecologia das máquinas**, precisamos primeiro voltar ao conceito de ecologia. (...)

Yuk Hui. Tecnodiversidade. São Paulo: Ubu Editora, 2020, p. 122-123 (com adaptações).

23. (Cebraspe - SERPRO – Analista – Tecnologia da Informação - 2021 - adaptada) No trecho "Para dar início a essa ecologia das máquinas", o acréscimo do sinal indicativo de crase no vocábulo "a" manteria a correção gramatical do texto.

( ) Certo ( ) Errado

COMENTÁRIOS:

Antes de pronome demonstrativo, não se usa o acento indicativo de crase.

Exceção: pode haver crase antes de “mesma” e “própria”: Refere-se à mesma ideia. Refere-se à própria existência.

Resposta: Errado.

FRAGMENTO DE TEXTO PARA RESPONDER À QUESTÃO.

(...) Um estudo neurológico realizado pela pesquisadora Eva Telzer, da Universidade de Illinois, analisou a reação de uma estrutura cerebral chamada amígdala, ligada a sensações como medo e ansiedade, em crianças e adolescentes de 4 a 16 anos. O estudo mostrou que a amígdala **não responde à questão racial** em crianças: a sensação de medo começa a aparecer ao longo da adolescência, o que pode indicar que o racismo é aprendido ao longo da vida. ( )

---

24. (Cebraspe – Analista Ministerial – MPE CE - 2020 - adaptada) O emprego do sinal indicativo de crase no trecho “não responde à questão racial” é obrigatório, dados o caráter definido do termo “questão racial” e a acepção do verbo **responder** no período.

( ) Certo ( ) Errado

COMENTÁRIOS:

Nota da autora: Questão de regência e crase.

Reponde **a** algo – a preposição “a” foi exigida. Como o substantivo posposto é feminino (questão), cabe o artigo feminino “a” e por isso o sinal indicativo de crase é obrigatório: a + a = à.

Caso prefira, substitua o substantivo feminino por um masculino e note que resulta em “ao”. Resultou em “ao”, há crase: responde ao direito.

Resposta: Certo.

1.4. QUESTÕES - CARREIRAS FISCAIS

FRAGMENTO DE TEXTO PARA RESPONDER À QUESTÃO.

(...) O movimento de (re)pensar o planejamento das cidades para que se obtenha um modelo em que o desenvolvimento urbano possa ser mais social e ambientalmente sustentável passará a ser essencial **daqui a alguns anos**, considerando-se tanto as desigualdades que esses processos carregam em si quanto os problemas ambientais e climáticos desencadeados por eles.

Ana Célia Baía Araújo e Zoraide Souza Pessoa. O desafio das cidades sustentáveis: prós e contras de uma proposta para o desenvolvimento urbano. Internet: (com adaptações).

---

25. (Cebraspe – TC DF – Analista Controle Externo - 2021 - adaptada) A correção gramatical do texto seria mantida caso se inserisse o acento indicativo de crase no vocábulo "a" presente no trecho "daqui a alguns anos", visto que o emprego desse sinal é optativo nesse caso.

( ) Certo ( ) Errado

COMENTÁRIOS:

Não pode haver o sinal indicativo de crase antes de **palavra masculina**, antes de **pronome indefinido** (exceto antes de "outra") e antes de plural (quando existir apenas a preposição: refere-se a ideias). **Singular + plural** = sem crase.

Resposta: Errado.

FRAGMENTO DE TEXTO PARA RESPONDER À QUESTÃO.

(...) Em 1997, 25 municípios do entorno da cidade de Lages, **a 200 quilômetros de Florianópolis**, uniram-se para encontrar melhores formas de administrar os recursos para a saúde, frequentemente afetados pela judicialização. (...)

Bruno De Pierro. Demandas crescentes. In: Revista Pesquisa FAPESP, 18 (252), fev. 2017, p. 18-22 (com adaptações).

26. (Cebraspe – TCE RJ – Analista Controle Externo - 2021 - adaptada) No trecho "a 200 quilômetros de Florianópolis", seria obrigatório o emprego do sinal indicativo de crase no vocábulo "a" caso fosse inserida a expressão **cerca de** imediatamente antes do numeral "200" — **à cerca de 200 quilômetros de Florianópolis**.

( ) Certo ( ) Errado

COMENTÁRIOS:

Formação: preposição "a" + locução prepositiva "cerca de". Não há artigo, logo não pode haver o acento indicativo de crase.

Significado: perto de, aproximadamente.

Resposta: Errado.

FRAGMENTO DE TEXTO PARA RESPONDER À QUESTÃO.

(...) Os pesquisadores alertam que companhias que trabalham em boas causas sem relação com seus negócios centrais tendem a ser menos efetivas. (...)

Assis Moreira. Valor econômico, 18/3/2019. Internet: <valor.globo.com> (com adaptações).

27. (Cebraspe – Auditor Fiscal da Receita – SEFAZ DF - 2020 - adaptada) Dada a regência do verbo **tender**, é facultativo o emprego do sinal indicativo de crase no vocábulo "a" em "tendem a ser menos efetivas".

( ) Certo ( ) Errado

COMENTÁRIOS:

Não pode haver o sinal indicativo de crase antes de verbo. Emprego incorreto.

RESPOSTA: Errado.

1.5. QUESTÕES MISTAS

28. (CESPE/CEBRASPE – Assistente Judiciário –TJ AM – 2019 – adaptada) A inserção do sinal indicativo de crase em "a quem" não comprometeria a correção gramatical do fragmento do texto.

(*O maior desafio do Poder Judiciário no Brasil é tornar-se cada vez mais acessível às pessoas, até mesmo **a quem** não pode arcar com o custo financeiro de um processo.*[1])

( ) certo ( ) errado

COMENTÁRIOS:

Os pronomes relativos "quem" e "cujo" não admitem artigo, isto é, nunca estarão acompanhados do sinal indicativo de crase. O "a" anteposto ao pronome é uma preposição que foi exigida pelo adjetivo *acessível* – acessível **a** alguém.

Resposta: Errado.

29. (CESPE/CEBRASPE – Analista Judiciário – Direito – TJ AM – 2019 – adaptada) A inserção do sinal indicativo de crase em "a interpretações" ocasionaria erro gramatical no fragmento do texto.

(*Os contratos legais com que habitualmente trabalham os advogados estão escritos em linguagem frequentemente ambígua e sujeita **a** interpretações diversas.*[2])

( ) certo ( ) errado

COMENTÁRIOS:

Há apenas a preposição "a" exigida pelo adjetivo "sujeita" (sujeita a algo) e não cabe o sinal indicativo de crase. Haveria crase se houvesse o artigo feminino plural concordando com "interpretações" (substantivo plural).

DICA: Não pode haver crase em singular (a) + plural, pois não existe o artigo.

Resposta: Certo.

30. (Cespe – Procurador Municipal – Pref. de Boa Vista – RR/2019 – adaptada) O uso do acento grave em "à mistura racial" é facultativo.

(A identidade nacional está inextricavelmente vinculada à mistura racial.[3])

( ) certo ( ) errado

1 Mariana Faria. O que tecnologia tem a ver com acesso à justiça? 13/6/2018. Internet: <www.dacordo.com.br> (com adaptações).

2 Federico Ast. Como faremos justiça? – A chegada dos contratos inteligentes. In: ÉPOCA negócios. 9/12/2018. Internet: <https://epocanegocios.globo.com> (com adaptações).

3 Jose Luiz Fiorin, Identidade nacional e exclusão racial. In: Cadernos de estudos linguísticos, v. 58, n,° 1, 2016, p, 64-5 (com adaptações).

COMENTÁRIOS:

O adjetivo *vinculada* exige a preposição "a" (vinculada a algo) + a artigo feminino definido que acompanha o substantivo *mistura* resulta em **à**. É aconselhável substituir o substantivo feminino por um masculino para ver se resulta em "ao". Se resultar, a crase é obrigatória: vinculada **ao** fator.

Resposta – Errado

---

31. (CESPE - STJ - Técnico Judiciário - Área Administrativa - 2018 - adaptada) A correção gramatical do trecho[4] seria mantida caso se empregasse o acento indicativo de crase no vocábulo "a" em "a esse estado de coisas" (têm hipóteses concretas para se chegar **a esse estado de coisas**).

( ) certo ( ) errado

COMENTÁRIOS

Errado – Não se usa crase antes de palavra masculina e também não pode ser usada antes de pronome demonstrativo.

Exceção: antes de "mesma" pode haver crase = Referiu-se **à** mesma ideia.

Substitua por vocábulos masculinos das mesmas classes gramaticais e veja que resultará em **ao** (preposição + artigo): Referiu-se **ao mesmo projeto.**

---

32. (Cespe – Técnico Judiciário – Área Administrativa – TRE – TO/2017 - adaptada) No trecho " O Tocantins dá abrigo à mais completa floresta fossilizada do mundo, que viveu no Período Permiano, em uma época anterior à dos dinossauros."[5], o emprego do sinal indicativo de crase – destacado - decorre da

A) regra de acentuação de palavras monossílabas.

B) presença de expressão adverbial com nome feminino.

C) elipse do nome "época" imediatamente depois de "à".

D) regência do adjetivo "anterior" e presença do artigo feminino antes do termo elíptico "época".

E) regência do nome "época".

COMENTÁRIOS

Nota da autora: Questão de regência e crase.

Alternativa correta: letra "d" – Lê-se: em uma época anterior à época dos dinossauros.

1. É anterior **a** algo = regência do adjetivo;

---

4 Augusto Leal Rinaldi. Justiça, liberdade e democracia. In: Pensamento Plural. Pelotas [12]: 57-74, jan.-jun./2013 (com adaptações).

5 Internet: <www.florestalbrasil.com> (com adaptações).

2. Anterior **à** época = artigo feminino singular (a) + preposição (a).

Alternativa "a" – O sinal do acento indicativo de crase nunca seguirá a regra de acentuação dos monossílabos.

Alternativa "b" – Não se trata de expressão adverbial.

Alternativa "c" – Explicação incompleta: falta informar a necessidade da preposição e do artigo feminino.

Alternativa "e" – Regência do adjetivo "anterior" – termo regente, ou seja, o termo que exige a preposição.

---

33. (CESPE – TRF1 2017 - Técnico Judiciário - adaptada) No trecho "A preocupação do filósofo era levar as pessoas, por meio do autoconhecimento, **à sabedoria** e **à prática do bem**."[6], o emprego do sinal indicativo de crase em "à sabedoria" e em "à prática do bem" justifica-se por serem termos regidos pela forma verbal "levar" e por estarem precedidos por artigo definido feminino.

( ) certo ( ) errado

COMENTÁRIOS

Certo – Quanto à regência verbal: levam alguém (as pessoas = objeto direto) a algo (à sabedoria e à prática do bem = objeto indireto). A preposição "a" foi exigida pelo verbo + o artigo feminino singular "a" = à.

Substituindo por uma palavra masculina que pertença a uma classe gramatical equivalente, resulta em "ao" e, assim, temos certeza de que há crase antes da palavra feminina: levar as pessoas **ao** *prazer* e **ao** *processo* do bem.

---

34. (CESPE – TRF1 2017 - Analista Judiciário – Áreas Administrativa e Judiciária - adaptada) O emprego do sinal indicativo de crase em "à tutela dos animais" (No direito brasileiro convencional, a relação entre a espécie humana e as demais espécies animais limita-se **à tutela dos animais** pelo poder público em função da sua utilidade enquanto fauna brasileira intrínseca ao meio ambiente equilibrado.[7]) é facultativo.

( ) certo ( ) errado

COMENTÁRIOS

Errado – O acento do sinal indicativo de crase é obrigatório. Vamos analisar de duas formas para que você escolha uma das opções para ser aplicada na próxima prova:

1. Regência: o verbo "limitar-se" exige a preposição "a" (limita-se a algo) e o termo regido é um substantivo feminino "tutela" e admite o artigo feminino singular. Preposição A + artigo A = **à**;

---

6 Sócrates. In: Coleção Grandes Pensadores. Revista Nova Escola. Ed. 179, jan.–fev./2005. Internet: <https://novaescola.org.br> (com adaptações).

7 Nathalie Santos Caldeira Gomes. Ética e dignidade animal. Internet: <www.publicadireito.com.br> (com adaptações).

2. **Dica: substitua a palavra masculina por uma masculina da mesma classe gramatical. Se resultar em ao, haverá crase, pois teremos preposição + artigo. Limita-se ao processo.**

Capítulo 6

Pontuação

1.1. QUESTÕES ATUALIZE-SE

TEXTO PARA RESPONDER À QUESTÃO.

A iniciativa Mãe Servidora, inserida no contexto do programa Pró-Equidade de Gênero, reflete um esforço significativo da ANTT para promover o equilíbrio entre a vida profissional e familiar de suas colaboradoras. Essa ação é direcionada especialmente para mães servidoras, no regime de trabalho presencial, com filhos menores de sete anos de idade, oferecendo a elas a oportunidade de reduzir a jornada de trabalho semanal em quatro horas em um dia específico. O objetivo principal é fortalecer a interação entre mãe e filho durante os anos cruciais de formação da criança, beneficiando-se tanto o bem-estar da servidora quanto o da família como um todo.

Em caso de dúvidas, fale com a Coordenação de Projetos Especiais de Gestão de Pessoas (COPEP), pelo *email* *<copep@antt.gov.br>*.

ANTT. Revista Via Sustentável. Destaques 2023, s/d, p. 35 (com adaptações).

01. (Cebraspe - ANTT – Especialista em Regulação de Serviços - 2024) Não haveria prejuízo da correção gramatical do texto caso se suprimissem as vírgulas que delimitam o trecho "inserida no contexto do programa Pró-Equidade de Gênero" (primeiro período do primeiro parágrafo), embora tal supressão alterasse as relações sintáticas no período.

( ) certo ( ) errado

COMENTÁRIOS:

No texto: *A iniciativa Mãe Servidora,* ***inserida no contexto do programa Pró-Equidade de Gênero****, reflete um esforço significativo...*

A oração é subordinada adjetiva explicativa reduzida de particípio.

Se retirar as vírgulas, passa a ser adjetiva restritiva, ou seja, a relação sintática é alterada, o sentido também.

A correção gramatical não é afetada.

Resposta: Certo

TEXTO PARA RESPONDER À QUESTÃO.

Maniçoba, 19 de junho de 1911. Minha mãe: Aqui cheguei em *paz* e *salvamento*, graças a Nosso Senhor Jesus Cristo. Isto aqui é bom como o diabo: acorda-

-se às cinco da manhã, leva-se o dia lendo, fumando, comendo e rezando; dorme--se às nove da noite. Uma vida de anjo. Quando chegar aí — está compreendendo? — hei de ter o corpo pesando 70 quilos e a alma leve de pecados, tão leve como os *vagons* que levam material para a construção da estrada de ferro de Palmeira. Fui visitar o tal Lajedo das Cobras, segundo a senhora insinuou-me, e não vi nada que se parecesse com cobras. Tenha a bondade de dizer-me onde ficam esses bichos, sempre tenho vontade de admirá-los. Só se são umas listas pretas que há em cima da pedra. Mas quem lhe meteu na cabeça que aquilo eram cobras, hem? Nem semelhança, minha senhora! Ali nunca houve cobras nem nada. Isto agora está seco, sabe? Um pouquinho seco. A água do Ipanema tem assim uns tons de verde-paris: é mesmo da cor do açude daí. Por aqui nada de novo, tudo na santa paz do senhor... não, há uma coisa de novo: o Siriaco, o velho Siriaco, o impagável, o incomensurável Siriaco. Diga a meu pai que lhe não escrevo porque nesta carta vai tudo o que é preciso dizer. Adeus. Lembranças às meninas, a tia Ju, etc. Recomendações à família do sr. Antero, a d. Iaiá, e mais a algumas pessoas conhecidas. O filho e amigo Graciliano. NB: Mando dizer ao Antônio Panta que guarde todos os meus Malhos. Não se esqueça deste recado. Lembranças a d. Anatólia.

Graciliano Ramos. Cartas. Rio de Janeiro: Record, 2013 (com adaptações).

---

02. (Cebraspe – Câmara de Maceió AL – Analista Legislativo - 2024) No décimo quinto período, o sinal de dois-pontos subsequente à oração "há uma coisa de novo" introduz um esclarecimento.

( ) certo ( ) errado

COMENTÁRIOS:

No texto: *Por aqui nada de novo, tudo na santa paz do senhor... não, há uma coisa de novo: o Siriaco, o velho Siriaco, o impagável, o incomensurável Siriaco.*

Introduz uma explicação, uma informação, um esclarecimento.

Resposta: Certo

TEXTO CB1A9

A partir do ano de 1990, o Brasil efetuou um programa unilateral de liberalização das importações, eliminando as barreiras não tarifárias e reduzindo a tarifa aduaneira média de 32,2% em 1990 para 10,7%, em 2005, ainda que tenha passado por alguns retrocessos pontuais em decorrência de problemas macroeconômicos. Esse notável desempenho estimulou o debate sobre a continuidade ou não do processo de abertura comercial, que é recorrente e se acentua na presença de desequilíbrios da taxa de câmbio. De um lado, um grupo de economistas assinala os ganhos que uma liberalização adicional proporcionaria sobre a produtividade e o investimento privado, fatores fundamentais para o crescimento econômico. De outro, especialistas apontam as inconveniências de uma redução tarifária em um cenário com fortes flutuações da taxa de câmbio e a necessidade de preservar o poder de barganha nas negociações comerciais de acesso aos mercados externos.

H. Kume; G. Piani; P. Miranda. Estudos de economia internacional – IPEA: 2000-2009. In: *Pesquisas em relações econômicas internacionais*. Brasília, Fundação Alexandre Gusmão, 2009, p. 116 (com adaptações).

03. (Cebraspe - APEX - Analista Aquisições e Jurídico - 2024) A correção gramatical do último período do texto CB1A9 seria mantida caso fosse inserida uma vírgula após

A) "barganha".

B) "apontam".

C) "acesso".

D) "tarifária".

COMENTÁRIOS:

Último período: *De outro, especialistas apontam as inconveniências de uma redução tarifária em um cenário com fortes flutuações da taxa de câmbio e a necessidade de preservar o poder de barganha nas negociações comerciais de acesso aos mercados externos.*

Alternativa "a" – A vírgula antes do adjunto adverbial é facultativa.

Alternativa "b" – Não é possível haver vírgula entre verbo e complemento: transitivo direto + objeto direto.

Alternativa "c" – Não é possível haver vírgula entre o termo regente e o termo regido (acesso a algo).

Alternativa "d" – Só poderia se intercalasse o adjunto adverbial, isto é, se colocasse outra vírgula após "câmbio": *especialistas apontam as inconveniências de uma redução tarifária,* ***em um cenário com fortes flutuações da taxa de câmbio,*** *e a necessidade de preservar o poder de barganha...*

Uma vírgula apenas acarretaria erro.

RESPOSTA: A

04. (Cebraspe - APEX - Analista Aquisições e Jurídico - 2024) Assinale a opção correta a respeito da regência dos vocábulos "fundamentais" (penúltimo período) e "acesso" (último período), considerado o seu emprego no texto CB1A9.

A) O primeiro poderia admitir também a preposição **a**, mas o segundo admite apenas a preposição **a**.

B) O primeiro admite apenas a preposição **para**, mas o segundo admite também a preposição **de**.

C) O primeiro admite apenas a preposição **para** e o segundo, apenas a preposição **a**.

D) O primeiro poderia admitir também a preposição **a** e o segundo, a preposição **de**.

COMENTÁRIOS:

No texto:

1. **fundamentais para** o crescimento econômico
2. **acesso aos** mercados externos

Alternativa "a" – fundamental **para** ou fundamental **a** / acesso **a**.

Alternativa "b" – admite a preposição **para** ou a preposição **a** / não admite a preposição **de**.

Alternativa "c" – o primeiro admite a preposição **para** ou a preposição **a.**

Alternativa "d" – o segundo não admite a preposição **de.**

RESPOSTA: A

⦿ TEXTO PARA RESPONDER À QUESTÃO.

Fábula de um arquiteto

A arquitetura como construir portas,
de abrir; ou como construir o aberto;
construir, não como ilhar e prender,
nem construir como fechar secretos;
construir portas abertas, em portas;
casas exclusivamente portas e teto.
O arquiteto: o que abre para o homem
(tudo se sanearia desde casas abertas)
portas por-onde, jamais portas-contra;
por onde, livres: ar luz razão certa.

Até que, tantos livres o amedrontando,
renegou dar a viver no claro e aberto.
Onde vãos de abrir, ele foi amurando
opacos de fechar; onde vidro, concreto;
até fechar o homem: na capela útero,
com confortos de matriz, outra vez feto.

João Cabral de Melo Neto. Fábula de um arquiteto. In: Antologia poética. Rio de Janeiro: Ed. José Olympio, 1978, p.18.

05. (Cebraspe - CAU/BR - Advogado - 2024) A ausência de pontuação na enumeração presente em "por onde, livres: ar luz razão certa" (primeira estrofe) contraria a norma culta quanto ao emprego dos sinais de pontuação, mas atende à especificidade do gênero textual poético.

( ) certo ( ) errado

↘ *COMENTÁRIOS:*

Contraria a norma culta porque são termos coordenados, perceba que cabe a conjunção aditiva "e" entre os termos: ar [e] luz [e] razão certa.

Se pode ser inserida a conjunção "e", deve haver vírgula.

Por se tratar de um poema, a regra não precisa ser aplicada por questão estética.

Resposta: Certo

⦿ TEXTO CG1A1-II

O Programa das Nações Unidas para o Desenvolvimento (PNUD) publicou, no final do ano de 2022, o **Relatório de Desenvolvimento Humano 2021/2022**, que consolida o índice de desenvolvimento humano (IDH) — que mede a saúde, a educação e o padrão de vida de uma nação — em todo o planeta.

O documento demonstra que temos muito o que avançar e até reconstruir: pela primeira vez, o valor do IDH mundial diminuiu por dois anos consecutivos, voltando aos níveis de 2016. Nem na crise financeira global de 2008/2009 houve retração no IDH global. A crise humanitária se agravou em diversas regiões, tendo atingido particularmente a América Latina, o Caribe, a África Subsaariana e o sul da Ásia.

Segundo o relatório, aspectos como o recuo democrático, os conflitos armados, a pandemia, as mudanças climáticas e seus efeitos cada vez mais frequentes e de maior impacto, aumento das desigualdades e mutação da ordem geopolítica interagem em um "complexo de incertezas" que aumenta a sensação de insegurança, como já mapeado no **Relatório Especial sobre a Segurança Humana** do PNUD, divulgado no início de 2022, segundo o qual seis em cada sete pessoas em todo o mundo se sentiam inseguras sobre diversos aspectos das suas vidas, mesmo antes da pandemia de covid-19.

Como caminho para reverter a tendência e recuperar a trajetória de melhoria do IDH, o diretor do Escritório de Desenvolvimento Humano do PNUD, Pedro Conceição, afirma que é necessário dobrar o desenvolvimento humano e olhar além da melhoria da riqueza ou da saúde das pessoas. "Embora esses pontos continuem importantes, também é necessário proteger o planeta e fornecer às pessoas as ferramentas necessárias para se sentirem mais seguras, recuperar o controle sobre suas vidas e ter esperança no futuro."

Internet: <https://exame.com/> (com adaptações).

06. (Cebraspe - FINEP - Analista Jurídica - 2024) Com relação ao emprego dos sinais de pontuação no texto CG1A1-II, é correto afirmar que a correção gramatical e os sentidos originais do texto seriam mantidos caso

A) a vírgula empregada logo após "PNUD" (primeiro período do último parágrafo) fosse eliminada.

B) a vírgula empregada logo após "publicou" (primeiro parágrafo) fosse eliminada.

C) os travessões empregados no primeiro parágrafo fossem eliminados.

D) a vírgula empregada logo após "2022" (terceiro parágrafo) fosse substituída por ponto final, desde que alterada para maiúscula a letra inicial da palavra "segundo".

E) os dois-pontos após "reconstruir" (primeiro período do segundo parágrafo) fossem substituídos por ponto final, desde que alterada para maiúscula a letra inicial da palavra "pela".

➘ *COMENTÁRIOS:*

Alternativa "a" – É impossível eliminar a vírgula porque está separando o aposto explicativo "Pedro Conceição".

Alternativa "b" – A vírgula demarca intercalação do adjunto adverbial temporal entre o verbo transitivo direto e o objeto direto. Não pode ser eliminada.

Alternativa "c" – Os travessões intercalam a oração subordinativa adjetiva explicativa e não podem ser retirados. O que pode ocorrer é substituí-los por vírgulas.

Alternativa "d" – A vírgula faz parte da intercalação da oração subordinativa adjetiva explicativa reduzida de particípio (divulgado no início de 2022) e não pode ser retirada.

Alternativa "e" – Os sentidos seriam mantidos e a gramática permaneceria correta porque o ponto final encerraria a frase declarativa.

RESPOSTA: E

◉ FRAGMENTO DE TEXTO PARA RESPONDER À QUESTÃO.

Não negueis jamais ao erário, à administração, à União os seus direitos. São tão invioláveis, como quaisquer outros. O direito dos mais miseráveis dos homens, o direito do mendigo, do escravo, do criminoso, não é menos sagrado, perante a justiça, que o do mais alto dos poderes. Antes, com os mais miseráveis é que a justiça deve ser mais atenta, e redobrar-se de escrúpulo, porque são os mais mal defendidos, os que suscitam menos interesse, e os contra cujo direito conspiram a inferioridade na condição com a míngua nos recursos. (...)

Rui Barbosa. Oração aos moços. Brasília: Senado Federal, Conselho Editorial, 2019, p. 61-63 (com adaptações).

07. (Cebraspe - MP TO - Analista Ministerial - Letras - 2024) No terceiro período, as vírgulas empregadas, respectivamente, depois de "homens" e de "criminoso" justificam-se por isolar trecho com função apositiva.

( ) certo ( ) errado

COMENTÁRIOS:

Trecho: *O direito dos mais miseráveis dos homens,* ***o direito do mendigo, do escravo, do criminoso****, não é menos sagrado, perante a justiça, que o do mais alto dos poderes.*

Explica quais são os mais miseráveis dos homens: mendigo, escravo, criminoso.

Trata-se de aposto explicativo.

Resposta: Certo

◉ FRAGMENTO DE TEXTO PARA RESPONDER À QUESTÃO.

(...) Esse indicador é calculado desde 1971; naquele ano, a humanidade atravessou o limite em dezembro. Já em 2023, isso aconteceu em 2 de agosto. Isso significa que, no ano de 2022, usamos 75% mais recursos do que o planeta pode suportar. (...)

Internet: <https://super.abril.com.br/> (com adaptações).

08. (Cebraspe - MP TO - Analista Ministerial - Letras – 2024 - adaptada) A correção gramatical do terceiro período seria preservada caso se suprimisse a vírgula empregada logo após o vocábulo “que”.

( ) certo ( ) errado

COMENTÁRIOS:

As duas vírgulas demarcam intercalação/deslocamento do adjunto adverbial de tempo e não podem ser suprimidas, muito menos apenas a primeira.

Lê-se: Isso significa que usamos 75% mais recursos do que o planeta pode suportar.

Resposta: Errado

FRAGMENTO DE TEXTO PARA RESPONDER À QUESTÃO.

A promulgação do Estatuto da Criança e do Adolescente (ECA) fez trinta anos em 2020. Por definição, encarregou as famílias, a comunidade, a sociedade e o Estado de assegurar a proteção integral a todas as crianças e adolescentes no Brasil, de forma articulada e interdependente. Tal articulação foi alcunhada, mais tarde, de Sistema de Garantia dos Direitos da Criança e do Adolescente (SGDCA). (...)

José Almir do Nascimento; Luciana Rosa Marques. A efetivação do direito à educação de qualidade como ação do Ministério Público de Pernambuco. Internet: <https://www.doi.org/> (com adaptações).

09. (Cebraspe - MP TO - Analista Ministerial - Letras - 2024) As vírgulas empregadas no último período do primeiro parágrafo isolam segmento de natureza adverbial.

( ) certo ( ) errado

COMENTÁRIOS:

- **Quando** a tal articulação foi alcunhada?

- Mais tarde: adjunto adverbial de tempo.

Resposta: Certo

FRAGMENTO DE TEXTO PARA RESPONDER À QUESTÃO.

(...) A sociedade contribuinte deve-se preocupar, portanto, no caminho a ser trilhado em direção a uma educação (para a cidadania) fiscal, não apenas com a “carga tributária”, mas com o destino das arrecadações e com os gastos públicos. Nesse sentido, já existem alguns avanços, como o da Lei n.º 12.741/2012, que obrigou, como direito básico dos consumidores, informarem-se os tributos incidentes e repassados no preço dos produtos, e os programas de educação fiscal ligados aos órgãos fiscais da União, dos estados e das capitais. Muito ainda, porém, estão alheios os cidadãos acerca do que o Estado arrecada e, mais ainda, de como gastam os governantes tais recursos, o que pode aumentar os índices de resistência fiscal na sociedade brasileira.

Isaac Rodrigues Cunha. Resistência fiscal, democracia e educação tributária: fundamentos para uma fiscalidade democrático-participativa por meio de uma "pedagogia fiscal". Universidade Federal do Ceará, Faculdade de Direito, Programa de Pós-Graduação em Direito, Fortaleza, 2017 (com adaptações).

---

10. (CEBRASPE - CGDF - Auditor de Controle Interno - 2023 - adaptada) No último período do texto, o emprego das vírgulas em "Muito ainda, porém, estão alheios os cidadãos acerca do que o Estado arrecada" justifica-se

A) por separar sujeito e predicado.

B) pela presença de conjunção adversativa deslocada.

C) pelo destaque estilístico da opinião do autor.

D) pelo destaque estilístico de expressão conclusiva.

COMENTÁRIOS:

Alternativa "a" – A oração está na ordem inversa e não existe vírgulas entre sujeito e predicado.

Lê-se: Os cidadãos (sujeito) estão (verbo de ligação) alheios (predicativo do sujeito) acerca do que o Estado arrecada.

Alternativa "b" – Se a conjunção coordenada adversativa está entre vírgulas, está deslocada e intercalada.

Lê-se: Porém, muito ainda estão alheios os cidadãos.

Alternativa "c" – Destaque estilístico é, mas não se trata da opinião de autor. É uma informação.

Alternativa "d" – Destaque estilístico é, mas a expressão não é conclusiva, é adversativa.

RESPOSTA: B

◉ FRAGMENTO DE TEXTO PARA RESPONDER À QUESTÃO.

A regulamentação do direito quilombola — reconhecido no artigo 68 do Ato das Disposições Constitucionais Transitórias (ADCT) da Constituição Federal de 1988 (CF) — passou anos sem qualquer instrumento legal de abrangência nacional que guiasse sua efetivação. Em 2001, o Decreto n.º 3.912 delimitou o período entre 1888 até 5 de outubro de 1988 para a caracterização das comunidades "remanescentes de quilombos", utilizando uma noção de quilombo vinculada à definição colonial da Convenção Ultramarina de 1740. (...)

F. Vieira et al. Sob o rufar dos ng'oma: o judiciário em disputa pelos quilombolas. Revista Direito e Práxis, v. 8, jan. 2017, p. 560–1 (com adaptações).

---

11. (CEBRASPE - CNMP - Analista – 2023 - adaptada) Estaria preservada a correção gramatical do trecho caso os travessões empregados no primeiro período fossem substituídos por vírgulas.

( ) certo ( ) errado

COMENTÁRIOS:

Os travessões isolam o aposto explicativo de "direito quilombola" e podem ser substituídos por vírgulas ou parênteses.

Observação: como há verbo na forma nominal, a oração é reduzida de infinitivo e equivale, na forma desenvolvida, a "que foi reconhecido no artigo 68 do Ato das Disposições Constitucionais Transitórias (ADCT) da Constituição Federal de 1988 (CF)".

Note que coube o pronome relativo "que" e a oração intercalada é classificada como subordinada adjetiva explicativa reduzida de particípio.

Resposta: Certo

FRAGMENTO DE TEXTO PARA RESPONDER À QUESTÃO.

Antropólogo, sociólogo, educador, escritor e político brasileiro, a personalidade multifacetada de Darcy Ribeiro torna longa a lista de "fazimentos", como ele próprio gostava de chamar suas realizações. Graduou-se em ciências sociais, em 1946, na Fundação Escola de Sociologia e Política de São Paulo (FESPSP). Suas primeiras experiências profissionais foram no Serviço de Proteção aos Índios (SPI). (...)

Carolina Pires. Pioneiros. In: Revista de Jornalismo Científico e Cultural da Universidade de Brasília, n.º 23, jul.–dez./2019 (com adaptações).

---

12. (Cebraspe - FUB – Analista de Tecnologia da Informação – 2023 - adaptada) No primeiro período do texto, o emprego das aspas em 'fazimentos' se justifica por marcar que tal vocábulo é um neologismo, empregado em um contexto coloquial.

( ) certo ( ) errado

COMENTÁRIOS:

Segundo o dicionário, "fazimento" significa *fazedura; ação ou efeito de fazer, de realizar ou desenvolver alguma coisa. Aquilo que se realiza de uma só vez.*

Não se trata de um neologismo por dois motivos: não é uma palavra nova e não possui novo significado (ou sentido).

Além disso, não foi empregado em um contexto coloquial. O contexto é formal.

As aspas foram usadas para indicar que a palavra não é muito utilizada na linguagem atual.

Resposta: Errado

FRAGMENTO DE TEXTO PARA RESPONDER À QUESTÃO.

(...) Há evidentes situações em que se pode vislumbrar a existência de culpa do operador do sistema, como naquelas em que não foram realizadas atualizações **de software ou, até mesmo, de quebra** de deveres objetivos de cuidado, como falhas que permitem que *hackers* interfiram no sistema. Entretanto, excluídas essas situações, estará ausente o juízo de censura necessário para a responsabilização com base na culpa.

B. L. da Anunciação Melo e H. Ribeiro Cardoso. Sistemas de inteligência artificial e responsabilidade civil: uma análise da proposta europeia acerca da atribuição de personalidade civil. In: Revista Brasileira de Direitos Fundamentais & Justiça, 16(1), 2020, p. 93-4 (com adaptações).

---

13. (CEBRASPE - MP SC - Promotor - 2023 - adaptada) No trecho "de *software* ou, até mesmo, de quebra", a eliminação da primeira vírgula prejudicaria a correção do texto.

( ) certo ( ) errado

COMENTÁRIOS:

As duas vírgulas iniciais intercalam a expressão adverbial "até mesmo" e são obrigatórias.

Retirando a intercalação, lê-se: não foram realizadas atualizações **de software ou de quebra** de deveres objetivos de cuidado.

Dica para a próxima prova: as duas vírgulas que intercalam podem ser substituídas por dois travessões ou por parênteses.

Resposta: Certo

FRAGMENTO DE TEXTO PARA RESPONDER À QUESTÃO.

(...) Nesse contexto, um dos grandes desafios ético-jurídicos do uso massivo de sistemas de **inteligência artificial** é a questão da responsabilidade civil advinda de danos decorrentes de robôs inteligentes, uma vez que os sistemas delituais tradicionais são baseados na culpa e essa centralidade da culpa na responsabilidade civil se encontra desafiada pela realidade de sistemas de inteligência artificial. (...)

B. L. da Anunciação Melo e H. Ribeiro Cardoso. Sistemas de inteligência artificial e responsabilidade civil: uma análise da proposta europeia acerca da atribuição de personalidade civil. In: Revista Brasileira de Direitos Fundamentais & Justiça, 16(1), 2020, p. 93-4 (com adaptações).

---

14. (CEBRASPE - MP SC - Promotor - 2023 - adaptada) A inserção de uma vírgula logo após a expressão "inteligência artificial" manteria a correção gramatical do texto.

( ) certo ( ) errado

COMENTÁRIOS:

A inserção da vírgula separaria o sujeito do verbo (ou do predicado) e a gramática estaria incorreta, pois esses termos não podem ser separados por pontuação.

Sujeito: um dos grandes desafios ético-jurídicos do uso massivo de sistemas de inteligência artificial

Verbo de ligação: é

Exceção: se houver intercalação, pode haver vírgula.

Dica para a próxima prova: Ele, ontem à tarde, foi ao cinema para descansar o cérebro.

Resposta: Errado

◉ FRAGMENTO DE TEXTO PARA RESPONDER À QUESTÃO.

(...) Se aceitássemos essa visão, bastaria ficarmos quietos esperando que a história se fizesse de acordo com seus mecanismos. Mas o real é outro. (...)

Roberto Aguiar. O que é justiça: uma abordagem dialética. Brasília: Senado Federal. Conselho Editorial, 2020, p. 319-20 (com adaptações).

15. (CEBRASPE - MP SC - Promotor - 2023 - adaptada) A supressão da vírgula empregada logo após a palavra "visão" (primeiro período) acarretaria erro gramatical.

( ) certo ( ) errado

COMENTÁRIOS:

Ocorreu inversão no período, pois a primeira oração é subordinativa adverbial condicional, e a vírgula é obrigatória.

A segunda oração é a principal, isto é, não possui conjunção nem pronome relativo.

Resposta: Certo

◉ FRAGMENTO DE TEXTO PARA RESPONDER À QUESTÃO.

(...) Com isso, trouxe o aumento de pena para os atos de maus-tratos, ferimentos, mutilações, **entre outros**, contra cães e gatos. Uma inovação na matéria, pois confere proteção específica, de forma exclusiva e precisa, a dois animais domesticáveis que fazem parte da convivência de uma grande parcela do povo brasileiro. (...)

Internet: <jus.com.br> (com adaptações).

16. (Cebraspe - PC AL - Delegado – 2023 - adaptada) A supressão das vírgulas que isolam a expressão "entre outros" manteria a correção gramatical do trecho.

( ) certo ( ) errado

COMENTÁRIOS:

A expressão indica adição. Possui sentido de "assim por diante", "e outros" e a supressão das vírgulas prejudicaria a correção gramatical.

Além disso, é necessário atentar-se ao fato de que a expressão está intercalada.

Lê-se: trouxe o aumento de pena para os atos de maus-tratos, ferimentos, mutilações contra cães e gatos.

As vírgulas poderiam ser retiradas caso a expressão também fosse suprimida.

Resposta: Errado

◉ FRAGMENTO DE TEXTO PARA RESPONDER ÀS QUESTÕES.

(...) Apesar de ter sido reitor, fundador e reformador de universidades, Darcy viveu a maior parte de sua carreira fora de instituições universitárias brasileiras. Entretanto, jamais deixou de refletir sobre seu projeto para o ensino superior.

Publicou livros como **A universidade necessária e La universidad latinoamericana**, em que expôs seu projeto baseado em interdisciplinaridade, investimento em pesquisa científica avançada, compromisso social e participação do corpo discente na tomada de decisões.

Diego Viana. Darcy Ribeiro: a chama da utopia. Revista Pesquisa FAPESP, 30/10/2022 (com adaptações).

---

17. (CEBRASPE - SME RE/PE - Professor – 2023 - adaptada) No primeiro período, as vírgulas empregadas têm a finalidade de separar itens de uma enumeração.

( ) certo ( ) errado

COMENTÁRIOS:

A primeira vírgula separa itens de enumeração: ter sido reitor, (e) fundador e reformador.

A segunda vírgula demarca inversão da oração subordinativa adverbial concessiva "Apesar de ter sido reitor, fundador e reformador de universidades".

O período não se inicia com a oração principal ("Darcy viveu a maior parte de sua carreira fora de instituições universitárias brasileiras").

Resposta: Errado

FRAGMENTOS DE TEXTO PARA RESPONDER ÀS QUESTÕES.

Estudos internacionais mostram que um bom professor é um dos fatores que mais influenciam na aprendizagem. Os dados são de pesquisa feita pelo Banco Interamericano de Desenvolvimento (BID), que traçou o perfil de quem estuda para ser professor na América Latina e no Caribe. Enquanto, no Brasil, 20% dos universitários estão em cursos como licenciatura e pedagogia, na América Latina são 10% e, em países desenvolvidos, 8%.

[...]

"Muitos alunos concluintes do ensino **médio** entram em programas de formação de professores para conseguir um título", diz o economista chefe da divisão de educação no BID, Gregory Elacqua. Ele afirma que isso não é bom para a educação. (...)

Internet: <noticias.uol.com.br > (com adaptações).

---

18. (CEBRASPE - SME RE/PE - Professor - 2023) No trecho "na América Latina são 10% e, em países desenvolvidos, 8%" (final do primeiro parágrafo), as vírgulas empregadas têm a finalidade específica de isolar um adjunto adverbial, porém, devido à pequena extensão desse termo, caso a segunda vírgula empregada fosse omitida do trecho, não haveria prejuízo para a correção gramatical do texto.

( ) certo ( ) errado

COMENTÁRIOS:

As vírgulas não isolam um adjunto adverbial. Trata-se de vírgula vicária, ou de zeugma. O importante é saber que existe um verbo implícito no lugar da vírgula.

Lê-se: na América Latina são 10% e, em países desenvolvidos**[são]** 8%.

Se a vírgula for omitida, o trecho ficaria incorreto: na América Latina são 10% e, em países desenvolvidos 8%".

Observação: quanto à menção de adjunto adverbial de pequena extensão (até duas palavras), a banca apenas tentou complicar seu raciocínio.

Resposta: Errado

---

19. (CEBRASPE - SME RE/PE - Professor - 2023) O emprego de vírgula logo após 'médio' (primeiro período do último parágrafo) prejudicaria a correção gramatical do texto, visto que, em regra, sujeito e predicado não devem ser separados por vírgula.

( ) certo ( ) errado

COMENTÁRIOS:

Sujeito: **Muitos <u>alunos</u> concluintes do ensino médio**

Predicado: entram em programas de formação de professores

É impossível haver vírgula entre sujeito e predicado, ou entre sujeito e verbo.

Exceção: se houver intercalação = Ele, ontem à noite, foi ao cinema para descansar o cérebro.

Resposta: Certo

1.2. QUESTÕES - NÍVEL MÉDIO

FRAGMENTO DE TEXTO PARA RESPONDER À QUESTÃO.

(...) Com a cabeça entre as mãos, sentada. Dizia quinze vezes: sou vigorosa, sou vigorosa, sou vigorosa — depois percebia que apenas prestara atenção à contagem. **Suprindo com a quantidade, disse mais uma vez: sou vigorosa, dezesseis.** E já não estava mais à mercê de ninguém. Desesperada porque, vigorosa, livre, não estava mais à mercê. Perdera a fé. Foi conversar com a empregada, antiga sacerdotisa. Elas se reconheciam. As duas descalças, de pé na cozinha, a fumaça do fogão. (...)

Clarice Lispector. Preciosidade. In: Laços de Família. Rio de Janeiro: Rocco, 1998, p. 86-87 (com adaptações).

---

20. (Cespe/Cebraspe - TJ RJ - Técnico Judiciário/2021 - adaptada) No trecho "Suprindo com a quantidade, disse mais uma vez: sou vigorosa, dezesseis", o sinal de dois-pontos está empregado com a finalidade de introduzir

A) um esclarecimento.

B) um pensamento.

C) uma exemplificação.

D) uma síntese.

E) uma fala.

↘ COMENTÁRIOS:

Alternativa "a" – Não justifica nem elucida, logo não esclarece.

Alternativa "b" – Ela não pensa, ela diz: ***disse*** *mais uma vez.*

Alternativa "c" – Se não esclarece, não exemplifica nem elucida.

Alternativa "d" – Não se trata de uma resenha ou de um resumo.

Alternativa "e" – O sinal de dois-pontos foi usado para anteceder a fala de alguém. Poderia, também, anteceder uma citação.

Resposta: E

◉ TEXTO PARA RESPONDER À QUESTÃO.

Reconhecer o *status* de mulheres brancas e homens negros como oscilante nos possibilita enxergar as especificidades desses grupos e romper com a invisibilidade da realidade das mulheres negras. Por exemplo, ainda é muito comum a gente ouvir a seguinte afirmação: "**mulheres ganham 30% a menos do que homens brancos no Brasil**", quando a discussão é desigualdade salarial. Essa afirmação está incorreta? Logicamente não; mas do ponto de vista ético, sim. Explico: mulheres brancas ganham 30% a menos do que homens brancos no Brasil. Homens negros ganham menos do que mulheres brancas, e mulheres negras ganham menos do que todos. Segundo pesquisa desenvolvida pelo Ministério do Trabalho e Previdência Social em parceria com o Instituto de Pesquisa Econômica Aplicada (IPEA), 39,6% das mulheres negras estão inseridas em relações precárias de trabalho, seguidas pelos homens negros (31,6%), por mulheres brancas (26,9%) e por homens brancos (20,6%). Ainda segundo a pesquisa, mulheres negras representam o maior contingente de pessoas desempregadas e no trabalho doméstico. Quando muitas vezes é apresentada a importância de se pensarem políticas públicas para as mulheres, comumente se ouve que as políticas devem ser para todos. Mas quem são esse "todos", ou quantos cabem nesse "todos"?

Djamila Ribeiro. O que é lugar de fala? Belo Horizonte: Letramento; Justificando, 2017 (com adaptações).

21. (Cebraspe - PG DF - Técnico Jurídico - Tecnologia e Informação - 2021 - adaptada) As aspas no trecho 'mulheres ganham 30% a menos do que homens brancos no Brasil' indicam que essa afirmação reproduz um discurso alheio, considerado infundado pela autora, conforme se depreende dos argumentos subsequentes do texto.

( ) Certo ( ) Errado

↘ COMENTÁRIOS:

Nota da autora: Questão de pontuação e de compreensão textual.

Quanto ao emprego das aspas, o motivo mencionado está correto.

Quanto à compreensão, está errado, pois a afirmação não é infundada: *Essa afirmação está incorreta? Logicamente não.* A autora afirma que a informação está incorreta apenas do ponto de vista ético.

Resposta: Errado.

◉ FRAGMENTO DE TEXTO PARA RESPONDER À QUESTÃO.

A compreensão da comunicação como direito humano é formulação mais ou menos recente na história do **direito**. Tal conceito foi expresso pela primeira vez em 1969 por Jean D'Arcy, então diretor dos Serviços Visuais e de Rádio no Escritório de Informação Pública da Organização das Nações Unidas (ONU), em Nova Iorque, em artigo na revista *EBU Review*, do European Broadcasting Union (EBU): "Virá o tempo em que a Declaração Universal dos Direitos Humanos terá de abarcar um direito mais amplo que o direito humano à informação, estabelecido pela primeira vez 21 anos atrás no artigo 19. Trata-se do direito do homem de se comunicar." (...)

Camilo Vannuchi Galaxia. São Paulo, online, ISSN 1982 – 2553, n.º 38, maio--ago./2018, p. 167-80.Internet: (com adaptações).

22. (Cebraspe - PG DF - Técnico Jurídico - Tecnologia e Informação - 2021 - adaptada) O emprego de vírgula no lugar do ponto final logo após "direito", com a devida alteração de maiúscula e minúscula, manteria a correção gramatical do texto.

( ) Certo ( ) Errado

COMENTÁRIOS:

O ponto final indica o término de uma declaração, ou seja, não pode ser substituído por vírgula.

Resposta: Errado.

◉ FRAGMENTO DE TEXTO PARA RESPONDER À QUESTÃO.

A Declaração Universal dos Direitos do Homem, que é certamente, com relação ao processo de proteção global dos direitos do homem, um ponto de partida para uma meta progressiva, representa, ao contrário, com relação ao conteúdo, isto é, com relação aos direitos proclamados, um ponto de parada em um processo de modo algum concluído. (...)

Norberto Bobbio. A era dos direitos. Internet: <www.edisciplinas.usp.br> (com adaptações).

23. (Cebraspe – DEPEN – Agente Federal - 2021) No trecho "com relação ao conteúdo, isto é, com relação aos direitos proclamados", é facultativo o uso das vírgulas para separar a expressão "isto é", que foi empregada com o mesmo sentido de **a saber** e **ou seja**.

( ) Certo ( ) Errado

COMENTÁRIOS:

As expressões retificadoras, explicativas e enumerativas **devem aparecer entre vírgulas** – *a saber, isto é, ou seja, ou melhor, qual seja.*

Resposta: Errado.

◉ TEXTO PARA RESPONDER À QUESTÃO.

Estou escrevendo um livro sobre a guerra...

Eu, que nunca gostei de ler livros de guerra, ainda que, durante minha infância e juventude, essa fosse a leitura preferida de todo mundo. De todo mundo da minha idade. E isso não surpreende — éramos filhos da Vitória. Filhos dos vencedores.

Em nossa família, meu avô, pai da minha mãe, morreu no front; minha avó, mãe do meu pai, morreu de tifo; de seus três filhos, dois serviram no Exército e desapareceram nos primeiros meses da guerra, só um voltou. Meu pai.

Não sabíamos como era o mundo sem guerra, o mundo da guerra era o único que conhecíamos, e as pessoas da guerra eram as únicas que conhecíamos. Até agora não conheço outro mundo, outras pessoas. Por acaso existiram em algum momento?

A vila de minha infância depois da guerra era feminina. Das mulheres. Não me lembro de vozes masculinas. Tanto que isso ficou comigo: quem conta a guerra são as mulheres. Choram. Cantam enquanto choram.

Na biblioteca da escola, metade dos livros era sobre a guerra. Tanto na biblioteca rural quanto na do distrito, onde meu pai sempre ia pegar livros. Agora, tenho uma resposta, um porquê. Como ia ser por acaso? Estávamos o tempo todo em guerra ou nos preparando para ela. E rememorando como combatíamos. Nunca tínhamos vivido de outra forma, talvez nem saibamos como fazer isso. Não imaginamos outro modo de viver, teremos que passar um tempo aprendendo.

Por muito tempo fui uma pessoa dos livros: a realidade me assustava e atraía. Desse desconhecimento da vida surgiu uma coragem. Agora penso: se eu fosse uma pessoa mais ligada à realidade, teria sido capaz de me lançar nesse abismo? De onde veio tudo isso: do desconhecimento? Ou foi uma intuição do caminho? Pois a intuição do caminho existe...

Passei muito tempo procurando... Com que palavras seria possível transmitir o que escuto? Procurava um gênero que respondesse à forma como vejo o mundo, como se estruturam meus olhos, meus ouvidos.

Uma vez, veio parar em minhas mãos o livro Eu venho de uma vila em chamas. Tinha uma forma incomum: um romance constituído a partir de vozes da própria vida, do que eu escutara na infância, do que agora se escuta na rua, em casa, no café. É isso! O círculo se fechou. Achei o que estava procurando. O que estava pressentindo.

Svetlana Aleksiévitch. A guerra não tem rosto de mulher. Companhia das Letras, 2016, p. 9-11 (com adaptações).

24. (Cebraspe – IBGE – Agente de Pesquisas - 2021) Com relação à pontuação, a correção gramatical do texto seria mantida se

A) o travessão fosse substituído por vírgula, em "E isso não surpreende — éramos filhos da Vitória" (segundo parágrafo).

B) fosse inserida uma vírgula após "vida", em "Desse desconhecimento da vida surgiu uma coragem" (sétimo parágrafo).

C) fosse inserida uma vírgula após "Pois", em "Pois a intuição do caminho existe" (sétimo parágrafo).

D) fosse inserida uma vírgula após "infância", em "A vila de minha infância depois da guerra era feminina" (quinto parágrafo).

E) a vírgula logo após "mãe" fosse substituída por travessão, em "Em nossa família, meu avô, pai da minha mãe, morreu no front" (terceiro parágrafo).

COMENTÁRIOS:

Alternativa "a" – O travessão separa uma explicação e pode ser substituído por vírgula. Lê-se: Isso não surpreende, pois éramos filhos da Vitória.

Alternativa "b" – Perigo à vista: a expressão "Desse desconhecimento da vida" está deslocada e caberia vírgula para demarcar inversão. Ordem direta: Uma coragem surgiu desse desconhecimento da vida. A questão deveria ser anulada, pois há duas alternativas corretas.

Alternativa "c" – Caberia vírgula após a conjunção se houvesse intercalação posposta, mas não é o caso.

Exemplo: Pois, segundo ele, a intuição do caminho existe.

Alternativa "d" – Caberiam duas vírgulas para intercalar o adjunto adverbial de tempo "depois da guerra". Uma vírgula apenas acarretaria erro, pois separaria o sujeito do predicado.

Alternativa "e" – Poderia ser substituída por travessão caso a vírgula após "mãe" também fosse substituída, pois separam o aposto explicativo de "meu avô".

Resposta: A

FRAGMENTO DE TEXTO PARA RESPONDER À QUESTÃO.

> Quando a covid-19 começou a se espalhar pelo Brasil em março de 2020 e exigiu a adoção de medidas mais restritivas, especialistas em saúde mental passaram a usar o termo "quarta onda" para se referir à avalanche de novos casos de depressão, ansiedade e outros transtornos psiquiátricos que viriam pela frente. (...)
>
> Internet: <uol.com.br> (com adaptações).

25. (Cebraspe – IBGE – Agente de Pesquisas - 2021 - adaptada) Com relação ao emprego dos sinais de pontuação, a correção gramatical e a coerência do trecho seriam mantidas caso

A) fosse empregada uma vírgula após "Brasil".

B) a conjunção "e" fosse substituída por vírgula (no trecho "e exigiu a adoção").

C) a expressão "em março de 2020" fosse isolada por vírgulas.

D) fosse empregada uma vírgula após "saúde mental".

E) fosse empregado um ponto no lugar da vírgula após "depressão", com a devida alteração da inicial de "ansiedade" para maiúscula.

COMENTÁRIOS:

Nota da autora: É preciso analisar: pontuação, correção gramatical e a coerência, isto é, a ligação do conjunto de ideias.

Alternativa "a" – Caberia vírgula após "Brasil" se também fosse inserida vírgula após "2020" para intercalar a data (em março de 2020).

Alternativa "b" – A ideia de soma seria retirada, ou seja, prejudicaria a coesão.

Alternativa "c" – A data pode ser isolada por vírgulas, travessões ou parênteses, como mencionado no comentário da alternativa "a".

Alternativa "d" – É impossível separar o sujeito do verbo – ou do predicado.

Alternativa "e" – Trata-se de enumeração e, em hipótese alguma, poderia quebrar o paralelismo. Lê-se: novos casos → de depressão, → de ansiedade e → de outros transtornos.

Resposta: C

FRAGMENTO DE TEXTO PARA RESPONDER À QUESTÃO.

> Desde que o almirante Pedro Álvares Cabral oficialmente descobriu a **Terra de Santa Cruz**, em abril de 1500, o primeiro português a estabelecer uma marca na história mineral do Brasil foi Martim Afonso de Souza. (...)
>
> Iran F. Machado e Silvia F. de M. Figueirôa. 500 anos de mineração no Brasil: breve histórico. Parte I. In: Brasil Mineral. São Paulo, n.º 186, p. 44-47, ago./2000 (com adaptações).

---

26. (Cebraspe – ANM – Técnico Segurança de Barragens - 2021 - adaptada) É facultativo o emprego da vírgula imediatamente após "Terra de Santa Cruz".

( ) Certo ( ) Errado

COMENTÁRIOS:

Analise apenas a oração em que a vírgula foi inserida, não o período completo.

O almirante Pedro Álvares Cabral (sujeito) oficialmente (adjunto adverbial de modo) descobriu (verbo transitivo direto) a Terra de Santa Cruz (objeto direto) em abril de 1500 (adjunto adverbial de tempo).

Note que o adjunto adverbial de tempo está após o objeto direto. Isso indica que a oração está na ordem direta e a vírgula é facultativa.

Observação:

Quanto à vírgula após "1500", além de a banca não mencionar a análise, está correta porque indica inversão da oração subordinada adverbial temporal. A oração principal está posposta a ela.

O período, na ordem direta, seria: O primeiro português a estabelecer uma marca na história mineral do Brasil foi Martim Afonso de Souza, desde que o almirante Pedro Álvares Cabral oficialmente descobriu a **Terra de Santa Cruz**, em abril de 1500.

Resposta: Certo.

⦿ FRAGMENTO DE TEXTO PARA RESPONDER À QUESTÃO.

(...) Um dos principais argumentos dos que viam com ressalvas o trabalho feminino era o de que, trabalhando, a mulher deixaria de lado seus afazeres domésticos e suas atenções e cuidados para com o **marido:** ameaças não só à organização doméstica como também à estabilidade do matrimônio.

Carla Bassanezi. Mulheres dos anos dourados. In: História das mulheres no Brasil. 8.ª ed. São Paulo: Contexto, 2004 (com adaptações).

27. (CESPE/CEBRASPE - Auxiliar Judiciário - TJ PA - 2020 - adaptada) Após "marido", os dois-pontos foram utilizados para introduzir uma

A) ressalva.

B) enumeração.

C) enunciação.

D) hipótese.

E) explicação.

↘ *COMENTÁRIOS:*

Alternativa "a" – Não retifica a ideia, mas explica.

Alternativa "b" – Não existem itens ordenados em uma lista.

Alternativa "c" – Não há declaração alguma.

Alternativa "d" – Não existe um pressuposto ou uma suposição.

Alternativa "e" – Explica o fato de que a mulher deixar de lado seus afazeres domésticos e suas atenções e cuidados para com o marido resulta em ameaças à organização doméstica e à estabilidade do matrimônio.

Dica: cabe a conjunção "pois".

Alternativa correta: E

↘ 1.3. QUESTÕES - NÍVEL SUPERIOR

⦿ FRAGMENTO DE TEXTO PARA RESPONDER À QUESTÃO.

(...) Haveria algum sentido em pensar que, de alguma forma, as previsões claramente formuladas na ficção de Kafka, em **O processo** principalmente, teriam contribuído para que de fato ocorressem? Seria possível que uma profecia articulada de maneira tão impiedosa tivesse outro destino que não a sua realização? As três irmãs de K. e sua Milena morreram em campos de concentração. O judeu da Europa Central que Kafka ironizou e celebrou foi extinto de maneira abominável. Em termos espirituais, existe a possibilidade de Franz Kafka ter sentido seus dons proféticos como uma visitação de culpa, de que a capacidade de antever o tivesse exposto demais às suas emoções. K. torna-se o cúmplice, perplexo, porém quase impaciente, do crime perpetrado contra ele. Coexistem, em todos os suicídios, a apologia e a aquiescência. **Como diz o sacerdote, em triste zombaria (seria**

mesmo zombaria?): "A justiça nada quer de ti. Acolhe-te quando vens e te deixa ir quando partes". Essa formulação está muito próxima de ser uma definição da vida humana, da liberdade de ser culpado, que é a liberdade concedida ao homem expulso do Paraíso. Quem, senão Kafka, teria sido capaz de dizer isso em tão poucas palavras? Ou se saber condenado por ter sido capaz de fazê-lo?

George Steiner. Um comentário sobre O processo de Kafka. In: Nenhuma paixão desperdiçada. Tradução de Maria Alice Máximo. Rio de Janeiro: Record, 2001 (com adaptações).

---

28. (Cespe/Cebraspe - DPE DF - Auditoria/2022) No trecho "Como diz o sacerdote, em triste zombaria (seria mesmo zombaria?)", os parênteses, que poderiam ser substituídos por travessões, foram empregados para isolar uma digressão feita pelo autor do texto.

( ) Certo ( ) Errado

COMENTÁRIOS:

1. Os parênteses foram usados para acrescentar um questionamento, trata-se de uma informação acessória. Os travessões são usados para dar ênfase. Não pode haver tal substituição;
2. O motivo está errado: *divagação* significa desvio do assunto e isso, como mencionado no item 1, não ocorre.

Resposta: Errado.

FRAGMENTO DE TEXTO PARA RESPONDER ÀS QUESTÕES.

O terror torna-se total quando independe de toda oposição; reina supremo quando ninguém mais lhe barra o caminho. Se a legalidade é a essência do governo não tirânico e a ilegalidade é a essência da tirania, então o terror é a essência do domínio totalitário. O terror é a realização da lei do movimento. O seu principal objetivo é tornar possível, à força da natureza ou da história, propagar-se livremente por toda a humanidade, sem o estorvo de qualquer ação humana espontânea. Como tal, o terror procura "estabilizar" os homens, a fim de liberar as forças da natureza ou da história. Esse movimento seleciona os inimigos da humanidade contra os quais se desencadeia o terror, e não pode permitir que qualquer ação livre, de oposição ou de simpatia, interfira com a eliminação do "inimigo objetivo" da história ou da natureza, da classe ou da raça. Culpa e inocência viram conceitos vazios; "culpado" é quem estorva o caminho do processo natural ou histórico que já emitiu julgamento quanto às "raças inferiores", quanto a quem é "indigno de viver", quanto a "classes agonizantes e povos decadentes". O terror manda cumprir esses julgamentos, mas no seu tribunal todos os interessados são subjetivamente inocentes: os assassinados porque nada fizeram contra o regime, e os assassinos porque realmente não assassinaram, mas executaram uma sentença de morte pronunciada por um tribunal superior. Os próprios governantes não afirmam serem justos ou sábios, mas apenas executores de leis, teóricas ou naturais; não aplicam leis, mas executam um movimento segundo a sua lei inerente. (...)

Hannah Arendt. Origens do totalitarismo. Internet: <www.dhnet.org.br> (com adaptações)

29. (Cespe/Cebraspe - DPE RO - Analista/2022 - adaptada) No penúltimo período, os dois-pontos empregados após "inocentes" introduzem uma

A) conclusão.

B) citação.

C) consequência

D) explicação.

E) síntese.

COMENTÁRIOS:

Nota da autora: O sinal de dois pontos serve para **introduzir um esclarecimento ou explicação a respeito de algo já mencionado anteriormente, anteceder uma citação ou fala de alguém, introduzir um exemplo, uma observação, uma nota ou informação importante.**

Alternativa "a" – O sinal de dois pontos não conclui.

Alternativa "b" – Não se trata de uma referência ou de um trecho que foi mencionado.

Alternativa "c" – O sinal de dois pontos não indica consequência.

Alternativa "d" – Explica os motivos de os interessados serem subjetivamente inocentes e cabe a conjunção *pois* ou *porque*. Os motivos são: *os assassinados porque nada fizeram contra o regime, os assassinos porque realmente não assassinaram,* [os assassinos] *executaram uma sentença de morte pronunciada por um tribunal superior.*

Alternativa "e" – O sinal de dois pontos não sintetiza.

Resposta: D

FRAGMENTO DE TEXTO PARA RESPONDER À QUESTÃO.

Seja como for, está claro que a distinção entre o que seria natural e o que seria cultural não faz o menor sentido para os aborígenes australianos. Afinal de contas, no mundo deles, tudo é natural e cultural ao mesmo tempo. Para que se possa falar de natureza, é preciso que o homem tome distância do meio ambiente no qual está mergulhado, é preciso que se sinta exterior e superior ao mundo que o cerca. Ao se extrair do mundo por meio de um movimento de recuo, ele poderá perceber este mundo como um todo. Pensando bem, entender o mundo como um todo, como um conjunto coerente, diferente de nós mesmos e de nossos semelhantes, é uma ideia muito esquisita. Como diz o grande poeta português Fernando Pessoa, **vemos claramente que há montanhas, vales, planícies, florestas, árvores, flores e mato**, vemos claramente que há riachos e pedras, mas não vemos que há um todo ao qual isso tudo pertence, afinal só conhecemos o mundo por suas partes, jamais como um todo. (...)

Philippe Descola. Outras naturezas, outras culturas. São Paulo: Editora 34, 2016, p. 22-23 (com adaptações).

30. (Cespe/Cebraspe - FUNPRESP - Analista Previdenciário/2022) No trecho "vemos claramente que há montanhas, vales, planícies, florestas, árvores, flores e mato" (sexto período), a inserção de uma vírgula entre "vemos" e "claramente" manteria a correção gramatical do texto.

( ) Certo ( ) Errado

COMENTÁRIOS:

Manteria a correção gramatical caso fossem inseridas duas vírgulas para intercalar o advérbio: vemos**, claramente,** que há riachos. Outra opção é não usar vírgula alguma – como está no fragmento.

Resposta: Errado.

FRAGMENTO DE TEXTO PARA RESPONDER À QUESTÃO.

Na concepção da política de redução de danos, **tem-se** como pressuposto o fator histórico-cultural do uso de psicotrópicos — uma vez que o uso dessas substâncias é parte indissociável da própria história da humanidade, a pretensão de um mundo livre de drogas não passa de uma quimera. Dentro dessa perspectiva, contemplam-se ações voltadas para as drogas lícitas e ilícitas, e suas intervenções não são de natureza estritamente públicas, delas participando, também, organizações não governamentais e necessariamente, com especial ênfase, o próprio cidadão que usa drogas.

Maurides de Melo Ribeiro. Drogas e redução de danos. São Paulo: Editora Saraiva, 2013, p. 45-46 (com adaptações).

31. (Cebraspe – MJ SP – Técnico em pesquisa e análise de dados - 2022 - adaptada) Seria gramaticalmente correto inserir uma vírgula logo após "tem-se" (primeiro período).

( ) Certo ( ) Errado

COMENTÁRIOS:

Haveria a opção de intercalar a expressão "como pressuposto", mas inserir apenas uma vírgula acarretaria erro gramatical por separar o verbo do sujeito (o fator histórico-cultural).

Lê-se na passiva analítica: o fator histórico-cultural é tido como pressuposto.

Resposta: Errado.

FRAGMENTO DE TEXTO PARA RESPONDER À QUESTÃO.

Amado nos levou com um grupo para descansarmos na fazenda de um amigo. Esta confirmava as descrições que eu lera no livro de Freyre: embaixo, as habitações de trabalhadores, a moenda, **onde se mói a cana**, uma capela ao longe; na colina, uma casa. O amigo de Amado e sua família estavam ausentes; tive uma primeira amostra da hospitalidade brasileira: todo mundo achava normal instalar-se na varanda e pedir que servissem bebidas. Amado encheu meu copo de suco de caju amarelo-pálido: ele pensava, como eu, que se conhece um país em grande parte pela boca. A seu pedido, amigos nos convidaram para comer o prato mais típico do Nordeste: a feijoada. (...)

Simone de Beauvoir. A força das coisas. Rio de Janeiro: Nova Fronteira, 2018, p. 497-498 (com adaptações).

---

32. (Cebraspe – MJ SP – Técnico em pesquisa e análise de dados - 2022 - adaptada) No segundo período, o emprego do ponto e vírgula decorre da intercalação da oração “onde se mói a cana” na enumeração dos termos que descrevem a fazenda.

( ) Certo ( ) Errado

COMENTÁRIOS:

Trata-se de aposto explicativo de “moenda”. Foi usado o sinal de ponto e vírgula para que o período fique mais claro.

Resposta: Errado.

FRAGMENTO DE TEXTO PARA RESPONDER À QUESTÃO.

A tecnologia finalmente está derrubando os muros do tradicionalismo que envolve o mundo do direito. Cercado de costumes e hábitos por todos os **lados**, o direito e seus operadores têm a fama de serem apegados a formalismos, praxes e arcaísmos resistentes a mudanças mais radicais. São práticas persistentes, passadas adiante por gerações e cultivadas como se necessárias para manter a integridade e a operacionalidade costumeira do sistema. (...)

Rafael Muneratti. Justiça virtual e acesso à justiça. In: Revista da Defensoria Pública do Estado do Rio Grande do Sul, ano 12, v. 1, n.º 28, 2021 (com adaptações).

---

33. (Cespe/Cebraspe – DPE-RS - 2022 - adaptada) É obrigatório o emprego da vírgula logo após a palavra “lados”.

( ) Certo ( ) Errado

COMENTÁRIOS:

A vírgula é obrigatória porque a oração subordinada adverbial causal reduzida de particípio inicia o período. Isso significa que o período não está na ordem direta, ou seja, não se inicia com a oração principal.

Observação: caso seja necessário, desenvolva a oração – **Visto que** (ou “já que”) é cercado de costumes e hábitos por todos os lados.

Resposta: Certo.

FRAGMENTO DE TEXTO PARA RESPONDER À QUESTÃO.

(...) A discriminação racial, por sua vez, é a atribuição de tratamento diferenciado a membros de grupos racialmente identificados. Portanto, a discriminação tem como requisito fundamental o poder — ou seja, a possibilidade efetiva do uso da força —, sem o qual não é possível atribuir vantagens ou desvantagens por conta da raça. Assim, a discriminação pode ser direta ou indireta. (...)

Silvio Almeida. Racismo Estrutural (Feminismos Plurais). Editora Jandaíra. Edição do Kindle (com adaptações).

---

34. (Cespe/Cebraspe - DPE-RS - 2022 - adaptada) Feitas as devidas alterações de maiúsculas e minúsculas, no segundo período, a conjunção "Portanto" poderia ser corretamente deslocada para logo depois da palavra "discriminação", dispensando-se o emprego da vírgula.

( ) Certo ( ) Errado

COMENTÁRIOS:

Ao deslocar, a conjunção deveria ficar intercalada entre vírgulas: a discriminação, **portanto,** tem como requisito fundamental o poder.

Outra opção de reescrita quanto à pontuação e à conjunção "portanto":

A discriminação racial é a atribuição de tratamento diferenciado a membros de grupos racialmente identificados**, portanto** a discriminação tem como requisito fundamental o poder.

Resposta: Errado.

FRAGMENTO DE TEXTO PARA RESPONDER ÀS QUESTÕES.

(...) É gritante o contraste entre a relevância motivacional do sonho e sua banalização no mundo industrial globalizado. **No século XXI**, a busca pelo sono perdido envolve rastreadores de sono, colchões high-tech, máquinas de estimulação sonora, pijamas com biossensores, robôs para ajudar a dormir e uma cornucópia de remédios. **A indústria da saúde do sono**, um setor que cresce aceleradamente, tem valor estimado entre 30 bilhões e 40 bilhões de dólares. Mesmo assim impera a insônia. Se o tempo é sempre escasso, se despertamos diariamente com o toque insistente do despertador, ainda sonolentos e já atrasados para cumprir compromissos que se renovam ao infinito, se tão poucos se lembram de que sonham pela simples falta de oportunidade de contemplar a vida interior, **quando a insônia grassa e o bocejo se impõe, chega-se a duvidar da sobrevivência do sonho.** (...)

Sidarta Ribeiro. O oráculo da noite: a história e a ciência do sonho. São Paulo: Companhia das Letras, 2019, p. 19-20 (com adaptações).

---

35. (Cebraspe – PG DF – Analista Jurídico – Administração – 2021 - adaptada) No trecho "quando a insônia grassa e o bocejo se impõe, chega-se a duvidar da sobrevivência do sonho", o emprego da vírgula é facultativo.

( ) Certo ( ) Errado

COMENTÁRIOS:

Não é facultativa porque o período está na ordem inversa, ou seja, a oração principal até posposta à oração subordinada adverbial. Há um caso de inversão, ou de deslocamento, da oração, e a vírgula é obrigatória.

Se estivesse na ordem direta, a vírgula seria facultativa: oração principal + oração subordinada adverbial – chega-se a duvidar da sobrevivência do sonho quando a insônia grassa e o bocejo se impõe.

Resposta: Errado.

---

36. (Cebraspe – PG DF – Analista Jurídico – Administração – 2021 - adaptada) A mesma regra de pontuação justifica o emprego de vírgula após as expressões "No século XXI" e "A indústria da saúde do sono".

( ) Certo ( ) Errado

COMENTÁRIOS:

Após "No século XXI", a vírgula demarca **inversão** do adjunto adverbial, isto é, ele está deslocado.

Após "A indústria da saude do sono", a vírgula demarca **intercalação** de uma expressão explicativa (*um setor que cresce aceleradamente*).

Resposta: Errado.

FRAGMENTO DE TEXTO PARA RESPONDER À QUESTÃO.

Tudo o que vem do povo tem uma lógica, uma razão, uma função. Ele nada faz sem motivo, e o que produz está geralmente ligado ao comportamento do grupo ou a uma norma social ou de cunho psíquico e religioso, um traço que vem de tempos longínquos, lá do fundo de nossas raízes, perdidas na noite dos tempos, quando estávamos em formação. Pastoril, Quilombo, Reisado, Coco-de--Roda, literatura de cordel, festas, tradições, superstições, contos, mitos, lendas não aparecem por acaso. (...)

Instituto Arnon de Mello. Alagoas popular: folguedos e danças de nossa gente. Maceió: IAM, 2013, p. 24 (com adaptações).

---

37. (Cebraspe – PC AL - Escrivão – 2021 - adaptada) A supressão da vírgula empregada logo após "motivo", no segundo período, preservaria a correção gramatical e os sentidos originais do texto.

( ) Certo ( ) Errado

COMENTÁRIOS:

A vírgula anteposta à conjunção "e" separa orações com sujeitos distintos. Nesse caso, seu emprego é facultativo, isto é, preservaria a correção gramatical e os sentidos.

Resposta: Certo.

FRAGMENTO DE TEXTO PARA RESPONDER À QUESTÃO.

(...) O limite do demasiado é invisível e também não pode ser determinado diretamente por experimentos. Assim **como**, ao se escalarem montanhas, o ar cada vez mais rarefeito nas alturas desafia os alpinistas diferenciadamente — uns mais, outros menos —, a fauna e a flora, em regiões diferenciadas, reagem diferentemente ao aquecimento da atmosfera. (...)

Thomas Kesselring. Depois de nós, o dilúvio. A dimensão do meio ambiente. In: Ética, política e desenvolvimento humano: a justiça na era da globalização. Benno Dischinger (Trad.). Caxias do Sul, RS: Educs, 2007, p. 222 (com adaptações).

38. (Cebraspe – CODEVASF – Analista - 2021 - adaptada) A correção gramatical e a coerência do texto seriam preservadas caso fosse suprimida a vírgula empregada logo após o vocábulo "como", no segundo período do último parágrafo.

( ) Certo ( ) Errado

COMENTÁRIOS:

As duas vírgulas estão intercalando a oração subordinada adverbial temporal reduzida de infinitivo e não podem ser retiradas. Muito menos retirar apenas a primeira vírgula.

Dica: as vírgulas poderiam ser substituídas por travessões ou parênteses. A banca gosta de pedir essas substituições.

Resposta: Errado.

FRAGMENTO DE TEXTO PARA RESPONDER ÀS QUESTÕES.

Cresce **rapidamente**, em quase todos os países, o número de pessoas na prisão ou que esperam prováveis sentenças de prisão. Em quase toda parte, a rede de prisões está se ampliando intensamente. Os gastos orçamentários do Estado com as forças da lei e da ordem, principalmente os efetivos policiais e os serviços penitenciários, crescem em todo o planeta. Mais importante, a proporção da população em conflito direto com a lei e sujeita à prisão cresce em ritmo que indica uma mudança mais que meramente quantitativa e sugere uma "significação muito ampliada da solução institucional como componente da política criminal" — e assinala, além disso, que muitos governos alimentam a pressuposição, que goza de amplo apoio na opinião pública, de que "há uma crescente necessidade de disciplinar importantes grupos e segmentos populacionais". (...)

Zygmunt Bauman. Globalização: as consequências humanas. Tradução: Marcus Penchel. Rio de Janeiro, Zahar, 1999, p. 122-123 (com adaptações).

39. (Cebraspe – Polícia Federal – 2021 - adaptada) Seriam preservados a correção gramatical e os sentidos do texto caso a vírgula empregada imediatamente após o vocábulo "rapidamente" (primeiro período do trecho) fosse suprimida.

( ) Certo ( ) Errado

COMENTÁRIOS:

A gramática ficaria incorreta porque as duas vírgulas intercalam o adjunto adverbial de lugar.

Lê-se: Cresce rapidamente o número de pessoas na prisão ou que esperam prováveis sentenças de prisão.

O sentido seria preservado, mas a correção gramatical não seria preservada.

Resposta: Errado.

---

40. (Cebraspe – Polícia Federal – 2021 - adaptada) O travessão empregado no último período confere ao trecho final do período, por ele isolado, um destaque, mas sua supressão manteria a correção gramatical do texto.

( ) Certo ( ) Errado

COMENTÁRIOS:

Nota da autora: O travessão é usado para enfatizar, para destacar trechos. Pode intercalar (substituir as vírgulas) e pode ser usado também em discurso direto.

O travessão, no trecho, destacada e isola. Se retirado, não acarretará erro gramatical porque a conjunção coordenativa "e" adiciona a ideia posterior.

Resposta: Certo.

FRAGMENTO DE TEXTO PARA RESPONDER À QUESTÃO.

As palavras têm um poder tremendo. Repito com assertividade: as palavras têm um poder tremendo. Há palavras que edificam, outras que destroem; umas trazem bênção, outras, maldição. E é entre estas duas balizas que a comunicação vai moldando a nossa vida.

Há palavras que deviam ser escondidas num baú fechado a sete chaves. **Porque não edificam, porque magoam, porque destroem...**

Há uns tempos fui fazer um exame médico. Após o questionário clínico habitual, a médica prosseguiu: "Agora, vou fazer-lhe umas maldades". Nesse instante, o meu corpo sucumbiu e o desmaio tornou-se iminente. Ora, a palavra maldade magoou-me mais do que o próprio exame. Teria sido muito sensato ter escondido tal palavra num quarto escuro. Não teria magoado tanto. (...)

Sandra Duarte Tavares. O poder das palavras. In: Visão, ed. 1298, 2017. Internet: (com adaptações).

---

41. (Cebraspe – SEED/Paraná – Professor – 2021 - adaptada) No fragmento do texto, o emprego de reticências no trecho "Porque não edificam, porque magoam, porque destroem..." expressa a ideia de

A) finalização.

B) incompletude.

C) descontinuidade.

D) adiamento.

E) dúvida.

COMENTÁRIOS:

Nota da autora: As reticências são usadas para interromper ideias, para transmitir sentimentos, para omitir ideias (incompletude), para interromper o discurso, para realçar discursos e, também, em ideias indecisas.

Alternativa "a" – As reticências não terminam algo, não concluem.

Alternativa "b" – A ideia não está terminada, acabada, está incompleta.

Alternativa "c" – Não ocorre interrupção.

Alternativa "d" – Não protela, não procrastina.

Alternativa "e" – Não deixa dúvida.

Resposta: B

◉ TEXTO PARA RESPONDER À QUESTÃO.

Socorro

Socorro, eu não estou sentindo nada.
Nem medo, nem calor, nem fogo,
não vai dar mais pra chorar
nem pra rir.

Socorro, alguma alma, mesmo que penada,
me empreste suas penas.
Já não sinto amor nem dor,
já não sinto nada.

Socorro, alguém me dê um coração,
que esse já não bate nem apanha.
Por favor, uma emoção pequena,
qualquer coisa que se sinta,
tem tantos sentimentos,
deve ter algum que sirva.

Socorro, alguma rua que me dê sentido,
em qualquer cruzamento,
acostamento, encruzilhada,
socorro, eu já não sinto nada.

Alice Ruiz. Socorro, 1986.

---

42. (Cebraspe – SEED/Paraná – Professor – 2021 - adaptada) No primeiro verso de cada estrofe do texto, o termo "Socorro", isolado por vírgula,

A) tem função de aposto.

B) tem função de vocativo.

C) consiste em um advérbio deslocado nos períodos.

D) consiste em uma interjeição.

E) consiste em uma forma verbal no modo imperativo.

COMENTÁRIOS:

Nota da autora: Questão de pontuação, morfologia (classes gramaticais) e análise sintática.

Alternativa "a" – Aposto pode ser explicativo, enumerativo, resumidor, comparativo ou distributivo.

Alternativa "b" – Não chama ou invoca.

Alternativa "c" – Não indica circunstância nem intensifica.

Alternativa "d" – Interjeição exprime emoções, sensações, estados de espírito, ou que procura agir sobre o interlocutor.

Alternativa "e" – Não é verbo, muito menos indica ordem.

Resposta: D

FRAGMENTO DE TEXTO PARA RESPONDER À QUESTÃO.

Há quem valorize, mas também quem subestime o poder das férias. Pais de alunos pedem aos professores para passar atividades a serem feitas nos meses de férias, e os próprios docentes aproveitam os dias sem aulas para estudar e planejar o próximo semestre. Manter a mente funcionando é ótimo. Mas descansar, além de bom, é necessário, segundo médicos e especialistas.

De acordo com Li Li Min, neurologista da Faculdade de Ciências Médicas da Universidade de Campinas, o cérebro tem redes que exercem diferentes funções: algumas que fazem a pessoa enxergar, outras que nos ajudam a nos organizar, lidar com dificuldades, elaborar estratégias. Em situações de estresse — **quando nosso organismo acha que estamos sob ameaça, de alguma maneira, ou sob pressão intensa** —, "alguns circuitos particulares no cérebro são ativados, que são os de sobrevivência. O corpo fica de prontidão, alerta para enfrentar qualquer situação. Só que esse é um estado que você precisa ativar e desativar", indica. (...)

Paula Peres. Por que o cérebro precisa de descanso? In: Revista Nova Escola. Internet: (com adaptações).

---

43. (Cebraspe – SEED/Paraná – Professor – 2021 - adaptada) No segundo parágrafo do texto, os travessões foram empregados para

A) isolar um trecho no contexto.

B) indicar uma citação.

C) encerrar uma declaração.

D) introduzir uma enumeração.

E) indicar a interrupção de uma ideia.

COMENTÁRIOS:

Nota da autora: Retire a oração que está entre travessões e veja se há sequência sintática. Lê-se: **Em situações de estresse, alguns circuitos particulares no cérebro são ativados, que são os de sobrevivência.**

Alternativa "a" – Isola, ou seja, intercala um trecho.

Alternativa "b" – As aspas indicam citação, não os travessões.

Alternativa "c" – Não é uma declaração, muito menos a finaliza.

Alternativa "d" – Não se trata de enumeração – não especifica coisas, não enumera.

Alternativa "e" – Não se trata de enumeração.

Resposta: A

◉ FRAGMENTO DE TEXTO PARA RESPONDER À QUESTÃO.

(...) Tomemos como exemplo os pesticidas, que são feitos para matar certa espécie de insetos independentemente de sua localização geográfica, precisamente porque são baseados em análises químicas e biológicas. (...)

---

44. (Cebraspe - SERPRO – Analista – Tecnologia da Informação - 2021) No trecho "Tomemos como exemplo os pesticidas, que são feitos para matar certa espécie de insetos", a retirada da vírgula alteraria os sentidos originais do trecho.

( ) Certo ( ) Errado

COMENTÁRIOS:

A **oração** posposta à vírgula é **subordinada adjetiva** – o "que" é pronome relativo, retoma "pesticidas" e pode ser substituído por "os quais". Como possui pontuação, é **explicativa** e denota **sentido geral**: todos os pesticidas são feitos para matar certa espécie de insetos.

Ao retirar a vírgula, a oração passa a ser **adjetiva restrita** e o **sentido** muda, ou seja, **restringe**: apenas alguns pesticidas são feitos para matar certa espécie de insetos.

Resposta: Certo.

◉ FRAGMENTO DE TEXTO PARA RESPONDER À QUESTÃO.

(...) O geneticista Sérgio Pena não concorda com estudos evolutivos: "Ao postular a existência de uma natureza humana evolutivamente moldada para ser etnocêntrica, paroquial, bairrista e chauvinista, esses discursos geralmente terminam por atribuir ao racismo uma inevitabilidade natural. Isso não é verdade. Pelo contrário, as '**raças**' e o racismo não têm nenhuma justificativa biológica e não passam de uma invenção muito recente na história da humanidade."

Internet: <www.uol.com.br> (com adaptações).

---

45. (Cebraspe – Analista Ministerial – MPE CE - 2020 - adaptada) O emprego de aspas no vocábulo 'raças', na fala do geneticista Sérgio Pena, reproduz a intenção desse pesquisador de demonstrar a inadequação da palavra no contexto apresentado por ele.

( ) Certo ( ) Errado

COMENTÁRIOS:

O geneticista acredita que a palavra seja inadequada ao ser usada por outros estudiosos. Ele ironiza tal uso.

Resposta: Certo.

◉ FRAGMENTO DE TEXTO PARA RESPONDER À QUESTÃO.

A primeira celebração do Dia Mundial da Segurança dos Alimentos das Nações Unidas, que ocorreu em 7 de junho de 2019, tinha como objetivo fortalecer os esforços para garantir que os alimentos que comemos sejam seguros. A cada ano, **quase uma em cada dez pessoas no mundo** (cerca de 600 milhões de pessoas) adoece e 420 mil morrem depois de ingerir alimentos contaminados por bactérias, vírus, parasitas ou substâncias químicas. (...)

Internet: <www.paho.org> (com adaptações).

46. (Cebraspe – Analista Ministerial – MPE CE - 2020 - adaptada) No trecho "quase uma em cada dez pessoas no mundo", a inserção de uma vírgula logo após "pessoas" prejudicaria a correção gramatical do texto.

( ) Certo ( ) Errado

➘ *COMENTÁRIOS:*

Se inserir a vírgula após "pessoas", é necessário inserir outra vírgula após o segundo parêntese para isolar o adjunto adverbial de pequena extensão. Inserir apenas uma vírgula não indica intercalação e o trecho torna-se incorreto.

Resposta: Certo.

◉ FRAGMENTO DE TEXTO PARA RESPONDER À QUESTÃO.

"Desprezo o que dizes, mas defenderei até a morte o teu direito a dizê-lo." É com essa afirmação atribuída a Voltaire, filósofo do iluminismo francês, que Nigel Warburton principia o seu ensaio sobre liberdade de expressão. A liberdade de expressão — entendida em sentido amplo, em que se incluem a palavra escrita, as peças teatrais, os filmes, os vídeos, as fotografias, os cartuns, as pinturas, entre outros — é um direito consagrado no artigo 19.º da Declaração Universal dos Direitos do Homem, de 1948.

Internet: <https://agora-m.blogs.sapo.pt> (com adaptações).

47. (Cebraspe – Analista Ministerial – MPE CE - 2020 - adaptada) É facultativo o emprego da vírgula presente na afirmação atribuída a Voltaire, no primeiro período.

( ) Certo ( ) Errado

➘ *COMENTÁRIOS:*

A vírgula acompanha a conjunção adversativa "mas" e é obrigatória. Usa-se vírgula antes destas conjunções adversativas: *mas, porém, contudo, todavia, entretanto, no entanto, não obstante*.

Resposta: Errado.

1.4. QUESTÕES - CARREIRAS FISCAIS

FRAGMENTO DE TEXTO PARA RESPONDER À QUESTÃO.

(...) O termo "cultura" entrou no vocabulário como o nome de uma atividade intencional. No limiar da Era Moderna, **homens e mulheres**, não mais aceitos como "um dado não problematizado", como elos preordenados na cadeia da criação divina ("divina" como algo inegociável e com o qual não devemos nos imiscuir), indispensáveis, ainda que sórdidos, torpes e deixando muito a desejar, passaram a ser vistos ao mesmo tempo como maleáveis e terrivelmente carentes de ajustes e melhoras. (...)

Zygmunt Bauman. Vida líquida. Carlos Alberto Medeiros (Trad.). Rio de Janeiro: Zahar, 2009 (com adaptações).

48. (Cebraspe – TCE RJ – Analista Controle Externo - 2021 - adaptada) A supressão da vírgula empregada no trecho "homens e mulheres, não mais aceitos como 'um dado não problematizado'" preservaria o sentido original do texto.

( ) Certo ( ) Errado

COMENTÁRIOS:

Temos uma oração subordinada adjetiva explicativa reduzida de particípio. Desenvolvendo-a, temos: homens e mulheres, que não eram mais aceitos como "um dado não problematizado"..., passaram a ser vistos.

Se é explicativa, generaliza – todos os homens e todas as mulheres passaram a ser vistos.

Retirar a vírgula causaria dois problemas:

1. O sentido seria alterado porque passaria a restringir – apenas alguns homens e apenas algumas mulheres passaram a ser vistos (note que no comando foi exigido o sentido);
2. Retirando só a primeira vírgula, ficaria gramaticalmente incorreto pelo fato de haver vírgula entre sujeito e predicado. Retirando as intercalações, lê-se: homens e mulheres passaram a ser vistos ao mesmo tempo como maleáveis e terrivelmente carentes de ajustes e melhoras.

Resposta: Errado.

FRAGMENTO DE TEXTO PARA RESPONDER À QUESTÃO.

D. Amélia conformava-se com as impertinências do marido. Cada vez mais sentia ela que a doença do seu Lula morreria com ele. Não lutou mais, não sofreu mais. Era tudo como Deus quisesse. A vida que tinha que viver seria aquela, sem outro remédio que vivê-la. Tinha pena da filha, mas ao mesmo tempo para que lhe desejar casamento que fosse como o seu? Para que ligar-se a um homem que viesse magoá-la, arrancar-lhe a paz de espírito? **Via Neném no seu jardim, nos seus silêncios, na sua paz e não se queixava de não vê-la casada.** (...)

José Lins do Rego. Fogo morto. 47.ª ed. Rio de Janeiro: José Olympio, 1957, p. 164.

49. (Cebraspe – TCE RJ – Analista Controle Externo - 2021 - adaptada) No trecho "Via Neném no seu jardim, nos seus silêncios, na sua paz e não se queixava de não vê-la casada", as vírgulas foram empregadas para marcar a intercalação do segmento "nos seus silêncios".

( ) Certo ( ) Errado

COMENTÁRIOS:

As vírgulas isolam termos coordenados. Equivalem à conjunção aditiva "e".

Resposta: Errado.

FRAGMENTO DE TEXTO PARA RESPONDER À QUESTÃO.

(...) Por um lado, uma parcela da população urbana usufrui dos avanços técnico-científicos, da infraestrutura e do conforto que a vida urbana e sua produção econômica disponibilizam; por outro lado, grande parte do mundo sofre com as consequências socioeconômicas das políticas econômicas e de expansão de mercados, que promovem exclusão, desigualdade e vulnerabilidade no mercado de trabalho e na gestão e no planejamento urbanos. As cidades, sejam elas grandes aglomerados, como metrópoles, ou pequenas comunidades, **enquanto aglomerações urbanas**, são permeadas, em diversos níveis, por questões de desigualdade socioeconômica e questões que envolvem uma mudança de discurso para melhorar as condições ambientais, como propostas de consumo consciente e saneamento básico: o meio urbano e o padrão do desenvolvimento urbano são um desafio quando se considera promover mudanças nos padrões insustentáveis de consumo.

Ana Célia Baía Araújo e Zoraide Souza Pessoa. O desafio das cidades sustentáveis: prós e contras de uma proposta para o desenvolvimento urbano. Internet: (com adaptações).

50. (Cebraspe – TC DF – Analista Controle Externo - 2021 - adaptada) O emprego de vírgulas para isolar o trecho "enquanto aglomerações urbanas" justifica-se pela natureza explicativa desse trecho dentro do período.

( ) Certo ( ) Errado

COMENTÁRIOS:

Nota da autora: Sempre retire as intercalações para facilitar a análise.

Perceba que existem várias intercalações entre o sujeito e verbo. Lê-se: As cidades são permeadas. O trecho mencionado possui função de aposto, está intercalado e as vírgulas são obrigatórias.

Resposta: Certo.

1.5. QUESTÕES MISTAS

51. (CESPE/ Cebraspe – Analista Judiciário – TJ PA – 2020 – adaptada) No trecho "Observa-se que a solidez dos lugares ocupados por cada uma das pessoas, nos moldes da família nuclear, não se adéqua à realidade social do momento, em que as relações são caracterizadas por sua dinamicidade e pluralidade.[1]" permaneceria gramaticalmente correto e com seu sentido original caso

A) uma vírgula fosse inserida logo após "Observa-se".

B) a vírgula empregada após "pessoas" fosse substituída por ponto e vírgula.

C) as vírgulas empregadas após "pessoas" e após "nuclear" fossem suprimidas.

D) a vírgula empregada após "momento" fosse suprimida.

E) uma vírgula fosse inserida imediatamente após "lugares".

COMENTÁRIOS:

Alternativa "a" – Não pode haver vírgula entre a oração principal (observa-se) e a oração subordinada substantiva (no caso, subjetiva – possui função de sujeito).

Alternativa "b" – O adjunto adverbial está deslocado e poderia ser separado por vírgulas, travessões ou parênteses.

Alternativa "c" – As vírgulas demarcam intercalação do adjunto adverbial e podem ser retiradas.

Alternativa "d" – A vírgula antecede uma oração adjetiva explicativa, que exprime sentido generalizado. Ao retirá-la, a oração passa a ser restritiva e passaria a especificar a "realidade social".

Dica: retirar ou acrescentar vírgula antes do pronome relativo sempre alterará o sentido pelo fato de mudar a classificação da oração. ExpliCativa: Com pontuação; reStritivia: Sem pontuação.

Alternativa "e" – Trata-se também de uma oração adjetiva. A diferença da explicação anterior é que a oração é reduzida, ou seja, não possui pronome relativo, mas sim um verbo na forma nominal (particípio). Desenvolvendo-a, teremos: lugares os quais são ocupados. O sentido passaria de restrição para explicação.

ALTERNATIVA CORRETA: C

---

52. (CESPE/CEBRASPE – Assistente Judiciário –TJ AM – 2019 – adaptada) A eliminação da vírgula empregada imediatamente após "difusos" não comprometeria a correção gramatical do fragmento do texto, mas alteraria os seus sentidos originais.

(*Para assegurar a tutela dos direitos **difusos,** que dizem respeito à sociedade em geral, foram criados instrumentos para estimular a democracia participativa.*)

( ) certo ( ) errado

COMENTÁRIOS:

A correção gramatical seria mantida, mas o sentido seria alterado, pois as vírgulas separam a oração subordinada adjetiva explicativa. O "que" é pronome relativo:

---

1 Reflexões sobre a paternidade na pós-modernidade. Internet: <www.newpsi.bvs-psi.org.br> (com adaptações).

retoma "diretos difusos" e pode ser substituído por "os quais". Com vírgula, o sentido é de que todos os direitos difusos dizem respeito à sociedade em geral. Sem vírgula, a oração passaria a ser subordinada adjetiva restritiva e o sentido seria de que apenas alguns direitos difusos dizem respeito à sociedade em geral.

Resposta: Certo.

---

53. (CESPE/CEBRASPE – Técnico Judiciário – TJ PR – 2019 – adaptada) Cada uma das opções a seguir apresenta uma proposta de reescrita que altera a pontuação do seguinte fragmento: "Não existe ética individual, existe ética de um grupo, de uma sociedade, de uma nação."[2]. Assinale a opção em que a proposta apresentada mantém a correção e os sentidos originais do texto.

A) Não existe ética, individual; existe ética, de um grupo, de uma sociedade, de uma nação.

B) Não existe ética individual. Existe ética de um grupo, de uma sociedade, de uma nação.

C) Não existe ética individual, existe: ética de um grupo de uma sociedade de uma nação.

D) Não existe ética individual. Existe ética: de um grupo de uma sociedade, de uma nação.

E) Não existe: ética individual, existe: ética de um grupo; de uma sociedade; de uma nação.

COMENTÁRIOS:

Alternativa "a" – Não deve haver vírgula entre o substantivo e o adjetivo: ética individual; não deve haver vírgula entre o núcleo do sujeito e o adjunto adnominal: ética de um grupo.

Alternativa "b" – O período foi desmembrado e a pontuação está correta. Há paralelismo e as vírgulas podem ser substituídas pela conjunção aditiva "e":

Existe	**ética**	→	**de um grupo**
		→	**de uma sociedade**
		→	**de uma nação**

Alternativa "c" – Não pode ser inserido o sinal de dois-pontos entre o verbo e o sujeito: existe ética.

Alternativa "d" – Não cabe o sinal de dois-pontos entre o núcleo do sujeito e o adjunto adnominal: ética de um grupo.

Alternativa "e" – Alternativa descartada facilmente porque não cabe o sinal de ponto-e-vírgula no paralelismo: ética de um grupo, de uma sociedade, de uma nação. Além disso, como já mencionado, não cabem os dois-pontos entre o verbo e o sujeito: não existe ética individual; existe ética de um grupo.

Resposta: B

---

2 Mario Sergio Cortella. Ética e convivência. Internet: (com adaptações).

54. (CESPE/CEBRASPE – Analista Judiciário – Direito – TJ AM – 2019 – adaptada) As vírgulas empregadas logo após as expressões "Uma manhã" e "Minutos depois" justificam-se pela mesma regra de pontuação.

(Imaginemos que Alice compre um automóvel com um crédito bancário, mas deixe de pagar suas prestações. ***Uma manhã****, introduz sua chave digital no veículo, e a porta não abre. Foi bloqueada por falta de cumprimento do contrato.* ***Minutos depois****, chega o funcionário do banco com outra chave digital.*[3]*)*

( ) certo ( ) errado

COMENTÁRIOS:

As duas vírgulas demarcam **inversão** do adjunto adverbial de tempo. Os sujeitos são: ela (Alice) e o funcionário do banco.

Resposta: Certo.

FRAGMENTO DE TEXTO PARA RESPONDER À QUESTÃO.

A própria palavra "crise" é bem mais a expressão de um movimento do espírito que de um juízo fundado em argumentos extraídos da razão ou da experiência. Não há período histórico que não tenha sido julgado, de uma parte ou de outra, como um período em crise. Ouvi falar de crise em todas as fases da minha vida: depois da Primeira Guerra Mundial, durante o fascismo e o nazismo, durante a Segunda Guerra Mundial, no pós-guerra, bem como naqueles que foram chamados de anos de chumbo. Sempre duvidei que o conceito de crise tivesse qualquer utilidade para definir uma sociedade ou uma época.

Que fique claro: não tenho nenhuma intenção de difamar ou condenar o passado para absolver o presente, nem de deplorar o presente para louvar os bons tempos antigos. (...)

Norberto Bobbio. Elogio da serenidade e outros escritos morais. Trad. Marco Aurélio Nogueira. São Paulo: Editora UNESP, 2002, p. 160-1 (com adaptações).

55. (CESPE/Cebraspe – Analista Judiciário de Procuradoria – PGE PE – 2019 – adaptada) No segundo parágrafo, os dois-pontos foram empregados com a finalidade de introduzir uma síntese das ideias enunciadas no primeiro parágrafo do texto.

( ) certo ( ) errado

COMENTÁRIOS:

O sinal de dois-pontos indica que haverá uma explicação, não um resumo das ideias citadas anteriormente.

Resposta – Errado

3 Federico Ast. Como faremos justiça? – A chegada dos contratos inteligentes. In: ÉPOCA negócios. 9/12/2018. Internet: <https://epocanegocios.globo.com> (com adaptações).

56. (CESPE/Cebraspe – Analista Judiciário de Procuradoria – PGE PE – 2019 – adaptada) O isolamento da expressão "isto é" por vírgulas marca uma suspensão no texto provocada por dúvida.

(Em razão disso, todos os países, lugares e pessoas passam a se comportar, isto é, a organizar sua ação, como se tal "crise" fosse a mesma para todos e como se a receita para a afastar devesse ser geralmente a mesma.[4])

( ) certo ( ) errado

COMENTÁRIOS:

As expressões "ou seja" e isto é" explicam ou retificam. Segundo o Dicionário Aurélio, a locução **ou seja** liga duas palavras ou duas frases, a segunda das quais **explica** ou, de certo modo, **retifica** a anterior (= isto é; ou melhor; quer dizer).

Resposta – Errado

FRAGMENTO DE TEXTO PARA JULGAR O ITEM.

(...) A identidade nacional está inextricavelmente vinculada à mistura racial. No entanto, a decantada mistura brasileira não é indiscriminada, ela é seletiva. Há sistemas que não são aceitos na mistura. No primeiro período de construção da identidade nacional, não há a ideia da mistura das três raças, **que hoje se consideram constitutivas da nacionalidade**, mas somente dos índios e brancos. Os negros estavam excluídos. Essa mistura não era desejável, pois se tratava de escravos.

Jose Luiz Fiorin, Identidade nacional e exclusão racial. In: Cadernos de estudos linguísticos, v. 58, n,° 1, 2016, p, 64-5 (com adaptações).

57. (Cespe – Procurador Municipal – Pref. de Boa Vista – RR/2019) Sem prejuízo para a correção gramatical do texto, as vírgulas que isolam a oração "que hoje se consideram constitutivas da nacionalidade" poderiam ser suprimidas.

( ) certo ( ) errado

COMENTÁRIOS:

As vírgulas separam uma **oração subordinada adjetiva explicativa**: o "que" equivale a "as quais" e retoma "três raças", ou seja, é um pronome relativo. Se as vírgulas forem retiradas, a oração passa a ser **adjetiva restritiva** e o sentido é alterado de generalização para restrição – as três raças são consideradas constitutivas da nacionalidade versus apenas as três raças são consideradas constitutivas da nacionalidade.

DICA: ex**p**licativa = com **p**ontuação; re**s**tritiva = **s**em pontuação.

Resposta: Errado

4 Milton Santos. Por uma outra globalização: do pensamento único à consciência universal. 27.ª ed. Rio de Janeiro: Record, 2017, p. 34-6 (com adaptações).

◉ FRAGMENTO DE TEXTO PARA JULGAR O ITEM.

Nunca os litígios estruturais estiveram tão em voga no Brasil. Uma confluência de fatores contribui para tanto. Entre eles, é possível mencionar o avanço na conscientização da luta pela implementação de direitos — decorrente tanto da amplitude do texto constitucional de 1988 quanto das inovações tecnológicas de comunicação que estendem sua divulgação —, o crescimento expressivo do número de profissionais do direito dispostos a litigar essa espécie de causas e o deslocamento do eixo de poder em favor do Poder Judiciário. Garantida sua autonomia, era previsível que o Poder Judiciário, elevado ao papel de guardião do texto constitucional, expandisse sua atuação para searas antes inauditas.

Curiosamente, essa é uma revolução silenciosa, pelo menos do ponto de vista **prático:** ressalvados casos específicos, boa parte dos operadores envolvidos em um processo relativo a um litígio estrutural sequer percebe, conscientemente, sua posição. A teoria brasileira sobre o assunto, desenvolvida pelos estudiosos, apesar de existente, ainda não se pode dizer disseminada.

E. V. D. Lima. Litígios estruturais: decisão e implementação de mudanças socialmente relevantes pela via processual. In: Marco Félix Jobim e Sérgio Cruz Arenhart (Org.). Processos estruturais. 1.ª ed. Salvador: Editora Juspodivm, v. 1, 2017, p. 369-422 (com adaptações).

---

58. (Cespe – Procurador Municipal – Pref. de Campo Grande – MS/2019) Os dois-pontos empregados no 2º § poderiam ser substituídos pelo termo *porquanto* entre vírgulas, sem alteração da correção gramatical e dos sentidos do texto.

( ) certo ( ) errado

COMENTÁRIOS:

A conjunção *porquanto* é coordenada explicativa e o sinal de dois-pontos possui a função de explicar o que foi mencionado. Assim sendo, a substituição é possível tanto para a gramática permanecer correta quanto pelo sentido ser mantido.

Resposta: Certo

---

59. (Cespe – Procurador Municipal – Pref. de Campo Grande – MS/2019) A supressão da vírgula empregada logo após a palavra "constitucional" prejudicaria a correção gramatical do texto.

(A jurisdição constitucional na contemporaneidade apresenta-se como uma consequência praticamente natural do Estado de direito. É ela que garante que a Constituição ganhará efetividade e que seu projeto não será cotidianamente rasurado por medidas de exceção desenhadas atabalhoadamente. Mais do que isso, a jurisdição é a garantia do projeto **constitucional**, quando os outros poderes buscam redefinir os rumos durante a caminhada.[5])

( ) certo ( ) errado

5 Emerson Ademir Borges de Oliveira. Jurisdição constitucional: entre a guarda da Constituição e o ativismo judicial. In: Revista Jurídica da Presidência. Brasília, v. 20, n.º 121, jun.-set./2018, p. 468-94 (com adaptações).

↘ COMENTÁRIOS:

O período está na ordem direta e a vírgula é facultativa: a jurisdição é a garantia do projeto constitucional (oração principal) + quando os outros poderes buscam redefinir os rumos durante a caminhada (oração subordinada adverbial temporal). Se o período iniciasse com a oração subordinada, a vírgula seria obrigatória: quando os outros poderes buscam redefinir os rumos durante a caminhada, a jurisdição é a garantia do projeto constitucional.

Resposta: Errado

Parte V

COESÃO, COERÊNCIA E REESCRITA DE FRASES

Capítulo 1

Coesão, Coerência e Reescrita de Frases

1.1. QUESTÕES ATUALIZE-SE

TEXTO PARA RESPONDER ÀS QUESTÕES.

Embora haja relação entre os conceitos, racismo difere de preconceito racial e de discriminação racial. O preconceito racial é o juízo que se baseia em estereótipos acerca de indivíduos que pertençam a determinado grupo racializado e que pode ou não resultar em práticas discriminatórias. As ideias de que negros são violentos e inconfiáveis, de que judeus são avarentos ou de que orientais são "naturalmente" preparados para as ciências exatas são exemplos de preconceitos.

A discriminação racial, por sua vez, é a atribuição de tratamento diferenciado a membros de grupos racialmente identificados. Portanto, a discriminação tem como requisito fundamental o poder, ou seja, a possibilidade efetiva do uso da força, sem o qual não é possível atribuir vantagens ou desvantagens por conta da raça. Assim, a discriminação pode ser direta ou indireta.

A discriminação direta é o repúdio ostensivo a indivíduos ou grupos, motivado pela condição racial, exemplo do que ocorre em países que proíbem a entrada de negros, judeus, muçulmanos, pessoas de origem árabe ou persa, ou ainda em lojas que se recusem a atender clientes de determinada raça. Adilson José Moreira afirma que o conceito de discriminação direta "pressupõe que as pessoas são discriminadas a partir de um único vetor e também que a imposição de um tratamento desvantajoso requer a existência da intenção de discriminar". Por isso, conclui Moreira, o conceito de discriminação direta é "incompleto" para lidar com a complexidade do fenômeno da discriminação.

Já a discriminação indireta é um processo em que a situação específica de grupos minoritários é ignorada — discriminação de fato —, ou sobre ela são impostas regras de "neutralidade racial", sem que se leve em conta a existência de diferenças sociais significativas — discriminação pelo direito ou discriminação por impacto adverso. A discriminação indireta é "marcada pela ausência de intencionalidade explícita de discriminar pessoas. Isso pode acontecer porque a norma ou prática não leva em consideração ou não pode prever de forma concreta as consequências da norma.", segundo Moreira.

A consequência de práticas de discriminação direta e indireta ao longo do tempo leva à estratificação social, um fenômeno intergeracional em que o percurso de vida de todos os membros de um grupo social — o que inclui as chances de ascensão social, de reconhecimento e de sustento material — é afetado.

Silvio Almeida. Racismo estrutural. São Paulo: Pólen, 2019, p. 22-23 (com adaptações)

---

01. (Cebraspe – Câmara de Maceió AL – Apoio Legislativo - 2024) O sentido e a correção gramatical do primeiro período do quarto parágrafo seriam mantidos caso o trecho "sem que se leve" fosse alterado para **sem se levar**.

( ) certo ( ) errado

COMENTÁRIOS:

No texto: sobre ela são impostas regras de "neutralidade racial", **sem que se leve** em conta a existência de diferenças sociais significativas.

A locução conjuntiva "sem que" possui valor condicional e está seguida do verbo no presente do subjuntivo.

Na reescrita: sobre ela são impostas regras de "neutralidade racial", **sem se levar** em conta a existência de diferenças sociais significativas.

Equivale a "caso se leve" em conta: a ideia condicional foi mantida e a gramática permanece correta.

Resposta: Certo

---

02. (Cebraspe – Câmara de Maceió AL – Apoio Legislativo - 2024) O vocábulo "Portanto" (segundo período do segundo parágrafo) introduz uma explicação, por isso substituí-lo por **Pois** manteria a coerência das ideias do texto.

( ) certo ( ) errado

COMENTÁRIOS:

No texto: *A discriminação racial, por sua vez, é a atribuição de tratamento diferenciado a membros de grupos racialmente identificados.* ***Portanto,*** *a discriminação tem como requisito fundamental o poder.*

As orações são coordenadas, isto é, não possuem dependência sintática.

A conjunção "portanto" é conclusiva, equivale a "logo".

Ao substituir por "pois", pode possuir sentido de **explicação**, ou de conclusão, ou seja, poderia equivaler a **"porque"**, e a coerência (a lógica) seria alterada.

Resposta: Errado

---

03. (Cebraspe – Câmara de Maceió AL – Apoio Legislativo - 2024) Entende-se do texto que há mais de uma relação entre os conceitos de preconceito racial e discriminação racial, logo seria apropriado substituir, no primeiro período do primeiro parágrafo, "relação" por **relações**, desde que a forma verbal "haja" fosse flexionada no plural — **hajam** —, mantendo-se, assim, a correção gramatical e os sentidos do texto.

( ) certo ( ) errado

COMENTÁRIOS:

Ao substituir por "relações", o verbo impessoal – "haver" no sentido de "existir" – não admitiria pluralização:

Embora **haja** relações = oração sem sujeito; "relações" possui função de objeto direto.

Outra opção correta: Embora não **existam** relações = sujeito simples plural (relações). O verbo deve concordar com o sujeito.

Resposta: Errado

---

04. (Cebraspe – Câmara de Maceió AL – Apoio Legislativo - 2024) Sem prejuízo da correção gramatical e da coerência das ideias do texto, o segmento "um processo em que a situação específica de grupos minoritários é ignorada" (primeiro período do quarto parágrafo) poderia ser reescrito da seguinte maneira: **um processo cuja situação específica de grupos minoritários é ignorada.**

( ) certo ( ) errado

COMENTÁRIOS:

No texto: *um processo em que a situação específica de grupos minoritários é ignorada.*

O pronome relativo "que" retoma "processo".

Lê-se: a situação específica de grupos minoritários é ignorada **num processo**.

Na reescrita: um processo cuja situação específica de grupos minoritários é ignorada.

O pronome relativo concorda com "situação" e indica posse de "processo" – termo anteposto.

Lê-se: a situação específica **do processo** é ignorada.

A gramática permaneceria correta, mas a coerência seria afetada porque a situação específica é de grupos minoritários, não é do processo.

Resposta: Errado

---

05. (Cebraspe – Câmara de Maceió AL – Apoio Legislativo - 2024) No segundo período do primeiro parágrafo, o vocábulo "que", em "que pode ou não resultar em práticas discriminatórias", retoma "O preconceito racial".

( ) certo ( ) errado

COMENTÁRIOS:

No texto: O preconceito racial é o juízo que se baseia em estereótipos acerca de indivíduos que pertençam a determinado grupo racializado e <u>que</u> pode ou não resultar em práticas discriminatórias.

Existem três pronomes relativos:

→ o primeiro "que" retoma "juízo".

Lê-se: o juízo se baseia.

→ o segundo "que" retoma "indivíduos".

Lê-se: indivíduos pertencem.

→ o terceiro "que" retoma "**juízo**".

Lê-se: **o juízo** pode ou não resultar em práticas discriminatórias.

Dica: sempre confira quais termos os relativos retomam para evitar erro.

Resposta: Errado

◉ TEXTO CB1A1

O Comentário Geral n.º 15 do Comitê de Direitos Econômicos, Sociais e Culturais (CDESC) da ONU é claro ao apontar para a necessidade de proteger os ecossistemas, em especial o aquático, contra a poluição, pois ter acesso a uma água poluída não representa, de fato, o gozo do direito humano à água. Nessas condições, há risco de comprometimento imediato da saúde individual e coletiva, o que afeta outros direitos humanos, como o direito à saúde e ao bem-estar. Antes disso, a Agenda 21, aprovada na Conferência das Nações Unidas sobre o Meio Ambiente e Desenvolvimento (CNUMAD), em 1992, recomendou que se preservem as funções hidrológicas, biológicas e químicas dos ecossistemas, para que se assegure água com qualidade.

Em uma perspectiva menos antropocêntrica e mais ecocêntrica, em 2000, a Declaração da 4.ª Cúpula do P7, composto dos sete países mais pobres do mundo, em seu primeiro princípio, trouxe a ideia de que a água é uma fonte de vida não substituível, a que todos os seres vivos têm direito, e sua conservação seria uma responsabilidade coletiva fundamental.

A mesma declaração complementa o raciocínio, defendendo a necessidade de as culturas que defendem a água como um bem comum serem protegidas e reinventadas. E, nesse ponto, a Declaração da 4.ª Cúpula do P7 e o Comentário Geral n.º 15 do CDESC convergem entre si, pois este último se refere à preocupação com o respeito à cultura e o acesso à água, nas formas tradicionais de uso por comunidades antigas e originárias, o que valoriza o componente da independência no conceito de segurança hídrica. O que aqui se chama simplisticamente de independência corresponde na verdade à minimização de uma relação de dependência e sujeição, por meio de mecanismos formais de cooperação, tanto interbacias como intrabacias hidrográficas. O quarto princípio da Declaração da 4.ª Cúpula do P7 afirma que "a água deve contribuir para a solidariedade entre comunidades, países, sociedades, gerações e sexos". Ao mesmo tempo reconhece que a água doce é distribuída de forma desigual em torno da Terra, e afirma que isso não deve ser utilizado como fator de exercício de poder.

Carlos Hiroo Saito. Segurança hídrica e direito humano à água. In: Ruscheinsky, Calgaro & Weber. Ética, direito socioambiental e democracia. Caxias do Sul: Educs, 2018, p. 100-101 (com adaptações)

06. (Cebraspe - ANA – Regulação de Recursos Hídricos e Saneamento - 2024) Estariam mantidas a correção gramatical e a coerência do texto caso se substituísse a forma verbal "valoriza" (segundo período do terceiro parágrafo) por **valorize.**

( ) certo ( ) errado

COMENTÁRIOS:

No texto: *E, nesse ponto, a Declaração da 4.ª Cúpula do P7 e o Comentário Geral n.º 15 do CDESC convergem entre si, pois este último se refere à preocupação com o respeito à cultura e o acesso à água, nas formas tradicionais de uso por comunidades antigas e originárias, o que* ***valoriza*** *o componente da independência no conceito de segurança hídrica.*

O verbo está conjugado no presente do indicativo porque indica certeza, fato que acontece.

Ao substituir pelo verbo no presente do subjuntivo passa a indicar dúvida (não mantém a coerência) e acarretaria erro gramatical: o que valorize o componente da independência.

Resposta: Errado

---

07. (Cebraspe - ANA – Regulação de Recursos Hídricos e Saneamento - 2024) A expressão "Nessas condições" (segundo período do primeiro parágrafo) retoma tudo aquilo que se afirma no período anterior.

( ) certo ( ) errado

COMENTÁRIOS:

No texto: *O Comentário Geral n.º 15 do Comitê de Direitos Econômicos, Sociais e Culturais (CDESC) da ONU é claro ao apontar para a necessidade de proteger os ecossistemas, em especial o aquático, contra a poluição, pois ter acesso a uma água poluída não representa, de fato, o gozo do direito humano à água.* ***Nessas condições,*** *há risco de comprometimento imediato da saúde individual e coletiva.*

A expressão retoma apenas "*ter acesso a uma água poluída não representa, de fato, o gozo do direito humano à água*".

Resposta: Errado

---

08. (Cebraspe - ANA – Regulação de Recursos Hídricos e Saneamento - 2024) No segundo período do terceiro parágrafo, o vocábulo "pois" introduz um trecho que expressa uma conclusão a respeito do que se afirma na oração anterior.

( ) certo ( ) errado

COMENTÁRIOS:

No texto: *E, nesse ponto, a Declaração da 4.ª Cúpula do P7 e o Comentário Geral n.º 15 do CDESC convergem entre si,* ***pois*** *este último se refere à preocupação com o respeito à cultura e o acesso à água, nas formas tradicionais de uso por comunidades antigas e* *originárias, o que valoriza o componente da independência no conceito de segurança hídrica.*

Expressa uma explicação, equivale a "porque".

Dica: quando a conjunção "pois" estiver entre vírgulas, indicará conclusão e equivalerá a "logo".

Resposta: Errado

---

09. (Cebraspe - ANA – Regulação de Recursos Hídricos e Saneamento - 2024) Seriam preservadas as ideias do texto caso a forma verbal "representa" (primeiro período do primeiro parágrafo) fosse substituída por **significa**.

( ) certo ( ) errado

COMENTÁRIOS:

No texto: *ao apontar para a necessidade de proteger os ecossistemas, em especial o aquático, contra a poluição, pois ter acesso a uma água poluída não* ***representa****, de fato, o gozo do direito humano à água.*

São sinônimos de "representar": *simbolizar, retratar, significar, refletir, patentear, encenar.*

Resposta: Certo

---

10. (Cebraspe - ANA – Regulação de Recursos Hídricos e Saneamento - 2024) No trecho "este último se refere à preocupação com o respeito à cultura e o acesso à água" (segundo período do terceiro parágrafo), o segmento "o acesso à água" complementa o sentido do termo "preocupação", por isso estariam mantidas a correção gramatical do texto e a coerência de suas ideias caso se inserisse a preposição **com** imediatamente depois do vocábulo "e" — **e com o acesso à água**.

( ) certo ( ) errado

COMENTÁRIOS:

Ocorre paralelismo sintático:

preocupação → com o respeito à cultura

e [preocupação] → com o acesso à água.

Resposta: Certo

TEXTO PARA RESPONDER ÀS QUESTÕES.

Há muitas especulações sobre qual meio de transporte teria sido "inventado" primeiro, desde o início da evolução humana, antes mesmo do surgimento da escrita. Referentemente a esse período, o fato é que muito pouco pode ser comprovado, o que nos deixa com algumas hipóteses e poucas certezas.

É provável que o ser humano tenha pensado em formas de solucionar problemas como transportar sua caça ou transpor obstáculos, mas afirmar com exatidão que isso se transformou em algum meio de transporte da forma como conhecemos hoje é bem mais complicado.

Sabemos que o homem pré-histórico se deslocava em função do clima e da oferta de alimentos. Os pés humanos foram os primeiros responsáveis por esses deslocamentos. A melhor solução para o transporte a partir dessa época surgiu com a domesticação de animais selvagens. O homem pode ter notado a facilidade de lidar com determinadas espécies animais a ponto de utilizar sua força para transportar seus pertences.

Oswaldo Dias dos Santos Junior. Transportes turísticos. Curitiba, InterSaberes, 2014, p. 20 (com adaptações).

---

11. (Cebraspe - ANTT – Especialista em Regulação de Serviços - 2024) No último período do texto, a expressão "determinadas espécies animais" e os pronomes possessivos "sua" e "seus" fazem parte da mesma cadeia referencial.

( ) certo ( ) errado

COMENTÁRIOS:

No texto: *O homem pode ter notado a facilidade de lidar com determinadas espécies animais a ponto de utilizar sua força para transportar seus pertences.*

- sua força = de quem? De determinadas espécies de **animais**.
- seus pertences = de quem? Do **homem**.

Resposta: Errado

---

12. (Cebraspe - ANTT – Especialista em Regulação de Serviços - 2024) No início do texto, a substituição da forma verbal "Há" por **Existe** manteria os sentidos do texto, seu grau de formalidade e sua correção gramatical.

( ) certo ( ) errado

COMENTÁRIOS:

O sentido seria mantido, mas o grau de formalidade e a correção não.

Há muitas especulações = oração sem sujeito, verbo impessoal (sentido de "existir").

Existem muitas especulações = o verbo deve concordar com o sujeito plural.

Resposta: Errado

TEXTO PARA RESPONDER ÀS QUESTÕES.

Devemos salientar mais uma vez o caráter essencial dos sentimentos negativos. Manifestações populares e mudança social advêm do acúmulo de muitos cidadãos irritados e ofendidos. Ocultar sentimentos negativos sob o tapete do pensamento positivo significa estigmatizar e tornar vexaminosa a estrutura emocional do mal-estar social e da instabilidade. Alguns dirão que optamos por privar trabalhadores dos benefícios da ciência do bem-estar em troca do aceno de uma ideia vaga de consciência coletiva. A felicidade, como alguns empiristas ferrenhos afirmarão, é o único bem tangível em que podemos pôr as mãos aqui e agora. Nossa resposta e nossa objeção final podem ser encontradas na famosa refutação do utilitarismo do filósofo Robert Nozick. Em 1974, ele pediu a seus leitores que participassem de um experimento mental que consistia em imaginar que estamos conectados a uma máquina que nos proporciona qualquer experiência prazerosa. Nossos cérebros seriam estimulados a acreditar que estaríamos vivendo a vida que desejamos. A pergunta de Nozick, então, era: dada a possibilidade de escolha, você preferiria a máquina prazerosa à vida real (e presumivelmente mais infeliz)? Uma resposta a essa questão parece hoje ainda mais relevante do que antes, sobretudo agora que a ciência da felicidade e as tecnologias virtuais se tornam tão predominantes. Nossa resposta, assim como a de Nozick, é a de que o prazer e a busca da felicidade não podem superar a realidade e a busca por conhecimento — o pensamento crítico sobre nós mesmos e sobre o mundo que nos rodeia. Uma "máquina da experiência" do tipo que Nozick imaginou tem hoje seu equivalente em uma indústria da felicidade que pretende nos controlar: ela não apenas borra e confunde a capacidade de conhecer as condições que moldam nossa existência, mas também faz que essas condições em si sejam irrelevantes. Conhecimento e justiça, e não felicidade, continuam a ser o propósito moral revolucionário da vida.

Edgar Cabanas e Eva Illouiz. Happycracia: fabricando cidadãos felizes. São Paulo: Ubu, 2022, p. 274-275 (com adaptações).

---

13. (Cebraspe - ANVISA – Especialista em Regulação - 2024) Na oração "como alguns empiristas ferrenhos afirmarão" (quinto período), os autores estabelecem uma comparação para emitir um juízo de valor pejorativo a respeito do que pensam os empiristas.

( ) certo ( ) errado

COMENTÁRIOS:

No texto: *A felicidade, **como** alguns empiristas ferrenhos afirmarão, é o único bem tangível em que podemos pôr as mãos aqui e agora.*

Os autores estabelecem conformidade. Possui sentido de *conforme, segundo, consoante.*

Resposta: Errado

---

14. (Cebraspe - ANVISA – Especialista em Regulação - 2024) O trecho "dada a possibilidade de escolha" (nono período) veicula ideia de explicação.

( ) certo ( ) errado

COMENTÁRIOS:

No texto: *A pergunta de Nozick, então, era: dada a possibilidade de escolha, você preferiria a máquina prazerosa à vida real (e presumivelmente mais infeliz)?*

Dica: o verbo posterior está no futuro do pretérito do indicativo e indica condição.

A ideia é esta: caso houvesse a possibilidade de escolha, se existisse a possibilidade de escolha.

Veicula ideia de condição.

Resposta: Errado

◉ TEXTO PARA RESPONDER ÀS QUESTÕES.

Maniçoba, 19 de junho de 1911. Minha mãe: Aqui cheguei em *paz* e *salvamento*, graças a Nosso Senhor Jesus Cristo. Isto aqui é bom como o diabo: acorda-se às cinco da manhã, leva-se o dia lendo, fumando, comendo e rezando; dorme-se às nove da noite. Uma vida de anjo. Quando chegar aí — está compreendendo? — hei de ter o corpo pesando 70 quilos e a alma leve de pecados, tão leve como os *vagons* que levam material para a construção da estrada de ferro de Palmeira. Fui visitar o tal Lajedo das Cobras, segundo a senhora insinuou-me, e não vi nada que se parecesse com cobras. Tenha a bondade de dizer-me onde ficam esses bichos, sempre tenho vontade de admirá-los. Só se são umas listas pretas que há em cima da pedra. Mas quem lhe meteu na cabeça que aquilo eram cobras, hem? Nem semelhança, minha senhora! Ali nunca houve cobras nem nada. Isto agora está seco, sabe? Um pouquinho seco. A água do Ipanema tem assim uns tons de verde-paris: é mesmo da cor do açude daí. Por aqui nada de novo, tudo na santa paz do senhor — não, há uma coisa de novo: o Siriaco, o velho Siriaco, o impagável, o incomensurável Siriaco. Diga a meu pai que lhe não escrevo porque nesta carta vai tudo o que é preciso dizer. Adeus. Lembranças às meninas, a tia Ju, etc. Recomendações à família do sr. Antero, a d. Iaiá, e mais a algumas pessoas conhecidas. O filho e amigo Graciliano. NB: Mando dizer ao Antônio Panta que guarde todos os meus Malhos. Não se esqueça deste recado. Lembranças a d. Anatólia.

Graciliano Ramos. Cartas. Rio de Janeiro: Record, 2013 (com adaptações).

---

15. (Cebraspe – Câmara de Maceió AL – Analista Legislativo - 2024) No trecho "Só se são umas listas pretas que há em cima da pedra. Mas quem lhe meteu na cabeça que aquilo eram cobras, hem?" (oitavo e nono períodos), o pronome "aquilo" tem como referente "umas listas pretas que há em cima da pedra".

( ) certo ( ) errado

➘ *COMENTÁRIOS:*

Encaixe o termo na oração: quem lhe meteu na cabeça que **umas listas pretas em cima da pedra** eram cobras, hem?

- Aquilo o quê?

- Umas listas pretas que há em cima da pedra.

Resposta: Certo

---

16. (Cebraspe – Câmara de Maceió AL – Analista Legislativo - 2024) O sentido do décimo sexto período seria mantido caso a conjunção "porque" fosse substituída por **conquanto**.

( ) certo ( ) errado

➘ *COMENTÁRIOS:*

No texto: Diga a meu pai que lhe não escrevo **porque** nesta carta vai tudo o que é preciso dizer.

A conjunção é coordenada explicativa.

Se substituída por "conquanto", passaria a ter sentido de concessão, de ideias opostas, e o sentido seria alterado.

Resposta: Errado

---

17. (Cebraspe – Câmara de Maceió AL – Analista Legislativo - 2024) No trecho "Ali nunca houve cobras nem nada" (décimo primeiro período), seria gramaticalmente correta a substituição de "houve" por **existiu**, sem prejuízo do sentido original do texto.

( ) certo ( ) errado

COMENTÁRIOS:

O verbo "haver" é impessoal (possui sentido de *existir*) e não admite pluralização.

Ao substituir por "existir", a oração possui sujeito e o verbo deve com ele concordar: **existiram** cobras.

Observação: nesse caso, o verbo é intransitivo. Coloque na ordem direta para evitar engano: cobras existiram.

Resposta: Errado

TEXTO PARA RESPONDER À QUESTÃO.

A vida em sociedade trouxe para os seres humanos um aprendizado extremamente importante: não se poderiam resolver todas as questões pela força, era preciso usar a palavra para persuadir os outros a fazer alguma coisa. Por isso, o aparecimento da argumentação está ligado à vida em sociedade e, principalmente, ao surgimento das primeiras democracias.

Todo discurso tem uma dimensão argumentativa. Alguns se apresentam como explicitamente argumentativos (por exemplo, o discurso político, o discurso publicitário), enquanto outros não se apresentam como tal (por exemplo, o discurso didático, o discurso romanesco, o discurso lírico). No entanto, todos são argumentativos: de um lado, porque o modo de funcionamento real do discurso é o dialogismo; de outro, porque sempre o enunciador pretende que suas posições sejam acolhidas, que ele mesmo seja aceito, que o enunciatário faça dele uma boa imagem.

José Luiz Fiorin. Argumentação. 2.ª ed. revista e ampliada. São Paulo: Editora Contexto, 2022, p.11 (com adaptações).

---

18. (Cebraspe – CAPES – Analista em Ciência e em Tecnologia - 2024) No último período do texto, as formas pronominais "suas" e "ele" são elementos de coesão referencial que remetem à expressão "o enunciador".

( ) certo ( ) errado

COMENTÁRIOS:

Tente encaixar o termo retomado para facilitar: *sempre o enunciador pretende que suas posições* (posições do enunciador) *sejam acolhidas, que ele* (o enunciador) *mesmo seja aceito.*

Resposta: Certo

◉ TEXTO CB1A9

A partir do ano de 1990, o Brasil efetuou um programa unilateral de liberalização das importações, eliminando as barreiras não tarifárias e reduzindo a tarifa aduaneira média de 32,2% em 1990 para 10,7%, em 2005, ainda que tenha passado por alguns retrocessos pontuais em decorrência de problemas macroeconômicos. Esse notável desempenho estimulou o debate sobre a continuidade ou não do processo de abertura comercial, que é recorrente e se acentua na presença de desequilíbrios da taxa de câmbio. De um lado, um grupo de economistas assinala os ganhos que uma liberalização adicional proporcionaria sobre a produtividade e o investimento privado, fatores fundamentais para o crescimento econômico. De outro, especialistas apontam as inconveniências de uma redução tarifária em um cenário com fortes flutuações da taxa de câmbio e a necessidade de preservar o poder de barganha nas negociações comerciais de acesso aos mercados externos.

H. Kume; G. Piani; P. Miranda. Estudos de economia internacional – IPEA: 2000-2009. In: *Pesquisas em relações econômicas internacionais*. Brasília, Fundação Alexandre Gusmão, 2009, p. 116 (com adaptações).

19. (Cebraspe - APEX - Analista Aquisições e Jurídico - 2024) A palavra "recorrente" (segundo período do texto CB1A9) expressa uma característica de

A) "desempenho".

B) "abertura".

C) "debate".

D) "processo".

↘ *COMENTÁRIOS:*

No texto: *Esse notável desempenho estimulou o debate sobre a continuidade ou não do processo de abertura comercial, que é* ***recorrente*** *e se acentua na presença de desequilíbrios da taxa de câmbio.*

Alternativa "a" – O desempenho é notável. Não qualifica, mas nomeia – trata-se de um substantivo.

Alternativa "b" – A abertura comercial está relacionada ao processo, não indica característica do adjetivo mencionado.

Alternativa "c" – O debate é recorrente: qualifica "debate" – é um adjetivo.

Alternativa "d" – O processo é substantivo (nomeia).

RESPOSTA: C

◉ TEXTO PARA RESPONDER À QUESTÃO.

Fábula de um arquiteto

A arquitetura como construir portas,
de abrir; ou como construir o aberto;
construir, não como ilhar e prender,

nem construir como fechar secretos;
construir portas abertas, em portas;
casas exclusivamente portas e teto.
O arquiteto: o que abre para o homem
(tudo se sanearia desde casas abertas)
portas por-onde, jamais portas-contra;
por onde, livres: ar luz razão certa.

Até que, tantos livres o amedrontando,
renegou dar a viver no claro e aberto.
Onde vãos de abrir, ele foi amurando
opacos de fechar; onde vidro, concreto;
até fechar o homem: na capela útero,
com confortos de matriz, outra vez feto.

João Cabral de Melo Neto. Fábula de um arquiteto. In: Antologia poética. Rio de Janeiro: Ed. José Olympio, 1978, p.18.

---

20. (Cebraspe - CAU/BR - Advogado - 2024) Em "Até que, tantos livres o amedrontando" e "ele foi amurando" (ambos na segunda estrofe), as formas pronominais "o" e "ele" têm o mesmo referente: o arquiteto.

( ) certo ( ) errado

COMENTÁRIOS:

Para encontrar o referente, é necessário voltar à estrofe anterior:

O arquiteto: o que abre para o homem
(tudo se sanearia desde casas abertas)
portas por-onde, jamais portas-contra;
por onde, livres: ar luz razão certa.

Até que, tantos livres o amedrontando,
renegou dar a viver no claro e aberto.
Onde vãos de abrir, ele foi amurando
opacos de fechar; onde vidro, concreto;
até fechar o homem: na capela útero,
com confortos de matriz, outra vez feto.

Perguntas necessárias:

1. Amedrontando quem? O arquiteto.
2. Quem foi amurando? O arquiteto.

Resposta: Certo

⦿ TEXTO PARA RESPONDER ÀS QUESTÕES.

O eucalipto é cortado, e dele se faz o papel. Processo quase alquímico. O inflexível se dobra, o marrom se torna branco, onde cabiam folhas verdes agora cabem ideias maduras. Chegada a obra-prima, alguém trabalha o preenchê-la. E era isso que fascinava tanto o jornalista Pinheiro Júnior — fosse jovem fosse experiente.

— Por que arquitetura? Por que arquitetura quando o senhor já havia contribuído tanto com esse talento, com esse dom?

— Uma das coisas que mais me atraiu na Última Hora foi a diagramação da UH, a paginação da UH. Enquanto os outros jornais eram jornais duros, feios, a UH era um jornal bonito, era um jornal, inclusive, a cores. Os outros jornais não eram. Arquitetura, em jornalismo, é exatamente a diagramação dos jornais.

Bruna Rezende e Victor Gabry. **A Arquitetura tem tudo a ver com o Jornalismo!** Uma conversa com Pinheiro Júnior, veterano do jornalismo, sobre o que ele ainda não falou. In: **Cadernos de reportagem**, 2018. Internet: <cadernosdereportagem.wordpress.com>.

---

21. (Cebraspe - CAU/BR - Advogado - 2024) No primeiro parágrafo, "inflexível", "marrom" e "folhas verdes" relacionam-se a "eucalipto", enquanto "dobra", "branco" e "ideias maduras" associam-se a "papel", apontando para as especificidades de seus significados, mas sem descartar a origem comum de ambos, "eucalipto" e "papel".

( ) certo ( ) errado

COMENTÁRIOS:

Voltemos ao texto.

*O **eucalipto** é cortado, e dele se faz o **papel**. Processo quase alquímico. O **inflexível** se **dobra**, o **marrom** se torna **branco**, onde cabiam **folhas verdes** agora cabem **ideias maduras**. Chegada a obra-prima, alguém trabalha o preenchê-la. E era isso que fascinava tanto o jornalista Pinheiro Júnior — fosse jovem fosse experiente.*

- Primeira análise correta: o eucalipto é inflexível, é marrom, possui folhas verdes.
- Segunda análise correta: o papel dobra, o papel torna-se branco, cabem ideias maduras no papel.

Complementando a segunda análise: o eucalipto inflexível se dobra (papel); o eucalipto marrom torna-se branco (papel); cabiam as folhas verdes do eucalipto, agora cabem ideias maduras (no papel). Essa análise também está correta.

A dica está no primeiro período: *O **eucalipto** é cortado, e dele se faz o **papel**.*

Resposta: Certo

---

22. (Cebraspe - CAU/BR - Advogado - 2024) Seria preserva a correção gramatical e os sentidos do texto caso o termo "Por que", no trecho "– Por que arquitetura?", fosse substituído por **Por qual**.

( ) certo ( ) errado

COMENTÁRIOS:

A substituição só seria possível se o vocábulo retomasse um termo, pois trata-se de um pronome relativo.

Exemplo: O caminho **por qual** passo todas as manhãs.

Nesse caso, retoma o substantivo "caminho".

Lê-se: passo todas as manhãs pelo caminho.

No texto, temos uma locução adverbial interrogativa.

Dica: advérbios interrogativos são aqueles que iniciam uma pergunta:

Quando saiu? – temporal e interrogativo.

Como saiu? – modal e interrogativo.

Onde foi? – local e interrogativo.

Resposta: Errado.

---

23. (Cebraspe - CAU/BR - Advogado - 2024) Mantendo-se a correção gramatical do texto, o último parágrafo poderia ser reescrito da seguinte forma, sem prejuízo do seu sentido original: Uma das coisas que mais me atraiu na Última Hora foi a sua diagramação, a sua paginação. Enquanto os outros jornais eram duros, feios, em preto e branco, a UH era um jornal bonito, em cores. Arquitetura, em jornalismo, é exatamente a diagramação dos jornais.

( ) certo ( ) errado

COMENTÁRIOS:

É viável dividir os trechos para evitar erro.

1. Uma das coisas que mais me atraiu na Última Hora foi a diagramação da UH, a paginação da UH.

   = Uma das coisas que mais me atraiu na Última Hora foi a sua diagramação, a sua paginação.

Observação: não havia necessidade de repetir UH. Na reescrita, como elemento coesivo, foi usado o pronome possessivo "sua".

2. Enquanto os outros jornais eram jornais duros, feios, a UH era um jornal bonito, era um jornal, inclusive, a cores. Os outros jornais não eram.

   = Enquanto os outros jornais eram duros, feios, em preto e branco, a UH era um jornal bonito, em cores.

Observação: houve apenas alteração na ordem, e o sentido foi mantido.

3. Arquitetura, em jornalismo, é exatamente a diagramação dos jornais.

   = Arquitetura, em jornalismo, é exatamente a diagramação dos jornais.

Resposta: Certo

◉ TEXTO PARA RESPONDER ÀS QUESTÕES.

As regiões metropolitanas e as grandes cidades brasileiras concentram hoje a atenção das autoridades de gestão territorial em nível local, regional e nacional. O conhecimento da complexa realidade dessas áreas em suas múltiplas dimensões e de modo dinâmico torna-se imprescindível para geri-las de forma eficiente. Não se trata apenas do levantamento de dados brutos, mas da proficiente manipulação e interpretação desses dados a partir de processamentos quantitativos (matemáticos e lógicos) sobre uma base espacial, de forma a revelar características e processos intrínsecos aos fenômenos em análise. Dito de outra forma, não basta somente a confecção de mapas digitais coloridos ilustrando, por exemplo, a exclusão social de uma determinada cidade por quantis, mas é fundamental que, com o auxílio de técnicas apropriadas de análise espacial, se possam extrair tendências do padrão de manifestação da exclusão social de forma contínua no espaço. Ou ainda, não é suficiente apenas mapear a ocorrência de crimes em um sistema georreferenciado, mas sim estudá-los de forma dinâmica, entendendo a sua proliferação no espaço e no tempo em articulação com inúmeras variáveis socioeconômicas e biofísicas, e como as estradas podem atuar como vetores de expansão da criminalidade.

Nessa linha de pensamento, elaborar mapas estáticos de uso do solo urbano não mais atende às necessidades atuais dos gestores locais, mas é necessário que se permitam simulações de diferentes cenários futuros de expansão urbana e dinâmica de uso do solo em ambiente computacional. Aí reside o desafio da geoinformação em gestão urbana e regional, que pode ser entendida como um paradigma emergente na pesquisa multi e interdisciplinar que se dedica a explorar a extrema complexidade de problemas socioambientais em um ambiente de Sistemas de Informações Geográficas (SIG). Openshaw (2000) argumenta que a geoinformação não se reduz ao uso de técnicas computacionais para solucionar problemas espaciais, mas se refere, ao contrário, a uma forma totalmente nova de se fazer ciência em um contexto geográfico.

Cláudia Maria de Almeida, Gilberto Câmara e Antonio Miguel V. Monteiro (Org.). **Geoinformação em urbanismo. Cidade Real X Cidade Virtual**. São Paulo: Oficina de Texto, 2007, p. 5 e 6. (com adaptações).

---

24. (Cebraspe - CAU/BR - Advogado - 2024) Em "geri-las" (segundo período do primeiro parágrafo) e em "estudá-los" (último período do primeiro parágrafo), as formas pronominais exercem a função de complemento das formas verbais a que se ligam e referem-se a "áreas" e a "crimes", respectivamente.

( ) certo ( ) errado

COMENTÁRIOS:

No texto:

1. As regiões metropolitanas e as grandes cidades brasileiras concentram hoje a atenção das autoridades de gestão territorial em nível local, regional e nacional. O conhecimento da complexa realidade <u>dessas áreas</u> em suas múltiplas dimensões e de modo dinâmico torna-se imprescindível para **geri-las** de forma eficiente.

=

Gerir algo de forma eficiente: verbo transitivo direto.

Gerir **as áreas** de forma eficiente: objeto direto.

2. Ou ainda, não é suficiente apenas mapear a ocorrência de crimes em um sistema georreferenciado, mas sim **estudá-los** de forma dinâmica, entendendo a sua proliferação no espaço e no tempo em articulação com inúmeras variáveis socioeconômicas e biofísicas, e como as estradas podem atuar como vetores de expansão da criminalidade.

=

Estudar algo: verbo transitivo direto.

Estudar **os crimes** de forma dinâmica: objeto direto.

Resposta: Certo

---

25. (Cebraspe - CAU/BR - Advogado - 2024) Em "que pode ser entendida como um paradigma emergente na pesquisa multi e interdisciplinar que se dedica a explorar a extrema complexidade de problemas socioambientais em um ambiente de Sistemas de Informações Geográficas (SIG)", o vocábulo "que" apresenta o mesmo referente em ambas as ocorrências.

( ) certo ( ) errado

COMENTÁRIOS:

É necessário voltar ao período completo:

Aí reside o desafio da geoinformação em gestão urbana e regional, que pode ser entendida como um paradigma emergente na pesquisa multi e interdisciplinar que se dedica a explorar a extrema complexidade de problemas socioambientais em um ambiente de Sistemas de Informações Geográficas (SIG).

O "que" é pronome relativo. Faça pergunta para encontrar o termo retomado:

1. O que pode ser entendida como um paradigma? **A geoinformação em gestão urbana e regional.**
2. O que se dedica a explorar a extrema complexidade de problemas socioambientais? **A pesquisa multi e interdisciplinar.**

Os referentes são distintos.

Resposta: Errado.

TEXTO CG1A1

Em 1947, o físico brasileiro César Lattes causou grande impacto nos meios científicos internacionais e conquistou reconhecimento com sua descoberta que elucidou alguns problemas pendentes de solução no campo da radiação cósmica e confirmou a teoria do físico japonês Hideki Yukawa sobre a existência de uma partícula supostamente responsável pela ligação entre prótons e nêutrons nos núcleos atômicos. Esse último aspecto foi bastante para dar um relevo todo especial à descoberta, enriquecendo seu significado com a possibilidade de novas aberturas no controle das forças nucleares, tão cobiçado depois das explosões atômicas. Toda a imprensa mundial e brasileira aclamou a descoberta, e a ciência brasileira saiu do porão para a sala de visitas.

No ano seguinte, Lattes voltou a causar impacto após conseguir a produção artificial daquela partícula em um acelerador do tipo circular, em Berkeley, nos Estados Unidos da América. E em 1949, a física no Brasil começou a se institucionalizar com a criação do Centro Brasileiro de Pesquisas Físicas. Junto com ela, a ciência, em geral, também organizava sua entidade representativa, com o surgimento da Sociedade Brasileira para o Progresso da Ciência (SBPC) naquele mesmo ano. Foi nesse caldo cultural que o almirante Álvaro Alberto ganhou mais argumentos para persuadir o governo brasileiro. Segundo seus depoimentos reproduzidos na coletânea **50 anos do CNPq contados pelos presidentes**, organizada por Shozo Motoyama, em maio de 1949, após a leitura de relatórios sobre a questão atômica, o presidente Dutra enviou ao Congresso Nacional um anteprojeto para criação do Conselho Nacional de Pesquisas, já prevendo seu papel na política nuclear. Depois de uma longa tramitação na Câmara dos Deputados e no Senado Federal, nascia o CNPq, com o almirante como seu primeiro presidente.

Rodrigo Cunha. 60 anos do CNPq: da política nuclear ao desafio da descentralização. In: Ciência e Cultura, São Paulo, v. 63, n.º 2, 2011 (com adaptações).

---

26. (Cebraspe - CNPQ - Analista - 2024) O pronome "daquela", no primeiro período do segundo parágrafo, indica que se trata, nesse trecho do texto, da mesma partícula especificada no primeiro período do primeiro parágrafo.

( ) certo ( ) errado

COMENTÁRIOS:

Primeiro período do primeiro parágrafo:

Em 1947, o físico brasileiro César Lattes causou grande impacto nos meios científicos internacionais e conquistou reconhecimento com sua descoberta que elucidou alguns problemas pendentes de solução no campo da radiação cósmica e confirmou a teoria do físico japonês Hideki Yukawa sobre a existência de **uma partícula supostamente responsável pela ligação entre prótons e nêutrons nos núcleos atômicos**.

Primeiro período do segundo parágrafo:

No ano seguinte, Lattes voltou a causar impacto após conseguir a produção artificial **daquela partícula** em um acelerador do tipo circular, em Berkeley, nos Estados Unidos da América.

- Qual é a partícula?

- A partícula mencionada no primeiro parágrafo.

Resposta: Certo

---

27. (Cebraspe - CNPQ - Analista - 2024) A expressão "em maio de 1949" (penúltimo período do segundo parágrafo) indica a data da organização da citada coletânea por Shozo Motoyama.

( ) certo ( ) errado

➘ COMENTÁRIOS:

No texto: *Segundo seus depoimentos reproduzidos na coletânea 50 anos do CNPq contados pelos presidentes, organizada por Shozo Motoyama, em maio de 1949, após a leitura de relatórios sobre a questão atômica, o presidente Dutra enviou ao Congresso Nacional um anteprojeto...*

Atente-se à intercalação (duas vírgulas).

- Quando o presidente Dutra enviou um anteprojeto ao Congresso?

- Em maio de 1949.

A data não se refere à organização da coletânea.

Resposta: Errado

---

28. (Cebraspe - CNPQ - Analista - 2024) No penúltimo período do segundo parágrafo, o segmento "seus depoimentos" refere-se aos depoimentos do presidente Dutra reproduzidos na coletânea **50 anos do CNPq contados pelos presidentes.**

( ) certo ( ) errado

➘ COMENTÁRIOS:

No texto: Foi nesse caldo cultural que o almirante Álvaro Alberto ganhou mais argumentos para persuadir o governo brasileiro. Segundo seus depoimentos reproduzidos na coletânea 50 anos do CNPq contados pelos presidentes, organizada por Shozo Motoyama...

Os depoimentos eram do almirante Álvaro Alberto.

- O que fez o presidente Dutra?

- Enviou ao Congresso Nacional um anteprojeto para criação do Conselho Nacional de Pesquisas.

Não possui relação alguma com os depoimentos.

Resposta: Errado

---

29. (Cebraspe - CNPQ - Analista - 2024) A inserção de uma vírgula imediatamente após "bastante" (penúltimo período do primeiro parágrafo) preservaria a correção gramatical e os sentidos do texto.

( ) certo ( ) errado

➘ COMENTÁRIOS:

No texto: Esse último aspecto foi bastante para dar um relevo todo especial à descoberta...

É necessário fazer a análise sintática para perceber que a inserção da vírgula é proibida.

Esse último aspecto	foi	bastante	para dar um relevo todo especial à descoberta
sujeito	verbo de ligação	predicativo do sujeito	complemento nominal

Não pode usar vírgula entre o predicativo e o complemento nominal.

Exceção: se houver intercalação.

Exemplo: Esse último aspecto foi bastante**, todos sabem,** para dar um relevo especial à descoberta.

Resposta: Errado

---

30. (Cebraspe - CNPQ - Analista - 2024) A correção gramatical e a coerência das ideias do texto seriam preservadas caso o trecho "com o almirante como seu primeiro presidente" (final do segundo parágrafo) fosse reescrito da seguinte forma: **cujo primeiro presidente foi o almirante Álvaro Alberto**.

( ) certo ( ) errado

COMENTÁRIOS:

No texto: Depois de uma longa tramitação na Câmara dos Deputados e no Senado Federal, nascia o CNPq, com o almirante como seu primeiro presidente.

Na reescrita: Depois de uma longa tramitação na Câmara dos Deputados e no Senado Federal, nascia o CNPq, **cujo primeiro presidente foi o almirante Álvaro Alberto**.

Análises:

1. O pronome relativo "cujo" concorda com o termo posterior (primeiro presidente);
2. O relativo indica posse do termo anterior: o primeiro presidente do CNPq.

Perceba que a gramática está correta e a coerência das ideias foi mantida.

Resposta: Certo

---

31. (Cebraspe - CNPQ - Analista - 2024) Sem prejuízo da correção gramatical e da coerência das ideias do texto, a forma verbal "nascia" (último período do segundo parágrafo) poderia ser substituída por **nasceu**.

( ) certo ( ) errado

COMENTÁRIOS:

No texto: Depois de uma longa tramitação na Câmara dos Deputados e no Senado Federal, **nascia** o CNPq, com o almirante como seu primeiro presidente.

Na reescrita: Depois de uma longa tramitação na Câmara dos Deputados e no Senado Federal, **nasceu** o CNPq, com o almirante como seu primeiro presidente.

A gramática permanece correta e a coerência das ideias também porque, no texto, o verbo está conjugado no pretérito imperfeito do indicativo e está indicando algo que aconteceu no passado e que ainda prevalece. Na reescrita, o verbo foi conjugado no pretérito perfeito do indicativo e, também, se refere a uma ação passada. O que muda é que nesse caso a ação foi concluída.

A coerência (a lógica) não foi afetada.

Resposta: Certo

◉ TEXTO CG1A1

Alguns problemas éticos com a inteligência artificial (IA) não são específicos dela. Por exemplo, existem paralelos com outras tecnologias de automação. Considere os robôs industriais que são programados e não são considerados IA, mas que, no entanto, acarretam consequências sociais quando levam ao desemprego. Não só isso, alguns dos problemas da IA estão relacionados às tecnologias com as quais ela está conectada, como mídias sociais e Internet, que, quando combinadas com a IA, nos apresentam novos desafios. É o caso das plataformas de mídia social que usam IA para saber mais sobre seus usuários, o que gera preocupações com a privacidade.

Essa ligação com outras tecnologias também significa que muitas vezes a IA não é visível. Isso é assim em primeiro lugar porque já se tornou uma parte arraigada de nossa vida cotidiana. A IA é frequentemente anunciada em aplicativos novos e espetaculares. Mas não devemos nos esquecer da IA que já alimenta plataformas de mídia social, mecanismos de busca e outras mídias e tecnologias que se tornaram parte de nossa experiência cotidiana. A IA está em todo lugar. A linha entre a IA propriamente dita e outras formas de tecnologia pode ser confusa, tornando-se a IA invisível: se os sistemas de IA estão incorporados à tecnologia, tendemos a não os notar. E, se sabemos que há IA envolvida, é difícil dizer se é a IA que cria o problema ou o impacto, ou se é a outra tecnologia conectada à IA.

Em certo sentido, não há IA em si: a IA sempre depende de outras tecnologias e está inserida em práticas e procedimentos científicos e tecnológicos mais amplos. Embora ela também levante problemas éticos próprios e específicos, qualquer ética da IA deve estar conectada à ética mais geral das tecnologias de informação e comunicação digital, ética computacional, e assim por diante.

Mark Coeckelberg, Ética na inteligência artificial. São Paulo: Ubu Editora, 2023, p. 78 (com adaptações).

---

32. (Cebraspe - CTI - Tecnologista - 2024) Sem prejuízo da correção gramatical e dos sentidos do texto, o segmento “combinadas com a IA” (penúltimo período do primeiro parágrafo) poderia ser reescrito como **combinadas à IA**.

( ) certo ( ) errado

➘ *COMENTÁRIOS:*

Nota da autora: Questão de regência, crase e coesão (sentido).

No texto: combinadas **com** algo – sentido de “misturar, juntar coisas, associar”.

Na reescrita: combinadas **a** algo – o sentido é o mesmo.

O acento indicativo de crase é obrigatório por haver a contração da preposição “a” e do artigo definido feminino “a” que acompanha o substantivo feminino IA.

Observação: o verbo “combinar” admite apenas preposição “com”. No caso, foi usada a preposição “a” para evitar ambiguidade.

Resposta: Certo

33. (Cebraspe - CTI - Tecnologista - 2024) A coerência das ideias do terceiro período do primeiro parágrafo seria mantida caso a expressão "no entanto" fosse substituída por **não obstante**.

( ) certo ( ) errado

COMENTÁRIOS:

No texto: *Considere os robôs industriais que são programados e não são considerados IA, mas que,* ***no entanto****, acarretam consequências sociais quando levam ao desemprego.*

A ideia é de oposição, de contradição.

A locução conjuntiva "no entanto" é coordenativa adversativa.

A locução conjuntiva "não obstante" também possui ideia de oposição, de contradição e pode ser classificada de duas maneiras:

1. **Coordenativa adversativa**: *Conduziu a uma velocidade acima da permitida por lei, não obstante, não conseguiu chegar a tempo.*

   = porém, mas, todavia.

2. **Subordinativa adverbial concessiva**: *Não obstante decisões judiciais, o candidato mantém sua candidatura ao congresso.*

   = apesar de, conquanto, ainda que, embora.

Por esse motivo, a substituição manteria a coerência (lógica) das ideias.

Resposta: Certo

34. (Cebraspe - CTI - Tecnologista - 2024) No último período do texto, a forma verbal "levante" está flexionada no modo imperativo devido ao emprego da conjunção "Embora".

( ) certo ( ) errado

COMENTÁRIOS:

No texto: Embora ela também levante problemas éticos.

O verbo está indicando dúvida, não ordem ou desejo. Refere-se a algo que pode, ou não, acontecer. Está conjugado no presente do subjuntivo.

Dica: ao usar a conjunção concessiva "embora", o verbo deverá ser conjugado no modo subjuntivo.

= embora estude, embora faça, embora não entenda, embora aconteça (presente).

= embora estudasse, embora fizesse, embora não entendesse, embora acontecesse (pretérito imperfeito).

Resposta: Errado

35. (Cebraspe - CTI - Tecnologista - 2024) A inserção de uma vírgula imediatamente após "lugar" (segundo período do segundo parágrafo), além de gramaticalmente correta, preservaria as relações coesivas e de sentido do texto original.

( ) certo ( ) errado

↘ COMENTÁRIOS:

Trecho: *Isso é assim em primeiro lugar porque já se tornou uma parte arraigada de nossa vida cotidiana.*

A oração iniciada pela conjunção "porque" é causal e admite a supressão da vírgula.

Analisemos: apresenta a causa, o motivo, a razão para a situação descrita na oração subordinante.

Se inserir a vírgula, deverá, obrigatoriamente, intercalar a locução adverbial "em primeiro lugar": Isso é assim**, em primeiro lugar,** porque já se tornou uma parte arraigada de nossa vida cotidiana.

Dica: se a oração fosse explicativa, a vírgula seria obrigatória antes da conjunção "porque".

Exemplo de explicativa (não indica o motivo, a razão): Ele não está em casa, porque não ouço barulho.

Resposta: Errado

◉ TEXTO CG1A1-I

O Brasil seria diferente do que é hoje se não fossem as informações produzidas pelo Instituto Brasileiro de Geografia e Estatística (IBGE) e por outras instituições do Sistema Estatístico Nacional. Com todas as iniquidades sociais que ainda persistem no país, o quadro seria seguramente pior caso não houvesse informações estatísticas levantadas há mais de 80 anos. Não há como não reconhecer que parte das conquistas republicanas de universalização da educação básica e do acesso à água, redução da pobreza, promoção do desenvolvimento regional, ampliação da cobertura do emprego formal e da previdência pelo vasto território brasileiro deve-se à disponibilidade de informação estatística de boa qualidade e cobertura levantada pelo IBGE e por outras instituições, como o Instituto Nacional de Estudos e Pesquisas Educacionais, os departamentos de estatísticas e pesquisas dos ministérios e órgãos subnacionais de planejamento e estatística.

É claro que a efetividade das políticas sociais depende de uma série extensa de fatores, mas a informação estatística cumpre papel instrumental relevante em todas as fases de implementação de um programa público. Políticas sociais se estruturam como sistemas complexos, articulando programas de natureza universal com ações redistributivas em várias áreas setoriais, e são operadas por agentes em diferentes níveis federativos de governo. Para que tais políticas e programas sociais consigam cumprir seus objetivos específicos e contribuir para a maior efetividade social da ação pública, é necessário produzir informação e estudos de diferentes naturezas, valendo-se de uma combinação plural de metodologias.

Paulo de Martino Jannuzzi. **A importância da informação estatística para as políticas sociais no Brasil**: breve reflexão sobre a experiência do passado para considerar no presente. Internet: (com adaptações).

---

36. (Cebraspe - FINEP - Analista Jurídica - 2024) No primeiro período do texto CG1A1-I, o vocábulo "se"

A) é um pronome pessoal oblíquo que expressa reflexividade.

B) introduz uma oração explicativa.

C) indica que a oração na qual ele se insere está na voz passiva.

D) exprime circunstância de condição.

E) indetermina o sujeito da oração na qual ele se insere.

COMENTÁRIOS:

No texto: *se não fossem as informações...*

Alternativa "a" – Não é pronome nem indica reflexividade.

Exemplo: Ele machucou-se ao fazer o movimento.

Alternativa "b" – O vocábulo "se" nunca iniciará uma oração explicativa porque, como conjunção, só poderá ser integrante ou subordinada adverbial condicional.

Alternativa "c" – A oração está na voz ativa.

Alternativa "d" – É uma conjunção subordinativa condicional: se = caso.

Observação: perceba que o verbo está no conjugado no pretérito imperfeito do subjuntivo.

Alternativa "e" – O sujeito está explícito: as informações.

RESPOSTA: D

---

37. (Cebraspe - FINEP - Analista Jurídica - 2024) A correção gramatical e o nível de formalidade do texto CG1A1-I seriam mantidos caso a forma verbal "houvesse" (segundo período do primeiro parágrafo) fosse substituída por

A) fosse.

B) existisse.

C) existissem.

D) houvessem.

E) tivessem.

COMENTÁRIOS:

No texto: *caso não houvesse informações estatísticas...*

Alternativa "a" – Correção: caso não fossem informações – o verbo deve concordar com o sujeito.

Alternativa "b" – Correção: caso não existissem informações – o verbo deve concordar com o sujeito.

Alternativa "c" – O verbo "haver" é impessoal por estar no sentido de "existir".

Quando impessoal: singular.

Ao substituir por "existir", possuirá sujeito e o verbo deverá com ele concordar: caso não **existissem** informações estatísticas (sujeito).

Alternativa "d" – Correção: caso não houvesse informações – o verbo "haver" é impessoal (possui sentido de "existir") e não admite pluralização.

Observação: "informações estatísticas" possui função de objeto direto. A oração não possui sujeito.

Alternativa "e" – Utilizar o verbo "ter" no sentido de "haver / existir" indica informalidade, pode ser usado apenas na linguagem coloquial.

Observação: opte, sempre, por utilizar o verbo "haver".

RESPOSTA: C

---

38. (Cebraspe - FINEP - Analista Jurídica - 2024) Em cada uma das opções a seguir é apresentada uma proposta de reescrita para o primeiro período do segundo parágrafo do texto CG1A1-I.

Assinale a opção cuja proposta de reescrita, além de estar gramaticalmente correta, preserva os sentidos originais do texto.

A) Com clareza a implementação das políticas sociais dependem de uma série extensa de fatores, conquanto a informação estatística cumpre papel instrumental relevante em todas as fases de implementação de um programa público.

B) Claramente que a efetividade das políticas sociais dependem de uma série extensa de fatores, porém a informação estatística cumpre papel instrumental relevante em todas as fases de implementação de um programa público.

C) Destarte que a efetividade das políticas sociais depende de uma série extensa de fatores, embora a informação estatística cumpre papel instrumental relevante em todas as fases de implementação de um programa público.

D) É clara a efetividade das políticas sociais e sua dependência de uma série extensa de fatores, entretanto, a informação estatística cumpre papel instrumental relevante em todas as fases de implementação de um programa público.

E) Decerto que a efetividade das políticas sociais depende de uma série extensa de fatores, no entanto a informação estatística cumpre papel instrumental relevante em todas as fases de implementação de um programa público.

COMENTÁRIOS:

No texto: *É claro que a efetividade das políticas sociais depende de uma série extensa de fatores, mas a informação estatística cumpre papel instrumental relevante em todas as fases de implementação de um programa público.*

Como você precisa analisar?

1. Sujeito de "depende" = a efetividade das políticas sociais;
2. Possui ideia de oposição porque existe a conjunção adversativa "mas".

Alternativa "a" – Correção (concordância): a implementação das políticas sociais **depende.**

A conjunção "conquanto" é subordinativa concessiva e o verbo deve ser conjugado no presente do subjuntivo: conquanto a informação estatística **cumpra**.

Efeito estilístico: seria conveniente (não obrigatório) inserir vírgula após "Com clareza".

Alternativa "b" – Correção (concordância): a implementação das políticas sociais **depende.**

A conjunção "porém" também é coordenada adversativa = substituição correta.

Observação: iniciar o período com o advérbio "claramente" causa estranheza.

Alternativa "c" – O advérbio "destarte" indica consequência = sentido alterado.

A conjunção "embora" é subordinativa concessiva e o verbo deve ser conjugado no presente do subjuntivo: conquanto a informação estatística **cumpra**.

Alternativa "d" – Correção (concordância): **são claras** a **efetividade** das políticas sociais **e** sua **dependência** de uma série extensa de fatores.

A conjunção "entretanto" é coordenada adversativa, mas não pode estar entre vírgulas.

Correção completa: **São claras** a efetividade das políticas sociais e sua dependência de uma série extensa de fatores, **entretanto** a informação estatística cumpre papel instrumental relevante...

Alternativa "e" – O advérbio "decerto" indica que "há certeza", ou seja, é sinônimo de "é claro".

O verbo concorda com o sujeito: a efetividade das políticas sociais depende.

A locução conjuntiva "no entanto" também é coordenada adversativa = substituição correta.

RESPOSTA: E

---

39. (Cebraspe - FINEP - Analista Jurídica - 2024) A coerência das ideias e a correção gramatical do segundo período do segundo parágrafo do texto CG1A1-I seriam mantidas caso o vocábulo "articulando" fosse substituído por

A) **para que articulem**, sem alteração na pontuação do período.

B) **por que articulam**, se eliminadas as vírgulas subsequentes aos termos "complexos" e "setoriais".

C) **desde que articulem**, sem alteração na pontuação do período.

D) **logo articulam**, sem alteração na pontuação do período.

E) **que articulam**, se eliminadas as vírgulas subsequentes aos termos "complexos" e "setoriais".

COMENTÁRIOS:

Nota da autora: A banca tentou confundir o candidato não inserindo, no comando da questão, alteração de sentido.

Questão de período composto – transposição da oração reduzida para desenvolvida.

No texto: *Políticas sociais se estruturam como sistemas complexos, **articulando** programas de natureza universal com ações redistributivas em várias áreas setoriais, e são operadas por agentes em diferentes níveis federativos de governo.*

Alternativa "a" – Alteraria a coerência porque indica finalidade.

Alternativa "b" – A gramática estaria incorreta porque a preposição "por" não é exigida. Erro de regência.

Alternativa "c" – Alteraria a coerência porque indica condição.

Alternativa "d" – Alteraria a coerência porque indica conclusão.

Alternativa "e" – A oração iniciada pelo verbo *articulando* é subordinativa adjetiva explicativa reduzida de gerúndio.

Ao desenvolvê-la, ou seja, conjugando o verbo e inserindo o pronome relativo, temos: que articulam.

O verbo deve ficar no plural porque o relativo retoma "sistemas complexos".

Sugestão da banca: eliminar as vírgulas. Isso significa que a oração passa de explicativa para restritiva e que ocorre alteração de sentido.

No comando, são exigidas apenas a coerência (lógica) e a correção gramatical. Perceba que foram mantidas.

Apenas o sentido foi alterado, mas isso não era para analisar.

RESPOSTA: E

◉ TEXTO CB1A1-II

O conceito de civilização não pode ser precisamente definido, não apenas por ser um processo evolucionário, mas também por ter se manifestado de formas muito diferentes através dos tempos. Entre as civilizações antigas, havia múltiplas diferenças nas crenças religiosas, nos costumes sociais, nas formas de governo e na criação artística. Contudo, uma faceta de fundamental importância para todas elas era a tecnologia, que, em sentido mais amplo, pode significar a aplicação do conhecimento para finalidades práticas.

Hoje, a tecnologia é, na prática, sinônimo de ciência aplicada, mas as tecnologias básicas — tais como agricultura, construção, cerâmica, tecidos — foram originalmente empíricas e transmitidas de uma geração para outra, enquanto a ciência, no sentido de pesquisa sistemática das leis do universo, é um fenômeno relativamente recente. A tecnologia foi fundamental, já que proporcionava os recursos necessários para sociedades organizadas, e essas sociedades tornaram possíveis não apenas a divisão do trabalho — por exemplo, entre trabalhadores da terra, oleiros, marinheiros e similares —, como também um ambiente no qual puderam florescer as artes em geral, não necessárias à vida no dia a dia. A maioria dessas artes dependia de alguma espécie de suporte tecnológico: o escultor requeria ferramentas, o escritor necessitava de tinta e de papiro (ou papel, mais tarde), o dramaturgo precisava de teatros especialmente construídos.

Trevor I. Williams. História das invenções: do machado de pedra às tecnologias da informação. Tradução de Cristina Antunes. Atualização e revisão de William E. Schaaf, Jr. e Arianne E. Burnette. Belo Horizonte: Gutenberg, 2009, p. 12-13 (com adaptações).

40. (Cebraspe - INPI - Analista de Planejamento - 2024) Nas orações em que ocorrem, os vocábulos "precisamente" (primeiro período do texto) e "especialmente" (último período do texto) significam, respectivamente, **de modo preciso e de modo especial**, podendo ser deslocados para após o termo que modificam, sem prejuízo gramatical ou interpretativo.

( ) certo ( ) errado

COMENTÁRIOS:

Nota da autora: É necessário analisar o sentido, depois deslocar os vocábulos e verificar se ocorre prejuízo gramatical ou interpretativo.

No texto:

1. O conceito de civilização não pode ser **precisamente** definido

   Sentido: *de modo preciso; com rigor e precisão*

   Deslocando: não pode ser definido precisamente.

   → Não há prejuízo gramatical nem interpretativo.

2. o dramaturgo precisava de teatros **especialmente** construídos.

   Sentido: *principalmente; de modo especial.*

   Deslocando: precisava de teatros construídos especialmente.

   → Não há prejuízo gramatical, mas ocorre alteração de sentido, ou seja, há prejuízo interpretativo.

Especialmente construídos: teatros construídos de maneira especial.

Construídos especialmente: construídos restritamente, de maneira específica.

Resposta: Errado

TEXTO CB1A1-III

Toda língua satisfaz à necessidade humana de comunicação. Embora muitas pessoas do mundo de hoje sejam tentadas a gastar mais tempo em mídias sociais do que talvez deveriam, é o impulso das trocas linguísticas que as está levando a essa situação. Não importa o quão ocupadas algumas pessoas estejam, é difícil não participarem de alguma conversa na tela à sua frente, para opinar sobre assuntos dos quais elas sabem pouco e se importam menos ainda. Seja por meio de conversas informais, da absorção de informações vindas da televisão, da discussão de jogos ou da leitura/escrita de romances, falar e escrever conecta os humanos, de modo ainda mais íntimo, em uma comunidade.

Daniel Everett. Linguagem: a história da maior invenção da humanidade. Tradução de Mauricio Resende. São Paulo: Editora Contexto, Belo Horizonte: Gutenberg, 2019, p. 12-13 (com adaptações).

41. (Cebraspe - INPI - Analista de Planejamento - 2024) Após a forma verbal "deveriam" (segundo período), está elíptico o verbo **tentar**.

( ) certo ( ) errado

COMENTÁRIOS:

Está elíptico o verbo **gastar**:

Embora muitas pessoas do mundo de hoje sejam tentadas a gastar mais tempo em mídias sociais do que talvez deveriam [gastar].

Resposta: Errado

TEXTO PARA RESPONDER ÀS QUESTÕES.

Quando falamos em direito, estamos falando inicialmente de um enorme conjunto de regras obrigatórias, o chamado direito positivo. Mas o vocábulo direito é usado também para os estudos, o curso de direito, a assim chamada "ciência do direito". Numa terceira acepção, a palavra designa os direitos de cada um de nós, chamados de direitos subjetivos, pois somos os sujeitos, os titulares, desses direitos.

Ninguém ignora que paira sobre nossas cabeças uma gigantesca teia de normas, que atinge praticamente todas as nossas atividades. Muitos pensadores têm destacado que o direito atual parece ter invadido tudo: há direito em toda parte, para todos, para tudo. A contrapartida é que, assim como temos de seguir as normas, os outros também têm de obedecer a elas e, desse modo, respeitar os direitos de cada um de nós, os ditos direitos subjetivos.

Vivemos num tempo em que as questões legais se tornaram corriqueiras. Apesar dessa popularização, ainda existe uma enorme dificuldade de acesso às coisas do direito. Ao mesmo tempo, os mecanismos da justiça são cada vez mais acionados, até para resolver quem fica com o cachorro depois da separação, ou se o condomínio pode impedir seus moradores de ter animais. A sobrecarga dos tribunais, e sua lentidão, é parcialmente consequência desse excesso de litigiosidade e da incapacidade das pessoas de resolver com bom senso, compreensão e respeito as questões de convivência em sociedade.

Eduardo Muylaert. Direito no cotidiano: guia de sobrevivência na selva das leis. São Paulo: Editora Contexto, 2020, p. 11-13 (com adaptações).

42. (Cebraspe - MP TO - Analista Ministerial - Letras - 2024) No primeiro parágrafo, as expressões "o vocábulo direito" (segundo período) e "a palavra" (terceiro período) fazem parte da mesma cadeia semântica de referência.

( ) certo ( ) errado

COMENTÁRIOS:

No texto: *Quando falamos em direito, estamos falando inicialmente de um enorme conjunto de regras obrigatórias, o chamado direito positivo. Mas o* ***vocábulo direito*** *é usado também para os estudos, o curso de direito, a assim chamada "ciência do direito". Numa terceira acepção, a* ***palavra*** *designa os direitos de cada um de nós, chamados de direitos subjetivos, pois somos os sujeitos, os titulares, desses direitos.*

A expressão "vocábulo direito" retoma "direito" (primeiro período); "a palavra" também retoma "direito".

Resposta: Certo

43. (Cebraspe - MP TO - Analista Ministerial - Letras - 2024) Alterando-se o segmento "Ninguém ignora" (primeiro período do segundo parágrafo) por **Não se ignora**, opera-se uma mudança na estrutura sintática do período, que não interfere, contudo, na classificação do sujeito, que é indeterminado em ambas as orações.

( ) certo ( ) errado

COMENTÁRIOS:

Ninguém ignora: sujeito simples + verbo transitivo direto = voz ativa.

Não se ignora: adjunto adverbial de negação + pronome apassivador + verbo transitivo direto = voz passiva.

O sujeito paciente, nesse caso, é oracional: *que paira sobre nossas cabeças uma gigantesca teia de normas.*

Ocorre mudança na estrutura sintática que interfere na classificação do sujeito.

Resposta: Errado

44. (Cebraspe - MP TO - Analista Ministerial - Letras - 2024) Sem prejuízo de sua correção gramatical ou de seu sentido original, o último período do texto poderia ser reescrito da seguinte forma: **Esse excesso de litigiosidade bem como as pessoas, cuja a incapacidade em resolver questões de convivência social, com bom senso, compreensão e respeito têm sua parcela de culpa na sobrecarga dos tribunais, e em sua lentidão.**

( ) certo ( ) errado

COMENTÁRIOS:

Altera o sentido e causa erro gramatical.

1º: O pronome relativo "cuja" repele o artigo = cuja incapacidade.

2º: não deve haver vírgula antes do adjunto adverbial porque a oração está na ordem direta = resolver questões de convivência social com bom senso.

3º: não deve haver vírgula antes da conjunção aditiva: têm sua parcela de culpa na sobrecarga dos tribunais **e** em sua lentidão.

Quanto ao sentido:

Esse excesso de litigiosidade bem como as pessoas, cuja incapacidade em resolver questões de convivência social: errado

Correção: Esse excesso de litigiosidade bem como **a incapacidade das pessoas** em resolver questões de convivência social.

Resposta: Errado

TEXTO 11A1

Trabalho e educação são atividades especificamente humanas. Isso significa que, rigorosamente falando, apenas o ser humano trabalha e educa. Assim, a pergunta sobre os fundamentos ontológicos da relação trabalho-educação traz imediatamente à mente a questão: quais são as características do ser humano que lhe permitem realizar as ações de trabalhar e de educar? Ou: o que é que está inscrito no ser do humano que lhe possibilita trabalhar e educar?

Perguntas desse tipo pressupõem que o ser humano esteja previamente constituído como ser que possui propriedades que lhe permitem trabalhar e educar. Pressupõe-se, portanto, uma definição de ser humano que indique em que ele consiste, isto é, sua característica essencial a partir da qual se possa explicar o trabalho e a educação como atributos desse ser. E, nesse caso, fica aberta a possibilidade de que trabalho e educação sejam considerados atributos essenciais do ser humano, ou acidentais.

Na definição de ser humano mais difundida (animal racional), o atributo essencial é dado pela racionalidade, consoante o significado clássico de definição estabelecido por Aristóteles: uma definição dá-se pelo gênero próximo e pela diferença específica. Pelo gênero próximo, indica-se aquilo que o objeto definido tem em comum com outros seres de espécies diferentes (no caso em tela, o gênero animal); pela diferença específica, indica-se a espécie, isto é, o que distingue determinado ser dos demais que pertencem ao mesmo gênero (no caso do ser humano, a racionalidade). Consequentemente, sendo o ser humano definido pela racionalidade, é esta que assume o caráter de atributo essencial desse ser.

Ora, assim entendido o ser humano, vê-se que, embora trabalhar e educar possam ser reconhecidos como atributos humanos, eles o são em caráter acidental, e não substancial. Com efeito, o mesmo Aristóteles, considerando como próprio do ser humano o pensar, o contemplar, reputa o ato produtivo, o trabalho, como uma atividade não digna de seres humanos livres.

Diversamente, Bergson, ao analisar o desenvolvimento do impulso vital na obra **Evolução criadora**, observa que "torpor vegetativo, instinto e inteligência" são os elementos comuns às plantas e aos animais. E, definindo a inteligência pela fabricação de objetos, fenômeno identificado como comum aos animais, encontra no ser humano a particularidade da fabricação de objetos artificiais, o que lhe permite avançar à seguinte conclusão: "Se pudéssemos nos despir de todo orgulho, se, para definir nossa espécie, nos ativéssemos estritamente ao que a história e a pré-história nos apresentam como a característica constante do ser humano e da inteligência, talvez não disséssemos *Homo sapiens*, mas *Homo faber*. Em conclusão, a inteligência, encarada no que parece ser o seu empenho original, é a faculdade de fabricar objetos artificiais, sobretudo ferramentas para fazer ferramentas, e de diversificar ao infinito a fabricação delas.".

Demerval Saviani. **Trabalho e educação**: fundamentos ontológicos e históricos. Internet: <www.https://www.scielo.br/> (com adaptações).

---

45. (Cebraspe - MP TO - Analista Ministerial - Letras - 2024) A expressão "isto é", empregada no segundo período do segundo parágrafo e no segundo período do terceiro parágrafo, anuncia uma retificação do que foi dito imediatamente antes em cada um dos períodos.

( ) certo ( ) errado

COMENTÁRIOS:

A expressão "isto é" é explicativa, ou seja, **ratifica** o que foi dito, não retifica, não corrige.

Resposta: Errado

46. (Cebraspe - MP TO - Analista Ministerial - Letras - 2024) A expressão "nesse caso" (terceiro período do segundo parágrafo) estabelece uma relação coesiva entre o período em que se insere e o que o antecede, sendo utilizada para retomar as ideias presentes em todo o período imediatamente anterior.

( ) certo ( ) errado

COMENTÁRIOS:

No texto: *Pressupõe-se, portanto, uma definição de ser humano que indique em que ele consiste, isto é, sua característica essencial a partir da qual se possa explicar o trabalho e a educação como atributos desse ser. E,* ***nesse*** *caso, fica aberta a possibilidade de que trabalho e educação sejam considerados atributos essenciais do ser humano.*

- Em qual caso?

- No caso de pressupor uma definição de ser humano que identifique...

O pronome é anafórico e retoma todo o período.

Resposta: Certo

47. (Cebraspe - MP TO - Analista Ministerial - Letras - 2024) O segundo período do terceiro parágrafo pode ser dividido em dois blocos semânticos e está estruturado em paralelismo sintático.

( ) certo ( ) errado

COMENTÁRIOS:

1º bloco: ***Pelo*** *gênero próximo,* ***indica-se*** *aquilo que o objeto definido tem em comum com outros seres de espécies diferentes (**no caso** em tela, o gênero animal);*

2º bloco: ***pela*** *diferença específica,* ***indica-se*** *a espécie, isto é, o que distingue determinado ser dos demais que pertencem ao mesmo gênero (**no caso** do ser humano, a racionalidade).*

As estruturas são idênticas, por isso há paralelismo sintático.

Resposta: Certo

48. (Cebraspe - MP TO - Analista Ministerial - Letras - 2024) A expressão "Com efeito" (segundo período do quarto parágrafo) exprime, no texto, ideia de afirmação.

( ) certo ( ) errado

COMENTÁRIOS:

A locução adverbial "com efeito" significa *de maneira efetiva; na verdade, na realidade; de fato; efetivamente, verdadeiramente, realmente*[6].

Está evidente que exprime ideia de afirmação.

Resposta: Certo

6 Dicionário Online de Português. Disponível em <https://www.dicio.com.br/com-efeito/>. Acesso em 24 julho de 2024.

◉ TEXTO PARA RESPONDER À QUESTÃO.

O primeiro aspecto em que se concebe um texto é exatamente aquilo que parece significar à primeira vista, nada mais que sua impressão primeira. Por primeira que é, tem foros de ser a única; inscreve-se como tal, produz a ilusão de ser única. Mas não o é. Sua pretensa clareza é ilusória. O segundo aspecto em que se concebe um texto é o das possibilidades de sentido que faculta, desde sua criação, desde a constituição de sua expressividade. Sua presença de texto, não obstante ser sempre a mesma, faz-se diferente a cada novo enfoque, a cada novo uso, a cada mudança de perspectiva, a cada reiteração de sentido, a cada fusão de práticas de sentido, enfim, dentro de circunstancialidades. Essa é a abertura de profundidade que exsurge do remanso abissal das malhas de um texto. O que paira sobre o texto não pode ser mais que o que se inclui em sua profundidade.

Deve-se esclarecer, no entanto, que a chave para a abertura dessa perspectiva de profundidade reside não no texto-em-si, e por si, mas na potencialidade interpretativa e no manejo que cada utente faz do texto. Aqui, faz-se, explicitamente, apelo a uma noção de sentido pragmático, contextualizado, histórico e intersubjetivo do texto. Quer-se mesmo dizer que o texto vive em dialética com seu meio. A pragmática textual simplesmente se depara com o texto tendo-o por unidade de sentido, de onde o *sujeito-da-interpretação* retirará elementos de muitas origens (circunstanciais, históricos, objetivos, subjetivos, idioletais etc.) para a composição do sentido. O texto, portanto, não pode ser entendido como objeto inerte, estanque, acabado e primigenamente intencionado de maneira a ingenuamente excluir qualquer possibilidade de modificação interpretativa. Todo texto, nessa medida, permite sentidos. O sentido não lhe é imanente; no entanto, excluir da corporeidade de um texto a subjacência necessária da interpretação é privar-lhe de alma e de movimento.

Ainda assim, quando aqui se anuncia que o *sujeito-da-interpretação* é capaz de forjar-lhe um sentido, não se quer dizer que a prática da significação está submissa à arbitrariedade. Muito antes de se poder dizer que o ato compreensivo se constitui em mero ato arbitrário do intérprete, pode-se dizer que limites há para a significância, dentro dos quais atua o sujeito-da-interpretação. Em verdade, esse sujeito age livremente, mas dentro de um campo de forças. Dizer o contrário é aceitar que o discurso é uma realidade sem fronteiras.

Eduardo C. B Bittar. Linguagem jurídica. São Paulo: Saraiva, 2001, p. 101 e ss. (com adaptações).

49. (Cebraspe - MP TO - Analista Ministerial - Letras - 2024) Com base na argumentação desenvolvida pelo autor, é correto afirmar que a substituição de "no entanto" (último período do segundo parágrafo) por **assim** contribuiria para a coerência do texto.

( ) certo ( ) errado

COMENTÁRIOS:

No texto: *O sentido não lhe é imanente;* ***no entanto****, excluir da corporeidade de um texto a subjacência necessária da interpretação é privar-lhe de alma e de movimento.*

A locução conjuntiva "no entanto" possui sentido de oposição, é coordenada adversativa.

A conjunção "assim" indica conclusão ou consequência, é sinônima de *em suma, assim, sendo, portanto.*

No comando, afirma que contribuiria para a coerência, ou seja, refere-se à lógica.

Ao substituir, deixaria de indicar oposição e passaria a confirmar, a reforçar a ideia mencionada. Contribuiria para a coerência.

Resposta: Certo

◉ TEXTO PARA RESPONDER À QUESTÃO.

O que é ter direito à felicidade? Estado de espírito, sonho humano, sentido de realização pessoal, garantia de paz, a felicidade é a concretude ideal da pessoa humana em sua existência. Intrínseca e imutável à própria dignidade das pessoas, a felicidade também é um valor social e uma questão política de educação pública.

O direito à felicidade tem suas raízes na Declaração Universal dos Direitos Humanos, adotada pela Assembleia Geral das Nações Unidas em 1948. O artigo 3.º da declaração estabelece que "todo indivíduo tem direito à vida, à liberdade e à segurança pessoal". E o que é a felicidade senão um estado de plenitude e satisfação pessoal?

Em termos práticos, o direito à felicidade implica garantir condições para que as pessoas possam buscar a realização pessoal e o bem-estar. Isso inclui o acesso à educação de qualidade, a oportunidades de emprego digno, a serviços de saúde, a um ambiente seguro e saudável, entre outros.

No entanto, é importante ressaltar que a felicidade é subjetiva e que não é um estado permanente. A busca pela felicidade envolve altos e baixos, desafios e aprendizados. O importante é ter a liberdade e o direito de buscar a felicidade, mesmo diante dos obstáculos.

Em resumo, o direito à felicidade é um conceito que reconhece a importância da busca pela realização pessoal e do bem-estar emocional. Ele não garante a felicidade em si, mas sim a liberdade e as oportunidades para que cada indivíduo possa buscar a sua própria felicidade. É uma lembrança de que todos têm o direito de viver uma vida plena e satisfatória, de acordo com suas próprias escolhas e valores.

Benigno Núñez Novo. Do direito à felicidade. Internet: <https://meuartigo.brasilescola.uol.com.br/>: (com adaptações).

---

50. (Cebraspe - MP TO - Analista Ministerial - Letras - 2024) A repetição do termo "importante", no quarto parágrafo, em combinação com o emprego da palavra "importância", no quinto parágrafo, indica criação de campo semântico para enfatizar o posicionamento do autor sobre o tema.

( ) certo ( ) errado

➘ COMENTÁRIOS:

Trechos:

1. é **importante** ressaltar que a felicidade é subjetiva e que não é um estado permanente

2. o **importante** é ter a liberdade e o direito de buscar a felicidade, mesmo diante dos obstáculos
3. o direito à felicidade é um conceito que reconhece a **importância** da busca pela realização pessoal e do bem-estar emocional

O que enfatiza o posicionamento do autor são os trechos 1 e 2 apenas.

No 3º, "a importância" refere-se ao direito à felicidade.

Resposta: Errado

⦿ TEXTO 11A05

Não negueis jamais ao erário, à administração, à União os seus direitos. São tão invioláveis, como quaisquer outros. O direito dos mais miseráveis dos homens, o direito do mendigo, do escravo, do criminoso, não é menos sagrado, perante a justiça, que o do mais alto dos poderes. Antes, com os mais miseráveis é que a justiça deve ser mais atenta, e redobrar-se de escrúpulo, porque são os mais mal defendidos, os que suscitam menos interesse, e os contra cujo direito conspiram a inferioridade na condição com a míngua nos recursos.

Preservai, juízes de amanhã, preservai vossas almas juvenis desses baixos e abomináveis sofismas. A ninguém importa mais do que à magistratura fugir do medo, esquivar-se de humilhações, e não conhecer covardia. Todo bom magistrado tem muito de heroico em si mesmo, na pureza imaculada e na plácida rigidez, que a nada se dobre, e de nada se tenha medo, senão da outra justiça, assente, cá embaixo, na consciência das nações, e culminante, lá em cima, no juízo divino.

Não tergiverseis com as vossas responsabilidades, por mais atribulações que vos imponham, e mais perigos a que vos exponham. Nem receeis soberanias da terra: nem a do povo, nem a do poder. O povo é uma torrente, que rara vez se não deixa conter pelas ações magnânimas. A intrepidez do juiz, como a bravura do soldado, arrebata-o e o fascina.

Os poderosos que investem contra a justiça, provocam e desrespeitam tribunais, por mais que lhes espumem contra as sentenças, quando justas, não terão, por muito tempo, a cabeça erguida em ameaça ou desobediência diante dos magistrados, que os enfrentam com dignidade e firmeza.

Na missão do advogado também se desenvolve uma espécie de magistratura. As duas se entrelaçam, diversas nas funções, mas idênticas no objeto e na resultante: a justiça. Com o advogado, justiça militante. Justiça imperante, no magistrado.

Rui Barbosa. Oração aos moços. Brasília: Senado Federal, Conselho Editorial, 2019, p. 61-63 (com adaptações).

---

51. (Cebraspe - MP TO - Analista Ministerial - Letras - 2024) No texto, em "por mais atribulações que vos imponham" (primeiro período do terceiro parágrafo) e "por mais que lhes espumem contra as sentenças" (primeiro período do quarto parágrafo), as formas pronominais "vos" e "lhes" remetem, ambas, a "juízes de amanhã".

( ) certo ( ) errado

COMENTÁRIOS:

No texto:

1. *Não tergiverseis com as vossas responsabilidades, por mais atribulações que vos imponham* – remete a "**juízes de amanhã**", mencionado no parágrafo anterior.
2. *Os poderosos que investem contra a justiça, provocam e desrespeitam tribunais, por mais que lhes espumem contra as sentenças* – remete aos **poderosos que investem contra a justiça.** Indica posse e possui função de adjunto adnominal.

Lê-se: por mais que espumem contra as sentenças deles

Resposta: Errado

---

52. (Cebraspe - MP TO - Analista Ministerial - Letras - 2024) O texto é construído predominantemente com o emprego de orações com formas verbais no modo subjuntivo.

( ) certo ( ) errado

COMENTÁRIOS:

As orações são formadas por verbos no **imperativo negativo** (não negueis, não tergiverseis, não receeis), **imperativo afirmativo** (preservai) e no **presente do indicativo** (são, é, deve, são, suscitam, conspiram, importa, tem).

Lembre-se de que o imperativo negativo é formado pelo presente do subjuntivo e que o imperativo afirmativo é formado pelo presente do indicativo (segunda pessoa do singular e do plural menos o "s") e pelo presente do subjuntivo nas outras pessoas.

Resposta: Errado

---

53. (Cebraspe - MP TO - Analista Ministerial - Letras - 2024) Estaria mantida a coerência de sentido do primeiro parágrafo caso o seu terceiro período fosse introduzido por elemento coesivo de contraste, como contudo, por exemplo — **Contudo o direito** (...).

( ) certo ( ) errado

COMENTÁRIOS:

Nota da autora: a banca alterou o gabarito e justificou.

No texto: *Não negueis jamais ao erário, à administração, à União os seus direitos. São tão invioláveis, como quaisquer outros.* ***O direito dos mais miseráveis dos homens****, o direito do mendigo, do escravo, do criminoso, não é menos sagrado, perante a justiça, que* ***o do mais alto dos poderes****.*

A conjunção "contudo" é adversativa e a ideia do terceiro período é de oposição, ou seja, indica contraste.

A coerência (a lógica) seria mantida.

Resposta: Certo

54. (Cebraspe - MP TO - Analista Ministerial - Letras - 2024) No último período do segundo parágrafo, as expressões "cá embaixo" e "lá em cima" referem-se, respectivamente, em sentido geral, à justiça terrena e à divina.

( ) certo ( ) errado

COMENTÁRIOS:

No texto: *Todo bom magistrado tem muito de heroico em si mesmo, na pureza imaculada e na plácida rigidez, que a nada se dobre, e de nada se tenha medo, senão da outra justiça, assente,* ***cá embaixo****, na consciência das nações, e culminante,* ***lá em cima****, no juízo divino.*

Cá embaixo: na consciência das nações = justiça terrena;

Lá em cima: no juízo divino = justiça divina.

Resposta: Certo

---

55. (Cebraspe - MP TO - Analista Ministerial - Letras - 2024) Estaria mantida a coerência das ideias do texto caso os dois primeiros períodos do texto fossem unidos em só período, da seguinte forma: **Não negueis jamais ao erário, à administração, à União os seus direitos, que são tão invioláveis como quaisquer outros.**

( ) certo ( ) errado

COMENTÁRIOS:

Dois períodos do texto: *Não negueis jamais ao erário, à administração, à União os seus direitos. São tão invioláveis, como quaisquer outros.*

Sujeito do segundo período: os seus direitos.

Inserindo o pronome relativo "que", ele retoma "os seus direitos" e é necessário inserir vírgula por se transformar em uma oração adjetiva explicativa – o sentido é geral (todos os direitos).

A coerência (a lógica) foi mantida.

Resposta: Certo

---

56. (Cebraspe - MP TO - Analista Ministerial - Letras - 2024) Estariam mantidos os sentidos do terceiro período do primeiro parágrafo caso se deslocasse o segmento "perante a justiça", com as vírgulas que o isolam, para imediatamente depois da forma verbal "é".

( ) certo ( ) errado

COMENTÁRIOS:

No texto: *O direito dos mais miseráveis dos homens, o direito do mendigo, do escravo, do criminoso, não é menos sagrado,* ***perante a justiça****, que o do mais alto dos poderes.*

→ O adjunto adverbial intercalado indica que o direito não é menos sagrado que o do mais alto dos poderes perante a justiça.

Na reescrita: *O direito dos mais miseráveis dos homens, o direito do mendigo, do escravo, do criminoso, não é, **perante a justiça**, menos sagrado que o do mais alto dos poderes.*

→ O direito não é diante da justiça menos sagrado que...

O adjunto adverbial deixa de se referir à comparação, por isso o sentido é alterado.

Dica: se muda o referente, o sentido é alterado.

Resposta: Errado

---

57. (Cebraspe - MP TO - Analista Ministerial - Letras - 2024) Estaria mantido o sentido do segmento "A ninguém importa mais do que à magistratura fugir do medo" (segundo período do segundo parágrafo) caso ele fosse assim reordenado: **À magistratura importa a ninguém mais do que fugir do medo.**

( ) certo ( ) errado

↘ *COMENTÁRIOS:*

Nota da autora: É imprescindível colocar a oração na ordem direta para evitar erro.

Fugir do medo (sujeito) importa (verbo) a ninguém (objeto indireto) mais do que à magistratura.

→ o sujeito do verbo *importar* é "fugir do medo" – aqui está a ênfase da oração.

Ordem direta da reescrita: Importa a ninguém fugir do medo mais do que à magistratura.

→ o sujeito do verbo *fugir* é "importa a ninguém" – a ênfase mudou.

O sentido foi, claramente, alterado.

Resposta: Errado

---

58. (Cebraspe - MP TO - Analista Ministerial - Letras - 2024) Sem prejuízo de qualquer natureza, o segmento "por mais atribulações que vos imponham, e mais perigos a que vos exponham" (primeiro período do terceiro parágrafo) poderia ser reescrito da seguinte forma: **mesmo que lhes imponham tribulações, e lhes exponham mais perigos.**

( ) certo ( ) errado

↘ *COMENTÁRIOS:*

Houve prejuízo ao trocar a segunda pessoa do plural pela terceira pessoa do plural.

2ª pessoa = **vos** imponham, **vos** exponham.

3ª pessoa = **lhes** imponham, **lhes** exponham.

No comando: *Sem prejuízo de qualquer natureza.*

Os dois verbos são bitransitivos: impor algo a alguém; expor algo a alguém.

Resposta: Errado

59. (Cebraspe - MP TO - Analista Ministerial - Letras - 2024) Sem prejuízo dos sentidos do texto, a palavra "intrepidez" (último período do terceiro parágrafo), cujo sentido se opõe ao da palavra "covardia" (segundo período do segundo parágrafo), poderia ser substituída pelo vocábulo **coragem**.

( ) certo ( ) errado

COMENTÁRIOS:

No texto:

*A **intrepidez** do juiz, como a bravura do soldado, arrebata-o e o fascina.*

*A ninguém importa mais do que à magistratura fugir do medo, esquivar-se de humilhações, e não conhecer **covardia**.*

"Intrepidez" é sinônimo de *coragem, arrojo, audácia, ousadia, atrevimento.*

"Intrepidez" é antônimo de *covardia.*

Resposta: Certo

TEXTO PARA RESPONDER ÀS QUESTÕES.

Em abril de 1968, um grupo de cientistas de dez países se juntou para estudar o futuro da humanidade. O grande assunto da época era o crescimento populacional: naquela década, a taxa média de natalidade havia ultrapassado a marca de cinco filhos por mulher, a maior já registrada.

O grupo, que ficou conhecido como clube de Roma (a primeira reunião ocorreu na capital italiana), passou quatro anos debruçado sobre essa e outras questões, e, em 1972, transformou as conclusões em livro: **Os limites do crescimento**. A obra usava dados históricos e modelos matemáticos para mostrar como, além de aumentar as emissões de CO2 e esquentar a atmosfera, o forte crescimento da população — que acontecia devido à alta natalidade combinada à "redução, muito bem-sucedida, na taxa de mortalidade global" — poderia ter outras consequências catastróficas, como o esgotamento dos recursos naturais. E apresentava duas possíveis soluções: ou a humanidade diminuía voluntariamente seu ritmo de crescimento, ou o próprio planeta acabaria fazendo isso, reduzindo a população por meio de um colapso ambiental.

Os limites do crescimento tiveram enorme repercussão — foi traduzido para dezenas de idiomas e vendeu mais de 30 milhões de exemplares pelo mundo —, mas suas advertências não foram ouvidas. A população global, que, em 1972, era de 3,8 bilhões, mais que dobrou: em 2022, a Terra cruzou a marca de 8 bilhões de habitantes.

Hoje, o aquecimento global e outros problemas ambientais são temas dominantes e urgentes. Todo ano, a organização americana Global Footprint Network calcula o chamado dia da sobrecarga da Terra, a data em que ultrapassamos a capacidade do planeta de reequilibrar seus sistemas ecológicos e regenerar recursos naturais.

Esse indicador é calculado desde 1971; naquele ano, a humanidade atravessou o limite em dezembro. Já em 2023, isso aconteceu em 2 de agosto. Isso significa que, no ano de 2022, usamos 75% mais recursos do que o planeta pode suportar.

Ao mesmo tempo, há algo diferente acontecendo. Nada menos que 124 países estão com natalidade inferior a 2,1 filhos por mulher. Essa é a chamada "taxa de reposição", que, segundo a ONU, é necessária para manter a população estável (2 pessoas novas substituem os pais, e o 0,1 adicional compensa o número de indivíduos que não geram descendentes).

Internet: <https://super.abril.com.br/> (com adaptações).

---

60. (Cebraspe - MP TO - Analista Ministerial - Letras - 2024) A correção gramatical do texto seria mantida caso a forma verbal "havia" (segundo período do primeiro parágrafo) fosse substituída por **tinha**.

( ) certo ( ) errado

COMENTÁRIOS:

No texto: *a taxa média de natalidade havia ultrapassado.*

Não há incorreção gramatical por ser uma locução verbal. Nesse caso, pode ser usado o verbo "haver" ou o verbo "ter" como auxiliar.

Resposta: Certo

---

61. (Cebraspe - MP TO - Analista Ministerial - Letras - 2024) Os vocábulos "muito" (segundo período do segundo parágrafo) e "mais" (terceiro período do quinto parágrafo) classificam-se gramaticalmente no texto, respectivamente, como advérbio e adjetivo.

( ) certo ( ) errado

COMENTÁRIOS:

No texto:

1. *acontecia devido à alta natalidade combinada à "redução, **muito** bem-sucedida, na taxa de mortalidade global...*

   → advérbio de intensidade – intensifica o adjetivo "bem-sucedida".

2. *usamos 75% **mais** recursos do que o planeta pode suportar.*

   → qualifica o substantivo "recursos".

   Dica: não indica o oposto de "menos".

   Lembre-se de que o advérbio modifica o verbo, o adjetivo, ou outro advérbio.

   Exemplos: Precisava estudar **mais**. Ele está **mais** feliz. Acordou mais **cedo** hoje.

Resposta: Certo

---

62. (Cebraspe - MP TO - Analista Ministerial - Letras - 2024) No segundo período do quarto parágrafo, "em que" poderia ser substituído por **onde** sem prejuízo da correção gramatical e da coerência do texto.

( ) certo ( ) errado

COMENTÁRIOS:

No texto: *a organização americana Global Footprint Network calcula o chamado dia da sobrecarga da Terra, a data* ***em que*** *ultrapassamos a capacidade do planeta de reequilibrar seus sistemas ecológicos e regenerar recursos naturais.*

O pronome relativo "que" retoma "a data".

Lê-se: *ultrapassamos a capacidade do planeta de reequilibrar seus sistemas ecológicos e regenerar recursos naturais* **na** data.

A preposição "em" foi exigida, mas o relativo não retoma um lugar físico. É inadmissível usar o pronome "onde".

Resposta: Errado

---

63. (Cebraspe - MP TO - Analista Ministerial - Letras - 2024) A expressão "naquele ano" (primeiro período do quinto parágrafo) faz referência a "1971".

( ) certo ( ) errado

COMENTÁRIOS:

No texto: *Esse indicador é calculado desde 1971; naquele ano, a humanidade atravessou o limite em dezembro.*

O pronome demonstrativo é anafórico e retoma 1971.

Resposta: Certo

---

64. (Cebraspe - MP TO - Analista Ministerial - Letras - 2024) Sem prejuízo da progressividade e da coerência do segundo parágrafo do texto, a referência à obra nele citada no terceiro período poderia ser feita no tempo presente, com as devidas adaptações, como mostrado a seguir: **Apresentando duas possíveis soluções: ou a humanidade diminui voluntariamente seu ritmo de crescimento, ou o próprio planeta acabará fazendo isso, reduzindo a população por meio de um colapso ambiental.**

( ) certo ( ) errado

COMENTÁRIOS:

Além de prejudicar a progressividade, os verbos não estão no presente.

No texto: E apresentava duas possíveis soluções: ou a humanidade diminuía voluntariamente seu ritmo de crescimento, ou o próprio planeta acabaria fazendo isso, reduzindo a população por meio de um colapso ambiental.

Na reescrita (tempos no presente): E **apresenta** duas possíveis soluções: ou a humanidade **diminui** voluntariamente seu ritmo de crescimento, ou o próprio planeta **acaba** fazendo isso, reduzindo a população por meio de um colapso ambiental.

Resposta: Errado

TEXTO PARA RESPONDER ÀS QUESTÕES.

A promulgação do Estatuto da Criança e do Adolescente (ECA) fez trinta anos em 2020. Por definição, encarregou as famílias, a comunidade, a sociedade e o

Estado de assegurar a proteção integral a todas as crianças e adolescentes no Brasil, de forma articulada e interdependente. Tal articulação foi alcunhada, mais tarde, de Sistema de Garantia dos Direitos da Criança e do Adolescente (SGDCA).

A ideia de proteção integral anotada no referido estatuto encontra lastro na concepção de que todas as pessoas com idade inferior a 18 anos ascendem à condição de sujeito de direitos, rompendo com a doutrina sociojurídica em voga até a sua promulgação, que destinava tal grupo à intervenção do mundo adulto. Desse novo modo, coloca-o como titular de direitos comuns a toda e qualquer pessoa humana, bem como de direitos especiais decorrentes da condição peculiar de pessoas em processo de desenvolvimento.

O Ministério Público é essencial à proteção pretendida e, por isso, o capítulo quinto do ECA é reservado a esse "sujeito", que age na composição do SGDCA, atribuindo-lhe competências administrativas para assegurar os direitos infantoadolescentes. De maneira geral, sua atuação volta-se à guarda dos interesses sociais, ou seja, à proteção dos direitos difusos e coletivos, todos os ligados à coletividade e, também, na defesa dos interesses individuais, desde que indisponíveis, caracterizados como direitos fundamentais, pois são inerentes à pessoa humana, tais como o direito à vida, à liberdade, à integridade física e psíquica, à igualdade perante a lei, à saúde, à educação, entre outros alcançáveis por sua tutela.

Nesse contexto, a sua intervenção não se resume à via jurisdicional, mas atua em diversas frentes com a finalidade de garantir que os direitos anunciados se tornem realidade na vida das crianças e dos adolescentes. Age para atenuar as distorções existentes entre os protocolos consignados nas convenções internacionais de direitos humanos, na Constituição e nas legislações infraconstitucionais, e para exigir dos poderes públicos as medidas adequadas para que os seus objetivos sejam efetivados. Especificamente no campo dos direitos sociais, o Ministério Público tem a obrigação de monitorá-los em seu desdobramento, enquanto políticas públicas, entre estas, a política de educação com adjetivação de qualidade.

José Almir do Nascimento; Luciana Rosa Marques. A efetivação do direito à educação de qualidade como ação do Ministério Público de Pernambuco. Internet: <https://www.doi.org/> (com adaptações).

---

65. (Cebraspe - MP TO - Analista Ministerial - Letras - 2024) A correção gramatical e a coerência das ideias do texto seriam preservadas caso se substituísse "volta-se" (segundo período do terceiro parágrafo) por **visa**.

( ) certo ( ) errado

COMENTÁRIOS:

No texto: *De maneira geral, sua atuação volta-se à guarda dos interesses sociais.*

O verbo está no sentido de *objetivar* e pode ser substituído por "visar" sem alterar a coerência.

Quanto à gramática, mantém a correção porque o verbo "visar" exige a preposição "a" e o acento indicativo de crase é obrigatório.

Resposta: Certo

66. (Cebraspe - MP TO - Analista Ministerial - Letras - 2024) A expressão "sua atuação", empregada no segundo período do terceiro parágrafo, faz referência a "infantoadolescentes", no período anterior.

( ) certo ( ) errado

COMENTÁRIOS:

No texto: *O Ministério Público é essencial à proteção pretendida e, por isso, o capítulo quinto do ECA é reservado a esse "sujeito", que age na composição do SGDCA, atribuindo-lhe competências administrativas para assegurar os direitos infantoadolescentes. De maneira geral, sua atuação volta-se à guarda dos interesses sociais.*

O capítulo do ECA atribui **ao Ministério Público** competências administrativas.

Resposta: Errado

---

67. (Cebraspe - MP TO - Analista Ministerial - Letras - 2024) No texto "esse 'sujeito'" (primeiro período do terceiro parágrafo) e "tal grupo" (primeiro período do segundo parágrafo) possuem o mesmo referente.

( ) certo ( ) errado

COMENTÁRIOS:

1. *O Ministério Público é essencial à proteção pretendida e, por isso, o capítulo quinto do ECA é reservado a* ***esse "sujeito"****, que age na composição do SGDCA...*

   Esse "sujeito" = Ministério Público.

   Perceba que está entre aspas por se referir a um órgão.

2. *A ideia de proteção integral anotada no referido estatuto encontra lastro na concepção de que todas as pessoas com idade inferior a 18 anos ascendem à condição de sujeito de direitos, rompendo com a doutrina sociojurídica em voga até a sua promulgação, que destinava* ***tal grupo*** *à intervenção do mundo adulto.*

   Tal grupo = todas as pessoas com idade inferior a 18.

   Os referentes são distintos.

   Resposta: Errado

---

68. (Cebraspe - MP TO - Analista Ministerial - Letras - 2024) No primeiro período do terceiro parágrafo, a forma pronominal "lhe", em "atribuindo-lhe", faz referência ao "capítulo quinto do ECA".

( ) certo ( ) errado

COMENTÁRIOS:

No texto: *O Ministério Público é essencial à proteção pretendida e, por isso, o capítulo quinto do ECA é reservado a esse "sujeito", que age na composição do SGDCA, atribuindo-**lhe** competências administrativas para assegurar os direitos infantoadolescentes.*

Atribuindo **ao Ministério Público** competências administrativas.

Não atribui competências ao capítulo quinto do ECA.

Resposta: Errado

---

69. (Cebraspe - MP TO - Analista Ministerial - Letras - 2024) A locução "por isso" (primeiro período do terceiro parágrafo) poderia, sem prejuízo do sentido original do texto, ser substituída por **portanto.**

( ) certo ( ) errado

COMENTÁRIOS:

No texto: *O Ministério Público é essencial à proteção pretendida e, por isso, o capítulo quinto do ECA é reservado a esse "sujeito".*

A expressão "por isso" pode indicar conclusão ou explicação. No contexto, **explica** e não pode ser substituído por "portanto" por ser uma conjunção conclusiva ou consecutiva.

Resposta: Errado

TEXTO CG1A1-I

Uma organização é um sistema complexo de comunicações com um objetivo funcional. Durante sua existência e atuação, a organização vai formando uma imagem perante seus diversos públicos em função de todo um conjunto de contatos realizados, e não somente pelas iniciativas planejadas de comunicação que ela toma para formar a imagem pretendida. Essa imagem, chamada imagem organizacional, pode ser descrita como uma compilação de opiniões e pontos de vista baseados em informações processadas de várias fontes, ao longo do tempo, que gera uma imagem mental dos atributos da organização.

Seguindo uma tendência já percebida na iniciativa privada, os órgãos públicos têm-se preocupado, cada vez mais, com sua imagem organizacional. A imagem organizacional pública tem valor estratégico na medida em que interfere diretamente no relacionamento da organização com diferentes atores, bem como na sua legitimação e credibilidade perante a sociedade. No entanto, apesar de sua relevância, ainda há poucos estudos sobre a imagem organizacional no contexto público, tanto nacional quanto internacionalmente.

Quando se trata da construção da imagem de uma organização, ressalta-se o papel dos veículos de imprensa. Esses veículos, ao publicarem uma notícia, atuam na associação e formação das crenças, das ideias, dos sentimentos e das impressões que uma pessoa ou um grupo tem ou passa a ter sobre aquela organização. Não obstante, a migração desses meios de comunicação para a Internet aumenta o volume de informações em circulação e eleva o seu poder de influência, uma vez que é possível acessar dados e informações de qualquer lugar e a qualquer momento, de modo a expandir a comunicação entre as pessoas e as organizações.

Carolina Coelho da Silveira, Carla Bonato Marcolin e Carlos Henrique Rodrigues. Como somos vistos? Análise da imagem organizacional pública utilizando ciência de dados. Internet: (com adaptações).

70. (Cebraspe - CGE RJ - Auditor do Estado - 2024) Estariam mantidas a coerência das ideias do texto e sua correção gramatical caso o trecho "a migração desses meios de comunicação para a Internet aumenta o volume de informações em circulação e eleva o seu poder de influência" (terceiro período do terceiro parágrafo) fosse assim reescrito: **quando migraram para a Internet, esses meios de comunicação aumentaram o volume de informações em circulação e elevaram o seu poder de influência.**

( ) certo ( ) errado

COMENTÁRIOS:

No texto: a migração desses meios de comunicação para a Internet aumenta o volume de informações em circulação e eleva o seu poder de influência.

Na reescrita: quando migraram para a Internet, **esses meios de comunicação** aumentaram o volume de informações em circulação e elevaram o seu poder de influência.

A coerência não é mantida porque o referente (o sujeito) foi alterado. Modificou-se, também, o tempo verbal: do presente (aumenta) para o pretérito perfeito (aumentaram).

Observação: a gramática permanece correta.

Resposta: Errado

71. (Cebraspe - CGE RJ - Auditor do Estado - 2024) A substituição do vocábulo "pretendida" (segundo período do primeiro parágrafo) pelo vocábulo **almejada** ou pela oração **a que aspira** manteria a correção gramatical e o sentido do texto.

( ) certo ( ) errado

COMENTÁRIOS:

No texto: não somente pelas iniciativas planejadas de comunicação que ela toma para formar a imagem **pretendida**.

Nas reescritas:

1. não somente pelas iniciativas planejadas de comunicação que ela toma para formar a imagem **almejada**.
   = são vocábulos sinônimos – correto.
2. não somente pelas iniciativas planejadas de comunicação que ela toma para formar a imagem **a que aspira.**
   = o verbo "aspirar" é sinônimo de "pretender"; a inserção do pronome relativo "que" forma uma oração adjetiva restritiva; a preposição "a" foi inserida antes do relativo porque o verbo "aspirar" está no sentido de pretender, de almejar – correto.

Resposta: Certo

72. (Cebraspe - CGE RJ - Auditor do Estado - 2024) A correção gramatical do texto seria mantida caso se flexionasse a forma verbal "gera" (terceiro período do primeiro parágrafo) na terceira pessoa do plural — **geram** —, mas, nesse caso, as relações coesivas no período seriam alteradas.

( ) certo ( ) errado

COMENTÁRIOS:

No texto: *Essa imagem, chamada imagem organizacional, pode ser descrita como uma compilação de opiniões e pontos de vista baseados em informações processadas de várias fontes, ao longo do tempo, que **gera** uma imagem mental dos atributos da organização.*

Na reescrita: Essa imagem, chamada imagem organizacional, pode ser descrita como uma compilação de opiniões e pontos de vista baseados em informações processadas de várias fontes, ao longo do tempo, que **geram** uma imagem mental dos atributos da organização.

A coerência não é mantida porque o referente (o sujeito) foi alterado.

Observação: a gramática permanece correta.

Resposta: Certo

---

73. (Cebraspe - CGE RJ - Auditor do Estado - 2024) O segmento "na medida em que" (segundo período do segundo parágrafo) introduz um argumento que expressa o motivo de a imagem organizacional pública ter valor estratégico.

( ) certo ( ) errado

COMENTÁRIOS:

Simples: "na medida em que" é uma locução conjuntiva causal, ou seja, indica o motivo, a razão.

Dica: a banca sempre exige a diferença entre essa locução causal e "à medida que" – que indica proporcionalidade.

Compare:

À medida que exercita, erra menos questões. = **proporcionalidade**, ações simultâneas.

Na medida em que se dedicou, foi convocado. = **causalidade**.

- Por que foi convocado?

- Porque se dedicou.

Resposta: Certo

---

74. (Cebraspe - CGE RJ - Auditor do Estado - 2024) Caso a forma verbal "há" (terceiro período do segundo parágrafo) fosse substituída por **existem**, a correção gramatical e o sentido do texto seriam mantidos.

( ) certo ( ) errado

COMENTÁRIOS:

No texto: ainda **há** poucos estudos sobre a imagem organizacional no contexto público.

O verbo é impessoal (possui sentido de "existir") e transitivo direto: "poucos estudos" possui função de objeto direto; a oração não possui sujeito.

Na reescrita: ainda **existem** poucos estudos sobre a imagem organizacional no contexto público.

O verbo é intransitivo e "poucos estudos" possui função de sujeito. O verbo deve com ele concordar.

O sentido é mantido, e a correção gramatical também.

Resposta: Certo

◉ TEXTO CB1A1

Percebe-se no Brasil um persistente discurso de negativação da atividade fiscal, do Estado fiscal, ainda marcado por figuras arcaicas como a do "leão" do imposto de renda, a tão repetida expressão "carga tributária", entre outras. Essa "demonização" do fisco em muito se justifica por uma deslegitimação do Estado brasileiro como um todo e, na seara tributária, especialmente por não sentir retorno a população em relação ao quanto é onerada. Frise-se, porém, que essa imagem negativa é, às vezes, patrocinada por quem ideologicamente julga desnecessária uma tributação nas proporções em que o Estado brasileiro vem aplicando.

Nesse cenário, percebe-se, com linhas mais nítidas, um fenômeno que acompanha toda a história tributária do homem: o da oposição social aos tributos, entendida aqui não como uma predisposição "natural", "inata" dos contribuintes, mas como todo desvio que afasta o contribuinte do cumprimento de uma obrigação tributária, não sendo naturais as causas que o levam a resistir. O contribuinte resiste diante da cobrança de uma tributação ilícita; diante da cobrança ou da instituição de um tributo por um governo ou legislador ilegítimo; diante da possibilidade de se praticar uma conduta tributária menos onerosa, tendo o contribuinte a liberdade e o direito de resistir à tributação mais severa; e, no caso dos crimes contra a ordem tributária, quando apenas há a vontade livre e consciente de cometer o crime.

A resistência fiscal, assim, tem um conteúdo que ora se distancia dos conceitos clássicos de direito de resistência (objeção de consciência, desobediência civil, greve política, direito de revolta, entre outros), ora se aproxima desses mesmos conceitos. É quando se veem na literatura, especialmente na estrangeira, expressões como "direito de resistência fiscal", "objeção fiscal", "desobediência fiscal", "greve fiscal", "revolta fiscal", "rebelião fiscal". Entre outras, tais expressões relacionam-se com os conceitos de "direito de resistência" e de "resistência fiscal", tomados como dois gêneros em que algumas espécies coincidem, mas que também possuem pontos incomunicáveis.

Com efeito, dado que seja gênero de múltiplas espécies, podem ser elencadas como modalidades de resistência fiscal: a) a resistência à cobrança de tributos ilícitos/inconstitucionais, que tem total amparo no princípio constitucional da legalidade tributária, tendo os contribuintes direito de resistir a essa tributação ilegal/inconstitucional; b) a resistência à cobrança ou à instituição de tributos que, mesmo amparados na lei e na Constituição Federal de 1988, são, porém, rechaçados pela sociedade, considerados ilegítimos pela população, ou rechaçados por camada social que se veja prejudicada com sua instituição; c) o crime tributário, que não passa de uma ofensa deliberada à lei; e d) a resistência lícita, na qual se opta por alternativa legal menos onerosa ou pela abstenção de conduta tributável.

A história mostrou que a resistência fiscal, por mais que pareça natural e inevitável a toda realidade tributária, teve proporções menores em regimes considerados mais democráticos, uma vez que os abusos e o arbítrio das autoridades foram, em muitas sociedades, as principais causas para a recusa ao pagamento dos tributos. Verifica-se, assim, uma razão inversamente proporcional entre o *quantum* democrático de um regime político e a resistência social aos tributos por ele instituídos. Assim, a democracia participativa, em superação aos modelos clássicos e insuficientes da representação ou do exercício semidireto do poder, aponta para uma "relegitimação" do Estado fiscal, na qual a sociedade passa a tomar parte de espaços de decisões políticas. (...)

Isaac Rodrigues Cunha. Resistência fiscal, democracia e educação tributária: fundamentos para uma fiscalidade democrático-participativa por meio de uma "pedagogia fiscal". Universidade Federal do Ceará, Faculdade de Direito, Programa de Pós-Graduação em Direito, Fortaleza, 2017 (com adaptações).

---

75. (CEBRASPE - CGDF - Auditor de Controle Interno - 2023) No início do segundo parágrafo do texto CB1A1, a expressão "Nesse cenário" retoma o seguinte núcleo semântico, presente no parágrafo anterior.

A) "Estado fiscal"

B) "'leão' do imposto de renda"

C) "'carga tributária'"

D) "discurso de negativação da atividade fiscal"

COMENTÁRIOS:

Nota da autora: Basta fazer esta pergunta = Em qual cenário percebe-se um fenômeno que acompanha toda a história tributária do homem?

Alternativa "a" – O termo "Estado fiscal" representa apenas um elemento que compõe o cenário global.

Alternativa "b" – O termo representa apenas um elemento que compõe o cenário global.

Alternativa "c" – O termo representa, também, apenas um elemento que compõe o cenário global.

Alternativa "d" – No início do texto: *Percebe-se no Brasil um persistente **discurso de negativação da atividade fiscal**, do Estado fiscal.*

Observação: Esta é a resposta da pergunta feita acima = no discurso de negativação da atividade fiscal.

RESPOSTA: D

---

76. (CEBRASPE - CGDF - Auditor de Controle Interno – 2023) Estariam mantidos os sentidos do texto caso a expressão "Com efeito" (quarto parágrafo) fosse substituída por

A) De fato.

B) Outrossim.

C) Desse modo.

D) Além do mais.

COMENTÁRIOS:

Alternativa "a" – A expressão "com efeito" significa *de maneira efetiva; na verdade, na realidade;* ***de fato****; efetivamente, verdadeiramente, realmente.*

É uma locução usada no sentido de enfatizar, reiterar ou dar como verdadeiro o que foi dito ou escrito.

Alternativa "b" – "Outrossim" indica adição, equivale a *também.*

Alternativa "c" – "Desse modo" possui valor conclusivo.

Alternativa "d" – "Além do mais" indica adição.

RESPOSTA: A

---

77. (CEBRASPE - CGDF - Auditor de Controle Interno - 2023) Considerando-se o fenômeno da concordância com termo antecedente, é correto afirmar que o vocábulo "o", no trecho "que o levam a resistir", no primeiro período do segundo parágrafo do texto, refere-se a

A) "desvio".

B) "cumprimento".

C) "contribuinte".

D) "todo desvio que afasta o contribuinte".

COMENTÁRIOS:

Nota da autora: Questão de coesão textual, concordância e análise sintática.

Trecho para análise:

Nesse cenário, percebe-se, com linhas mais nítidas, um fenômeno que acompanha toda a história tributária do homem: o da oposição social aos tributos, entendida aqui não como uma predisposição "natural", "inata" dos contribuintes, mas como todo desvio que afasta o contribuinte do cumprimento de uma obrigação tributária, não sendo naturais as causas ***que o levam a resistir****.*

→ Pergunta que deve ser feita: **Levam quem a resistir?**

Alternativa "a" – Sujeito do verbo "afastar".

Observação: como possui o pronome relativo posposto, ele é o sujeito do verbo.

Alternativa "b" – Objeto indireto do verbo "afastar".

Alternativa "c" – Levam **o contribuinte** a resistir.

Alternativa "d" – Indica como a maneira da oposição social aos tributos é entendida.

RESPOSTA: C

78. (CEBRASPE - CGDF - Auditor de Controle Interno - 2023 - adaptada) No segundo período do quinto parágrafo do texto CB1A1, o termo *quantum* classifica-se gramaticalmente como

A) adjetivo, empregado com valor semântico valorativo.

B) substantivo, empregado com sentido quantitativo.

C) pronome, empregado com valor semântico de intensidade.

D) advérbio, empregado com sentido de proporcionalidade.

COMENTÁRIOS:

Nota da autora: Questão de morfologia – classes gramaticais.

Alternativa "a" – Não qualifica e não é valorativo, isto é, não indica valor.

Alternativa "b" – Perceba que está acompanhado pelo artigo definido masculino (o) e nomeia. Além disso, possui sentido quantitativo.

Quantum: ***quantidade** determinada, proporção de uma grandeza em uma divisão, um conjunto.*

Alternativa "c" – Não possui função de nome nem pode substituí-lo. Também não indica intensidade, mas sim quantidade.

Alternativa "d" – Não indica circunstância do verbo nem intensifica outro termo. Além disso, não possui relação alguma com proporcionalidade, não possui relação idêntica com outra coisa.

RESPOSTA: B

◉ TEXTO CB1A1

A regulamentação do direito quilombola — reconhecido no artigo 68 do Ato das Disposições Constitucionais Transitórias (ADCT) da Constituição Federal de 1988 (CF) — passou anos sem qualquer instrumento legal de abrangência nacional que guiasse sua efetivação. Em 2001, o Decreto n.º 3.912 delimitou o período entre 1888 até 5 de outubro de 1988 para a caracterização das comunidades "remanescentes de quilombos", utilizando uma noção de quilombo vinculada à definição colonial da Convenção Ultramarina de 1740. Tal decreto foi revogado pelo de n.º 4.887/2003, que, por sua vez, aboliu a exigência de permanência no território e, com base no critério de autodefinição previsto na Convenção 169 da Organização Internacional do Trabalho (OIT) para povos indígenas e tribais, definiu a categoria "remanescentes de quilombos" como "grupos étnico-raciais, segundo critérios de autoatribuição, com trajetória histórica própria, dotados de relações territoriais específicas, com presunção de ancestralidade negra relacionada com a resistência à opressão histórica sofrida" (Decreto n.º 4.887/2003, art. 2.º). O decreto também estabeleceu a necessidade de desapropriação das áreas reivindicadas por particulares, bem como a titulação coletiva das terras dos quilombos, e impediu a alienação das propriedades tituladas.

A previsão de autodefinição é de suma relevância porquanto parte do pressuposto de que não cabe ao poder público, nem a nenhum pesquisador, imputar identidades sociais. Esse princípio vai de par com o Decreto Federal n.º 6.040/2007, que instituiu a Política Nacional de Desenvolvimento Sustentável dos Povos e Comunidades Tradicionais, definindo-os como "grupos culturalmente diferenciados e que se reconhecem como tais, que possuem formas próprias de organização social, que ocupam e usam territórios e recursos naturais como condição para sua reprodução cultural, social, religiosa, ancestral e econômica, utilizando conhecimentos, inovações e práticas gerados e transmitidos pela tradição".

F. Vieira et al. Sob o rufar dos ng'oma: o judiciário em disputa pelos quilombolas. Revista Direito e Práxis, v. 8, jan. 2017, p. 560–1 (com adaptações).

---

79. (CEBRASPE - CNMP - Analista - 2023) No primeiro período do primeiro parágrafo, o vocábulo "sua" está empregado em referência a "A regulamentação do direito quilombola".

( ) certo ( ) errado

COMENTÁRIOS:

Nota da autora: Confira, a seguir, o primeiro período para facilitar.

A regulamentação do direito quilombola — reconhecido no artigo 68 do Ato das Disposições Constitucionais Transitórias (ADCT) da Constituição Federal de 1988 (CF) — passou anos sem qualquer instrumento legal de abrangência nacional que guiasse ***sua*** *efetivação.*

Indica posse e é necessário fazer esta pergunta: **guiasse a efetivação de quê?**

Da **regulamentação do direito quilombola**.

Resposta: Certo

---

80. (CEBRASPE - CNMP - Analista - 2023) No último período do último parágrafo, o vocábulo "que" em "que ocupam e usam territórios e recursos naturais" retoma "formas próprias de organização social".

( ) certo ( ) errado

COMENTÁRIOS:

Existe paralelismo sintático.

Lê-se: grupos culturalmente diferenciados,

que (os quais) *possuem formas próprias de organização social,*

que (os quais) *ocupam e usam territórios e recursos naturais.*

Nos dois casos, o vocábulo "que" é pronome relativo e retoma "grupos culturalmente diferenciados".

Resposta: Errado

---

81. (CEBRASPE - CNMP - Analista - 2023) A coerência e a correção gramatical do texto seriam mantidas caso o segundo parágrafo fosse assim iniciado: **No entanto, a previsão** (...)

( ) certo ( ) errado

COMENTÁRIOS:

A locução conjuntiva coordenativa "no entanto" é adversativa, ou seja, indica oposição, e, no texto, as ideias não são contraditórias, são adicionais. A coerência não seria mantida pelo fato de não haver lógica.

Resposta: Errado

---

82. (CEBRASPE - CNMP - Analista - 2023) Estariam mantidos os sentidos e a coerência do texto caso se substituísse, no primeiro período do segundo parágrafo, "porquanto" por **logo**.

( ) certo ( ) errado

COMENTÁRIOS:

Existe uma clara relação de causa e consequência:

Por que a previsão de autodefinição é de suma relevância?	**Porque** parte do pressuposto de que não cabe ao poder público, nem a nenhum pesquisador, imputar identidades sociais.
*A pergunta é a **consequência**.*	*A resposta é a **causa**.*

A conjunção "porquanto" é causal, e a conjunção "logo" é conclusiva (coordenativa). Não seriam mantidos os sentidos nem a coerência.

Resposta: Errado

---

83. (CEBRASPE - CNMP - Analista - 2023) No segundo período do segundo parágrafo, a expressão "Esse princípio" faz referência ao pressuposto anteriormente citado, o qual, conforme se depreende da leitura do texto, constitui o fundamento da "previsão de autodefinição", mencionada no início do parágrafo.

( ) certo ( ) errado

COMENTÁRIOS:

Nota da autora: Confira, a seguir, o trecho para facilitar.

*A previsão de autodefinição é de suma relevância porquanto parte do pressuposto de que não cabe ao poder público, nem a nenhum pesquisador, imputar identidades sociais. **Esse** princípio vai de par com o Decreto Federal n.º 6.040/2007.*

Trata-se de um pronome anafórico – retoma uma ideia mencionada no período anterior – e é necessário fazer esta pergunta: **qual princípio vai de par com o Decreto Federal?**

A previsão de autodefinição é de suma relevância porquanto parte do pressuposto de que não cabe ao poder público, nem a nenhum pesquisador, imputar identidades sociais.

Volte ao comando da questão: ***faz referência ao pressuposto anteriormente citado,*** *o qual, conforme se depreende da leitura do texto, constitui o fundamento da **"previsão de autodefinição"**.*

Resposta: Certo

84. (CEBRASPE - CNMP - Analista - 2023) No último período do primeiro parágrafo, a substituição de "a titulação" por **da titulação** não prejudicaria a correção gramatical do texto, mas alteraria as relações sintáticas nele estabelecidas.

( ) certo ( ) errado

↘ *COMENTÁRIOS:*

No texto:

O decreto também estabeleceu (V.T.D.)

→ a necessidade (objeto direto),

→ **a titulação** coletiva das terras dos quilombos (**objeto direto**)

Na reescrita:

O decreto também estabeleceu a necessidade (nome – objeto direto)

→ de desapropriação (complemento nominal)

→ **da titulação** coletiva (**complemento nominal**).

Correção gramatical mantida, e funções sintáticas alteradas – deixa de ser objeto direto e passa a ser complemento nominal.

Resposta: Certo

---

85. (CEBRASPE - CNMP - Analista - 2023) No trecho "com presunção de ancestralidade negra relacionada com a resistência à opressão histórica sofrida" (terceiro período do primeiro parágrafo), o emprego da preposição "com" em sua segunda ocorrência justifica-se pelo necessário estabelecimento do paralelismo sintático entre as expressões introduzidas pela referida preposição.

( ) certo ( ) errado

↘ *COMENTÁRIOS:*

... definiu a categoria "remanescentes de quilombos" como "grupos étnico-raciais"

→ com trajetória histórica própria, dotados de relações territoriais específicas

→ com presunção de ancestralidade negra **relacionada** → **com** a resistência à opressão histórica sofrida.

A preposição "com", nos dois primeiros casos, está ligada aos "grupos étnico-raciais"; no terceiro caso, é exigida pelo verbo (no particípio) "relacionada".

Observação: a regência do verbo *relacionar* pode variar.

- No sentido de "dizer respeito a", usa-se a preposição "com": Relacionar com a educação. Relaciona-se com pessoas fúteis.
- No sentido de "estabelecer uma relação lógica" ou "analogia", usa-se a preposição "a": É possível relacionar um fato a outro. Não relacionou a pessoa ao nome.

Resposta: Errado

86. (CEBRASPE - CNMP - Analista - 2023) Não haveria prejuízo da coesão e da coerência textual caso o trecho "sem qualquer instrumento legal de abrangência nacional que guiasse sua efetivação" (primeiro período do texto) fosse assim reescrito: **sem que qualquer instrumento legal de abrangência nacional guiasse sua efetivação**.

( ) certo ( ) errado

COMENTÁRIOS:

Frase original: sem qualquer instrumento legal de abrangência nacional **que** guiasse sua efetivação.

- O "que" é pronome relativo e retoma "abrangência nacional".

Na reescrita, lê-se: A regulamentação do direito quilombola passou anos sem **que** qualquer instrumento legal de abrangência nacional guiasse sua efetivação.

- O "que" passa a fazer parte da locução adverbial "sem que", e a oração iniciada por ela é classificada como subordinada adverbial modal.

Não prejudica a coesão nem a coerência textual (a lógica), embora altere o sentido e a classe gramatical.

Resposta: Certo

87. (CEBRASPE - CNMP - Analista - 2023) Estariam mantidos os sentidos e a correção do segundo período do último parágrafo do texto caso o segmento "vai de par com" fosse substituído por **segue par à par com**.

( ) certo ( ) errado

COMENTÁRIOS:

Nota da autora: É necessário prestar atenção no sentido e na correção gramatical.

No texto: Esse princípio **vai de par com** o Decreto Federal n.º 6.040/2007 = vai ao encontro de.

Na reescrita: Esse princípio **segue par à par com** o Decreto Federal n.º 6.040/2007 = lado a lado.

Além de o sentido ser alterado, há erro ao inserir o acento indicativo de crase entre palavras repetidas que fazem parte de uma locução adverbial.

Observação: pode haver crase entre palavras repetidas que não formem locução adverbial – prefiro guerra à guerra (objeto direto + objeto indireto).

Resposta: Errado

TEXTO PARA RESPONDER ÀS QUESTÕES.

Antropólogo, sociólogo, educador, escritor e político brasileiro, a personalidade multifacetada de Darcy Ribeiro torna longa a lista de "fazimentos", como ele próprio gostava de chamar suas realizações. Graduou-se em ciências sociais, em 1946, na Fundação Escola de Sociologia e Política de São Paulo (FESPSP). Suas primeiras experiências profissionais foram no Serviço de Proteção aos Índios (SPI). Em 1956, Darcy organizou e passou a dirigir o Museu do Índio, sediado no Rio de Janeiro. Em 1957, conheceu Anísio Teixeira e passou a ter contato com o universo da educação. Foi coordenador do Centro Brasileiro de Pesquisas Educacionais, vinculado ao INEP. "Juscelino Kubitschek pediu a Anísio para criar o sistema educacional do Distrito Federal e implementar uma universidade em Brasília", destaca Murilo Camargo, lembrando que o projeto iniciado em 1962 foi interrompido em 1964, com a ascensão do regime militar, e passou por muitas mudanças de configuração, sobretudo com a reforma universitária de 1968. **Com o regime militar, o educador foi exilado para o Uruguai.** Em Montevidéu, ajudou na reorganização da Universidade da República do Uruguai e de instituições públicas do continente americano, além da Universidade de Argel, na Argélia. De volta ao Brasil, em 1976, passou a se dedicar à educação pública. Vice-governador de Leonel Brizola, no governo do Rio de Janeiro, implantou os Centros Integrados de Ensino Público (CIEP), projeto pedagógico inspirado nas concepções de Anísio Teixeira e que garantia assistência em tempo integral aos estudantes, com atividades recreativas e culturais para além do ensino formal. Ao longo da vida, o antropólogo escreveu obras sobre etnologia, antropologia, educação, além de romances. Em 1992, Darcy Ribeiro foi eleito para a cadeira n.º 11 da Academia Brasileira de Letras, que ocupou até sua morte, em fevereiro de 1997.

Carolina Pires. Pioneiros. In: Revista de Jornalismo Científico e Cultural da Universidade de Brasília, n.º 23, jul.–dez./2019 (com adaptações).

---

88. (Cebraspe - FUB – Analista de Tecnologia da Informação - 2023) No período "Com o regime militar, o educador foi exilado para o Uruguai.", seriam mantidos os sentidos do texto se a locução "foi exilado" fosse substituída por **exilou-se**.

( ) certo ( ) errado

COMENTÁRIOS:

O sentido seria alterado porque ocorre mudança na voz verbal.

Em "foi exilado", a voz é passiva analítica e significa que alguém o exilou por causa do regime militar.

Em "exilou-se", a voz é reflexiva e significa que ele exilou a si próprio.

Resposta: Errado

---

89. (Cebraspe - FUB – Analista de Tecnologia da Informação - 2023) No trecho 'Juscelino Kubitschek pediu a Anísio para criar o sistema educacional do Distrito Federal' (sétimo período), o verbo **pedir**, empregado na forma 'pediu', poderia ser flexionado no presente do indicativo — **pede** —, sem prejuízo das informações veiculadas no texto.

( ) certo ( ) errado

COMENTÁRIOS:

O verbo, no texto, está conjugado no pretérito perfeito do indicativo e denota uma ação que ocorreu no passado.

Ao transpor para o presente, a ação torna-se mais real e continua se referindo ao passado, mas, no caso, trata-se de um presente histórico.

O **presente histórico** acontece quando se usa verbos no presente do indicativo e enfatizam fatos passados como se estivessem acontecendo no momento da fala/escrita. É muito usado nos livros de história, pois ao narrar, mencionam-se fatos já ocorridos, isto é, anteriores ao tempo em que fala/escreve. É como se o narrador voltasse ao momento dos acontecimentos e narrasse como se estivesse presenciando as cenas.

Dica para a próxima prova: o presente do indicativo pode se referir a um fato permanente, a um hábito, a uma ação pontual, a um futuro próximo e a um presente histórico.

Resposta: Certo

◉ TEXTO PARA RESPONDER ÀS QUESTÕES.

Em 1978, recebi o título de doutor honoris causa da Sorbonne. Dei, então, um testemunho pessoal, aproveitando a oportunidade única de autoapreciação que a velha Universidade me abria. Sendo quem sou, jamais a perderia.

"Senhoras e senhores:

Obrigado. Muito obrigado pelo honroso título que me conferem. Eu me pergunto se o mereci. Talvez sim, não, certamente, por qualquer feito, ou qualidade minha. Sim, como consolidação de meus muitos fracassos.

Fracassei como antropólogo no propósito mais generoso que me propus: salvar os índios do Brasil. Sim, simplesmente salvá-los. Isto foi o que quis. Isto é o que tento há trinta anos. Sem êxito.

Fracassei também na minha principal meta como Ministro da Educação: a de pôr em marcha um programa educacional que permitisse escolarizar todas as crianças brasileiras. Elas não foram escolarizadas. Menos da metade das nossas crianças completam quatro séries de estudos primários.

Fracassei, por igual, nos dois objetivos maiores que me propus como político e como homem do governo: o de realizar a reforma agrária e de pôr sob o controle do Estado o capital estrangeiro de caráter mais aventureiro e voraz.

Outro fracasso meu, nosso, que me dói especialmente rememorar neste augusto recinto da Sorbonne foi o de reitor da Universidade de Brasília. Tentamos lá, com o melhor da intelectualidade brasileira, e tentamos em vão, dar à nova capital do Brasil a universidade necessária ao desenvolvimento nacional autônomo. Ousamos ali — e esta foi a maior façanha da minha geração — repensar radicalmente a universidade, como instituição central da civilização, com o objetivo de refazê-la desde as bases. Refazê-la para que, em vez de ser universidade-fruto, reflexo do desenvolvimento social e cultural prévio da sociedade que mantém, fosse uma universidade-semente, destinada a cumprir a função inversa, de promover o desenvolvimento.

Nosso propósito era plantar na cidade-capital a sede da consciência crítica brasileira que para lá convocasse todo o saber humano e todo élan revolucionário, para a única missão que realmente importa ao intelectual dos povos que fracassaram na história: a de expressar suas potencialidades por uma civilização própria.

O que pedíamos à Universidade de Brasília é que se organizasse para atuar como um acelerador da história, que nos ajudasse a superar o círculo vicioso do subdesenvolvimento, o qual, quanto mais progride, mais gera dependência e subdesenvolvimento.

Desses fracassos da minha vida inteira, que são os únicos orgulhos que eu tenho dela, eu me sinto compensado pelo título que a Universidade de Paris VII me confere aqui, agora. Compensado e estimulado a retomar minha luta contra o genocídio e o etnocídio das populações indígenas; e contra todos que querem manter o povo brasileiro atado ao atraso e à dependência.

Obrigado. Muito obrigado."

Darcy Ribeiro. Testemunho. São Paulo: Editora Siciliano, 1990 (com adaptações).

---

90. (Cebraspe - FUB – Analista de Tecnologia da Informação - 2023) Sem prejuízo do sentido original e da correção gramatical do texto, o trecho 'Talvez sim, não, certamente, por qualquer feito, ou qualidade minha. Sim, como consolidação de meus muitos fracassos' (terceiro parágrafo) poderia ser reescrito da seguinte forma: **Decerto não, por nenhum feito ou qualidade minha, mas, talvez sim, como consolidação dos meus tantos fracassos.**

( ) certo ( ) errado

COMENTÁRIOS:

O sentido é alterado: a dúvida, no período original, é em relação a "qualquer feito, ou qualidade minha". Não se relaciona com a "consolidação dos meus tantos fracassos", como na reescrita.

Além disso, no período original, usa "qualquer feito" e na reescrita, "nenhum feito".

Resposta: Errado

---

91. (Cebraspe - FUB – Analista de Tecnologia da Informação - 2023) Seriam mantidos o sentido e a correção gramatical do texto se, no trecho 'e contra todos que querem manter o povo brasileiro atado ao atraso e à dependência' (penúltimo parágrafo), as formas 'ao' e 'à' fossem substituídas por a, da seguinte forma: **e contra todos que querem manter o povo brasileiro atado a atraso e dependência.**

( ) certo ( ) errado

COMENTÁRIOS:

Ocorre quebra no paralelismo sintático e, consequentemente, alteração de sentido:

1. querem manter o povo brasileiro **atado** → ao atraso e à dependência
   → e à dependência.
2. querem manter o povo brasileiro **atado** → a atraso e dependência

O artigo definido especifica o atraso e a dependência. Ao retirá-lo, o sentido passa a ser genérico.

Resposta: Errado

---

92. (Cebraspe - FUB – Analista de Tecnologia da Informação - 2023) O termo 'lá' (segundo período do sétimo parágrafo) refere-se a Brasília, a nova capital do Brasil.

( ) certo ( ) errado

COMENTÁRIOS:

No texto: *Outro fracasso meu, nosso, que me dói especialmente rememorar neste augusto recinto da Sorbonne foi o de reitor da Universidade de Brasília. Tentamos lá, com o melhor da intelectualidade brasileira, e tentamos em vão, dar à nova capital do Brasil a universidade necessária ao desenvolvimento nacional autônomo.*

- Tentamos onde?

- Na **Universidade de Brasília**.

Resposta: Errado

---

93. (Cebraspe - FUB – Analista de Tecnologia da Informação - 2023) No sétimo parágrafo, a forma pronominal 'esta', no terceiro período, retoma a ideia expressa no período imediatamente anterior.

( ) certo ( ) errado

COMENTÁRIOS:

No texto: *Tentamos lá, com o melhor da intelectualidade brasileira, e tentamos em vão, dar à nova capital do Brasil a universidade necessária ao desenvolvimento nacional autônomo. Ousamos ali — e* ***esta*** *foi a maior façanha da minha geração — repensar radicalmente a universidade, como instituição central da civilização, com o objetivo de refazê-la desde as bases.*

O pronome é catafórico, ou seja, refere-se a algo que será mencionado.

- Qual foi a façanha da minha geração?
- Repensar radicalmente a universidade, como instituição central da civilização, com o objetivo de refazê-la desde as bases.

Dica para a próxima prova:
esTe, esTa = ciTam
eSSe, eSSa = referem-se ao paSSado (já mencionado).

Resposta: Errado

TEXTO 2A1-I

O ordenamento jurídico vem sendo confrontado com as inovações tecnológicas decorrentes da aplicação da inteligência artificial (IA) nos sistemas computacionais. Não apenas se vivencia uma ampliação do uso de sistemas lastreados em IA no cotidiano, como também se observa a existência de robôs com sistemas computacionais cada vez mais potentes, nos quais os algoritmos passam a decidir autonomamente, superando a programação original. Nesse contexto, um dos grandes desafios ético-jurídicos do uso massivo de sistemas de inteligência artificial é a questão da responsabilidade civil advinda de danos decorrentes de robôs inteligentes, uma vez que os sistemas delituais tradicionais são baseados na culpa e essa centralidade da culpa na responsabilidade civil se encontra desafiada pela realidade de sistemas de inteligência artificial.

Perante a autonomia algorítmica na qual os sistemas de IA passam a decidir de forma diversa da programada, há uma dificuldade de diferenciar quais danos decorreram de erro humano e aqueles que derivaram de uma escolha equivocada realizada pelo próprio sistema ao agir de forma autônoma. O comportamento emergente da máquina, em função do processo de aprendizado profundo, sem receber qualquer controle da parte de um agente humano, torna difícil indicar quem seria o responsável pelo dano, uma vez que o processo decisório decorreu de um aprendizado automático que culminou com escolhas equivocadas realizadas pelo próprio sistema. Há evidentes situações em que se pode vislumbrar a existência de culpa do operador do sistema, como naquelas em que não foram realizadas atualizações de *software* ou, até mesmo, de quebra de deveres objetivos de cuidado, como falhas que permitem que *hackers* interfiram no sistema. Entretanto, excluídas essas situações, estará ausente o juízo de censura necessário para a responsabilização com base na culpa.

B. L. da Anunciação Melo e H. Ribeiro Cardoso. Sistemas de inteligência artificial e responsabilidade civil: uma análise da proposta europeia acerca da atribuição de personalidade civil. In: Revista Brasileira de Direitos Fundamentais & Justiça, 16(1), 2020, p. 93-4 (com adaptações).

---

94. (CEBRASPE - MP SC - Promotor - 2023) No segundo parágrafo, o vocábulo "que", em "que culminou com escolhas" (antepenúltimo período) e "que *hackers* interfiram no sistema" (penúltimo período), pertence à mesma classe gramatical.

( ) certo ( ) errado

COMENTÁRIOS:

1. decorreu de um aprendizado automático **que** culminou com escolhas equivocadas
   - Retoma "um aprendizado automático" e pode ser substituído por **o qual = pronome relativo;**
2. falhas que permitem **que** *hackers* interfiram no sistema
   - cabe o pronome catafórico "isto" antes do "que" = **conjunção integrante.**

> **Dica**: perceba que algo será mencionado = falhas que permitem isto...
>
> Se é conjunção integrante, nesse caso, liga a oração principal à subordinada substantiva objetiva direta, pois a oração principal termina com um verbo transitivo direto.

Resposta: Errado

---

95. (CEBRASPE - MP SC - Promotor - 2023) A classificação gramatical do vocábulo "como" em "como também se observa a existência de robôs" (segundo período do primeiro parágrafo) é distinta de sua classificação em "como naquelas em que não foram realizadas atualizações" (penúltimo período do segundo parágrafo).

( ) certo ( ) errado

COMENTÁRIOS:

A classificação é distinta, compare nos dois trechos:

1. *Não apenas se vivencia uma ampliação do uso de sistemas lastreados em IA no cotidiano,* ***como também*** *se observa a existência de robôs com sistemas computacionais cada vez mais potentes.*

   → A **locução conjuntiva** "como também" indica adição, é coordenativa e correlativa (ou copulativa).

> **Dica**: **conjunções correlativas** são **pares de conjunções** que unem dois elementos de igual importância em uma frase.
>
> As mais comuns são: ***não só, mas também / ou, ou / nem, nem / ora, ora / quer, quer.***
>
> Esses pares de conjunções correlativas podem juntar palavras, frases ou orações dentro de uma frase.

2. *Há evidentes situações em que se pode vislumbrar a existência de culpa do operador do sistema, como naquelas em que não foram realizadas atualizações de software.*

   → A **conjunção** "como" é **subordinativa adverbial comparativa**, ou seja, pode ser substituída por "tal qual".

   Resposta: Certo

---

96. (CEBRASPE - MP SC - Promotor - 2023) No primeiro período do segundo parágrafo, o vocábulo "quais" classifica-se como conjunção integrante, pois introduz uma oração que funciona como complemento do verbo "diferenciar".

( ) certo ( ) errado

COMENTÁRIOS:

No texto: *há uma dificuldade de diferenciar* ***quais*** *danos decorreram de erro humano.*

Há apenas dois vocábulos que são classificados como conjunção integrante: **que** e **se**.

No texto, trata-se de pronome interrogativo – a oração é interrogativa indireta (sem o ponto de interrogação).

Resposta: Errado

FRAGMENTO DE TEXTO PARA RESPONDER À QUESTÃO.

(...) A Constituição de 1988 é dotada de um capítulo próprio sobre o MP. Atendendo às características federais do Estado brasileiro, a CF trata do Ministério Público da União e daquele dos diversos estados-membros da Federação. (...)

Internet: www.anpr.org.br (com adaptações)

---

97. (CEBRASPE - MP SC - Promotor - 2023 - adaptada) Estaria preservada a correção gramatical do texto caso a oração "Atendendo às características federais do Estado brasileiro" (segundo período) fosse reescrita da seguinte maneira: **Atendendo a características federais do Estado brasileiro.**

( ) certo ( ) errado

COMENTÁRIOS:

Nota da autora: Questão de reescrita e de crase. Perceba que a banca não menciona alteração de sentido, apenas exige a análise da correção gramatical.

Em singular (a) + plural (características) nunca poderá haver o sinal indicativo de crase porque não existe o artigo definido feminino plural.

Dica para a próxima prova: o sentido é alterado quando se retira o artigo definido, pois este define de forma precisa o substantivo.

Resposta: Certo

FRAGMENTO DE TEXTO PARA RESPONDER ÀS QUESTÕES.

> Justiça é justiça social. É atualização dos princípios condutores, emergindo nas lutas sociais, para levar à criação de uma sociedade em que cessem a exploração e a opressão do homem pelo homem. O direito não é mais, nem menos, do que a expressão daqueles princípios supremos, como modelo avançado de legítima organização social da liberdade. Mas até a injustiça como também o antidireito (isto é, a constituição de normas ilegítimas e sua imposição em sociedades mal organizadas) fazem parte do processo, pois nem a sociedade justa, nem a justiça corretamente vista, nem o direito mesmo, o legítimo, nascem de um berço metafísico ou são presente generoso dos deuses: eles brotam nas oposições, no conflito, no caminho penoso do progresso, com avanços e recuos. (...)
>
> Roberto Lyra Filho. O que é direito. São Paulo: Brasiliense, 2003, p. 86 (com adaptações).

---

98. (CEBRASPE - MP SC - Promotor - 2023 - adaptada) Em "opressão do homem" (segundo período) e "presente generoso dos deuses" (último período), a substituição das locuções adjetivas "do homem" e "dos deuses" pelos adjetivos **humana** e **divino**, respectivamente, manteria a correção gramatical e as relações coesivas do texto original.

( ) certo ( ) errado

COMENTÁRIOS:

Manteria a correção gramatical, mas as relações coesivas seriam alteradas. Basta analisar a primeira substituição sugerida.

1. cessem a exploração e a opressão do homem pelo homem
   cessem a exploração e a opressão **humana** pelo homem
   → na frase original, a expressão "do homem pelo homem" está ligada à exploração e à opressão; na reescrita, "humana" caracteriza apenas a "opressão".

   Para se referir aos dois termos, o adjetivo deveria estar no plural (humanas).

2. nascem de um berço metafísico ou são presente generoso dos deuses
   nascem de um berço metafísico ou são presente generoso **divino**
   → nesse caso, são mantidas a correção gramatical e a relação coesiva.

Resposta: Errado

99. (CEBRASPE - MP SC - Promotor - 2023 - adaptada) No último período, a flexão de plural e de gênero masculino na forma pronominal "eles" justifica-se pelo fato de o referente desse pronome, no texto, ser constituído por mais de um termo e apresentar diferentes gêneros gramaticais.

( ) certo ( ) errado

COMENTÁRIOS:

É imprescindível voltar ao período anterior:

Mas até a injustiça como também o antidireito fazem parte do processo, pois nem a sociedade justa, nem a justiça corretamente vista, nem o direito mesmo, o legítimo, nascem de um berço metafísico ou são presente generoso dos deuses: **eles** brotam nas oposições, no conflito, no caminho penoso do progresso, com avanços e recuos.

A pergunta é: O que brotam nas oposições?

Resposta: A sociedade, a justiça, o direito.

São três termos: dois femininos e um masculino. Ao pluralizar, o masculino (direito) prevalece: eles.

Resposta: Certo

FRAGMENTO DE TEXTO PARA RESPONDER À QUESTÃO.

O justo se desvela no decorrer das lutas de libertação na história. O justo é um saber que se vai constituindo à medida que nossa consciência da história se aguça. Mas não basta a consciência da história, pois procurar a justiça é uma atitude ética — é uma escolha. Não podemos cair em uma visão automática da história, na qual nossa simples posição em dado estrato social nos leva necessariamente a pensar de certa forma, a valorizar em certa medida. (...)

Roberto Aguiar. O que é justiça: uma abordagem dialética. Brasília: Senado Federal. Conselho Editorial, 2020, p. 319-20 (com adaptações).

100. (CEBRASPE - MP SC - Promotor - 2023 - adaptada) No último período, a palavra "certa" está empregada como pronome indefinido variável.

( ) certo ( ) errado

COMENTÁRIOS:

Nota da autora: Questão de morfologia – classes gramaticais.

Em "certa medida", o vocábulo denota valor vago, isto é, trata-se de um pronome indefinido que acompanha o substantivo. Substitua por "qualquer" e perceba que a ideia é idêntica.

Dica para a próxima prova: se estivesse depois do substantivo, seria classificada, morfologicamente, como adjetivo = medida certa → medida exata.

Resposta: Certo

⦿ FRAGMENTOS DE TEXTO PARA RESPONDER À QUESTÃO.

(...) Não podemos cair em uma visão automática da história, na qual nossa simples posição em dado estrato social nos leva **necessariamente** a pensar de certa forma, a valorizar em certa medida. (...)

E cada um de nós vislumbra o norte da justiça, por via da busca de uma visão coerente da história, aliada a uma prática e a uma análise rigorosa das circunstâncias **presentemente** vividas. (...)

Roberto Aguiar. O que é justiça: uma abordagem dialética. Brasília: Senado Federal. Conselho Editorial, 2020, p. 319-20 (com adaptações).

101. (CEBRASPE - MP SC - Promotor - 2023 - adaptada) Assim como "necessariamente", o advérbio "presentemente" estabelece uma relação sintática com um verbo no texto, modificando sua circunstância de modo.

( ) certo ( ) errado

COMENTÁRIOS:

Nota da autora: Questão de morfologia – classes gramaticais.

1. ... nos leva necessariamente a pensar: **advérbio de modo** que modifica a locução verbal "leva a pensar";
2. ... circunstâncias presentemente vividas: **advérbio de tempo** que modifica o adjetivo "vividas".
   2.1. Presentemente: agora, que ocorre no tempo presente.

Resposta: Errado

⦿ FRAGMENTO DE TEXTO PARA RESPONDER ÀS QUESTÕES.

Entre 2016 e 2020, 35 mil crianças e adolescentes de 0 a 19 anos de idade foram mortos de forma violenta no Brasil — uma média de 7 mil por ano. Além disso, de 2017 a 2020, 180 mil sofreram violência sexual — uma média de 45 mil por ano. É o que revela o documento **Panorama da Violência Letal e Sexual contra Crianças e Adolescentes no Brasil**, do Fundo das Nações Unidas para a Infância (UNICEF) e do Fórum Brasileiro de Segurança Pública (FBSP).

Segundo o documento, a violência se dá de forma diferente de acordo com a idade da vítima. Crianças morrem, com frequência, em decorrência da violência doméstica, perpetrada por um agressor conhecido. O mesmo vale para a violência sexual contra elas, cometida dentro de casa, por pessoas próximas. Já os adolescentes morrem, majoritariamente, fora de casa, vítimas da violência armada urbana e do racismo.

Conforme os dados constantes no referido documento, a maioria das vítimas de mortes violentas é adolescente. Das 35 mil mortes violentas de pessoas com idade até 19 anos identificadas entre 2016 e 2020, mais de 31 mil tinham idade entre 15 e 19 anos. A violência letal, nos estados com dados disponíveis para a série histórica, teve um pico entre 2016 e 2017, e vem caindo, voltando aos patamares dos anos anteriores. Ao mesmo tempo, o número de crianças de até 4 anos de idade vítimas de violência letal aumenta, o que traz um sinal de alerta. (...)

Internet: < www.unicef.org> (com adaptações).

102. (Cebraspe - PC AL - Delegado - 2023) O período "Crianças morrem, com frequência, em decorrência da violência doméstica, perpetrada por um agressor conhecido." (segundo parágrafo) poderia ser reescrito, com manutenção das ideias e da correção gramatical do texto, da seguinte forma: **Crianças morrem, frequentemente, decorrente da violência doméstica, cujo agressor é conhecido.**

( ) certo ( ) errado

COMENTÁRIOS:

A expressão "em decorrência de" indica consequência, o que foi ocasionado por uma razão.

Ao substituí-la por "decorrente", o sentido é alterado porque significa "capaz de decorrer; que decorre; que passa (o tempo); posterior".

Além disso, no período original, não possui ideia de posse, como na reescrita. Compare:

Original: violência doméstica, perpetrada por um agressor conhecido (agente da passiva)

= um agressor conhecido pratica a ação criminosa (na voz ativa).

Reescrita: violência doméstica, cujo agressor é conhecido.

= o relativo "cujo" concorda com o termo posterior e indica posse do anterior. Lê-se: o agressor da violência doméstica é conhecido.

A gramática permanece correta, mas, em dois trechos, o sentido foi alterado.

Resposta: Errado

---

103. (Cebraspe - PC AL - Delegado - 2023) Estariam preservadas a correção gramatical e a coerência da organização das ideias do segundo parágrafo caso os dois primeiros períodos fossem unidos em um só, substituindo-se o ponto que segue a palavra "vítima" (primeiro período) por vírgula, desde que feitos os devidos ajustes de maiúscula e minúscula.

( ) certo ( ) errado

COMENTÁRIOS:

A gramática permaneceria correta, mas a coerência da organização das ideias seria alterada:

No texto: *Segundo o documento, a violência se dá de forma diferente de acordo com a idade da vítima. Crianças morrem, com frequência, em decorrência da violência doméstica, perpetrada por um agressor conhecido.*

= o segundo período explica como as crianças morrem.

Na reescrita: *Segundo o documento, a violência se dá de forma diferente de acordo com a idade da vítima, crianças morrem, com frequência, em decorrência da violência doméstica, perpetrada por um agressor conhecido.*

= o paralelismo sintático é alterado. Lê-se:

Segundo o documento, *a violência se dá de forma diferente de acordo com a idade da vítima,*

[segundo o documento] *crianças morrem, com frequência, em decorrência da violência doméstica, perpetrada por um agressor conhecido.*

O segundo período passa ter ideia também de conformidade (como o primeiro).

Resposta: Errado

---

104. (Cebraspe - PC AL - Delegado - 2023) A forma verbal "teve" (terceiro período do terceiro parágrafo) veicula, no texto, o mesmo sentido de **aconteceu**.

( ) certo ( ) errado

COMENTÁRIOS:

Veicula a mesma ideia de **demonstrou**: A violência letal teve (demonstrou) um pico entre 2016 e 2017.

Observação: o verbo "ter", na linguagem coloquial, pode ser impessoal se possuir sentido de "haver" e não admitirá pluralização – Tem momentos difíceis às vezes. Tinha vários livros em cima da mesa.

Resposta: Errado

---

105. (Cebraspe - PC AL - Delegado - 2023) A substituição da locução verbal "vem caindo" (terceiro período do terceiro parágrafo) por **tornou a cair** manteria a correção gramatical do texto, mas não os seus sentidos.

( ) certo ( ) errado

COMENTÁRIOS:

A correção gramatical seria mantida, mas o sentido seria alterado:

A violência letal teve um pico entre 2016 e 2017, e **vem caindo** = a ação está acontecendo.

A violência letal teve um pico entre 2016 e 2017, e **tornou a cair** = parou de cair e voltou a cair de novo.

Resposta: Certo

---

106. (Cebraspe - PC AL - Delegado - 2023) A substituição da expressão "Ao mesmo tempo" (último período do terceiro parágrafo) por **Ao passo que** prejudicaria a coesão e a correção gramatical do texto.

( ) certo ( ) errado

COMENTÁRIOS:

A expressão "ao mesmo tempo" e a expressão "ao passo que" indicam simultaneidade, ou seja, os fatos aconteceram juntos. O sentido é mantido.

Quanto à gramática, haveria incorreção porque precisaria retirar a vírgula:

no texto: Ao mesmo tempo, o número de crianças de até 4 anos de idade vítimas de violência letal aumenta, o que traz um sinal de alerta;

na reescrita: Ao passo **que,** o número de crianças de até 4 anos de idade vítimas de violência letal aumenta, o que traz um sinal de alerta.

Resposta: Certo

◉ FRAGMENTO DE TEXTO PARA RESPONDER ÀS QUESTÕES.

(...) O Supremo Tribunal Federal, por sua vez, aduziu a interpretação de que o meio ambiente ecologicamente equilibrado inscrito na Carta Cidadã faz parte do rol de cláusulas pétreas, mas, por não estar contido no parágrafo 4.º do artigo 60, é tido como uma cláusula pétrea heterotópica, pela sua posição topográfica em outro capítulo. Diante disso, consagra-se que toda atividade passível de gerar impacto **no meio ambiente** deverá ser bem discutida, de modo a evitar quaisquer interferências negativas ao equilíbrio ambiental. Além disso, inúmeros princípios foram pulverizados nas legislações esparsas que dão supedâneo ao compromisso inarredável de um meio ambiente livre e contínuo em sua função.

Mais recentemente, o legislador ordinário, na esteira da campanha internacional **para com os cuidados** do meio ambiente e dos animais, acrescentou novos parágrafos ao art. 32 da Lei n.º 9.605/1998 (que dispõe sobre penalidades às ações lesivas ao meio ambiente), por meio da Lei n.º 14.064/2020. Com isso, trouxe o aumento de pena para os atos de maus-tratos, ferimentos, mutilações, entre outros, contra cães e gatos. Uma inovação na matéria, pois confere proteção específica, de forma exclusiva e precisa, a dois animais domesticáveis que fazem parte da convivência de uma grande parcela do povo brasileiro.

Primeiramente, é imprescindível analisar tal sanção no que se refere aos animais silvestres, domésticos ou domesticados (da nossa fauna ou de outros países, mas que aqui se encontrem), sem a especificação de nenhuma espécie, **nenhum epíteto**. Ora, a pena é de detenção, de três meses a um ano, e multa. (...)

Internet: <jus.com.br> (com adaptações).

---

107. (Cebraspe - PC AL - Delegado – 2023 - adaptada) A expressão "para com os cuidados" (segundo parágrafo) poderia ser substituída por **que visa aos cuidados**, sem prejuízo da correção gramatical e da coerência do texto.

( ) certo ( ) errado

COMENTÁRIOS:

O verbo "visar", no sentido figurado, significa *possuir como objetivo ou propósito; objetivar*[7].

No texto, o sentido é de finalidade, ou seja, é o mesmo sentido de "visar".

Foi mantida a lógica (coerência) e foi mantida a correção gramatical.

Resposta: Certo

7 Dicionário Online de Português. Disponível em <www.dicio.com.br/visar/>. Acesso em 8 de Agosto 2023.

108. (Cebraspe - PC AL - Delegado – 2023) No primeiro período do último parágrafo, a expressão "nenhum epíteto" reforça a ideia do termo "nenhuma espécie", visto que ambos apresentam o mesmo sentido no texto.

( ) certo ( ) errado

COMENTÁRIOS:

"Epíteto" significa *caracterização, descrição,* isto é, possui o mesmo sentido de "espécie" (*qualidade, estirpe, tipo*).

Se possuem o mesmo sentido, a segunda expressão foi usada para reforçar a primeira, para enfatizar a ideia.

Resposta: Certo

---

109. (Cebraspe - PC AL - Delegado – 2023 - adaptada) A correção gramatical do texto seria prejudicada caso o segmento "no meio ambiente" (segundo período do primeiro parágrafo) fosse substituído por **sobre o meio ambiente**.

( ) certo ( ) errado

COMENTÁRIOS:

Nota da autora: Muita atenção! A banca cita apenas a correção gramatical, não o sentido nem a lógica.

No texto: *gerar impacto* ***no meio ambiente***; na reescrita: *gerar impacto* ***sobre meio ambiente***.

A gramática está correta.

Observação: houve apenas alteração de sentido: indica lugar no primeiro caso e indica relação no segundo caso.

Resposta: Errado

◉ FRAGMENTO DE TEXTO PARA RESPONDER ÀS QUESTÕES.

Em uma de suas últimas entrevistas, o antropólogo Darcy Ribeiro (1922-1997) relatou que havia fugido do hospital onde se submetia a tratamento contra um câncer, para terminar o livro que considerava o coroamento de sua obra: O povo brasileiro, publicado em 1995. Na mesma entrevista, reconhecia ser um homem de "muitas peles": foi etnólogo indigenista, antropólogo, educador, gestor público, político militante e romancista. Entretanto, dizia ter fracassado em sua missão de tornar o Brasil aquilo que "poderia ser".

"Darcy Ribeiro é uma figura fascinante e um dos autores latino-americanos que projetaram mais futuros. Em alguns dos textos, ele parece comentar em voz alta as alternativas, utópicas e distópicas, para o Brasil e a América Latina", observa o sociólogo Fabrício Pereira da Silva. "**Este** é um momento excelente para reexaminar suas ideias, suas utopias e seus projetos."

Sua carreira de educador teve início na Escola Brasileira de Administração Pública, da Fundação Getúlio Vargas, no Rio de Janeiro, onde, durante dois anos, ensinou etnologia brasileira. **Na mesma época**, participou da fundação do Museu do Índio, em 1953, e, dois anos mais tarde, da criação do primeiro curso de pós-graduação em antropologia cultural no Brasil. Ao deixar o Serviço de Proteção aos Índios, lecionou na Universidade do Brasil, atual Universidade Federal do Rio de Janeiro (UFRJ). **Nesse período**, desenvolveu trabalhos com o pedagogo Anísio Teixeira (1900-1971), uma das principais referências em educação no Brasil e defensor do ensino básico integral. Sua influência perduraria por toda a trajetória de Darcy Ribeiro e se concretizaria no projeto dos centros integrados de educação pública (CIEP), escolas de tempo integral criadas no Rio de Janeiro nos anos 80 do século passado. (...)

Diego Viana. Darcy Ribeiro: a chama da utopia. Revista Pesquisa FAPESP, 30/10/2022 (com adaptações).

---

110. (CEBRASPE - SME RE/PE - Professor – 2023 - adaptada) No segundo parágrafo, pronome 'Este' veicula a mesma ideia de **agora**, considerado o contexto enunciativo da fala citada.

( ) certo ( ) errado

COMENTÁRIOS:

O pronome demonstrativo é dêitico e refere-se ao tempo presente: "Este é um momento" equivale a "Agora é um momento".

Dica: relembre como usar os demonstrativos para indicar tempo.

Esse, essa	Passado recente	**Esse** mês que passou foi maravilhoso.
Aquele, aquela	Passado distante	2017 foi um ano bom, n**aquela** época não havia problemas de saúde.
Este, esta	Presente	**Neste** ano estou aprendendo muita coisa.

Resposta: Certo

---

111. (CEBRASPE - SME RE/PE - Professor - 2023) No terceiro parágrafo, as expressões "Na mesma época" (segundo período) e "Nesse período" (quarto período) fazem referência a um mesmo espaço de tempo.

( ) certo ( ) errado

COMENTÁRIOS:

Na mesma época: **em 1953.**

Nesse período: **quando lecionou na Universidade do Brasil**, atual Universidade Federal do Rio de Janeiro (UFRJ).

Entre os dois períodos, aconteceram dois fatos: em 1955, participou da criação do primeiro curso de pós-graduação em antropologia cultural no Brasil. Após, deixou o Serviço de Proteção aos Índios.

Resposta: Errado

1.2. QUESTÕES - NÍVEL MÉDIO

◉ TEXTO CG2A1-I

Durante os séculos XXI a XVII a.C., já era possível encontrar indícios do direito de acesso à justiça no Código de Hamurabi, cujas leis foram embasadas na célebre frase "Olho por olho, dente por dente", da Lei de Talião. O código definia que o interessado poderia ser ouvido pelo soberano, **que**, por sua vez, teria o poder de decisão.

Em nível global, o acesso à justiça foi ampliado de forma gradual, juntamente com as transformações sociais **que ocorreram** durante a história da humanidade.

Com a derrota de Hitler em 1945 e, **portanto**, o fim da Segunda Guerra Mundial, **da qual** o Brasil participou contra as ditaduras nazifascistas — devido à entrada dos Estados Unidos da América no conflito, liderando e coordenando os esforços de guerra dos países do Eixo dos Aliados —, o mundo foi tomado pelas ideias democráticas, e o regime autoritário do Estado Novo (iniciado em 1937) já não se podia manter.

Foi somente com a Constituição de 1946 que o acesso à justiça foi materializado, prevendo-se que a lei não poderia excluir do Poder Judiciário qualquer violação de direitos individuais. Esse foi um grande avanço da legislação brasileira, mas não durou muito, já que, quase vinte anos depois, durante o regime militar (1964-1985), o acesso ao Poder Judiciário foi bastante limitado. Nos anos de 1968 e 1969, com a emissão dos atos institucionais, as condutas praticadas por membros do governo federal foram excluídas da apreciação judicial.

A partir de 1970, o Brasil começou a caminhar para a consagração efetiva do direito de acesso à justiça, com a intensificação da luta dos movimentos sociais por igualdade social, cidadania plena, democracia, efetivação de direitos fundamentais e sociais e efetividade da justiça.

Em 1988, foi promulgada a atual Constituição Federal, que materializou expressamente o acesso à justiça em seu artigo 5.º, inciso XXXV, como direito fundamental de todos os brasileiros e estrangeiros residentes no Brasil.

Nesse sentido, o legislador constituinte não só concedeu a possibilidade de acesso aos tribunais, como também estabeleceu a criação de mecanismos adequados para garanti-la e efetivá-la. O acesso à justiça deve ser compreendido, assim, como o acesso obtido tanto pelos meios alternativos de solução de conflitos de interesses quanto pela via jurisdicional e das políticas públicas, de forma tempestiva, adequada e eficiente, a toda e qualquer pessoa. É a pacificação social com a realização do escopo da justiça.

Internet: <www.politize.com.br> (com adaptações).

112. (Cespe/Cebraspe - DPE RO - Técnico Administrativo /2022) A correção gramatical e os sentidos do texto CG2A1-I seriam preservados com a substituição de

I "que ocorreram" (segundo parágrafo) por **sucedidas**.

II "portanto" (terceiro parágrafo) por **contanto**.

III "da qual" (terceiro parágrafo) por **cuja**.

Assinale a opção correta.

A) Nenhum item está certo.

B) Apenas o item I está certo.

C) Apenas o item III está certo.

D) Apenas os itens I e II estão certos.

E) Apenas os itens II e III estão certos.

COMENTÁRIOS:

I. Certo. *Sucedida* é sinônimo de *ocorrida, realizada, acontecida.*

As transformações sociais **que ocorreram** = As transformações sociais **sucedidas**.

II. Errado, pois altera o sentido: *portanto* indica conclusão; *contanto* indica condição.

III. Errado. O pronome relativo retoma "Segunda Guerra Mundial".

Lê-se: o Brasil participou **da** Segunda Guerra Mundial.

Poderiam ser usadas estas formas: **de que, das quais.**

Como não existe a possibilidade de indicar posse, é impossível substituir pelo relativo "cuja". Além disso, o pronome deveria concordar com o termo posposto a ele, ou seja, com "Brasil" – cujo. Item erradíssimo.

Resposta: B

---

113. (Cespe/Cebraspe - DPE RO - Técnico Administrativo /2022) No primeiro parágrafo do texto CG2A1-I, o elemento "que", em "que, por sua vez, teria o poder de decisão", refere-se a

A) "Talião".

B) "Hamurabi".

C) "O código".

D) "soberano".

E) "o interessado".

COMENTÁRIOS:

Alternativa "a" – Refere-se à Lei.

Alternativa "b" – Refere-se ao Código.

Alternativa "c" – É sujeito do verbo *definir.*

Alternativa "d" – Quem teria o poder de decisão? O soberano. O "que" é pronome relativo e retoma "soberano".

Alternativa "e" – É sujeito paciente de *poderia ser ouvido.*

Resposta: D

◉ FRAGMENTO DE TEXTO PARA RESPONDER À QUESTÃO.

(...) Suprindo com a quantidade, disse mais uma vez: sou vigorosa, dezesseis. **E já não estava mais à mercê de ninguém**. Desesperada porque, vigorosa, livre, não estava mais à mercê. Perdera a fé. Foi conversar com a empregada, antiga sacerdotisa. Elas se reconheciam. As duas descalças, de pé na cozinha, a fumaça do fogão. (...)

Clarice Lispector. Preciosidade. In: Laços de Família. Rio de Janeiro: Rocco, 1998, p. 86-87 (com adaptações).

114. (Cespe/Cebraspe - TJ RJ - Técnico Judiciário/2021 - adaptada) Sem prejuízo dos sentidos do texto, a expressão "à mercê", no trecho "E já não estava mais à mercê de ninguém", poderia ser substituída por

A) à vontade.

B) a fim.

C) à disposição.

D) ao encontro.

E) à espera.

COMENTÁRIOS:

Nota da autora: A locução prepositiva "à mercê de" significa *em completa dependência de uma pessoa ou coisa; sujeito a vontade de*[8]. Não existe essa opção nas alternativas, e a **banca anulou a questão.**

Alternativa "a" – Não indica "de maneira confortável".

Alternativa "b" – Não indica "desejo", "vontade", muito menos "finalidade".

Alternativa "c" – Não indica que "estava ao dispor", "pronta para auxiliar" ou "pronta para ser útil".

Alternativa "d" – Não indica que "está de acordo" ou "mesma direção".

Alternativa "e" – Não possui relação alguma com "esperar".

Resposta: ANULADA pela banca (Gabarito preliminar: C)

◉ FRAGMENTO DE TEXTO PARA RESPONDER ÀS QUESTÕES.

(...) "Virá o tempo em que a Declaração Universal dos Direitos Humanos terá de abarcar um direito mais amplo que o direito humano à informação, estabelecido pela primeira vez **21 anos atrás** no artigo 19. Trata-se do direito do homem de se comunicar."

Na década de 70 do século XX, o direito à comunicação passou a ser discutido no âmbito da Organização das Nações Unidas para a Educação, a Ciência e a

8 Dicionário Online de Português. Disponível em <www.dicio.com.br/merce/>. Acesso 3 fev.2022 (com adaptações).

Cultura (UNESCO). Desde 2000, **vem ganhando** ressonância no debate político. Primeiro na União Europeia — o Parlamento Europeu aprovou em 2008 uma diretiva, válida em todos os países-membros, **estabelecendo** limites à publicidade e padrões mínimos de veiculação de conteúdo independente, regional e acessível — e, em seguida, na América Latina, onde marcos regulatórios foram aprovados na Argentina (2009), na Venezuela (2010), no Equador (2013) e no Uruguai (2013).

No Brasil, o direito à comunicação foi oficialmente reconhecido pelo Estado em 2009, no Decreto n.º 7.037, que instituiu a terceira edição do Programa Nacional de Direitos Humanos (PNDH-3). Sua diretriz número 22 tem o condão de conciliar os conceitos de "comunicação", "informação" e "democracia", e apresentá-los como princípios orientadores da abordagem contemporânea dos direitos humanos: "Garantia do direito à comunicação democrática e ao acesso à informação para consolidação de uma cultura em Direitos Humanos", diz a diretriz. **Ao referir-se nominalmente ao "direito à comunicação", o PNDH-3 contribuiu para inaugurar uma nova etapa no debate sobre o tema**. Até então, as instituições se referiam, quando muito, ao direito à informação.

Camilo Vannuchi Galaxia. São Paulo, online, ISSN 1982 – 2553, n.º 38, maio--ago./2018, p. 167-80.Internet: (com adaptações).

---

115. (Cebraspe - PG DF - Técnico Jurídico - Tecnologia e Informação - 2021 - adaptada) Caso a expressão '21 anos atrás' fosse substituída por **a 21 anos**, a correção gramatical e o sentido original do texto seriam mantidos.

( ) Certo ( ) Errado

COMENTÁRIOS:

Quanto à indicação de tempo, usa-se "a" para se referir ao futuro e "há" para se referir ao passado. Correção: **há** 20 anos.

Dica: como "há" faz referência a tempo passado, não pode ser usado junto com o advérbio "atrás". Opte por um ou outro, como sugerido no comando na questão.

Resposta: Errado.

---

116. (Cebraspe - PG DF - Técnico Jurídico - Tecnologia e Informação - 2021 - adaptada) Mantendo-se a correção e a coerência do fragmento de texto, o período "Ao referir-se (...) o tema." poderia ser reescrito da seguinte forma: O PNDH-3, ao referir nominalmente ao 'direito à comunicação', contribuiu com a inauguração de uma nova etapa no debate sobre o tema.

( ) Certo ( ) Errado

COMENTÁRIOS:

O verbo *referir*, quando não pronominal, é transitivo direto: ao referir nominalmente **o** 'direito à comunicação'.

Resposta: Errado.

117. (Cebraspe - PG DF - Técnico Jurídico - Tecnologia e Informação - 2021 - adaptada) A informação veiculada no texto seria preservada caso a locução "vem ganhando" fosse substituída por **tem ganhado.**

( ) Certo ( ) Errado

COMENTÁRIOS:

Trata-se de uma locução verbal formada pelo verbo auxiliar *vir*, conjugado no presente do indicativo, + particípio. Equivale a "ganha". O verbo auxiliar pode ser substituído por "ter", também conjugado no presente do indicativo, + particípio. A equivalência permanece a mesma: "ganha".

Dica: em "tem ganhado", a locução verbal passa a indicar tempo composto. Com auxiliares "ter" e "haver"+ particípio, temos tempo composto – pretérito perfeito composto do indicativo.

Resposta: Certo.

118. (Cebraspe - PG DF - Técnico Jurídico - Tecnologia e Informação - 2021 - adaptada) O termo "estabelecendo" foi empregado no texto com o mesmo sentido da expressão **que estabelece.**

( ) Certo ( ) Errado

COMENTÁRIOS:

Trata-se de oração reduzida, isto é, não possui pronome relativo, mas sim o verbo na forma nominal – no caso, gerúndio.

Para desenvolver a oração (retirar o verbo da forma nominal e inserir o pronome relativo), é necessário ver qual o termo retomado pelo pronome: diretiva.

Retirando as expressões intercaladas, lê-se: o Parlamento Europeu aprovou em 2008 uma diretiva **a qual** estabelece limites à publicidade = **que** estabelece limites à publicidade.

Percebe-se que o sentido da oração desenvolvida é idêntico ao da oração subordinada adjetiva restritiva reduzida de gerúndio.

Dica: a oração não é explicativa porque a vírgula anteposta ao gerúndio está demarcando intercalação de "válida em todos os países-membros".

Resposta: Certo.

FRAGMENTO DE TEXTO PARA RESPONDER ÀS QUESTÕES.

A Casa de Detenção Feminina era antiquada, embolorada, lúgubre e sombria. O chão da sala de admissão era de cimento, sem pintura, com a sujeira dos sapatos de milhares de prisioneiras, policiais e inspetoras de polícia incrustada na superfície.

Disseram para eu me sentar no banco da frente, na fileira da direita. De repente, ouviu-se um estrondo do lado de fora do portão. Várias mulheres se aproximavam da entrada, esperando que o portão de ferro se abrisse.

Enquanto as mulheres que tinham voltado do tribunal estavam em pé do lado de fora dos portões de ferro, fui levada para fora da sala. **Lá**, havia o mesmo piso de cimento imundo, paredes de azulejos amarelados descorados e duas escrivaninhas velhas de escritório. Uma inspetora branca e robusta estava no comando. Quando eu descobri, entre os papéis grudados na parede, um cartaz de pessoas procuradas pelo FBI com a minha fotografia e descrição, ela o arrancou de **lá**. (...)

Angela Y. Davis. Uma autobiografia. Heci Regina Candiani (Trad.). 1.ª ed. São Paulo: Boitempo, 2019 (com adaptações).

---

119. (Cebraspe – DEPEN – Agente Federal - 2021) Em suas duas ocorrências no terceiro parágrafo do texto, o vocábulo **lá** faz referência à parede da sala em que estava afixado um cartaz com a fotografia da autora do texto.

( ) Certo ( ) Errado

COMENTÁRIOS:

Lá: para fora da sala; 2. Lá: da parede.

Resposta: Errado.

---

120. (Cebraspe – DEPEN – Agente Federal - 2021) Sem alteração dos sentidos originais do texto, o vocábulo "Enquanto", que introduz o terceiro parágrafo, poderia ser substituído por **À medida que**.

( ) Certo ( ) Errado

COMENTÁRIOS:

A conjunção "enquanto" possui ideia de tempo – **quando** fui levada para a sala?

A locução conjuntiva "à medida que" indica proporcionalidade e equivale a "ao passo que", "tanto mais", "tanto menos".

Resposta: Errado.

FRAGMENTO DE TEXTO PARA RESPONDER À QUESTÃO.

Atribui-se ao filósofo **Rousseau** o uso originário da expressão **serviço público**. Em um texto da obra **O contrato social**, a expressão **abrange qualquer atividade estatal**. **E o faz com duas conotações**: de um lado, trata-se de atividades destinadas ao serviço do público, isto é, ações pelas quais se assegura aos cidadãos a satisfação de uma necessidade sentida coletivamente, sem que cada um tenha de atendê-la pessoalmente; de outro, é concebida como uma atividade estatal que sucede ao serviço do rei, porque se operou uma substituição na titularidade da soberania. (...)

Dinorá Adelaide Mussetti Grossi. Evolução da teoria do serviço público. Internet: (com adaptações).

---

121. (Cebraspe – Pref. Barra dos Coqueiros/SE – Assistente Administrativo -2020) O vocábulo "o", em "E o faz com duas conotações", refere-se à ideia anterior expressa pelo termo

A) "Rousseau"

B) "serviço público"

C) "O contrato social"

D) "Atribui-se"

E) "abrange qualquer atividade estatal"

COMENTÁRIOS:

Nota da autora: O vocábulo "o" possui função morfológica de pronome demonstrativo, pois equivale a "isso": faz isso – refere-se à ideia citada no período anterior.

Alternativa "a" – É atribuído a *Rousseau* o uso da expressão serviço público. Não há relação alguma com o pronome demonstrativo.

Alternativa "b" – A expressão *serviço público* foi usada por Rousseau. Não há relação alguma com o pronome.

Alternativa "c" – É o nome da obra. Não há relação com o pronome.

Alternativa "d" – Refere-se ao uso originário da expressão *serviço público.*

Alternativa "e" – Como abrange qualquer atividade estatal? Com duas conotações.

RESPOSTA: E

1.3. QUESTÕES - NÍVEL SUPERIOR

TEXTO PARA RESPONDER ÀS QUESTÕES.

As forças da natureza são obviamente indiferentes a modos de produção, tempo e espaço. Mas são as estruturas sociais que determinam as consequências, o grau de sofrimento e quem morre mais. Em 1989, o terremoto de São Francisco, de intensidade 7,1 na escala Richter, causou a morte de 63 pessoas e deixou cerca de 3.700 feridos. Em 2010, o terremoto em Porto Príncipe, no Haiti, de magnitude 7,0 na escala Richter, matou mais de 300 mil pessoas e deixou 300 mil feridos. Dez meses depois, uma epidemia de cólera matou 9 mil pessoas.

Quando a natureza atinge a existência humana, o impulso primário é buscar o culpado mais à mão no imaginário. Pode ser Deus, a cruel natureza ou o enigmático ente a que se denomina destino. Mas muito frequentemente destino é uma expressão que encobre com um véu de irracionalidade o que é apenas obra humana.

O vírus atinge o planeta. O vírus ameaça a humanidade. **Planeta ou humanidade designam tanto os habitantes de Manhattan, da Avenue Foch, em Paris, do Leblon, no Rio de Janeiro, ou dos Jardins, em São Paulo, como também designam os 800 milhões de pessoas que passam fome no mundo, segundo dados da Organização das Nações Unidas (2017).** No planeta vive o 1% das pessoas que detém renda maior que os restantes 99% da população mundial. Vivem 42 pessoas cuja riqueza é igual à de 3,7 bilhões dos mais pobres que lutam para sobreviver, para suprir necessidades básicas. Vivem os que têm renda para ficar em casa e fazer suas compras de alimentos pela Internet, os que não vão comer hoje por causa da pandemia e os que já não comiam antes da pandemia. **Vivem os que podem se isolar e os que moram em aglomerados miseráveis, em um cômodo apenas, para os quais as palavras "confinamento", "isolamento" ou "quarentena" são piadas de mau gosto**. Vivem 4,5 bilhões de pessoas que não têm saneamento nem água encanada, desprovidas das condições mínimas de higiene.

Internet: <revistacult.uol.com.br> (com adaptações).

---

122. (Cespe/Cebraspe - DPE DF - Auditoria/2022) O sentido original do texto e sua correção gramatical seriam mantidos caso seus dois primeiros períodos passassem a compor um único período, da seguinte maneira: As forças da natureza são obviamente indiferentes a modos de produção, tempo e espaço, mas, são as estruturas sociais que determinam as consequências, o grau de sofrimento e quem morre mais.

( ) Certo ( ) Errado

COMENTÁRIOS:

Nota da autora: A banca analisa o sinal de pontuação após a conjunção.

A **vírgula anteposta** à conjunção coordenada adversativa "mas" é **obrigatória**.

A **vírgula posposta** à conjunção coordenada adversativa "mas" é **proibida**.

Exceção: em casos de intercalação – Ele saiu, mas, apesar do conflito, voltou rapidamente.

Como na reescrita apresentada não há intercalação, a segunda vírgula é proibida.

Resposta: Errado.

---

123. (Cespe/Cebraspe - DPE DF - Auditoria/2022) Sem prejuízo do sentido original e da correção gramatical do texto, o segundo período do terceiro parágrafo ("Planeta... Unidas (2017))." poderia ser reescrito da seguinte forma: Os habitantes de Manhattan, os da Avenue Foch, em Paris, os do Leblon, no Rio de Janeiro, ou os dos Jardins, em São Paulo, tanto quanto os 800 milhões de pessoas que, segundo dados da Organização das Nações Unidas (2017), passam fome no mundo, enquadram-se na designação dos termos planeta e humanidade.

( ) Certo ( ) Errado

COMENTÁRIOS:

Nota da autora: A banca refere-se ao **terceiro** período do terceiro parágrafo.

As expressões "tanto quanto" e "como também" indicam adição.

A conjunção "ou" e a conjunção "e" também indicam adição.

O verbo "designam" pode ser substituído pela expressão "enquadram-se na designação" por significar *nomear, determinar, caracterizar.*

Quanto à ordem, encontre os sujeitos e retire a intercalação para facilitar.

Sujeitos no texto:

1. Do verbo "passar": os 800 milhões de pessoas;
2. Do verbo "designar": planeta ou humanidade.

Complementos verbais: os habitantes de Manhattan, os da Avenue Foch, os do Leblon, ou os dos Jardins, os 800 milhões de pessoas.

Sujeitos na reescrita:

1. Do verbo "passar": os 800 milhões de pessoas;
2. Do verbo "enquadrar-se": os habitantes de Manhattan, os da Avenue Foch, os do Leblon, ou os dos Jardins, os 800 milhões de pessoas.

Não ocorreu prejuízo no sentido nem incorreção gramatical.

Resposta: Certo.

---

124. (Cespe/Cebraspe - DPE DF - Auditoria/2022) No período "Vivem os que podem se isolar e os que moram em aglomerados miseráveis, em um cômodo apenas, para **os quais** as palavras 'confinamento', 'isolamento' ou 'quarentena' são piadas de mau gosto" (último parágrafo), "os quais" tem como referente "os que moram em aglomerados miseráveis, em um cômodo apenas".

( ) Certo ( ) Errado

COMENTÁRIOS:

1. É **pronome relativo** – equivale a "que";
2. É **anafórico** – retoma termos já mencionados;
3. É necessário atentar-se ao contexto: para quem as palavras 'confinamento', 'isolamento' ou 'quarentena' são piadas de mau gosto? **Para os que moram em aglomerados miseráveis, em um cômodo apenas**.

Perceba que não pode retomar "os que podem se isolar".

Resposta: Certo.

FRAGMENTO DE TEXTO PARA RESPONDER À QUESTÃO.

Diante da lei **está** um porteiro. Um homem do campo dirige-se a este porteiro e pede para entrar na lei. Mas o porteiro diz que agora não pode permitir-lhe a entrada. O homem do campo reflete e depois pergunta se então não pode entrar mais tarde. "É possível", diz o porteiro, "mas agora não". (...)

Franz Kafka. O processo. Tradução de Modesto Carone. Companhia das Letras, 1997 (com adaptações).

---

125. (Cespe/Cebraspe - DPE DF - Auditoria/2022 - adaptada) A forma verbal "está" poderia ser substituída por **se posta**, sem prejuízo dos sentidos e da correção gramatical do texto.

( ) Certo ( ) Errado

COMENTÁRIOS:

O verbo pronominal "postar-se" significa *colocar em determinada posição ou local, normalmente, visando sua permanência (nesta posição ou local) durante certo tempo; posicionar-se.*

O verbo "estar" possui significado equivalente: *permanecer, durante um tempo, em determinado momento ou lugar.*

Resposta: Certo.

◉ FRAGMENTO DE TEXTO PARA RESPONDER À QUESTÃO.

(...) Coexistem, em todos os suicídios, a apologia e a aquiescência. Como diz o sacerdote, em triste zombaria (seria mesmo zombaria?): "A justiça nada quer de ti. **Acolhe-te quando vens e te deixa ir quando partes**". Essa formulação está muito próxima de ser uma definição da vida humana, da liberdade de ser culpado, que é a liberdade concedida ao homem expulso do Paraíso. Quem, senão Kafka, teria sido capaz de dizer isso em tão poucas palavras? Ou se saber condenado por ter sido capaz de fazê-lo?

George Steiner. Um comentário sobre O processo de Kafka. In: Nenhuma paixão desperdiçada. Tradução de Maria Alice Máximo. Rio de Janeiro: Record, 2001 (com adaptações).

---

126. (Cespe/Cebraspe - DPE DF - Auditoria/2022) Em 'Acolhe-te quando vens e te deixa ir quando partes', a conjunção 'e' poderia ser substituída por ponto e vírgula, sem prejuízo do sentido original e da correção gramatical do texto.

( ) Certo ( ) Errado

COMENTÁRIOS:

O sentido não seria alterado porque o sinal de ponto e vírgula pode separar orações coordenadas não unidas por conjunção, que guardem relação entre si.

Ocorreria erro gramatical, pois o pronome pessoal oblíquo átono não pode vir posposto ao sinal de pontuação.

Resposta: Errado.

◉ TEXTO PARA RESPONDER ÀS QUESTÕES.

Seja como for, está claro que a distinção entre o que seria natural e o que seria cultural não faz o menor sentido para os aborígenes australianos. Afinal de contas, no mundo deles, tudo é natural e cultural ao mesmo tempo. Para que se possa falar de natureza, é preciso que o homem tome distância do meio ambiente no qual está mergulhado, é preciso que se sinta exterior e superior ao mundo que o cerca. Ao se extrair do mundo por meio de um movimento de recuo, ele **poderá** perceber este mundo como um todo. Pensando bem, entender o mundo como um todo, como um conjunto coerente, diferente de nós mesmos e de nossos semelhantes, é uma ideia muito esquisita. Como diz o grande poeta português Fernando Pessoa, vemos claramente que há montanhas, vales, planícies, florestas, árvores, flores e mato, vemos claramente que há riachos e pedras, mas não vemos que há um todo ao qual isso tudo pertence, afinal só conhecemos o mundo por suas partes, jamais como um todo. Mas, a partir do momento em que nos habituamos a representar a natureza como um todo, ela se torna, por assim dizer, um grande relógio, do qual podemos desmontar o mecanismo e **cujas** peças e engrenagem podemos aperfeiçoar. Na realidade, essa imagem começou a ganhar corpo relativamente tarde, a partir do século XVII, na Europa. Esse movimento, além de tardio na história da humanidade, só se produziu uma única vez. Para retomar uma fórmula muito conhecida de Descartes, o homem se fez então "mestre e senhor da natureza". Resultou daí um extraordinário desenvolvimento das ciências e das técnicas, mas também a exploração desenfreada de uma natureza composta, a partir de então, de objetos sem ligação com os humanos: plantas, animais, terras, águas e rochas convertidos em meros recursos que podemos usar e dos quais podemos tirar proveito. Naquela altura, a natureza havia perdido sua alma e nada mais nos impedia de vê-la unicamente como fonte de riqueza.

Philippe Descola. Outras naturezas, outras culturas. São Paulo: Editora 34, 2016, p. 22-23 (com adaptações).

---

127. (Cespe/Cebraspe - FUNPRESP - Analista Previdenciário/2022) No quarto período do texto, o emprego do futuro na forma verbal "poderá" deve-se não a uma questão de encadeamento temporal, mas, sim, à expressão de uma relação lógica entre as ideias das orações que compõem esse período.

( ) Certo ( ) Errado

COMENTÁRIOS:

Relação lógica entre as ideias das orações:

Ele poderá perceber o mundo como um todo: **oração principal**;

Quando ele poderá perceber?

Ao se extrair do mundo por meio de um movimento de recuo: **oração subordinada adverbial temporal reduzida de infinitivo.**

O verbo *poderá* refere-se a uma dúvida. O encadeamento temporal é demonstrado pela oração subordinativa.

Resposta: Certo.

---

128. (Cespe/Cebraspe - FUNPRESP - Analista Previdenciário/2022) No sétimo período do texto, o pronome "cujas" remete a "mecanismo".

( ) Certo ( ) Errado

COMENTÁRIOS:

O pronome relativo "cujas" concorda com o termo posterior e indica posse do termo anterior. Lê-se: podemos aperfeiçoar **peças** e engrenagens **do relógio**.

O mecanismo pode ser desmontado por nós, ou seja, não possui relação alguma com o pronome relativo.

Resposta: Errado.

---

129. (Cespe/Cebraspe - FUNPRESP - Analista Previdenciário/2022) As expressões "daí" e "a partir de então", no penúltimo período do texto, e "Naquela altura", no último período, estabelecem uma sucessão temporal composta de três momentos distintos.

( ) Certo ( ) Errado

↘ COMENTÁRIOS:

As expressões referem-se a um único momento: **a partir do século XVII** – quando o homem se fez então "mestre e senhor da natureza".

"daí" → resultou um extraordinário desenvolvimento das ciências e das técnicas;

"a partir de então" → a exploração desenfreada de uma natureza composta de objetos sem ligação com os humanos;

"naquela altura" → a natureza havia perdido sua alma e nada mais nos impedia de vê-la unicamente como fonte de riqueza.

Resposta: Errado.

---

130. (Cespe/Cebraspe - FUNPRESP - Analista Previdenciário/2022) Seriam mantidas a correção gramatical e a coerência do texto caso o trecho "Mas, a partir do momento em que nos habituamos a representar a natureza como um todo, ela se torna, por assim dizer, um grande relógio" (sétimo período) fosse reescrito da seguinte forma: Porém, desde que passamos a compreender a natureza como uma totalidade em si, ela se transformou em uma espécie de grande maquinário.

( ) Certo ( ) Errado

↘ COMENTÁRIOS:

Nota da autora: Divida o período para facilitar.

Mas = porém – conjunções coordenativas adversativas;

A partir do momento = desde que

Habituamo-nos a representar a natureza = passamos a compreender a natureza

Como um todo = como uma totalidade em si

Ela se torna = ela se transformou

Um grande relógio = uma espécie de grande maquinário.

Gramática correta e as ideias possuem lógica, isto é, existe nexo.

Atenção! A banca não menciona alteração de sentido, apenas cita a coerência.

Resposta: Certo.

---

131. (Cespe/Cebraspe - FUNPRESP - Analista Previdenciário/2022) A expressão "Esse movimento" (nono período) remete à ideia de representar a natureza como um grande relógio.

( ) Certo ( ) Errado

↘ COMENTÁRIOS:

O pronome "esse" é anafórico.

Pergunta-se: qual movimento só se produziu uma única vez?

Resposta: *a partir do momento em que nos habituamos a representar a natureza como um todo, **ela*** [a natureza] ***se torna**, por assim dizer, **um grande relógio**, do qual podemos desmontar o mecanismo e cujas peças e engrenagem podemos aperfeiçoar.*

Resposta: Certo.

◉ TEXTO CG1A1-II

Amado nos levou com um grupo para descansarmos na fazenda de um amigo. Esta confirmava as descrições que eu lera no livro de Freyre: embaixo, as habitações de trabalhadores, a moenda, onde se mói a cana, uma capela ao longe; na colina, uma casa. O amigo de Amado e sua família estavam ausentes; tive uma primeira amostra da hospitalidade brasileira: todo mundo achava normal instalar-se na varanda e pedir que servissem bebidas. Amado encheu meu copo de suco de caju amarelo-pálido: ele pensava, como eu, que se conhece um país em grande parte pela boca. A seu pedido, amigos nos convidaram para comer o prato mais típico do Nordeste: a feijoada.

Eu lera no livro de Freyre que as moças do Nordeste casavam-se outrora aos treze anos. Um professor me apresentou sua filha, muito bonita, muito pintada, olhos de brasa: quatorze anos. Nunca encontrei adolescentes: eram crianças ou mulheres feitas. Estas, no entanto, fanavam-se com menos rapidez do que **suas antepassadas**; aos vinte e seis e vinte e quatro anos, respectivamente, Lucia e Cristina irradiavam juventude. **A despeito** dos costumes patriarcais do Nordeste, elas tinham liberdades; Lucia lecionava, e Cristina, desde a morte do pai, dirigia, nos arredores de Recife, um hotel de luxo pertencente à família; ambas faziam um pouco de jornalismo, e viajavam.

Simone de Beauvoir. A força das coisas. Rio de Janeiro: Nova Fronteira, 2018, p. 497-498 (com adaptações).

---

132. (Cebraspe – MJ SP – Técnico em pesquisa e análise de dados - 2022) No segundo parágrafo, o vocábulo "suas", em "suas antepassadas", refere-se a "crianças".

( ) Certo ( ) Errado

COMENTÁRIOS:

O pronome demonstrativo "estas" retoma "mulheres feitas". Em seguida, utiliza o pronome possessivo "suas" também para referir-se às mulheres feitas: são **as antepassadas das mulheres feitas.**

Resposta: Errado.

---

133. (Cebraspe – MJ SP – Técnico em pesquisa e análise de dados - 2022) No último período do segundo parágrafo, a expressão "A despeito" poderia ser substituída por **Apesar**, sem prejuízo da correção gramatical e dos sentidos originais do texto.

( ) Certo ( ) Errado

COMENTÁRIOS:

Tanto "a despeito" quanto "apesar" indicam concessão: a gramática continuaria correta e o sentido original seria mantido.

Resposta: Certo.

◉ TEXTO PARA RESPONDER ÀS QUESTÕES.

Um registro de mutações ligadas ao mundo eletrônico se refere ao que chamo de a ordem das propriedades, tanto em um sentido jurídico — o que fundamenta a propriedade literária e o *copyright* — quanto em um sentido textual — o que define as características ou propriedades dos textos.

O texto eletrônico, tal qual o conhecemos, é um texto móvel, maleável, aberto. **O leitor pode intervir em seu próprio conteúdo**, e não somente nos espaços deixados em branco pela composição tipográfica. Pode deslocar, recortar, estender, recompor as unidades textuais das quais se apodera. Nesse processo, desaparece a atribuição dos textos ao nome de seu autor, **já que são constantemente modificados por uma escritura coletiva, múltipla, polifônica**.

Essa mobilidade lança um desafio aos critérios e às categorias que, pelo menos desde o século XVIII, identificam as obras com base na sua estabilidade, singularidade e originalidade. Há um estreito vínculo entre a identidade singular, estável, reproduzível dos textos e o regime de propriedade que protege os direitos dos autores e dos editores. É essa relação que coloca em questão o mundo digital, que propõe textos brandos, ubíquos, palimpsestos.

Roger Chartier. Os desafios da escrita. Tradução de Fulvia M. L. Moreto. São Paulo: Editora UNESP, 2002, p. 24-25 (com adaptações).

---

134. (Cespe/Cebraspe – DPE-RS - 2022) Sem alteração dos sentidos do texto, a oração "O leitor pode intervir em seu próprio conteúdo" (segundo parágrafo) poderia ser corretamente reescrita como **O leitor é capaz de intervir em seu próprio conteúdo**, uma vez que o verbo **poder** foi empregado, nessa oração, no sentido de **ser capaz**.

( ) Certo ( ) Errado

COMENTÁRIOS:

No trecho original, o verbo "poder" foi empregado com sentido de **possibilidade**. Ao substituir por "ser capaz" passa a ter sentido de **capacidade**, ou seja, o sentido é alterado.

Resposta: Errado.

---

135. (Cespe/Cebraspe – DPE-RS - 2022) Feitas as devidas alterações de maiúsculas e minúsculas, a supressão da forma verbal "É" e do vocábulo "que" em "É essa relação que coloca em questão o mundo digital" preservaria a correção gramatical do texto, embora alterasse seu sentido.

( ) Certo ( ) Errado

COMENTÁRIOS:

Trata-se de uma expressão expletiva ou de realce: "é que". Não possui função sintática e é utilizada para **enfatizar**. Ao retirá-la, a gramática continuaria correta, mas deixaria de ocorrer ênfase em "essa relação". Se perde o teor enfático, altera-se o sentido.

Observação: a banca foi maldosa porque, em provas anteriores, alegava não alterar o sentido quando a expressão expletiva era suprimida.

Resposta: Certo.

◉ TEXTO PARA RESPONDER ÀS QUESTÕES.

A tecnologia finalmente está derrubando os muros do tradicionalismo que envolve o mundo do direito. Cercado de costumes e hábitos por todos os lados, o direito e seus operadores têm a fama de serem apegados a formalismos, praxes e arcaísmos resistentes a mudanças mais radicais. São práticas persistentes, passadas adiante por gerações e cultivadas como se necessárias para manter a integridade e a operacionalidade costumeira do sistema.

Nem mesmo o hermético universo do direito resistiu às mudanças tecnológicas trazidas pela rede mundial de computadores e pela possibilidade do uso de softwares de inteligência artificial para análise de grandes volumes de dados. Novidades cuja aplicação foi impulsionada pelo incessante crescimento de demandas judiciais e pela necessidade de implementar e efetivar o sistema de precedentes qualificados. Todas essas inovações, sem dúvida nenhuma, transformaram o sistema de justiça como o conhecíamos e o cotidiano dos operadores do direito.

O direito, o processo decisório e os julgamentos são eminentemente de natureza humana e dependem do ser humano para serem bem realizados. Assim, mesmo que os avanços tecnológicos sejam inevitáveis, todas as inovações eletrônicas e virtuais devem sempre ser implementadas com parcimônia e vistas com muito cuidado, não apenas para sempre permitirem o exercício de direitos e garantias, mas também para não restringirem — e, sim, ampliarem — o acesso à justiça e, sobretudo, para manterem a insubstituível humanidade da justiça.

Rafael Muneratti. Justiça virtual e acesso à justiça. In: Revista da Defensoria Pública do Estado do Rio Grande do Sul, ano 12, v. 1, n.º 28, 2021 (com adaptações).

---

136. (Cespe/Cebraspe – DPE-RS - 2022) No último parágrafo do texto, o emprego dos vocábulos "muito" e "sempre" enfatizam a opinião expressa pelo autor.

( ) Certo ( ) Errado

➘ COMENTÁRIOS:

O advérbio de intensidade "muito" intensifica a locução adverbial de modo "com cuidado" e enfatiza a opinião do autor. O advérbio "sempre" é indicador de tempo, demonstra quando devem permitirem o exercício de diretos e garantias. Isso significa que este não enfatiza a opinião do autor.

Resposta: Errado.

---

137. (Cespe/Cebraspe – DPE-RS - 2022) No final do último parágrafo, a palavra "sobretudo" poderia ser substituída por **mormente**, sem prejuízo da correção gramatical e do sentido original do texto.

( ) Certo ( ) Errado

➘ COMENTÁRIOS:

O vocábulo "mormente" é um advérbio e significa *de maneira principal;* ***sobretudo****; acima dos demais; principalmente.*

É sinônimo de *especialmente, principalmente, sobretudo, maiormente*[9].

Resposta: Certo.

---

138. (Cespe/Cebraspe – DPE-RS - 2022) No último período do texto, a preposição "para", em suas três ocorrências, veicula uma ideia de finalidade.

( ) Certo ( ) Errado

COMENTÁRIOS:

Faça perguntas e veja se cabe "a fim de":

1. Dependem do ser humano **para quê?** Para serem bem realizadas – **a fim de** que sejam;
2. As inovações eletrônicas e virtuais devem sempre ser implementadas com parcimônia e vistas com muito cuidado **para quê?** Para sempre permitirem o exercício de direitos e garantias – **a fim de** que sempre permitam;
3. As inovações eletrônicas e virtuais devem sempre ser implementadas com parcimônia e vistas com muito cuidado **para quê?** Para não restringirem – **a fim de** que não restrinjam.

Resposta: Certo.

FRAGMENTO DE TEXTO PARA RESPONDER À QUESTÃO.

(...) Embora haja relação entre os conceitos, o racismo difere do preconceito racial e da discriminação racial. O preconceito racial é o juízo baseado em estereótipos acerca de indivíduos que pertençam a determinado grupo racializado, o que pode ou não resultar em práticas discriminatórias. Considerar negros violentos e inconfiáveis, judeus avarentos ou orientais "naturalmente" preparados para as ciências exatas são exemplos de preconceitos. A discriminação racial, por sua vez, é a atribuição de tratamento diferenciado a membros de grupos racialmente identificados. Portanto, a discriminação tem como requisito fundamental o poder — ou seja, a possibilidade efetiva do uso da força —, sem o qual não é possível atribuir vantagens ou desvantagens por conta da raça. Assim, a discriminação pode ser direta ou indireta. (...)

Silvio Almeida. Racismo Estrutural (Feminismos Plurais). Editora Jandaíra. Edição do Kindle (com adaptações).

---

139. (Cespe/Cebraspe – DPE-RS - 2022 - adaptada) A correção gramatical e os sentidos originais do texto seriam mantidos se o trecho "acerca de indivíduos que pertençam a determinado grupo racializado" (segundo período) fosse reescrito da seguinte maneira: acerca dos indivíduos, que pertencem a um determinado grupo racializado.

( ) Certo ( ) Errado

---

9 Dicionário Online de Português. Disponível em <www.dicio.com.br/mormente/>. Acesso em 2 fev. 2022 (com adaptações).

COMENTÁRIOS:

A correção gramatical seria mantida, mas o sentido seria alterado por dois motivos:

1. Acerca **de** indivíduos x acerca **dos** indivíduos: no segundo caso, individualiza de forma precisa os indivíduos por inserir o artigo masculino;
2. **Sem a vírgula** antes do pronome relativo, a oração é adjetiva restritiva e significa que **alguns indivíduos** pertencem a determinado grupo racializado. **Com a** inserção da **vírgula**, a oração passa a ser adjetiva explicativa e significa que **todos os indivíduos** pertencem a determinado grupo racializado.

Resposta: Errado.

TEXTO PARA RESPONDER ÀS QUESTÕES.

Na sociedade líquido-moderna da hipermodernidade globalizante, o fazer compras não pressupõe nenhum discurso. O consumidor — o hiperconsumidor — compra aquilo que lhe **apraz**. Ele segue as suas inclinações individuais. O curtir é o seu lema.

Esse movimento social de hiperconsumismo, de vida para o consumo, guiou a pessoa natural para o caminho da necessidade, da vontade e do gosto pelo consumo, bem como impulsionou o descarte de cada vez mais recursos naturais finitos. **Isso** tem transformado negativamente o planeta, ao trazer prejuízos não apenas para as futuras gerações, como também para as atuais, o que resulta em problemas sociais, crises humanitárias e degradação do meio ambiente ecologicamente equilibrado, além de afetar o desenvolvimento humano, ao se precificar o ser racional, dissolvendo-se toda solidez social e trazendo-se à tona uma sociedade líquido-moderna de hiperconsumidores vorazes e indiferentes às consequências de seus atos sobre o meio ambiente ecologicamente equilibrado e sobre as gerações atuais e futuras.

O consumismo é uma economia do logro, do excesso e do lixo, pois faz que o ser humano trabalhe duro para adquirir mais coisas, mas traz a sensação de insatisfação porque sempre há alguma coisa melhor, maior e mais rápida do que no presente. **Ao mesmo tempo**, as coisas **que se possuem e se consomem** enchem não apenas os armários, as garagens, as casas e as vidas, mas também as mentes das pessoas.

Nessa sociedade líquido-moderna de hiperconsumidores, o desejo satisfeito pelo consumo gera a sensação de algo ultrapassado; o fim de um consumo significa a vontade de iniciar qualquer outro. Nessa vida de hiperconsumo e para o hiperconsumo, a pessoa natural fica tentada com a gratificação própria imediata, mas, ao mesmo tempo, os cérebros não conseguem compreender o impacto cumulativo em um nível coletivo. **Assim**, um desejo satisfeito torna-se quase tão prazeroso e excitante quanto uma flor murcha ou uma garrafa de plástico vazia.

O hiperconsumismo afeta não apenas a relação simbiótica entre o ser humano e o planeta, como também fere de morte a moral, ao passo que torna tudo e todos algo precificável, descartável e indiferente.

Fellipe V. B. Fraga e Bruno B. de Oliveira. O consumo colaborativo como mecanismo de desenvolvimento sustentável na sociedade líquido-moderna. LAECC. Edição do Kindle (com adaptações).

140. (Cespe/Cebraspe – DPE-RS - 2022) No segundo período do segundo parágrafo, o pronome "Isso" poderia ser substituído por **O que**, sem prejuízo da coerência e da correção gramatical do texto.

( ) Certo ( ) Errado

COMENTÁRIOS:

O pronome demonstrativo "isso" possui função **aposto resumidor**. Ao substituir por "o que" (pronome demonstrativo + pronome relativo), a ideia resumitiva é mantida, mas seria necessário trocar o ponto final pela vírgula pelo fato de o aposto dar sequência à afirmação anterior.

Correção: impulsionou o descarte de cada vez mais recursos naturais finitos**, o que** tem transformado negativamente o planeta.

Dicas: como aposto resumidor, "o que" não pode iniciar frase; se optar por resumir com "isso" – como ocorreu no texto –, pode ser usado o ponto final antes.

Complemento: "o que" pode ser também pronome demonstrativo + pronome relativo (inicia oração adjetiva restritiva) – Não sei **o que** ele disse: não sei aquilo (oração principal)/**que ele disse** – oração subordinada adjetiva restritiva.

Resposta: Errado.

141. (Cespe/Cebraspe – DPE-RS - 2022) Caso o trecho "Ao mesmo tempo" (segundo período do terceiro parágrafo) fosse deslocado para imediatamente após a forma verbal "possuem" e fosse isolado por vírgulas, os sentidos originais do texto seriam prejudicados, embora sua correção gramatical fosse mantida, feitos os devidos ajustes de maiúsculas e minúsculas.

( ) Certo ( ) Errado

COMENTÁRIOS:

A gramática continuaria correta, mas o sentido seria alterado. Como está no texto, a expressão adverbial relaciona-se com o período anterior: as ideias acontecem ao mesmo tempo. Se deslocá-la, passa a se referir apenas ao verbo *possuem* e o sentido seria alterado.

Entenda melhor:

1. O consumismo é uma economia do logro, do excesso e do lixo, pois faz que o ser humano trabalhe duro para adquirir mais coisas, mas traz a sensação de insatisfação porque sempre há alguma coisa melhor, maior e mais rápida do que no presente. **Ao mesmo tempo**, as coisas que se possuem e se consomem enchem não apenas os armários, as garagens, as casas e as vidas.
2. As coisas que se possuem, **ao mesmo tempo**, e se consomem enchem não apenas os armários, as garagens, as casas e as vidas.

Resposta: Certo.

142. (Cespe/Cebraspe – DPE-RS - 2022) O termo "apraz" (segundo período do primeiro parágrafo) corresponde a uma forma flexionada do verbo **aprazar**.

( ) Certo ( ) Errado

COMENTÁRIOS:

Em "o consumidor compra aquilo que lhe apraz", o termo corresponde ao verbo é **aprazer** e significa *provocar ou sentir contentamento e prazer; causar deleite; tornar-se aprazível; agradar-se.*

"Aprazar" significa *convocar, combinar, citar, determinar, assinar* e não possui relação alguma com o contexto em que está inserido. A banca utilizou parônimos – aprazar e aprazer – para tentar confundir o candidato.

Resposta: Errado.

---

143. (Cespe/Cebraspe – DPE-RS - 2022) No último período do quarto parágrafo, o vocábulo "Assim" é um advérbio que se refere ao modo como um desejo satisfeito torna-se prazeroso e excitante.

( ) Certo ( ) Errado

COMENTÁRIOS:

No texto, trata-se de uma **conjunção conclusão**, equivale a *logo, pois, por isso.*

A conjunção conclui a ideia mencionada no período anterior: *a pessoa natural fica tentada com a gratificação própria imediata, mas, ao mesmo tempo, os cérebros não conseguem compreender o impacto cumulativo em um nível coletivo.*

Resposta: Errado.

---

144. (Cespe/Cebraspe – DPE-RS - 2022) Sem prejuízo da correção gramatical e da coerência do texto, a oração "que se possuem e se consomem" (último período do terceiro parágrafo) poderia ser reescrita da seguinte maneira: que são possuídas e consumidas.

( ) Certo ( ) Errado

COMENTÁRIOS:

As orações foram transpostas da voz passiva sintética (V.T.D. + se) para a voz passiva analítica (verbo *ser* + particípio), isto é, não ocorre erro gramatical nem prejudica a coerência textual:

- as coisas **que se possuem e se consomem** enchem não apenas os armários.
- as coisas **que se são possuídas e consumidas** enchem não apenas os armários.

Observações:

1. os verbos no particípio estão ligados ao verbo "ser";
2. o tempo verbal foi mantido (presente do indicativo – possuem/consomem x são).

Resposta: Certo.

TEXTO CG1A1-II

Rejeito as doutrinas do arbítrio; abomino as ditaduras de todo gênero, militares, ou científicas, coroadas, ou populares; detesto os estados de sítio, as suspensões de garantias, as razões de estado, as leis de salvação pública; odeio as combinações hipócritas do absolutismo dissimulado sob as formas democráticas e republicanas; oponho-me aos governos de seitas, aos governos de facção, aos governos de ignorância; e, quando esta se traduz pela abolição geral das grandes instituições docentes, isto é, pela hostilidade radical à inteligência do país nos focos mais altos de sua cultura, a estúpida selvageria dessa fórmula administrativa impressiona-me como o bramir de um oceano de barbaria ameaçando as fronteiras de nossa nacionalidade.

Rui Barbosa. Discursos, Orações e Conferências. Livraria e Editora Iracema: São Paulo, p. 95-96

---

145. (Cespe/Cebraspe – TJ RJ – Analista Judiciário /2021) No texto CG1A1-II, os termos "Rejeito", "abomino", "detesto", "odeio" e "oponho-me" (que iniciam as cinco primeiras orações, respectivamente)

A) constituem orações que estabelecem, entre si, relação de subordinação.

B) expressam um tipo de ordem.

C) assumem as formas **Rejeitamos, abominamos, detestamos, odiamos** e **opomos-nos**, respectivamente, se flexionados na primeira pessoa do plural.

D) expressam a opinião do narrador, mediante referência à primeira pessoa do singular na flexão do verbo.

E) assumem as formas **Rejeitarei, abominei, detestarei, odiarei** e **opor-me-ei**, respectivamente, se flexionadas no tempo futuro.

COMENTÁRIOS:

Alternativa "a" – As orações possuem independência sintática, isto é, possuem relação de coordenação.

Alternativa "b" – Os verbos estão conjugados no presente do indicativo. Se expressassem ordem, estariam no imperativo. Na terceira pessoa: rejeite, deteste, odeie, oponha-se.

Alternativa "c" – O verbo "opor-se" seria grafado desta forma: opomo-nos.

Alternativa "d" – Referências claras: eu rejeito, eu abomino, eu detesto, eu odeio, eu me oponho.

Alternativa "e" – O verbo abominar está conjugado no pretérito perfeito do indicativo e refere-se a uma ação já concluída, finalizada. Os outros verbos estão no futuro do presente do indicativo.

Resposta: D

TEXTO PARA RESPONDER À QUESTÃO.

Outono

O outono de azulejo e porcelana Chegou!

Minha janela é um céu aberto.

E esse estado de graça quotidiana

Ninguém o tem sob outros céus, decerto!

Agora, tudo transluz... tanto mais perto
Quanto mais nossa vista se alontana...
E o morro, além, no seu perfil tão certo,
Até parece em plena via urbana!

Tuas tristezas... o que é feito delas?
Tombaram, como as folhas amarelas
Sobre os tanques azuis... Que desaponto!

E agora, esse cartaz na alma da gente:
ADIADOS OS SUICÍDIOS... Simplesmente
Porque é abril em Porto Alegre... E pronto!

Mário Quintana. Preparativos de viagem. 2.ª ed. São Paulo: Editora Globo, 2004 (com adaptações).

---

146. (Cespe/Cebraspe – TJ RJ – Analista Judiciário /2021) O termo "transluz", no verso "Agora, tudo transluz... tanto mais perto", no poema **Outono,**

A) pertence à mesma classe gramatical do vocábulo **luz**.

B) consiste em uma forma flexionada do verbo **transluzir**.

C) concorda com o termo "Agora".

D) poderia ser substituído por **translúcido**, sem alteração dos sentidos do texto.

E) descreve um evento passado.

➘ COMENTÁRIOS:

Alternativa "a" – As classes gramaticais são distintas: transluz: verbo; luz: substantivo.

Alternativa "b" – O verbo *transluzir* significa "deixar-se ver", "refletir-se" (no sentido figurado) e está conjugado na terceira pessoa do singular do presente do indicativo.

Alternativa "c" – Concorda com o sujeito "tudo". "Agora" é adjunto adverbial de tempo e o verbo não deve concordar com tal termo.

Alternativa "d" – Ao ser substituído pelo adjetivo, o sentido seria alterado, pois passaria a indicar "que deixa passar a luz, não permitindo que se vejam nitidamente os objetos através de sua espessura". O verbo indica o contrário: *deixar-se ver.*

Alternativa "e" – O verbo descreve um evento presente.

Resposta: B

◉ FRAGMENTO DE TEXTO PARA RESPONDER ÀS QUESTÕES.

A palavra sonho significa muitas coisas diferentes: "o sonho da minha vida" e "meu sonho de consumo" **são** expressões usadas pelas pessoas para dizer que pretendem ou conseguiram alcançar algo.

(...)

Deduz-se do anúncio que os sonhos são como **veleiros**, capazes de levar-nos a lugares idílicos, perfeitos, altamente... desejáveis. As equações "**sonho é igual a desejo**, que é igual a dinheiro" têm como variável oculta a **liberdade de ir, ser e principalmente ter**, liberdade que até os mais miseráveis podem experimentar no mundo de regras frouxas do sonho noturno, mas que no sonho diurno é **privilégio apenas dos detentores de um mágico cartão plástico**.

Entretanto, a rotina do trabalho diário e a falta de tempo para dormir e sonhar, que **acometem** a maioria dos trabalhadores, são cruciais para o mal-estar da civilização contemporânea. É gritante o contraste entre a relevância motivacional do sonho e sua banalização no mundo industrial globalizado. No século XXI, a busca pelo sono perdido envolve rastreadores de sono, colchões high-tech, máquinas de estimulação sonora, pijamas com biossensores, robôs para ajudar a dormir e uma cornucópia de remédios. A indústria da saúde do sono, um setor que cresce aceleradamente, tem valor estimado entre 30 bilhões e 40 bilhões de dólares. Mesmo assim impera a insônia. Se o tempo é sempre escasso, se despertamos diariamente com o toque insistente do despertador, ainda sonolentos e já atrasados para cumprir compromissos que se renovam ao infinito, se tão poucos se lembram de que sonham pela simples falta de oportunidade de contemplar a vida interior, quando a insônia grassa e o bocejo se impõe, chega-se a duvidar da sobrevivência do sonho. (...)

Sidarta Ribeiro. O oráculo da noite: a história e a ciência do sonho. São Paulo: Companhia das Letras, 2019, p. 19-20 (com adaptações).

---

147. (Cebraspe – PG DF – Analista Jurídico – Administração – 2021 - adaptada) Sem prejuízo da informação originalmente veiculada pelo fragmento de texto, a forma verbal "acometem" poderia ser substituída por **atacam**, dados os sentidos do verbo **acometer** e o contexto em que ele foi empregado no trecho.

( ) Certo ( ) Errado

COMENTÁRIOS:

É necessário fazer três análises:

1. **Semântica**: "acometer" significa *ocasionar uma ação agressiva ou violenta (contra alguém ou alguma coisa); atacar;*
2. **Tempo e modo verbais**: os dois verbos estão no presente do indicativo;
3. **Concordância**: o verbo *atacar* também está no plural e concorda com o sujeito composto.

Resposta: Certo.

---

148. (Cebraspe – PG DF – Analista Jurídico – Administração – 2021 - adaptada) O trecho "privilégio apenas dos detentores de um mágico cartão plástico" refere-se, textualmente, à "liberdade de ir, ser e principalmente ter".

( ) Certo ( ) Errado

COMENTÁRIOS:

Exatamente. A "liberdade de ir, ser e principalmente ter" é "privilégio apenas dos detentores de um mágico cartão plástico".

Resposta: Certo.

149. (Cebraspe – PG DF – Analista Jurídico – Administração – 2021 - adaptada) Seriam preservados o sentido original do fragmento de texto e sua correção gramatical caso o trecho 'sonho é igual a desejo' fosse substituído por **sonhar é igual à desejar**.

( ) Certo ( ) Errado

COMENTÁRIOS:

O sentido é mantido, pois os substantivos foram substituídos por verbos que possuem o mesmo significado.

A gramática estaria incorreta porque não pode haver o sinal indicativo de crase antes de verbo.

Resposta: Errado.

150. (Cebraspe – PG DF – Analista Jurídico – Administração – 2021 - adaptada) A retirada da vírgula após a palavra "veleiros", apesar de manter a correção gramatical do fragmento de texto, alteraria seu sentido original.

( ) Certo ( ) Errado

COMENTÁRIOS:

A gramática permaneceria correta: Deduz-se do anúncio que os sonhos são como veleiros capazes de levar-nos a lugares idílicos, perfeitos, altamente... desejáveis.

O sentido seria alterado:

- com a vírgula, a expressão "capazes de levar-nos a lugares idílicos..." está ligada aos sonhos: os sonhos são capazes.

- sem a vírgula, a mesma expressão está ligada a "veleiros": os veleiros são capazes.

Resposta: Certo.

151. (Cebraspe – PG DF – Analista Jurídico – Administração – 2021 - adaptada) Sem prejuízo da correção gramatical e dos sentidos do texto, a forma verbal "são" (início do fragmento) poderia ser substituída por **tratam-se de**.

( ) Certo ( ) Errado

COMENTÁRIOS:

É necessário fazer duas análises:

1. **Semântica**: tanto o verbo "ser" como o verbo "tratar" possuem sentido de *dizer respeito a*.
2. **Sintaxe:** o verbo pronominal "tratar-se" é transitivo indireto e indica que o sujeito é indeterminado – o "se" é índice de indeterminação do sujeito. Para ficar gramaticalmente correto, deveria ser reescrito assim: o sonho da minha vida" e "meu sonho de consumo" **tratam de** são expressões usadas...

Resposta: Errado.

152. (Cebraspe – PG DF – Analista Jurídico – Administração – 2021 - adaptada) No último período do fragmento de texto, todas as orações iniciadas pela conjunção "se" poderiam ser introduzidas por **quando**, sem prejuízo do sentido original do texto.

( ) Certo ( ) Errado

COMENTÁRIOS:

As orações iniciadas pela conjunção "se": **Se** o tempo é sempre escasso; **se** despertamos diariamente com o toque insistente do despertador; **se** tão poucos se lembram.

Todas as orações são subordinativas condicionais, ou seja, não possuem relação alguma com tempo (quando). O sentido seria, claramente, prejudicado.

Resposta: Errado.

TEXTO PARA RESPONDER ÀS QUESTÕES.

O século XIX constituiu-se em marco fundamental para o desenvolvimento das instituições de segurança pública, com as polícias buscando maior legitimidade e profissionalização. Como referência ocidental, a Polícia Metropolitana da Inglaterra, fundada em 1829, mudou paradigmas, dando preponderância ao papel preventivo de suas ações e foco à proteção da comunidade.

O consenso, em detrimento do poder de coerção, e a prevenção, em detrimento da repressão, reforçaram a proximidade da polícia com a sociedade, com atenção integral ao cidadão. O modelo inglês retirou as polícias do isolamento, apresentando-as à comunidade como importante parceira da segurança pública e elemento fundamental para a redução da violência. Com isso, surgiu o conceito de uma organização policial moderna, estatal e pública, em oposição ao controle e à subordinação política da polícia.

No Brasil, as primeiras iniciativas de implantação da polícia comunitária ocorreram com a Constituição Federal de 1988 e a necessidade de uma nova concepção para as atividades policiais. Foram adotadas estratégias de fortalecimento das relações das forças policiais com a comunidade, com destaque para a conscientização sobre a importância do trabalho policial e sobre o valor da participação do cidadão para a construção de um sistema que busca a melhoria da qualidade de vida de todos.

Brasil. Ministério da Justiça e Segurança Pública. Secretaria Nacional de Segurança Pública (SENASP). Diretriz Nacional de Polícia Comunitária. Brasília – DF, 2019. p. 11-12 (com adaptações).

153. (Cebraspe – PC AL - Escrivão - 2021) Sem prejuízo da correção gramatical e do sentido do primeiro período do primeiro parágrafo, poderia ser inserida uma vírgula logo após o trecho "O século XIX", por tratar-se de termo de natureza adverbial que delimita o recorte temporal dos eventos narrados no parágrafo.

( ) Certo ( ) Errado

COMENTÁRIOS:

O termo não possui natureza adverbial, exerce função de sujeito do verbo *constituir*. É inadmissível possuir pontuação entre sujeito e verbo (ou sujeito e predicado) se não existe intercalação.

Exemplo com intercalação: O século XIX, período muito conturbado, constituiu-se em marco fundamental para o desenvolvimento das instituições de segurança pública.

Resposta: Errado.

---

154. (Cebraspe – PC AL - Escrivão - 2021) Mantendo-se a correção gramatical e o sentido original do texto, o primeiro período do terceiro parágrafo poderia ser reescrito da seguinte maneira: No Brasil, as primeiras iniciativas de implantação da polícia comunitária ocorreu com a Constituição Federal de 1988, em que se enxergou a necessidade de uma nova concepção para as atividades policiais.

( ) Certo ( ) Errado

COMENTÁRIOS:

Quanto à gramática, há erro de concordância: as primeiras iniciativas **ocorreram**.

Quanto ao sentido, ocorreu quebra de paralelismo:

- **no trecho original**, as primeiras iniciativas ocorreram com a Constituição Federal **e [com]** a necessidade de uma nova concepção;
- **na reescrita**, ao inserir o pronome relativo "que", entende-se que a necessidade de uma nova concepção foi enxergada na Constituição Federal.

Resposta: Errado.

1.4. QUESTÕES - CARREIRAS FISCAIS

TEXTO CB1A1-II

De um dia para o outro, parecia que a peste se tinha instalado confortavelmente no seu paroxismo e incorporava aos seus assassinatos diários a precisão e a regularidade de um **bom** funcionário. Em princípio, segundo a opinião de pessoas competentes, era bom sinal. O gráfico da evolução da peste, com sua subida incessante, parecia inteiramente reconfortante ao Dr. Richard. Daqui em diante, só poderia decrescer. E **ele atribuía o mérito disso ao novo soro de Gastei, que acabava de obter, com efeito, alguns êxitos imprevistos.** As formas pulmonares da infecção, que já se tinham manifestado, multiplicavam-se agora nos quatro cantos da cidade. O contágio tinha agora probabilidade de ser maior, com essa nova forma de epidemia. Na realidade, as opiniões dos especialistas tinham sempre sido contraditórias sobre esse ponto. **Havia, no entanto, outros motivos de inquietação** em consequência das dificuldades de abastecimento, que cresciam com o tempo. A especulação interviera e oferecia, a preços fabulosos, os gêneros de primeira necessidade que faltavam no mercado habitual. As famílias pobres viam-se, assim, em uma situação muito difícil. A peste, que, pela imparcialidade eficaz com que exercia seu ministério, deveria ter reforçado a igualdade entre nossos concidadãos pelo jogo normal dos egoísmos, tornava, ao contrário, mais acentuado no coração dos homens o sentimento da injustiça. Restava, é bem verdade, a igualdade irrepreensível da morte, mas, esta, ninguém queria. Os pobres que sofriam de fome pensavam, com mais nostalgia ainda, nas cidades e nos campos vizinhos, onde a vida era livre e o pão não era caro. Difundira-se uma divisa que se lia, às vezes, nos muros ou se gritava à passagem do prefeito: "Pão ou ar". Essa fórmula irônica dava o alarme de certas manifestações logo reprimidas, mas cuja gravidade todos percebiam.

Albert Camus. A peste. Internet: <www.ihu.unisino.br> (com adaptações).

---

155. (CEBRASPE – Auditor Fiscal – Prefeitura Aracaju – 2021) A respeito dos aspectos linguísticos do texto CB1A1-II, julgue os itens a seguir.

I Em "Havia, no entanto, outros motivos de inquietação", o vocábulo "Havia" poderia ser substituído por **Existia** sem prejuízo da correção gramatical e dos sentidos do texto.

II Os sentidos originais do texto seriam alterados caso o adjetivo "bom" fosse deslocado para imediatamente após "funcionário", em "e incorporava aos seus assassinatos diários a precisão e a regularidade de um bom funcionário".

III Em "E ele atribuía o mérito disso ao novo soro de Gastei, que acabava de obter, com efeito, alguns êxitos imprevistos", o referente do vocábulo "que" é "Gastei".

Assinale a opção correta.

A) Apenas o item II está certo.

B) Apenas o item III está certo.

C) Apenas os itens I e II estão certos.

D) Apenas os itens I e III estão certos.

E) Todos os itens estão certos.

COMENTÁRIOS:

I. Errado: o verbo *haver* é impessoal – está no sentido de "existir" – e não admite pluralização. Ao ser substituído por "existir", deve ir para o plural para concordar com o sujeito: Outros motivos **existiam**.

II. Certo: "bom funcionário" = ótimo funcionário; "funcionário bom" = funcionário bondoso. Os sentidos são claramente alterados.

III. Errado: o que acabava de obter alguns êxitos imprevistos? **O novo soro de Gastei**.

→ **Sequência: I. Errado; II. Certo; III. Errado.**

Resposta: A

FRAGMENTO DE TEXTO PARA RESPONDER À QUESTÃO.

A ideia de cultura foi cunhada e batizada no terceiro quartel do século XVIII como termo sintético para designar a administração do pensamento e do comportamento humanos. A palavra "cultura" não nasceu como um termo descritivo, uma forma reduzida para **as já alcançadas**, observadas e registradas regras de conduta de toda uma população. (...)

Zygmunt Bauman. Vida líquida. Carlos Alberto Medeiros (Trad.). Rio de Janeiro: Zahar, 2009 (com adaptações).

156. (Cebraspe – TCE RJ – Analista Controle Externo - 2021 - adaptada) Infere-se do texto que, imediatamente após o artigo "as", no trecho "as já alcançadas", está omitido o termo **palavras**.

( ) Certo ( ) Errado

COMENTÁRIOS:

Nota da autora: Basta encontrar o sujeito, ou seja, é imprescindível colocar a oração na ordem direta. O que foram alcançadas? Regras de conduta = sujeito.

Na ordem direta: **Regras de condutas** de toda uma população já alcançadas, observadas e registradas.

Não há relação alguma com o termo "palavras".

Resposta: Errado.

FRAGMENTO DE TEXTO PARA RESPONDER À QUESTÃO.

(...) O termo "cultura" entrou no vocabulário como o nome de uma atividade intencional. No limiar da Era Moderna, **homens e mulheres**, não mais aceitos como "um dado não problematizado", como elos preordenados na cadeia da criação divina ("divina" como algo inegociável e com o qual não devemos nos imiscuir), indispensáveis, ainda que sórdidos, torpes e deixando muito a desejar, passaram a ser vistos ao mesmo tempo como **maleáveis** e terrivelmente **carentes** de ajustes e melhoras. (...)

Zygmunt Bauman. Vida líquida. Carlos Alberto Medeiros (Trad.). Rio de Janeiro: Zahar, 2009 (com adaptações).

157. (Cebraspe – TCE RJ – Analista Controle Externo - 2021 - adaptada) Os adjetivos "maleáveis" e "carentes" referem-se a "homens e mulheres".

( ) Certo ( ) Errado

COMENTÁRIOS:

Nota da autora: Como há várias intercalações, é aconselhável retirá-las para entender melhor o período. Lê-se: homens e mulheres passaram a ser vistos ao mesmo tempo como maleáveis e terrivelmente carentes de ajustes e melhoras.

Homens e mulheres [são] maleáveis e carentes.

Resposta: Certo.

TEXTO PARA RESPONDER ÀS QUESTÕES.

Só ao anoitecer Gregor acordou de um sono pesado, parecido com um desmaio. Por certo, não teria acordado muito mais tarde, mesmo que ninguém <u>**o**</u> perturbasse, pois <u>**se**</u> sentia suficientemente descansado e refeito; <u>**no entanto**</u>, tinha a impressão de que um passo furtivo e o ruído da porta do corredor sendo fechada com cuidado o haviam despertado. Aqui e ali, a luz dos postes elétricos da rua projetava pálidas manchas no teto e no alto dos móveis, mas embaixo, onde ele se achava, reinava a escuridão. Tateando desajeitadamente com as antenas que só agora ia aprendendo a valorizar, **arrastou-se até a porta para ver o que havia acontecido por ali**. Seu lado esquerdo parecia uma única longa cicatriz que lhe dava desagradáveis repuxões e o fazia coxear com suas duas fileiras de patas. De resto, uma patinha ficou gravemente ferida durante os incidentes da manhã — era quase um milagre que só uma tivesse se machucado — e se deixava arrastar sem vida. Só ao se aproximar da porta foi que Gregor percebeu o que o atraíra afinal: o cheiro da comida. É que lá havia uma tigela cheia de leite açucarado em que nadavam pedacinhos de pão. Ele quase chorou de alegria, pois estava muito mais faminto do que de manhã, e se apressou a mergulhar a cabeça quase até os olhos. Mas logo a retirou, desiludido; não só porque **comer** lhe era difícil por causa do flanco esquerdo — não conseguia **fazê-lo** sem a cooperação do corpo ofegante — como porque, ainda por cima, já não gostava de leite, até então sua bebida preferida, com certeza o motivo pelo qual a irmã o havia deixado ali para ele, e foi quase com repugnância que se afastou da tigela e voltou capengando para o centro do quarto.

Franz Kafka. A metamorfose. Luiz A. de Araújo (Trad.). Barueri: Princípios, 2018.

---

158. (Cebraspe – TCE RJ – Analista Controle Externo - 2021 - adaptada) Sem prejuízo do sentido original do texto, a expressão "mesmo que" poderia ser substituída por **entretanto**.

( ) Certo ( ) Errado

COMENTÁRIOS:

Nota da autora: o sentido é alterado porque a ênfase é modificada. Perceba que a banca não se refere à correção gramatical, ou seja, a questão não é de período composto.

Mesmo que: locução conjuntiva **subordinativa concessiva** que indica oposição. **Suaviza** a ideia oposta. Argumento principal: não teria acordado muito mais tarde.

→ Mesmo que ninguém o perturbasse, não teria acordado mais tarde.

Entretanto: conjunção **coordenada adversativa** que indica oposição ou limitação. **Ressalta** e destaca a ideia; dá ênfase à ideia. Argumento principal: ninguém o perturbasse.

→ Entretanto ninguém o perturbasse, não teria acordado mais tarde. = **Errado!** É impossível inverter a ordem.

Dicas:

1. O argumento principal na adversativa é o que acompanha a conjunção;
2. O argumento principal na concessiva é o que não acompanha a conjunção;
3. Quando concessiva, a ordem das orações pode ser invertida;
4. Quando adversativa, a ordem não pode ser invertida.

Resposta: Errado.

159. (Cebraspe – TCE RJ – Analista Controle Externo - 2021 - adaptada) As formas pronominais "o" (*ninguém o perturbasse*) e "se" (*pois se sentia*) referem-se a "Gregor" (l.1).

( ) Certo ( ) Errado

COMENTÁRIOS:

Nota da autora: Volte ao trecho e confira a coesão substituindo os vocábulos.

Só ao anoitecer Gregor acordou de um sono pesado, [o sono era] parecido com um desmaio. Por certo, não [Gregor] teria acordado muito mais tarde, mesmo que ninguém **o** perturbasse [perturbasse Gregor], pois **se** sentia [Gregor se sentia] suficientemente descansado e refeito.

Resposta: Certo.

160. (Cebraspe – TCE RJ – Analista Controle Externo - 2021 - adaptada) Em "fazê-lo" (*não conseguia fazê-lo*), a forma pronominal retoma a noção veiculada pelo verbo "comer" (*não só porque comer*).

( ) Certo ( ) Errado

COMENTÁRIOS:

A ideia é: não conseguia fazer **isso**, ou seja, "o" é um pronome demonstrativo.

Substituindo: não só porque comer lhe era difícil por causa do flanco esquerdo — **não conseguia fazê-lo** = não conseguia **comer**.

Resposta: Certo.

161. (Cebraspe – TCE RJ – Analista Controle Externo - 2021 - adaptada) No trecho "arrastou-se até a porta para ver o que havia acontecido por ali", a substituição da forma verbal "havia" por **teria** não prejudicaria a correção gramatical do texto, mas poderia alterar o seu sentido original.

( ) Certo ( ) Errado

COMENTÁRIOS:

Nota da autora: É bom relembrar a diferença entre tempo composto e locução verbal.

Tempos compostos (na voz ativa): verbos *ter* ou *haver* – flexionados – mais verbo no particípio = Tenho estudado demais.

Tempos compostos (na voz passiva): verbos *ter* ou *haver* + ser + particípio = O trabalho tinha sido feito.

Locução verbal: verbo auxiliar + infinitivo = Tentou fazer a prova; verbo auxiliar + gerúndio = Estava estudando para a prova.

No trecho, foi utilizado o tempo composto na voz ativa: havia acontecido = pretérito mais-que-perfeito composto do indicativo. Refere-se a uma ação que já ocorreu.

Substituir o verbo auxiliar "haver" por "ter" é aceitável gramaticalmente, mas o tempo deveria ser o mesmo para que o sentido não fosse alterado: **tinha** acontecido.

Ao usar "teria acontecido", o tempo passa para o futuro do pretérito composto do indicativo e refere-se a uma ação duvidosa.

Resposta: Certo.

◉ TEXTO PARA RESPONDER ÀS QUESTÕES.

D. Amélia conformava-se com as impertinências do marido. Cada vez mais sentia ela que a doença do seu Lula morreria com ele. Não lutou mais, não sofreu mais. Era tudo como Deus quisesse. A vida que tinha que viver seria aquela, sem outro remédio que vivê-la. Tinha pena da filha, mas ao mesmo tempo para que lhe desejar casamento que fosse como o seu? **Para que ligar-se a um homem que viesse magoá-la, arrancar-lhe a paz de espírito?** Via Neném no seu jardim, nos seus silêncios, na sua paz e não se queixava de não vê-la casada. Iam comendo com o pouco que faziam. É verdade que cada ano que se passava mais o Santa Fé minguava, menos fazia. O feitor que Lula botara para ver tudo não era homem de tino, era para ser mandado. E quem mandaria nele? As coisas caminhavam como água de rio, com a correnteza levando tudo. **Tinha às vezes vontade de chamar o feitor e dar ordens**, mas não queria irritar o marido, era homem que não podia se contrariar.

José Lins do Rego. Fogo morto. 47.ª ed. Rio de Janeiro: José Olympio, 1957, p. 164.

---

162. (Cebraspe – TCE RJ – Analista Controle Externo – 2021 - adaptada) A correção gramatical do trecho "Para que ligar-se a um homem que viesse magoá-la, arrancar-lhe a paz de espírito?" seria mantida caso ele fosse reescrito da seguinte maneira: Ligar-se a um homem que viesse magoá-la, arrancar-lhe a paz de espírito para que?

( ) Certo ( ) Errado

COMENTÁRIOS:

Erro ortográfico: a palavra "que", quando usada em final e frase, deve possuir acento tônico – para **quê?**

Resposta: Errado.

---

163. (Cebraspe – TCE RJ – Analista Controle Externo – 2021 - adaptada) A correção gramatical do trecho "Tinha às vezes vontade de chamar o feitor e dar ordens" seria mantida caso ele fosse reescrito da seguinte forma: Tinha às vezes vontade de chamar o feitor e dá-lo ordens.

( ) Certo ( ) Errado

COMENTÁRIOS:

Na reescrita, o verbo *dar* é bitransitivo: dar algo (ordens) a alguém (ao feitor). Como exige preposição, deve-se usar o pronome oblíquo "lhe": dar-lhe ordens.

Dica: o pronome "lhe" pode exercer função sintática de objeto indireto, de complemento nominal ou de adjunto adnominal – ao indicar posse (sentido de "seu", "sua").

Resposta: Errado.

◉ TEXTO PARA RESPONDER ÀS QUESTÕES.

O fenômeno conhecido como judicialização da saúde é multifacetado. Por um lado, as ações judiciais comprometem uma parcela significativa do orçamento para atender demandas específicas de alguns pacientes; por outro, podem significar o único caminho para salvar ou prolongar a vida de pacientes, especialmente de pessoas com doenças raras ou crônicas, como diabetes e câncer, que dependem de medicamentos de alto custo. Há também o uso desse recurso extremo para medicamentos equivalentes aos disponíveis no sistema público de saúde e, até mesmo, para a compra de produtos como fraldas ou água de coco — sempre com receita médica.

A preocupação com o impacto da judicialização nos municípios é justificável. Há casos em que uma única ação pode comprometer todo o orçamento da saúde de uma cidade de pequeno porte. Algumas iniciativas buscam contornar esse obstáculo por meio de arranjos institucionais. **Um dos exemplos mais lembrados é o de Santa Catarina**. Em 1997, 25 municípios do entorno da cidade de Lages, a 200 quilômetros de Florianópolis, uniram-se para encontrar melhores formas de administrar os recursos para a saúde, frequentemente afetados pela judicialização. Os prefeitos e gestores dos municípios perceberam que, isoladamente, era mais complicado enfrentar as decisões judiciais. Por meio do consórcio intermunicipal, criou-se um padrão comum de atuação, que evitou sobreposições de pedidos e racionalizou gastos e investimentos.

Bruno De Pierro. Demandas crescentes. In: Revista Pesquisa FAPESP, 18 (252), fev. 2017, p. 18-22 (com adaptações).

164. (Cebraspe – TCE RJ – Analista Controle Externo – 2021 - adaptada) Do período "Um dos exemplos mais lembrados é o de Santa Catarina" infere-se a referência à palavra **exemplo** no segmento "o de Santa Catarina".

( ) Certo ( ) Errado

COMENTÁRIOS:

A palavra está implícita. Lê-se: "Um dos exemplos mais lembrados é o [exemplo] de Santa Catarina".

Resposta: Certo.

165. (Cebraspe – TCE RJ – Analista Controle Externo – 2021 - adaptada) No trecho "A preocupação com o impacto da judicialização nos municípios é justificável", o adjetivo "justificável" tem o mesmo sentido da expressão **passível de justificativa**.

( ) Certo ( ) Errado

COMENTÁRIOS:

Significa *passível de justificação; que se consegue justificar*[10]. Formação: justificar + vel (sufixo).

Resposta: Certo.

10 Dicionário Online de Português. Disponível em <www.dicio.com.br/justificavel/>. Acesso 13 julho 2021.

◉ TEXTO CB1A1 PARA RESPONDER ÀS QUESTÕES.

Viver em uma cidade ou no campo tem diferenças bem definidas em várias áreas, como mercado de trabalho, opções de lazer e transporte. Mas o que um novo estudo descobriu é que o ambiente em que você cresce também tem influência nas suas habilidades de localização — e **esse efeito** varia de país para país.

Na pesquisa, os **estudiosos** analisaram dados de um jogo de celular para aferir a habilidade de navegação espacial das pessoas. No game, os jogadores controlam um barco e têm que memorizar um mapa do mar onde há certos locais marcados. **Eles** então têm que seguir o caminho guiados apenas pela memória, passando pelos objetivos invisíveis antes de cruzar a linha de chegada. A pesquisa envolveu mais de 440 mil pessoas de 38 países.

Além da jogatina, os pesquisadores também aplicaram questionários e coletaram dados sobre os participantes, como idade, gênero, nível educacional e local de origem. Os resultados mostraram que pessoas que haviam crescido em cidades erravam muito mais no game, enquanto quem era de áreas rurais ou vilarejos tinha uma taxa de acerto maior. E isso se manteve independentemente de correções de outros fatores, como idade ou gênero. Estudos anteriores da mesma equipe mostraram que há correlação entre as habilidades de navegação das pessoas no jogo e na vida real — como se localizar em uma cidade, por exemplo.

A diferença entre moradores urbanos e rurais foi maior nos Estados Unidos da América, onde as cidades costumam ter formato de grade (com ruas paralelas e perpendiculares). Já na Europa, onde as cidades são mais irregulares, a diferença entre pessoas oriundas de zonas urbanas e pessoas vindas de zonas rurais foi menor.

O estudo não estabeleceu os motivos por trás do resultado, mas dá para **teorizar**. Embora as cidades possam passar a impressão de serem mais confusas e caóticas do que as tranquilas zonas rurais, elas estão cheias de elementos e recursos de localização (placas, nomes de ruas, normas de trânsito etc.). Também oferecem meios de transporte, como ônibus ou metrô, em que você não precisa memorizar o caminho — somente os pontos inicial e final. Talvez tudo isso, a longo prazo, acabe prejudicando o desenvolvimento da capacidade de se orientar. Já em áreas rurais ou vilarejos, sem essas ajudas, **o jeito é aprender na marra mesmo**.

Bruno Carbinatto. Pessoas que crescem em cidades têm senso de direção pior. In: Revista Superinteressante, fev./2020. Internet: <https://super.abril.com.br> (com adaptações).

---

166. (Cebraspe – TC DF – Analista Controle Externo - 2021 - adaptada) O pronome "Eles" (2º §) retoma "estudiosos" (2º §).

( ) Certo ( ) Errado

COMENTÁRIOS:

Os estudiosos analisaram. **Os jogadores** os controlam um barco e [os jogadores] têm que memorizar um mapa do mar onde há certos locais marcados. **Eles** [os jogadores] então têm que seguir o caminho guiados apenas pela memória.

O pronome retoma "os jogadores".

Resposta: Errado.

167. (Cebraspe – TC DF – Analista Controle Externo - 2021 - adaptada) A expressão "esse efeito" (1º §) faz referência à relação entre local de moradia e habilidade de localização, estabelecida anteriormente.

( ) Certo ( ) Errado

COMENTÁRIOS:

O pronome é anafórico: retoma a ideia do período anterior.

Qual efeito varia de país a país? O ambiente em que você cresce (local de moradia) e habilidade de localização.

Resposta: Certo.

168. (Cebraspe – TC DF – Analista Controle Externo - 2021 - adaptada) No texto, o sentido de "teorizar" (último parágrafo) é equivalente a **criar hipóteses**.

( ) Certo ( ) Errado

COMENTÁRIOS:

Muito cuidado! Não se trata de questão de ortografia, mas sim de interpretação. Ao citar que *o estudo não estabeleceu os motivos por trás dos resultados*, percebemos que existe dúvida, não certeza. No contexto, equivale a *criar hipóteses*.

Resposta: Certo.

169. (Cebraspe – TC DF – Analista Controle Externo - 2021 - adaptada) No último período do texto, a expressão "o jeito é aprender na marra" estabelece a ideia de que as pessoas que moram em áreas rurais ou vilarejos aprendem a se orientar enfrentando com coragem as circunstâncias dificultosas.

( ) Certo ( ) Errado

COMENTÁRIOS:

É uma expressão usada na linguagem coloquial. Se é "na marra", significa que é difícil, ou seja, é necessário enfrentar com coragem as circunstâncias complicadas.

Resposta: Certo.

FRAGMENTO DE TEXTO PARA RESPONDER À QUESTÃO.

(...) Por um lado, **uma parcela da população urbana usufrui dos avanços técnico-científicos, da infraestrutura e do conforto que a vida urbana e sua produção econômica disponibilizam**; por outro lado, grande parte do mundo sofre com as consequências socioeconômicas das políticas econômicas e de expansão de mercados, que promovem exclusão, desigualdade e vulnerabilidade no mercado de trabalho e na gestão e no planejamento urbanos. (...)

Ana Célia Baía Araújo e Zoraide Souza Pessoa. O desafio das cidades sustentáveis: prós e contras de uma proposta para o desenvolvimento urbano. Internet: (com adaptações).

170. (Cebraspe – TC DF – Analista Controle Externo - 2021 - adaptada) Sem prejuízo da correção gramatical e da coerência do texto, o trecho “uma parcela da população urbana usufrui dos avanços técnico-científicos, da infraestrutura e do conforto que a vida urbana e sua produção econômica disponibilizam” poderia ser reescrito da seguinte forma: **uma parcela da população urbana usufrui dos avanços técnico-científicos, da infraestrutura e do conforto disponibilizados pela vida urbana e pela produção econômica deles.**

( ) Certo ( ) Errado

COMENTÁRIOS:

Prejudica a coerência, não a gramática. No texto, o pronome possessivo “**sua**” refere-se à **vida urbana**: a produção econômica da vida urbana. Na reescrita, a contração da preposição “de” com o pronome pessoal “eles”’ muda o referente – passa a retomar “avanços técnico-científicos”, “estrutura” e “conforto”. Se muda o referente, não há coerência.

Resposta: Errado.

Parte VI

INTERPRETAÇÃO E COMPREENSÃO TEXTUAL

Capítulo 1

Interpretação e compreensão textual

1.1. QUESTÕES ATUALIZE-SE

TEXTO PARA RESPONDER ÀS QUESTÕES.

Embora haja relação entre os conceitos, racismo difere de preconceito racial e de discriminação racial. O preconceito racial é o juízo que se baseia em estereótipos acerca de indivíduos que pertençam a determinado grupo racializado e que pode ou não resultar em práticas discriminatórias. As ideias de que negros são violentos e inconfiáveis, de que judeus são avarentos ou de que orientais são "naturalmente" preparados para as ciências exatas são exemplos de preconceitos.

A discriminação racial, por sua vez, é a atribuição de tratamento diferenciado a membros de grupos racialmente identificados. Portanto, a discriminação tem como requisito fundamental o poder, ou seja, a possibilidade efetiva do uso da força, sem o qual não é possível atribuir vantagens ou desvantagens por conta da raça. Assim, a discriminação pode ser direta ou indireta.

A discriminação direta é o repúdio ostensivo a indivíduos ou grupos, motivado pela condição racial, exemplo do que ocorre em países que proíbem a entrada de negros, judeus, muçulmanos, pessoas de origem árabe ou persa, ou ainda em lojas que se recusem a atender clientes de determinada raça. Adilson José Moreira afirma que o conceito de discriminação direta "pressupõe que as pessoas são discriminadas a partir de um único vetor e também que a imposição de um tratamento desvantajoso requer a existência da intenção de discriminar". Por isso, conclui Moreira, o conceito de discriminação direta é "incompleto" para lidar com a complexidade do fenômeno da discriminação.

Já a discriminação indireta é um processo em que a situação específica de grupos minoritários é ignorada — discriminação de fato —, ou sobre ela são impostas regras de "neutralidade racial", sem que se leve em conta a existência de diferenças sociais significativas — discriminação pelo direito ou discriminação por impacto adverso. A discriminação indireta é "marcada pela ausência de intencionalidade explícita de discriminar pessoas. Isso pode acontecer porque a norma ou prática não leva em consideração ou não pode prever de forma concreta as consequências da norma.", segundo Moreira.

A consequência de práticas de discriminação direta e indireta ao longo do tempo leva à estratificação social, um fenômeno intergeracional em que o percurso de vida de todos os membros de um grupo social — o que inclui as chances de ascensão social, de reconhecimento e de sustento material — é afetado.

Silvio Almeida. Racismo estrutural. São Paulo: Pólen, 2019, p. 22-23 (com adaptações)

---

01. (Cebraspe – Câmara de Maceió AL – Apoio Legislativo - 2024) De acordo com o texto, o preconceito racial se distingue da discriminação racial porque aquele não necessariamente implica a execução de ações discriminatórias contra pessoas em função de seu grupo racial.

( ) certo ( ) errado

COMENTÁRIOS:

No 1º parágrafo: ***O preconceito racial é o juízo que se baseia em estereótipos acerca de indivíduos*** *que pertençam a determinado grupo racializado e que* ***pode ou não resultar em práticas discriminatórias.***

No 2º parágrafo: ***A discriminação racial****, por sua vez,* ***é a atribuição de tratamento diferenciado a membros de grupos racialmente identificados****. Portanto, a discriminação tem como requisito fundamental o poder, ou seja, a possibilidade efetiva do uso da força, sem o qual não é possível atribuir vantagens ou desvantagens por conta da raça.*

Resposta: Certo

---

02. (Cebraspe – Câmara de Maceió AL – Apoio Legislativo - 2024) As práticas de discriminação racial diretas e indiretas resultam da estratificação social, conforme o último parágrafo do texto.

( ) certo ( ) errado

COMENTÁRIOS:

Último parágrafo: *A consequência de práticas de discriminação direta e indireta ao longo do tempo* ***leva à*** *estratificação social.*

Não resulta da estratificação, não depende dela.

Ao afirmar que resulta, a ideia a passa a ser de dependência e isso não ocorre.

Resposta: Errado

---

03. (Cebraspe – Câmara de Maceió AL – Apoio Legislativo - 2024) Depreende-se do texto que um dos motivos por que Adilson José Moreira julga incompleto o conceito de discriminação direta para tratar da complexidade das ocorrências de discriminação consiste em esse conceito desconsiderar práticas involuntárias de discriminação racial.

( ) certo ( ) errado

COMENTÁRIOS:

No 3º parágrafo: *Adilson José Moreira afirma que o conceito de discriminação direta "pressupõe que as pessoas são discriminadas a partir de um único vetor e também que a* ***imposição de um tratamento desvantajoso requer a existência da intenção de dis-***

***criminar"**. Por isso, conclui Moreira, **o conceito de discriminação direta é "incompleto" para lidar com a complexidade do fenômeno da discriminação**.*

Resposta: Certo

---

04. (Cebraspe – Câmara de Maceió AL – Apoio Legislativo - 2024) É correto inferir das ideias veiculadas no texto que ocorre discriminação indireta quando normas ignoram as especificidades de determinadas minorias e, assim, acabam por prejudicá-las.

( ) certo ( ) errado

COMENTÁRIOS:

No 4º parágrafo: *Já **a discriminação indireta** é um processo em que **a situação específica de grupos minoritários é ignorada** — discriminação de fato —, ou sobre ela são impostas regras de "neutralidade racial", sem que se leve em conta a existência de diferenças sociais significativas — discriminação pelo direito ou discriminação por impacto adverso. A discriminação indireta é **"marcada pela ausência de intencionalidade explícita de discriminar pessoas.** Isso pode acontecer porque a norma ou prática não leva em consideração ou não pode prever de forma concreta as consequências da norma.", segundo Moreira.*

Resposta: Certo

◉ TEXTO CB1A1

O Comentário Geral n.º 15 do Comitê de Direitos Econômicos, Sociais e Culturais (CDESC) da ONU é claro ao apontar para a necessidade de proteger os ecossistemas, em especial o aquático, contra a poluição, pois ter acesso a uma água poluída não representa, de fato, o gozo do direito humano à água. Nessas condições, há risco de comprometimento imediato da saúde individual e coletiva, o que afeta outros direitos humanos, como o direito à saúde e ao bem-estar. Antes disso, a Agenda 21, aprovada na Conferência das Nações Unidas sobre o Meio Ambiente e Desenvolvimento (CNUMAD), em 1992, recomendou que se preservem as funções hidrológicas, biológicas e químicas dos ecossistemas, para que se assegure água com qualidade.

Em uma perspectiva menos antropocêntrica e mais ecocêntrica, em 2000, a Declaração da 4.ª Cúpula do P7, composto dos sete países mais pobres do mundo, em seu primeiro princípio, trouxe a ideia de que a água é uma fonte de vida não substituível, a que todos os seres vivos têm direito, e sua conservação seria uma responsabilidade coletiva fundamental.

A mesma declaração complementa o raciocínio, defendendo a necessidade de as culturas que defendem a água como um bem comum serem protegidas e reinventadas. E, nesse ponto, a Declaração da 4.ª Cúpula do P7 e o Comentário Geral n.º 15 do CDESC convergem entre si, pois este último se refere à preocupação com o respeito à cultura e o acesso à água, nas formas tradicionais de uso por comunidades antigas e originárias, o que valoriza o componente da independência no conceito de segurança hídrica. O que aqui se chama simplisticamente de independência corresponde na verdade à minimização de uma relação de dependência e sujeição, por meio de mecanismos formais de cooperação, tanto interbacias como intrabacias hidrográficas. O quarto princípio da Declaração da 4.ª Cúpula do P7 afirma que "a água deve contribuir para a solidariedade entre comunidades, países, sociedades, gerações e sexos". Ao mesmo tempo reconhece que a água doce é distribuída de forma desigual em torno da Terra, e afirma que isso não deve ser utilizado como fator de exercício de poder.

Carlos Hiroo Saito. Segurança hídrica e direito humano à água. In: Ruscheinsky, Calgaro & Weber. Ética, direito socioambiental e democracia. Caxias do Sul: Educs, 2018, p. 100-101 (com adaptações)

COM BASE NAS IDEIAS VEICULADAS NO TEXTO CB1A1, JULGUE OS ITENS A SEGUIR.

---

05. (Cebraspe - ANA – Regulação de Recursos Hídricos e Saneamento - 2024) Da leitura do primeiro parágrafo do texto entende-se que o Comentário Geral n.º 15 do CDESC da ONU e a Agenda 21 condicionam a proteção dos ecossistemas à garantia do direito humano à água.

( ) certo ( ) errado

COMENTÁRIOS:

Não se pode afirmar que os dois condicionem a proteção dos ecossistemas à **garantia do direito humano à água**.

A **Agenda 21**: *recomendou que se preservem as funções hidrológicas, biológicas e químicas dos ecossistemas, para que se assegure água com qualidade.*

Atente-se aos verbos destacados e perceba que as ideias são duvidosas (presente do subjuntivo), não sabemos se isso irá realmente acontecer. Além disso, as ideias são gerais.

Compare com o **Comentário Geral n.º 15 do CDESC da ONU**: *apontar para a necessidade de proteger os ecossistemas, em especial o aquático, contra a poluição, pois ter acesso a uma água poluída não representa, de fato, o gozo do direito humano à água.*

Aqui, as ideias são bem mais específicas.

Resposta: Errado

---

06. (Cebraspe - ANA – Regulação de Recursos Hídricos e Saneamento - 2024) De acordo com o texto, a Declaração da 4.ª Cúpula do P7 distingue-se do Comentário Geral n.º 15 do CDESC e da Agenda 21 por ampliar o direito à água a todas as formas de vida.

( ) certo ( ) errado

COMENTÁRIOS:

Basta comparar os três.

1. **Agenda 21**: *recomendou que se preservem as funções hidrológicas, biológicas e químicas dos ecossistemas,* ***para que se assegure água com qualidade***.
2. **Comentário Geral n.º 15 do CDESC**: *apontar para a necessidade de proteger os ecossistemas, em especial o aquático, contra a poluição.*

   Mais: refere-se à ***preocupação com o respeito à cultura e o acesso à água***, nas formas tradicionais de uso por comunidades antigas e originárias

3. **Declaração da 4.ª Cúpula do P7**: *trouxe a ideia de que a água é uma fonte de vida não substituível, a que* ***todos os seres vivos têm direito****, e sua conservação seria uma responsabilidade coletiva fundamental.*

   Mais: ***"a água deve contribuir para a solidariedade entre comunidades, países, sociedades, gerações e sexos".***

Resposta: Certo

---

07. (Cebraspe - ANA – Regulação de Recursos Hídricos e Saneamento - 2024) O texto apresenta uma crítica ao conceito de segurança hídrica presente no Comentário n.º 15 do CDESC por este adotar uma noção simplista de independência.

( ) certo ( ) errado

COMENTÁRIOS:

Nao é uma critica, é uma explicaçao.

No texto: *O que aqui se chama* ***simplisticamente*** *de independência* ***corresponde*** *na verdade* ***à minimização de uma relação de dependência e sujeição****, por meio de mecanismos formais de cooperação, tanto interbacias como intrabacias hidrográficas.*

Resposta: Errado

TEXTO PARA RESPONDER ÀS QUESTÕES.

A palavra carreta começou a ser empregada para definir o que até então era chamado de carroça; é possível pensar que fora definido o termo carreteiro para designar quem conduzia as carretas.

As primeiras carretas foram utilizadas para várias finalidades. Em um primeiro momento, auxiliaram no processo de colonização, mas também ajudaram em situações de guerra, quando estavam carregadas de materiais bélicos e demais apetrechos militares. Serviram de apoio ainda para comerciantes, mascates, conhecidos também como vivandeiros, que transportavam os mais variados tipos de mercadorias, desde produtos alimentícios até produtos mais simples, como pentes e espelhos. Dessa maneira, surgia o carreteiro e, junto a ele, as representações que iriam compor a identidade desses profissionais.

Danilo Leite Moreira. Uma breve abordagem histórica do desenvolvimento do rodoviarismo e do transporte rodoviário de cargas no Brasil. In: Faces da História, v. 10, n.º 1, jan.-jun./2023, p. 157 (com adaptações)

---

08. (Cebraspe - ANTT – Especialista em Regulação de Serviços - 2024) De acordo com o texto, uma multiplicidade de funções estava associada às primeiras carretas.

( ) certo ( ) errado

COMENTÁRIOS:

As primeiras carretas foram utilizadas para várias finalidades: auxiliaram no processo de colonização, ajudaram em situações de guerra, serviram de apoio para comerciantes, mascates.

Resposta: Certo

09. (Cebraspe - ANTT – Especialista em Regulação de Serviços - 2024) Infere-se do texto que a palavra "carroça" caiu em desuso após a criação da palavra "carreta".

( ) certo ( ) errado

COMENTÁRIOS:

"Carreta" define "carroça" e nada indica que este termo caiu em desuso.

Teria caído em desuso se no texto estivesse assim: A palavra carreta começou a ser empregada para **substituir** o que até então era chamado de carroça.

Resposta: Errado

10. (Cebraspe - ANTT – Especialista em Regulação de Serviços - 2024) O primeiro parágrafo constitui-se da apresentação inicial de um fato seguido de uma hipótese.

( ) certo ( ) errado

COMENTÁRIOS:

Apresentação: para que começou a ser utilizada a palavra carreta.

Hipótese: *é possível pensar que fora definido o termo carreteiro para designar quem conduzia as carretas.*

Resposta: Certo

11. (Cebraspe - ANTT – Especialista em Regulação de Serviços - 2024) Conforme exposto no texto, a identidade dos carreteiros é construída a partir de representações plurais que têm relação direta com as várias atividades deles e com os diversos tipos de carretas.

( ) certo ( ) errado

COMENTÁRIOS:

Não foi mencionada a identidade dos carreteiros, mas sim as várias finalidades das carretas. O carreteiro conduzia as carretas.

Resposta: Errado

◉ TEXTO PARA RESPONDER ÀS QUESTÕES.

Há muitas especulações sobre qual meio de transporte teria sido "inventado" primeiro, desde o início da evolução humana, antes mesmo do surgimento da escrita. Referentemente a esse período, o fato é que muito pouco pode ser comprovado, o que nos deixa com algumas hipóteses e poucas certezas.

É provável que o ser humano tenha pensado em formas de solucionar problemas como transportar sua caça ou transpor obstáculos, mas afirmar com exatidão que isso se transformou em algum meio de transporte da forma como conhecemos hoje é bem mais complicado.

Sabemos que o homem pré-histórico se deslocava em função do clima e da oferta de alimentos. Os pés humanos foram os primeiros responsáveis por esses deslocamentos. A melhor solução para o transporte a partir dessa época surgiu com a domesticação de animais selvagens. O homem pode ter notado a facilidade de lidar com determinadas espécies animais a ponto de utilizar sua força para transportar seus pertences.

Oswaldo Dias dos Santos Junior. Transportes turísticos. Curitiba, InterSaberes, 2014, p. 20 (com adaptações).

---

12. (Cebraspe - ANTT – Especialista em Regulação de Serviços - 2024) De acordo com o texto, na Pré-História, os deslocamentos dos seres humanos eram mais eficientes quando efetuados com os próprios pés do que quando realizados por intermédio de animais.

( ) certo ( ) errado

COMENTÁRIOS:

No texto: *Os pés humanos foram os primeiros responsáveis por esses deslocamentos.*

É impossível, através dessa informação, deduzir que os deslocamentos eram **mais eficientes** quando efetuados com os próprios pés.

Resposta: Errado

---

13. (Cebraspe - ANTT – Especialista em Regulação de Serviços - 2024) Entende-se do texto que as poucas hipóteses referentes aos fatos ocorridos desde o início da evolução humana são consequência da profusão de especulações sobre esse período.

( ) certo ( ) errado

COMENTÁRIOS:

No texto: Há **muitas especulações** sobre qual meio de transporte teria sido "inventado" primeiro.

A afirmação é contrária: há **muitas** hipóteses.

Significado de "especulação": *investigação, análise, pressuposição, suposição, hipótese.*

A relação de causa e consequência está incorreta:

- **Por que** há profusão de especulações? (consequência)

- **Porque** há muitas suposições referentes aos fatos. (causa).

Correção: as **muitas** hipóteses referentes aos fatos ocorridos desde o início da evolução humana são **a causa** da profusão de especulações.

Resposta: Errado

---

14. (Cebraspe - ANTT – Especialista em Regulação de Serviços - 2024) No texto, o autor considera a possibilidade de os seres humanos terem se preocupado com questões de transporte de caça ou de transposição de obstáculos, mas demonstra dificuldades em afirmar categoricamente que algum meio de transporte tenha se originado dessa preocupação.

( ) certo ( ) errado

↘ COMENTÁRIOS:

Ideia mencionada no segundo parágrafo: *É provável que o ser humano tenha pensado em formas de solucionar problemas como transportar sua caça ou transpor obstáculos,* ***mas afirmar com exatidão que isso se transformou em algum meio de transporte da forma como conhecemos hoje é bem mais complicado.***

Resposta: Certo

◉ TEXTO PARA RESPONDER À QUESTÃO.

A iniciativa Mãe Servidora, inserida no contexto do programa Pró-Equidade de Gênero, reflete um esforço significativo da ANTT para promover o equilíbrio entre a vida profissional e familiar de suas colaboradoras. Essa ação é direcionada especialmente para mães servidoras, no regime de trabalho presencial, com filhos menores de sete anos de idade, oferecendo a elas a oportunidade de reduzir a jornada de trabalho semanal em quatro horas em um dia específico. O objetivo principal é fortalecer a interação entre mãe e filho durante os anos cruciais de formação da criança, beneficiando-se tanto o bem-estar da servidora quanto o da família como um todo.

Em caso de dúvidas, fale com a Coordenação de Projetos Especiais de Gestão de Pessoas (COPEP), pelo *email <copep@antt.gov.br>.*

ANTT. Revista Via Sustentável. Destaques 2023, s/d, p. 35 (com adaptações).

---

15. (Cebraspe - ANTT – Especialista em Regulação de Serviços - 2024) O último parágrafo do texto caracteriza-se como injuntivo.

( ) certo ( ) errado

↘ COMENTÁRIOS:

O verbo está no imperativo afirmativo (fale), ou seja, está instruindo.

A característica do texto injuntivo é aconselhar, informar, auxiliar, recomendar, instruir.

Resposta: Certo

◉ TEXTO PARA RESPONDER ÀS QUESTÕES.

Devemos salientar mais uma vez o caráter essencial dos sentimentos negativos. Manifestações populares e mudança social advêm do acúmulo de muitos cidadãos irritados e ofendidos. Ocultar sentimentos negativos sob o tapete do pensamento positivo significa estigmatizar e tornar vexaminosa a estrutura emocional do mal-estar social e da instabilidade. Alguns dirão que optamos por privar trabalhadores dos benefícios da ciência do bem-estar em troca do aceno de uma ideia vaga de consciência coletiva. A felicidade, como alguns empiristas ferrenhos afirmarão, é o único bem tangível em que podemos pôr as mãos aqui e agora. Nossa resposta e nossa objeção final podem ser encontradas na famosa refutação do utilitarismo do filósofo Robert Nozick. Em 1974, ele pediu a seus leitores que participassem de um experimento mental que consistia em imaginar que estamos conectados a uma máquina que nos proporciona qualquer experiência prazerosa. Nossos cérebros seriam estimulados a acreditar que estaríamos vivendo a vida que desejamos. A pergunta de Nozick, então, era: dada a possibilidade de escolha, você preferiria a máquina prazerosa à vida real (e presumivelmente mais infeliz)? Uma resposta a essa questão parece hoje ainda mais relevante do que antes, sobretudo agora que a ciência da felicidade e as tecnologias virtuais se tornam tão predominantes. Nossa resposta, assim como a de Nozick, é a de que o prazer e a busca da felicidade não podem superar a realidade e a busca por conhecimento — o pensamento crítico sobre nós mesmos e sobre o mundo que nos rodeia. Uma "máquina da experiência" do tipo que Nozick imaginou tem hoje seu equivalente em uma indústria da felicidade que pretende nos controlar: ela não apenas borra e confunde a capacidade de conhecer as condições que moldam nossa existência, mas também faz que essas condições em si sejam irrelevantes. Conhecimento e justiça, e não felicidade, continuam a ser o propósito moral revolucionário da vida.

Edgar Cabanas e Eva Illouiz. Happycracia: fabricando cidadãos felizes. São Paulo: Ubu, 2022, p. 274-275 (com adaptações).

---

16. (Cebraspe - ANVISA – Especialista em Regulação - 2024) O uso do pensamento positivo com o fim de dissimular sentimentos negativos é condenado pelos autores no texto.

( ) certo ( ) errado

COMENTÁRIOS:

Consideram vexaminoso: *Ocultar sentimentos negativos sob o tapete do pensamento positivo significa estigmatizar e* ***tornar vexaminosa a estrutura emocional do mal-estar social e da instabilidade***.

Resposta: Certo

---

17. (Cebraspe - ANVISA – Especialista em Regulação - 2024) No texto, os autores estabelecem uma analogia entre a atual "indústria da felicidade" e a máquina de proporcionar experiências prazerosas idealizada no experimento de Nozick.

( ) certo ( ) errado

COMENTÁRIOS:

Nota da autora: O vocábulo "analogia" significa *correspondência, semelhança entre coisas ou ações diferentes.*

É sinônimo de *comparação, similaridade, equivalência.*

No texto: ***Uma "máquina da experiência"*** *do tipo que Nozick imaginou* ***tem*** *hoje* ***seu equivalente*** *em uma* ***indústria da felicidade*** *que pretende nos controlar: ela não apenas borra e confunde a capacidade de conhecer as condições que moldam nossa existência, mas também faz que essas condições em si sejam irrelevantes.*

Resposta: Certo

---

18. (Cebraspe - ANVISA – Especialista em Regulação - 2024) De acordo com a concepção defendida no texto, a felicidade não é o propósito moral revolucionário da vida.

( ) certo ( ) errado

↘ COMENTÁRIOS:

No último parágrafo: *Conhecimento e justiça,* ***e não felicidade****, continuam a ser o propósito moral revolucionário da vida.*

O propósito moral revolucionário da vida são o conhecimento e a justiça.

Resposta: Certo

◉ TEXTO PARA RESPONDER À QUESTÃO.

Maniçoba, 19 de junho de 1911. Minha mãe: Aqui cheguei em *paz* e *salvamento*, graças a Nosso Senhor Jesus Cristo. Isto aqui é bom como o diabo: acorda-se às cinco da manhã, leva-se o dia lendo, fumando, comendo e rezando; dorme-se às nove da noite. Uma vida de anjo. Quando chegar aí — está compreendendo? — hei de ter o corpo pesando 70 quilos e a alma leve de pecados, tão leve como os *vagons* que levam material para a construção da estrada de ferro de Palmeira. Fui visitar o tal Lajedo das Cobras, segundo a senhora insinuou-me, e não vi nada que se parecesse com cobras. Tenha a bondade de dizer-me onde ficam esses bichos, sempre tenho vontade de admirá-los. Só se são umas listas pretas que há em cima da pedra. Mas quem lhe meteu na cabeça que aquilo eram cobras, hem? Nem semelhança, minha senhora! Ali nunca houve cobras nem nada. Isto agora está seco, sabe? Um pouquinho seco. A água do Ipanema tem assim uns tons de verde-paris: é mesmo da cor do açude daí. Por aqui nada de novo, tudo na santa paz do senhor... não, há uma coisa de novo: o Siriaco, o velho Siriaco, o impagável, o incomensurável Siriaco. Diga a meu pai que lhe não escrevo porque nesta carta vai tudo o que é preciso dizer. Adeus. Lembranças às meninas, a tia Ju, etc. Recomendações à família do sr. Antero, a d. Iaiá, e mais a algumas pessoas conhecidas. O filho e amigo Graciliano. NB: Mando dizer ao Antônio Panta que guarde todos os meus Malhos. Não se esqueça deste recado. Lembranças a d. Anatólia.

Graciliano Ramos. Cartas. Rio de Janeiro: Record, 2013 (com adaptações).

---

19. (Cebraspe – Câmara de Maceió AL – Analista Legislativo - 2024) Entende-se do texto que o emissor da carta se encontra na localidade de Maniçoba, onde pretende cometer muitos "pecados".

( ) certo ( ) errado

↘ COMENTÁRIOS:

Localidade: **Maniçoba,** 19 de junho de 1911.

Quanto aos pecados: *Quando chegar aí — está compreendendo? — hei de ter o corpo pesando 70 quilos e* ***a alma leve de pecados****, tão* ***leve como os vagons que levam material para a construção da estrada de ferro de Palmeira.***

O adjetivo "leve" foi empregado ironicamente porque em seguida ele cita os pesados *vagons*.

A alma estará carregada, cheia de pecados.

Resposta: Certo

◉ TEXTO PARA RESPONDER ÀS QUESTÕES.

Nos últimos anos, uma das tendências mais surpreendentes das ciências sociais pode ser descrita como a descoberta da ignorância. À primeira vista, parece bizarra a escolha desse objeto de estudo, pois há mais de trinta anos nos dizem que vivemos numa sociedade do conhecimento. Está cada vez mais claro, entretanto, que hoje vivemos também numa sociedade da ignorância, em que, de fato, sabemos pouco sobre as doenças, o meio ambiente e o funcionamento dos negócios e da política.

Essa desconfortável tomada de consciência nos coloca um desafio. Como estudar a falta de conhecimento? Uma das respostas tem sido examinar as práticas correntes de ocultação de informações ou circulação de *fake news*, descrevendo essas atividades como exemplos da construção, produção ou fabricação da ignorância, quando, por exemplo, encobrem calamidades ou defendem que determinada droga não tem efeitos colaterais perigosos. Seria mais preciso falar de manutenção do que de produção da ignorância.

Outra resposta a esse novo desafio seria estudar a história social da ignorância, perguntando quem ignora o quê em dado lugar e em dada época, quais são as causas dessa ignorância e, acima de tudo, que consequências ela produz. A humanidade nunca soube tantas coisas como hoje, mas cada indivíduo tem conhecimento apenas de uma parte ínfima desse saber. Quanto mais se tem a saber, mais se pode ignorar.

Peter Burke. A ignorância na política. E a política da ignorância. Revista Piauí, ed. 168, 2020. Internet: <https://piaui.folha.uol.com.br/> (com adaptações).

---

20. (Cebraspe – CAPES – Analista em Ciência e em Tecnologia - 2024) De acordo com o texto, vivemos em uma "sociedade da ignorância" porque o conhecimento individual não é idêntico ao conhecimento acumulado pela humanidade em geral, consequentemente, as pessoas não sabem tudo sobre todos os assuntos.

( ) certo ( ) errado

COMENTÁRIOS:

Nota da autora: nas provas de 2024, a banca está exigindo paráfrase, ou seja, ideias que mantêm o sentido original. Divida as informações para facilitar.

1. No comando: vivemos em uma "sociedade da ignorância"

   No texto: *Está cada vez mais claro, entretanto, que* ***hoje vivemos também numa sociedade da ignorância***.

2. No comando: porque o conhecimento individual não é idêntico ao conhecimento acumulado pela humanidade em geral, consequentemente, as pessoas não sabem tudo sobre todos os assuntos.

   No texto: *A humanidade nunca soube tantas coisas como hoje, mas* ***cada indivíduo tem conhecimento apenas de uma parte ínfima desse saber. Quanto mais se tem a saber, mais se pode ignorar.***

   O sentido é idêntico ao mencionado no texto.

   Resposta: Certo

21. (Cebraspe – CAPES – Analista em Ciência e em Tecnologia - 2024) Entende-se do texto que o conceito de "sociedade do conhecimento" perdurou por mais de trinta anos, até a sua substituição pela chamada "sociedade da ignorância", recém-descoberta.

( ) certo ( ) errado

COMENTÁRIOS:

No texto: *há mais de trinta anos nos dizem que vivemos numa sociedade do conhecimento.*

O erro está ao afirmar que houve substituição: *hoje vivemos* ***também*** *numa sociedade da ignorância.*

Hoje vivemos na sociedade do conhecimento e na sociedade da ignorância.

Resposta: Errado

---

22. (Cebraspe – CAPES – Analista em Ciência e em Tecnologia - 2024) Segundo o texto, o estudo da história social da ignorância envolveria descobrir as pessoas que ignoram algo em determinado espaço e em determinada época, o objeto da ignorância dessas pessoas, as causas dessa ignorância e seus efeitos.

( ) certo ( ) errado

COMENTÁRIOS:

Ideia mencionada no último parágrafo: *Outra resposta a esse novo desafio seria* ***estudar a história social da ignorância, perguntando quem ignora o quê em dado lugar e em dada época, quais são as causas dessa ignorância e, acima de tudo, que consequências ela produz****.*

Resposta: Certo

TEXTO PARA RESPONDER ÀS QUESTÕES.

A vida em sociedade trouxe para os seres humanos um aprendizado extremamente importante: não se poderiam resolver todas as questões pela força, era preciso usar a palavra para persuadir os outros a fazer alguma coisa. Por isso, o aparecimento da argumentação está ligado à vida em sociedade e, principalmente, ao surgimento das primeiras democracias.

Todo discurso tem uma dimensão argumentativa. Alguns se apresentam como explicitamente argumentativos (por exemplo, o discurso político, o discurso publicitário), enquanto outros não se apresentam como tal (por exemplo, o discurso didático, o discurso romanesco, o discurso lírico). No entanto, todos são argumentativos: de um lado, porque o modo de funcionamento real do discurso é o dialogismo; de outro, porque sempre o enunciador pretende que suas posições sejam acolhidas, que ele mesmo seja aceito, que o enunciatário faça dele uma boa imagem.

José Luiz Fiorin. Argumentação. 2.ª ed. revista e ampliada. São Paulo: Editora Contexto, 2022, p.11 (com adaptações).

23. (Cebraspe – CAPES – Analista em Ciência e em Tecnologia - 2024) No texto, o autor atesta a importância da argumentação na vida em sociedade e principalmente nas relações democráticas.

( ) certo ( ) errado

COMENTÁRIOS:

Nota da autora: a banca anulou a questão porque os sentidos são distintos.

Gabarito preliminar: certo.

No texto: *Por isso, o aparecimento da argumentação* ***está ligado*** *à vida em sociedade e, principalmente, ao surgimento das primeiras democracias.*

No comando: o autor atesta a importância da argumentação na vida em sociedade e principalmente nas relações democráticas.

Trata-se de paráfrase, e os sentido são distintos. Basta atentar-se ao paralelismo e ao advérbio "principalmente":

O **aparecimento da argumentação** está ligado → à vida em sociedade
→ ao surgimento das primeiras...

Resposta: ANULADA

24. (Cebraspe – CAPES – Analista em Ciência e em Tecnologia - 2024) O texto se caracteriza como predominantemente dissertativo-expositivo.

( ) certo ( ) errado

COMENTÁRIOS:

Nota da autora: Nas últimas provas, a banca está cobrando a diferença entre texto expositivo e argumentativo.

Fixe:

- o **argumentativo** argumenta e **tenta persuadir o leitor** e há marcas de pessoalidade/subjetividade.
- o **expositivo apresenta** várias **informações** através de explicação, explanação, comparação, conceitualização e não possui o intuito de convencer o leitor.

Analisando a diferença, percebe-se que o texto é dissertativo-expositivo. Não existem marcas de subjetividade.

Resposta: Certo

25. (Cebraspe – CAPES – Analista em Ciência e em Tecnologia - 2024) O termo "desconfortável", no primeiro período do segundo parágrafo, veicula um juízo de valor do autor a respeito da "descoberta da ignorância", tratada no parágrafo anterior.

( ) certo ( ) errado

COMENTÁRIOS:

Nota da autora: Juízo de valor é um julgamento feito a partir de percepções individuais.

No texto: *Nos últimos anos, uma das tendências mais surpreendentes das ciências sociais pode ser* ***descrita como a descoberta da ignorância****.* [...]

Essa desconfortável tomada de consciência nos coloca um desafio.

O pronome "essa" é anafórico, ou seja, retoma a "descoberta da ignorância" e, por qualificá-la, indica juízo de valor. É uma opinião do autor.

Resposta: Certo

◉ TEXTO PARA RESPONDER À QUESTÃO.

O eucalipto é cortado, e dele se faz o papel. Processo quase alquímico. O inflexível se dobra, o marrom se torna branco, onde cabiam folhas verdes agora cabem ideias maduras. Chegada a obra-prima, alguém trabalha o preenchê-la. E era isso que fascinava tanto o jornalista Pinheiro Júnior — fosse jovem fosse experiente.

— Por que arquitetura? Por que arquitetura quando o senhor já havia contribuído tanto com esse talento, com esse dom?

— Uma das coisas que mais me atraiu na Última Hora foi a diagramação da UH, a paginação da UH. Enquanto os outros jornais eram jornais duros, feios, a UH era um jornal bonito, era um jornal, inclusive, a cores. Os outros jornais não eram. Arquitetura, em jornalismo, é exatamente a diagramação dos jornais.

Bruna Rezende e Victor Gabry. **A Arquitetura tem tudo a ver com o Jornalismo!** Uma conversa com Pinheiro Júnior, veterano do jornalismo, sobre o que ele ainda não falou. In: **Cadernos de reportagem**, 2018. Internet: <cadernosdereportagem.wordpress.com>.

---

26. (Cebraspe - CAU/BR - Advogado - 2024) O uso dos travessões no início do segundo e do terceiro parágrafos é um dos indicativos de que o gênero textual do fragmento apresentado é entrevista.

( ) certo ( ) errado

➘ COMENTÁRIOS:

Os dois parágrafos estão no discurso direto e está evidente que marcam a fala de duas pessoas.

Como há pergunta e resposta, trata-se de uma entrevista.

Resposta: Certo

◉ TEXTO CG1A1

Alguns problemas éticos com a inteligência artificial (IA) não são específicos dela. Por exemplo, existem paralelos com outras tecnologias de automação. Considere os robôs industriais que são programados e não são considerados IA, mas que, no entanto, acarretam consequências sociais quando levam ao desemprego. Não só isso, alguns dos problemas da IA estão relacionados às tecnologias com as quais ela está conectada, como mídias sociais e Internet, que, quando combinadas com a IA, nos apresentam novos desafios. É o caso das plataformas de mídia social que usam IA para saber mais sobre seus usuários, o que gera preocupações com a privacidade.

Essa ligação com outras tecnologias também significa que muitas vezes a IA não é visível. Isso é assim em primeiro lugar porque já se tornou uma parte arraigada de nossa vida cotidiana. A IA é frequentemente anunciada em aplicativos novos e espetaculares. Mas não devemos nos esquecer da IA que já alimenta plataformas de mídia social, mecanismos de busca e outras mídias e tecnologias que se tornaram parte de nossa experiência cotidiana. A IA está em todo lugar. A linha entre a IA propriamente dita e outras formas de tecnologia pode ser confusa, tornando-se a IA invisível: se os sistemas de IA estão incorporados à tecnologia, tendemos a não os notar. E, se sabemos que há IA envolvida, é difícil dizer se é a IA que cria o problema ou o impacto, ou se é a outra tecnologia conectada à IA.

Em certo sentido, não há IA em si: a IA sempre depende de outras tecnologias e está inserida em práticas e procedimentos científicos e tecnológicos mais amplos. Embora ela também levante problemas éticos próprios e específicos, qualquer ética da IA deve estar conectada à ética mais geral das tecnologias de informação e comunicação digital, ética computacional, e assim por diante.

Mark Coeckelberg, Ética na inteligência artificial. São Paulo: Ubu Editora, 2023, p. 78 (com adaptações).

---

27. (Cebraspe - CTI - Tecnologista - 2024) No texto, o exemplo dos problemas relativos à privacidade dos usuários de mídias sociais ilustra uma questão ética restrita à IA.

( ) certo ( ) errado

COMENTÁRIOS:

A questão ética **não** é restrita à IA.

No primeiro parágrafo: *Não só isso, **alguns dos problemas da IA estão relacionados às tecnologias com as quais ela está conectada**, como mídias sociais e Internet, que, quando combinadas com a IA, nos apresentam novos desafios. **É o caso das plataformas de mídia social que usam IA para saber mais sobre seus usuários, o que gera preocupações com a privacidade.***

Resposta: Errado

---

28. (Cebraspe - CTI - Tecnologista - 2024) O primeiro parágrafo do texto versa sobre problemas éticos comuns à IA e a outras tecnologias, bem como sobre problemas éticos decorrentes da sobreposição da IA a outras tecnologias.

( ) certo ( ) errado

COMENTÁRIOS:

Comuns à IA: *Alguns problemas éticos com a inteligência artificial (IA) não são específicos dela.*

Comuns à outras tecnologias: *existem paralelos com outras tecnologias de automação. Considere os robôs industriais que são programados e não são considerados IA.*

Decorrentes da sobreposição (acrescentamento, justaposição): *Não só isso, alguns dos problemas da IA **estão relacionados às tecnologias com as quais ela está conec-***

tada, como mídias sociais e Internet*, que, quando combinadas com a IA, nos apresentam novos desafios. É o caso das plataformas de mídia social que usam IA para saber mais sobre seus usuários, o que gera preocupações com a privacidade.*

Resposta: Certo

---

29. (Cebraspe - CTI - Tecnologista - 2024) Segundo o texto, são inéditos os dilemas éticos suscitados pelas inovações empreendidas pela IA.

( ) certo ( ) errado

COMENTÁRIOS:

É impossível inferir que os dilemas sejam inéditos, apenas menciona que "apresentam novos desafios".

Resposta: Errado

---

30. (Cebraspe - CTI - Tecnologista - 2024) A argumentação no texto é desenvolvida no sentido de relativizar o papel da IA na geração dos problemas éticos relacionados à tecnologia na atualidade.

( ) certo ( ) errado

COMENTÁRIOS:

Nota da autora: Relativizar significa *"descrever algo relacionando uma coisa com outra. Relacionar, referir."*

Isso ocorre no texto todo e foi enfatizado nestes trechos:

1º §: *Alguns problemas éticos com a inteligência artificial (IA)* ***não são específicos dela.***

2º §: *E, se sabemos que há IA envolvida,* ***é difícil dizer se é a IA que cria o problema ou o impacto, ou se é a outra tecnologia conectada à IA.***

3º §: não há IA em si: ***a IA sempre depende de outras tecnologias*** *e está inserida em práticas e procedimentos científicos e tecnológicos mais amplos.*

Resposta: Certo

---

31. (Cebraspe - CTI - Tecnologista - 2024) Entende-se do texto que a invisibilidade da IA decorre de sua frequente conexão com outras tecnologias.

( ) certo ( ) errado

COMENTÁRIOS:

Ideia mencionada no último parágrafo: ***Essa ligação com outras tecnologias*** *também* ***significa*** *que muitas vezes* ***a IA não é visível.***

Resposta: Certo

TEXTO CB1A1-I

Com o avanço científico e tecnológico ocorrido na Europa durante o Renascimento, os inventores começaram a demandar reconhecimento oficial de suas criações, a fim de impedir a imitação de seus inventos. Assim, em 1421, foi concedida ao inventor Filippo Brunelleschi, em Veneza, a primeira patente, com prazo de três anos, pela invenção de um modelo de embarcação para transportar mármore. Nesse contexto de criação de um sistema de concessão de privilégios como forma de proteção de um invento, em 1474, foi promulgado na República de Veneza o Estatuto de Veneza, garantindo ao inventor a exploração comercial do seu invento pela concessão do privilégio da invenção pelo prazo de dez anos.

No começo do século XVII, em 1623, a Inglaterra promulgou o Estatuto dos Monopólios, que consistiu na primeira base legal para concessão de patentes no país para uma invenção efetivamente nova. O estatuto contribuiu para a promulgação da Lei de Patentes de 1624, que, por sua vez, instituiu o sistema de patentes britânico. Em 1790, os Estados Unidos da América promulgaram a sua primeira lei de patentes, intitulada *Patent Act*, na qual era autorizada a concessão de direitos exclusivos aos inventores sobre as suas obras, estabelecendo um prazo de quatorze anos de duração. Nessa mesma conjuntura, em 1791, a França promulgou sua primeira lei de patentes, denominada *Décret d'Allarde*, considerada uma das principais leis publicadas durante a Revolução Francesa.

No Brasil, o príncipe regente Dom João VI promulgou o Alvará de 28 de abril de 1809, tornando o país um dos primeiros no mundo a reconhecer a proteção dos direitos do inventor, atrás apenas da República de Veneza (1474), da Inglaterra (1623), dos Estados Unidos da América (1790) e da França (1791).

Flávia Romano Villa Verde et al. **As invenções no Brasil contadas a partir de documentos históricos de patentes**. Rio de Janeiro: Instituto Nacional da Propriedade Industrial (Brasil) – INPI, Diretoria de Patentes, Programas de Computador e Topografia de Circuitos Integrados – DIRPA, Coordenação Geral de Estudos, Projetos e Disseminação da Informação Tecnológica – CEPIT e Divisão de Documentação Patentária – DIDOC, 2023, p. 20-21 (com adaptações).

---

32. (Cebraspe - INPI - Analista de Planejamento - 2024) Infere-se do texto que a Europa foi o berço das primeiras invenções científicas e tecnológicas, as quais demandaram reconhecimento e proteção para impedir sua apropriação e imitação.

( ) certo ( ) errado

COMENTÁRIOS:

A primeira informação está **incorreta**: é impossível inferir que a Europa tenha sido **o berço** das primeiras invenções. Afirma-se apenas que **houve um avanço científico e tecnológico na Europa**.

A segunda informação está correta: *os inventores começaram a demandar reconhecimento oficial de suas criações, a fim de impedir a imitação de seus inventos.*

Resposta: Errado

---

33. (Cebraspe - INPI - Analista de Planejamento - 2024) De acordo com o texto, meio século depois de ter sido concedida, em Veneza, a primeira patente, foi promulgado o Estatuto de Veneza, que conferiu ao inventor o direito de explorar comercialmente a sua invenção por meio da concessão do privilégio dessa invenção por dez anos.

( ) certo ( ) errado

COMENTÁRIOS:

Nota da autora: Precisa atentar-se às datas.

No primeiro parágrafo: *Assim, em **1421**, foi concedida ao inventor Filippo Brunelleschi, em Veneza, a primeira patente, com prazo de três anos, pela invenção de um modelo de embarcação para transportar mármore. Nesse contexto de criação de um sistema de concessão de privilégios como forma de proteção de um invento, em **1474**, foi promulgado na República de Veneza o Estatuto de Veneza, garantindo ao inventor a exploração comercial do seu invento pela concessão do privilégio da invenção pelo prazo de dez anos.*

Entre 1474 e 1421, há 53 anos. Meio século: 50 anos.

No comando: ***meio século depois*** *de ter sido concedida, em Veneza, a primeira patente.*

53 anos é depois de 50 anos. Simples assim.

Resposta: Certo

---

34. (Cebraspe - INPI - Analista de Planejamento - 2024) Conforme as informações do texto, a lei de patentes britânica, promulgada em 1624, instituiu o sistema de patentes inglês em substituição ao Estatuto dos Monopólios de 1623, que, até então, constituía a base legal de concessão de patentes na Inglaterra.

( ) certo ( ) errado

COMENTÁRIOS:

No segundo parágrafo: **O estatuto contribuiu** para a promulgação da Lei de Patentes de 1624, que, por sua vez, instituiu o sistema de patentes britânico.

Não houve substituição.

Resposta: Errado

---

35. (Cebraspe - INPI - Analista de Planejamento - 2024) Da leitura do texto conclui-se que a promulgação do Alvará de 28 de abril de 1809 colocou o Brasil em sintonia com um movimento de reconhecimento da proteção dos direitos dos inventores.

( ) certo ( ) errado

COMENTÁRIOS:

Nota da autora: Questão de interpretação e de paráfrase. Perceba que as ideias são idênticas.

No último parágrafo: *No Brasil, o príncipe regente Dom João VI promulgou o Alvará de 28 de abril de 1809, **tornando o país um dos primeiros no mundo a reconhecer a proteção dos direitos do inventor**, atrás apenas da República de Veneza (1474), da Inglaterra (1623), dos Estados Unidos da América (1790) e da França (1791).*

Resposta: Certo

---

36. (Cebraspe - INPI - Analista de Planejamento - 2024) Entende-se da leitura do texto que os Estados Unidos da América e a França promulgaram suas respectivas leis de patentes na mesma época e com o mesmo teor, tendo garantido aos inventores a exclusividade na exploração comercial de suas criações por um período de quatorze anos.

( ) certo ( ) errado

COMENTÁRIOS:

Pode-se afirmar que foi na mesma época porque os anos são sucessivos: 1790 e 1791.

O primeiro erro está ao mencionar que possuíam o mesmo teor: **quanto à França**, afirma que *em 1791, promulgou sua primeira lei de patentes, denominada Décret d'Allarde, considerada uma das principais leis publicadas durante a Revolução Francesa.* **Quanto aos EUA**, a informação é mais completa: *Em 1790, promulgaram a sua primeira lei de patentes, intitulada Patent Act, na qual* ***era autorizada a concessão de direitos exclusivos aos inventores sobre as suas obras, estabelecendo um prazo de quatorze anos de duração***.

O segundo erro é afirmar que a França estabeleceu um prazo de quatorze anos de duração. Menciona que isso ocorreu apenas nos EUA.

Resposta: Errado

TEXTO CB1A1-II

O conceito de civilização não pode ser precisamente definido, não apenas por ser um processo evolucionário, mas também por ter se manifestado de formas muito diferentes através dos tempos. Entre as civilizações antigas, havia múltiplas diferenças nas crenças religiosas, nos costumes sociais, nas formas de governo e na criação artística. Contudo, uma faceta de fundamental importância para todas elas era a tecnologia, que, em sentido mais amplo, pode significar a aplicação do conhecimento para finalidades práticas.

Hoje, a tecnologia é, na prática, sinônimo de ciência aplicada, mas as tecnologias básicas — tais como agricultura, construção, cerâmica, tecidos — foram originalmente empíricas e transmitidas de uma geração para outra, enquanto a ciência, no sentido de pesquisa sistemática das leis do universo, é um fenômeno relativamente recente. A tecnologia foi fundamental, já que proporcionava os recursos necessários para sociedades organizadas, e essas sociedades tornaram possíveis não apenas a divisão do trabalho — por exemplo, entre trabalhadores da terra, oleiros, marinheiros e similares —, como também um ambiente no qual puderam florescer as artes em geral, não necessárias à vida no dia a dia. A maioria dessas artes dependia de alguma espécie de suporte tecnológico: o escultor requeria ferramentas, o escritor necessitava de tinta e de papiro (ou papel, mais tarde), o dramaturgo precisava de teatros especialmente construídos.

Trevor I. Williams. História das invenções: do machado de pedra às tecnologias da informação. Tradução de Cristina Antunes. Atualização e revisão de William E. Schaaf, Jr. e Arianne E. Burnette. Belo Horizonte: Gutenberg, 2009, p. 12-13 (com adaptações).

---

37. (Cebraspe - INPI - Analista de Planejamento - 2024) De acordo com o expresso no texto, a despeito das diferenças entre as sociedades antigas, a tecnologia era um elemento importante para todas elas.

( ) certo ( ) errado

↘ COMENTÁRIOS:

Nota da autora: No comando, foi inserida a locução prepositiva "a despeito de" – expressa uma ideia contrária ao que ocorre anteriormente.

No primeiro parágrafo: ***Entre as civilizações antigas, havia múltiplas diferenças*** *nas crenças religiosas, nos costumes sociais, nas formas de governo e na criação artística.* ***Contudo, uma faceta de fundamental importância para todas elas era a tecnologia,*** *que, em sentido mais amplo, pode significar a aplicação do conhecimento para finalidades práticas.*

A conjunção coordenativa "contudo" é adversativa e, também, indica oposição.

Resposta: Certo

---

38. (Cebraspe - INPI - Analista de Planejamento - 2024) No texto, destacam-se duas concepções diferentes de tecnologia: a tecnologia como ciência empírica e oral (que floresceu nas civilizações antigas) e a tecnologia como ciência aplicada (que floresceu nas civilizações modernas).

( ) certo ( ) errado

↘ COMENTÁRIOS:

Não foi mencionada a forma oral. Além disso, afirma que *as tecnologias básicas foram originalmente empíricas e transmitidas de uma geração para outra.*

Indo mais além: a oração "que floresceu nas civilizações antigas" refere-se ao ambiente da tecnologia, não à oralidade.

Resposta: Errado

---

39. (Cebraspe - INPI - Analista de Planejamento - 2024) De acordo com o texto, graças à tecnologia, as sociedades organizadas criaram as condições para que as artes em geral pudessem se desenvolver.

( ) certo ( ) errado

↘ COMENTÁRIOS:

No segundo parágrafo: ***A tecnologia foi fundamental,*** *já que* ***proporcionava os recursos necessários para sociedades organizadas, e essas sociedades tornaram possíveis não apenas a divisão do trabalho*** *— por exemplo, entre trabalhadores da terra, oleiros, marinheiros e similares —,* ***como também um ambiente no qual puderam florescer as artes em geral,*** *não necessárias à vida no dia a dia.*

Resposta: Certo

◉ TEXTO PARA RESPONDER ÀS QUESTÕES.

Quando falamos em direito, estamos falando inicialmente de um enorme conjunto de regras obrigatórias, o chamado direito positivo. Mas o vocábulo direito é usado também para os estudos, o curso de direito, a assim chamada "ciência do direito". Numa terceira acepção, a palavra designa os direitos de cada um de nós, chamados de direitos subjetivos, pois somos os sujeitos, os titulares, desses direitos.

Ninguém ignora que paira sobre nossas cabeças uma gigantesca teia de normas, que atinge praticamente todas as nossas atividades. Muitos pensadores têm destacado que o direito atual parece ter invadido tudo: há direito em toda parte, para todos, para tudo. A contrapartida é que, assim como temos de seguir as normas, os outros também têm de obedecer a elas e, desse modo, respeitar os direitos de cada um de nós, os ditos direitos subjetivos.

Vivemos num tempo em que as questões legais se tornaram corriqueiras. Apesar dessa popularização, ainda existe uma enorme dificuldade de acesso às coisas do direito. Ao mesmo tempo, os mecanismos da justiça são cada vez mais acionados, até para resolver quem fica com o cachorro depois da separação, ou se o condomínio pode impedir seus moradores de ter animais. A sobrecarga dos tribunais, e sua lentidão, é parcialmente consequência desse excesso de litigiosidade e da incapacidade das pessoas de resolver com bom senso, compreensão e respeito as questões de convivência em sociedade.

Eduardo Muylaert. Direito no cotidiano: guia de sobrevivência na selva das leis. São Paulo: Editora Contexto, 2020, p. 11-13 (com adaptações).

---

40. (Cebraspe - MP TO - Analista Ministerial - Letras - 2024) Infere-se das ideias do texto que, em princípio, não caberia ao direito legislar sobre questões relativas à convivência em sociedade.

( ) certo ( ) errado

COMENTÁRIOS:

Nota da autora: Não confunda "em princípio" com "a princípio".

Em princípio: *em tese, de forma geral.*

A princípio: *inicialmente, no começo.*

No texto, há relação de causa e consequência e é impossível inferir que não caberia ao direito. Caberia, mas gera lentidão.

No último parágrafo: ***A sobrecarga dos tribunais, e sua lentidão, é** parcialmente **consequência** desse excesso de litigiosidade e da incapacidade das pessoas de resolver com bom senso, compreensão e respeito as questões de convivência em sociedade.*

Resposta: Errado

---

41. (Cebraspe - MP TO - Analista Ministerial - Letras - 2024) Conforme o texto, os diretos subjetivos de cada pessoa de uma sociedade são respeitados quando essas mesmas pessoas observam e seguem as normas.

( ) certo ( ) errado

COMENTÁRIOS:

Gabarito preliminar: certo.

No segundo parágrafo: *A contrapartida é que, **assim como temos de seguir as normas, os outros também têm de obedecer a elas e, desse modo, respeitar os direitos de cada um de nós, os ditos direitos subjetivos**.*

A questão foi anulada pela banca porque houve erro de grafia (direitos e diretos).

Justificativa: o termo "diretos", em vez de "direitos", prejudicou o julgamento objetivo do item.

Resposta: QUESTÃO ANULADA.

◉ TEXTO 11A1

Trabalho e educação são atividades especificamente humanas. Isso significa que, rigorosamente falando, apenas o ser humano trabalha e educa. Assim, a pergunta sobre os fundamentos ontológicos da relação trabalho-educação traz imediatamente à mente a questão: quais são as características do ser humano que lhe permitem realizar as ações de trabalhar e de educar? Ou: o que é que está inscrito no ser do humano que lhe possibilita trabalhar e educar?

Perguntas desse tipo pressupõem que o ser humano esteja previamente constituído como ser que possui propriedades que lhe permitem trabalhar e educar. Pressupõe-se, portanto, uma definição de ser humano que indique em que ele consiste, isto é, sua característica essencial a partir da qual se possa explicar o trabalho e a educação como atributos desse ser. E, nesse caso, fica aberta a possibilidade de que trabalho e educação sejam considerados atributos essenciais do ser humano, ou acidentais.

Na definição de ser humano mais difundida (animal racional), o atributo essencial é dado pela racionalidade, consoante o significado clássico de definição estabelecido por Aristóteles: uma definição dá-se pelo gênero próximo e pela diferença específica. Pelo gênero próximo, indica-se aquilo que o objeto definido tem em comum com outros seres de espécies diferentes (no caso em tela, o gênero animal); pela diferença específica, indica-se a espécie, isto é, o que distingue determinado ser dos demais que pertencem ao mesmo gênero (no caso do ser humano, a racionalidade). Consequentemente, sendo o ser humano definido pela racionalidade, é esta que assume o caráter de atributo essencial desse ser.

Ora, assim entendido o ser humano, vê-se que, embora trabalhar e educar possam ser reconhecidos como atributos humanos, eles o são em caráter acidental, e não substancial. Com efeito, o mesmo Aristóteles, considerando como próprio do ser humano o pensar, o contemplar, reputa o ato produtivo, o trabalho, como uma atividade não digna de seres humanos livres.

Diversamente, Bergson, ao analisar o desenvolvimento do impulso vital na obra **Evolução criadora**, observa que "torpor vegetativo, instinto e inteligência" são os elementos comuns às plantas e aos animais. E, definindo a inteligência pela fabricação de objetos, fenômeno identificado como comum aos animais, encontra no ser humano a particularidade da fabricação de objetos artificiais, o que lhe permite avançar à seguinte conclusão: "Se pudéssemos nos despir de todo orgulho, se, para definir nossa espécie, nos ativéssemos estritamente ao que a história e a pré-história nos apresentam como a característica constante do ser humano e da inteligência, talvez não disséssemos *Homo sapiens*, mas *Homo faber*. Em conclusão, a inteligência, encarada no que parece ser o seu empenho original, é a faculdade de fabricar objetos artificiais, sobretudo ferramentas para fazer ferramentas, e de diversificar ao infinito a fabricação delas.".

Demerval Saviani. **Trabalho e educação**: fundamentos ontológicos e históricos. Internet: <www.https://www.scielo.br/> (com adaptações).

42. (Cebraspe - MP TO - Analista Ministerial - Letras - 2024) As ideias do texto se desenvolvem a partir da premissa indicada no período inicial: trabalho e educação são atividades intrínsecas da espécie humana.

( ) certo ( ) errado

COMENTÁRIOS:

No período inicial, existe premissa, ou seja, existe opinião, ponto de vista, raciocínio.

A segunda informação está incorreta porque alterou o sentido.

No texto: Trabalho e educação são atividades especificamente humanas.

No comando: trabalho e educação são atividades intrínsecas da espécie humana.

O adjetivo "intrínseco" significa "que faz parte da essência".

O advérbio "especificamente" significa "de modo exclusivo, restrito".

Em síntese, o que é específico pode não ser intrínseco.

Resposta: Errado

43. (Cebraspe - MP TO - Analista Ministerial - Letras - 2024) As perguntas apresentadas no parágrafo introdutório sugerem ao leitor uma possível linha de raciocínio que será percorrida no desenvolvimento do texto, ainda que, no contexto analisado, essas perguntas sejam desconsideradas e não se busque respondê-las.

( ) certo ( ) errado

COMENTÁRIOS:

As perguntas sugerem uma possível linha de raciocínio, mas não são desconsideradas porque as repostas são procuradas.

No segundo parágrafo: *Perguntas desse tipo pressupõem que o ser humano esteja previamente constituído como ser que possui propriedades que lhe permitem trabalhar e educar.*

Resposta: Errado

44. (Cebraspe - MP TO - Analista Ministerial - Letras - 2024) No primeiro parágrafo, fica clara a intenção do autor de levar o leitor à reflexão sobre o tema a partir do contraste de ideias, dadas as respostas possivelmente opostas às perguntas formuladas.

( ) certo ( ) errado

COMENTÁRIOS:

Não há contraste de ideias, apenas paráfrase (mantém o sentido original):

- quais são as características do ser humano que lhe permitem realizar as ações de trabalhar e de educar?

- o que é que está inscrito no ser do humano que lhe possibilita trabalhar e educar?

Resposta: Errado

45. (Cebraspe - MP TO - Analista Ministerial - Letras - 2024) A pressuposição mencionada no segundo parágrafo — "Perguntas desse tipo pressupõem..." (primeiro período) — indica uma relação de temporalidade entre as ideias do texto, no sentido de que as perguntas apresentadas só puderam ser formuladas porque já havia uma concepção prévia de ser humano.

( ) certo ( ) errado

COMENTÁRIOS:

Temporalidade: *previamente constituído.*

Causa: *Pressupõe-se uma **definição de ser humano** que indique em que ele consiste, isto é, sua característica essencial a partir da qual se possa explicar o **trabalho e a educação** como atributos desse ser.*

Resposta: Certo

---

46. (Cebraspe - MP TO - Analista Ministerial - Letras - 2024) As características da racionalidade humana, segundo Aristóteles, nos termos colocados no terceiro parágrafo, podem ser atestadas por meio do contraste com outros seres vivos.

( ) certo ( ) errado

COMENTÁRIOS:

Contraste com outros seres vivos: *Uma definição dá-se pelo **gênero próximo e** pela **diferença específica**.*

Resposta: Certo

---

47. (Cebraspe - MP TO - Analista Ministerial - Letras - 2024) O fato de as ações de trabalhar e educar serem colocadas nessa ordem, ao longo de todo o texto, necessariamente indica a relação de temporalidade que há entre elas, de forma que o trabalho deve ser considerado como ação precedente à educação.

( ) certo ( ) errado

COMENTÁRIOS:

No início do texto: *Trabalho e educação são atividades especificamente humanas.*

Para Aristóteles: *embora trabalhar e educar possam ser reconhecidos como atributos humanos, eles o são em caráter acidental, e não substancial.* [...] *reputa o ato produtivo, o trabalho, como uma atividade não digna de seres humanos livres.*

Percebe-se, assim, que não indica relação de temporalidade, ou seja, o trabalho não deve ser considerado como ação precedente à educação.

Resposta: Errado

---

48. (Cebraspe - MP TO - Analista Ministerial - Letras - 2024) No quarto e no quinto parágrafos, observa-se uma relação de comparação por analogia entre as ideias de Aristóteles e as de Bergson no que diz respeito às particularidades dos seres humanos em relação aos demais seres vivos.

( ) certo ( ) errado

COMENTÁRIOS:

Observa-se uma relação de comparação: no 4º menciona as ideias de Aristóteles; no 5º, as ideias de Bergson.

Analogia é semelhança, é similaridade e isso não ocorre. Basta voltar ao início do 5º parágrafo: é iniciado pelo advérbio **diversamente** que indica diferença, distinção.

O adjetivo "diverso" é antônimo de "semelhante".

Resposta: Errado

---

49. (Cebraspe - MP TO - Analista Ministerial - Letras - 2024) De acordo com o parágrafo final, a ideia principal de Bergson acerca da característica fundante dos seres humanos está relacionada à possibilidade de criação que essa espécie apresenta.

( ) certo ( ) errado

COMENTÁRIOS:

Nota da autora: a característica fundante serve de base ou pode ser usada como fundamento para a construção de algo.

No texto: *definindo a inteligência pela fabricação de objetos, fenômeno identificado como comum aos animais,* ***encontra no ser humano a particularidade da fabricação de objetos artificiais***.

Resposta: Certo

---

50. (Cebraspe - MP TO - Analista Ministerial - Letras - 2024) De acordo com as ideias presentes no quinto parágrafo do texto, entende-se que, segundo Bergson, a inteligência pode ser definida como fenômeno comum a todos os animais.

( ) certo ( ) errado

COMENTÁRIOS:

É preciso analisar todo o parágrafo para evitar erro.

1. *"torpor vegetativo, instinto e inteligência" são os* ***elementos comuns às plantas e aos animais.***
2. ***definindo a inteligência*** *pela* ***fabricação de objetos****, fenômeno identificado como comum aos animais,* ***encontra no ser humano*** *a particularidade da fabricação de objetos artificiais.*

Síntese: a inteligência pode ser definida como fenômeno comum ao ser humano apenas.

Resposta: Errado

51. (Cebraspe - MP TO - Analista Ministerial - Letras - 2024) No primeiro parágrafo, o uso frequente de expressões que remetem a "trabalho e educação" consiste em estratégia discursiva relacionada à clareza textual, não cabendo a crítica de má redação por excesso de repetição.

( ) certo ( ) errado

↘ *COMENTÁRIOS:*

Se iniciar pelo final do comando, facilita:

1. Não cabendo a crítica de má redação por excesso de repetição = não cabe;
2. Estratégia discursiva relacionada à clareza textual = pode ser tanto clareza como ênfase.

Voltemos ao parágrafo:

Trabalho e educação são atividades especificamente humanas. Isso significa que, rigorosamente falando, apenas o ser humano **trabalha e educa**. Assim, a pergunta sobre os fundamentos ontológicos da relação **trabalho-educação** traz imediatamente à mente a questão: quais são as características do ser humano que lhe permitem realizar as ações de **trabalhar e de educar**? Ou: o que é que está inscrito no ser do humano que lhe possibilita **trabalhar e educar**?

Ocorre a figura de linguagem denominada **anáfora**: repetição de termos. Serve para intensificar uma expressão. Se intensifica, está relacionada, também, à clareza.

Resposta: Certo

◉ TEXTO PARA RESPONDER ÀS QUESTÕES.

O primeiro aspecto em que se concebe um texto é exatamente aquilo que parece significar à primeira vista, nada mais que sua impressão primeira. Por primeira que é, tem foros de ser a única; inscreve-se como tal, produz a ilusão de ser única. Mas não o é. Sua pretensa clareza é ilusória. O segundo aspecto em que se concebe um texto é o das possibilidades de sentido que faculta, desde sua criação, desde a constituição de sua expressividade. Sua presença de texto, não obstante ser sempre a mesma, faz-se diferente a cada novo enfoque, a cada novo uso, a cada mudança de perspectiva, a cada reiteração de sentido, a cada fusão de práticas de sentido, enfim, dentro de circunstancialidades. Essa é a abertura de profundidade que exsurge do remanso abissal das malhas de um texto. O que paira sobre o texto não pode ser mais que o que se inclui em sua profundidade.

Deve-se esclarecer, no entanto, que a chave para a abertura dessa perspectiva de profundidade reside não no texto-em-si, e por si, mas na potencialidade interpretativa e no manejo que cada utente faz do texto. Aqui, faz-se, explicitamente, apelo a uma noção de sentido pragmático, contextualizado, histórico e intersubjetivo do texto. Quer-se mesmo dizer que o texto vive em dialética com seu meio. A pragmática textual simplesmente se depara com o texto tendo-o por unidade de sentido, de onde o *sujeito-da-interpretação* retirará elementos de muitas origens (circunstanciais, históricos, objetivos, subjetivos, idioletais etc.) para a composição do sentido. O texto, portanto, não pode ser entendido como objeto inerte, estanque, acabado e primigenamente intencionado de maneira a ingenuamente excluir qualquer possibilidade de modificação interpretativa.

Todo texto, nessa medida, permite sentidos. O sentido não lhe é imanente; no entanto, excluir da corporeidade de um texto a subjacência necessária da interpretação é privar-lhe de alma e de movimento.

Ainda assim, quando aqui se anuncia que o *sujeito-da-interpretação* é capaz de forjar-lhe um sentido, não se quer dizer que a prática da significação está submissa à arbitrariedade. Muito antes de se poder dizer que o ato compreensivo se constitui em mero ato arbitrário do intérprete, pode-se dizer que limites há para a significância, dentro dos quais atua o sujeito-da-interpretação. Em verdade, esse sujeito age livremente, mas dentro de um campo de forças. Dizer o contrário é aceitar que o discurso é uma realidade sem fronteiras.

Eduardo C. B Bittar. Linguagem jurídica. São Paulo: Saraiva, 2001, p. 101 e ss. (com adaptações).

---

52. (Cebraspe - MP TO - Analista Ministerial - Letras - 2024) Embora o autor indique haver dois aspectos diferentes sobre os textos, sua argumentação está focada prioritária e especificamente em um deles.

( ) certo ( ) errado

COMENTÁRIOS:

Dois aspectos diferentes:

O primeiro aspecto em que se concebe um texto é exatamente aquilo que parece significar à primeira vista, nada mais que sua impressão primeira.

O segundo aspecto em que se concebe um texto é o das possibilidades de sentido que faculta, desde sua criação, desde a constituição de sua expressividade.

Há prioridade e especificidade do segundo aspecto, tanto que utiliza os parágrafos posteriores para esclarecê-lo.

Resposta: Certo

---

53. (Cebraspe - MP TO - Analista Ministerial - Letras - 2024) O autor baseia sua argumentação em fatos inquestionáveis sobre a natureza e as possibilidades interpretativas dos textos e utiliza o presente do indicativo como forma de ressaltar a veracidade de seus argumentos.

( ) certo ( ) errado

COMENTÁRIOS:

Os fatos não são inquestionáveis, são opiniões do autor.

Trata-se de um **artigo de opinião**: *a argumentação é o principal recurso retórico utilizado nos textos de opinião, que tem como característica informar e persuadir o leitor sobre um assunto.*

Estrutura do artigo de opinião: introdução (exposição), desenvolvimento (interpretação), conclusão (opinião).

Os verbos estão conjugados no presente do indicativo para indicar que as ações ocorrem no momento da escrita e que são habituais.

Resposta: Errado

54. (Cebraspe - MP TO - Analista Ministerial - Letras - 2024) O autor do texto emprega mecanismos retóricos como a exemplificação e o uso de repetição de estruturas linguísticas.

( ) certo ( ) errado

COMENTÁRIOS:

Existem mecanismos retóricos porque possui persuasão, tenta convencer o leitor argumentando e usando as palavras de maneira eficaz. Há exemplificação.

Repetição de estruturas linguística: **desde** sua criação, **desde** a constituição / faz-se diferente **a cada** novo enfoque, **a cada** novo uso, **a cada** mudança de perspectiva, **a cada** reiteração de sentido, a cada fusão de práticas de sentido.

Resposta: Certo

TEXTO CG1A1-I

Uma organização é um sistema complexo de comunicações com um objetivo funcional. Durante sua existência e atuação, a organização vai formando uma imagem perante seus diversos públicos em função de todo um conjunto de contatos realizados, e não somente pelas iniciativas planejadas de comunicação que ela toma para formar a imagem pretendida. Essa imagem, chamada imagem organizacional, pode ser descrita como uma compilação de opiniões e pontos de vista baseados em informações processadas de várias fontes, ao longo do tempo, que gera uma imagem mental dos atributos da organização.

Seguindo uma tendência já percebida na iniciativa privada, os órgãos públicos têm-se preocupado, cada vez mais, com sua imagem organizacional. A imagem organizacional pública tem valor estratégico na medida em que interfere diretamente no relacionamento da organização com diferentes atores, bem como na sua legitimação e credibilidade perante a sociedade. No entanto, apesar de sua relevância, ainda há poucos estudos sobre a imagem organizacional no contexto público, tanto nacional quanto internacionalmente.

Quando se trata da construção da imagem de uma organização, ressalta-se o papel dos veículos de imprensa. Esses veículos, ao publicarem uma notícia, atuam na associação e formação das crenças, das ideias, dos sentimentos e das impressões que uma pessoa ou um grupo tem ou passa a ter sobre aquela organização. Não obstante, a migração desses meios de comunicação para a Internet aumenta o volume de informações em circulação e eleva o seu poder de influência, uma vez que é possível acessar dados e informações de qualquer lugar e a qualquer momento, de modo a expandir a comunicação entre as pessoas e as organizações.

Carolina Coelho da Silveira, Carla Bonato Marcolin e Carlos Henrique Rodrigues. Como somos vistos? Análise da imagem organizacional pública utilizando ciência de dados. Internet: (com adaptações).

55. (Cebraspe - CGE RJ - Auditor do Estado - 2024) Infere-se do texto que a preocupação com a imagem organizacional surgiu concomitantemente na iniciativa privada e nos órgãos públicos, mas apenas recentemente se difundiu na esfera pública.

( ) certo ( ) errado

COMENTÁRIOS:

Não surgiu ao mesmo tempo: *Seguindo uma* ***tendência já percebida na iniciativa privada****, os órgãos públicos têm-se preocupado, cada vez mais, com sua imagem organizacional.*

Surgiu antes da iniciativa privada.

Resposta: Errado

---

56. (Cebraspe - CGE RJ - Auditor do Estado - 2024) De acordo com as ideias expressas no texto, no contexto de construção da imagem de uma organização, releva-se o papel dos veículos de imprensa na publicação de notícias.

( ) certo ( ) errado

COMENTÁRIOS:

Ideia mencionada no último parágrafo: *Quando se trata da* ***construção da imagem de uma organização, ressalta-se o papel dos veículos de imprensa****. Esses veículos,* ***ao publicarem uma notícia, atuam na associação e formação das crenças, das ideias, dos sentimentos e das impressões*** *que uma pessoa ou um grupo tem ou passa a ter sobre aquela organização.*

Resposta: Certo

---

57. (Cebraspe - CGE RJ - Auditor do Estado - 2024) Entre os objetivos do texto, está o de informar que, dada a complexidade do sistema de comunicações de uma organização, que visa primordialmente ao alcance de objetivos funcionais, nem sempre a imagem organizacional alcançada e a pretendida coincidem, devido à existência de uma série de fatores não controláveis pela organização ao longo do processo de construção da sua imagem.

( ) certo ( ) errado

COMENTÁRIOS:

No texto:

- *Uma organização é um sistema complexo de comunicações com um objetivo funcional.* [...]
- *a organização vai formando uma imagem perante seus diversos públicos em função de todo um conjunto de contatos realizados* [...]
- *a imagem organizacional pode ser descrita como uma compilação de opiniões e pontos de vista baseados em informações processadas de várias fontes, ao longo do tempo, que gera uma imagem mental dos atributos da organização.*

É impossível afirmar que existe uma série de fatores não controláveis pela organização.

Resposta: Errado

58. (Cebraspe - CGE RJ - Auditor do Estado - 2024) Entende-se do texto que a imagem que se forma da organização é determinante para a formação do conjunto de contatos que ela vai realizar.

( ) certo ( ) errado

COMENTÁRIOS:

O vocábulo "determinante" é sinônimo de *causa, razão, motivo,* e, no texto, isso não pode ser confirmado.

É o contrário: *Durante sua existência e atuação, a organização vai formando uma imagem perante seus diversos públicos em função de todo um conjunto de contatos realizados.*

O conjunto de contatos realizados é determinante.

Resposta: Errado

TEXTO CG1A1

Em 1947, o físico brasileiro César Lattes causou grande impacto nos meios científicos internacionais e conquistou reconhecimento com sua descoberta que elucidou alguns problemas pendentes de solução no campo da radiação cósmica e confirmou a teoria do físico japonês Hideki Yukawa sobre a existência de uma partícula supostamente responsável pela ligação entre prótons e nêutrons nos núcleos atômicos. Esse último aspecto foi bastante para dar um relevo todo especial à descoberta, enriquecendo seu significado com a possibilidade de novas aberturas no controle das forças nucleares, tão cobiçado depois das explosões atômicas. Toda a imprensa mundial e brasileira aclamou a descoberta, e a ciência brasileira saiu do porão para a sala de visitas.

No ano seguinte, Lattes voltou a causar impacto após conseguir a produção artificial daquela partícula em um acelerador do tipo circular, em Berkeley, nos Estados Unidos da América. E em 1949, a física no Brasil começou a se institucionalizar com a criação do Centro Brasileiro de Pesquisas Físicas. Junto com ela, a ciência, em geral, também organizava sua entidade representativa, com o surgimento da Sociedade Brasileira para o Progresso da Ciência (SBPC) naquele mesmo ano. Foi nesse caldo cultural que o almirante Álvaro Alberto ganhou mais argumentos para persuadir o governo brasileiro. Segundo seus depoimentos reproduzidos na coletânea **50 anos do CNPq contados pelos presidentes**, organizada por Shozo Motoyama, em maio de 1949, após a leitura de relatórios sobre a questão atômica, o presidente Dutra enviou ao Congresso Nacional um anteprojeto para criação do Conselho Nacional de Pesquisas, já prevendo seu papel na política nuclear. Depois de uma longa tramitação na Câmara dos Deputados e no Senado Federal, nascia o CNPq, com o almirante como seu primeiro presidente.

Rodrigo Cunha. 60 anos do CNPq: da política nuclear ao desafio da descentralização. In: Ciência e Cultura, São Paulo, v. 63, n.º 2, 2011 (com adaptações).

59. (Cebraspe - CNPQ - Analista - 2024) Depreende-se do texto que o almirante Álvaro Alberto estava envolvido com o projeto de criação do que viria a ser o CNPq enquanto César Lattes conquistava reconhecimento científico internacional.

( ) certo ( ) errado

↘ COMENTÁRIOS:

No primeiro parágrafo: *Em 1947, o físico brasileiro* ***César Lattes causou grande impacto nos meios científicos internacionais*** *e conquistou reconhecimento com sua descoberta que elucidou alguns problemas pendentes de solução no campo da radiação cósmica.*

No segundo parágrafo: *Foi nesse caldo cultural que* ***o almirante Álvaro Alberto ganhou mais argumentos para persuadir o governo brasileiro****.* [...] **Depois** de uma longa tramitação na Câmara dos Deputados e no Senado Federal, **nascia o CNPq,** com o almirante como seu primeiro presidente.

Resposta: Certo

---

60. (Cebraspe - CNPQ - Analista - 2024) Entende-se do texto que, apesar do impacto das descobertas de César Lattes, a ciência brasileira ainda ocupava uma posição marginal no cenário mundial quando da criação do CNPq.

( ) certo ( ) errado

↘ COMENTÁRIOS:

Não ocupava posição marginal:

1. Em **1947**, o físico brasileiro César Lattes causou grande impacto nos meios científicos internacionais e conquistou reconhecimento com sua descoberta que elucidou alguns problemas pendentes de solução no campo da radiação cósmica e confirmou a teoria do físico japonês...
2. em **1949**, a **física no Brasil começou a se institucionalizar** com a criação do Centro Brasileiro de Pesquisas Físicas [...] Foi nesse caldo cultural que **o almirante Álvaro Alberto ganhou mais argumentos para persuadir o governo brasileiro**.
3. César Lattes causou grande impacto nos meios científicos internacionais e **conquistou reconhecimento com sua descoberta.**

Toda **a imprensa mundial e brasileira aclamou a descoberta**, e a ciência brasileira saiu do porão para a sala de visitas.

Resposta: Errado

---

61. (Cebraspe - CNPQ - Analista - 2024) À época da criação do CNPq, a física nuclear era um campo de conhecimento estratégico na política nacional e internacional, conforme se infere do texto.

( ) certo ( ) errado

↘ COMENTÁRIOS:

Trechos que ratificam a informação:

1. ***a ciência brasileira saiu do porão para a sala de visitas*** (em 1947).

   Motivo: *o físico brasileiro César Lattes causou grande impacto nos meios científicos internacionais e conquistou reconhecimento com sua descoberta que elu-*

cidou alguns problemas pendentes de solução no campo da radiação cósmica e confirmou a teoria do físico japonês Hideki Yukawa sobre ***a existência de uma partícula supostamente responsável pela ligação entre prótons e nêutrons nos núcleos atômicos.***

2. *Depois de uma longa tramitação na Câmara dos Deputados e no Senado Federal,* ***nascia o CNPq,*** *com o almirante como seu primeiro presidente.* (após 1949).

Resposta: Certo

---

62. (Cebraspe - CNPQ - Analista - 2024) Depreende-se do primeiro parágrafo que a imprensa nacional e internacional congratulou o físico japonês Hideki Yukawa pela sua descoberta da existência de uma partícula que liga prótons e nêutrons nos núcleos atômicos.

( ) certo ( ) errado

COMENTÁRIOS:

Quem descobriu a existência de uma partícula foi o físico brasileiro **César Lattes.**

O físico japonês Hideki Yukawa criou a teoria sobre a existência de uma partícula supostamente responsável pela ligação entre prótons e nêutrons nos núcleos atômicos.

Resposta: Errado

TEXTO CB1A1

Percebe-se no Brasil um persistente discurso de negativação da atividade fiscal, do Estado fiscal, ainda marcado por figuras arcaicas como a do "leão" do imposto de renda, a tão repetida expressão "carga tributária", entre outras. Essa "demonização" do fisco em muito se justifica por uma deslegitimação do Estado brasileiro como um todo e, na seara tributária, especialmente por não sentir retorno a população em relação ao quanto é onerada. Frise-se, porém, que essa imagem negativa é, às vezes, patrocinada por quem ideologicamente julga desnecessária uma tributação nas proporções em que o Estado brasileiro vem aplicando.

Nesse cenário, percebe-se, com linhas mais nítidas, um fenômeno que acompanha toda a história tributária do homem: o da oposição social aos tributos, entendida aqui não como uma predisposição "natural", "inata" dos contribuintes, mas como todo desvio que afasta o contribuinte do cumprimento de uma obrigação tributária, não sendo naturais as causas que o levam a resistir. O contribuinte resiste diante da cobrança de uma tributação ilícita; diante da cobrança ou da instituição de um tributo por um governo ou legislador ilegítimo; diante da possibilidade de se praticar uma conduta tributária menos onerosa, tendo o contribuinte a liberdade e o direito de resistir à tributação mais severa; e, no caso dos crimes contra a ordem tributária, quando apenas há a vontade livre e consciente de cometer o crime.

A resistência fiscal, assim, tem um conteúdo que ora se distancia dos conceitos clássicos de direito de resistência (objeção de consciência, desobediência civil, greve política, direito de revolta, entre outros), ora se aproxima desses mesmos conceitos. É quando se veem na literatura, especialmente na estrangeira, expressões como "direito de resistência fiscal", "objeção fiscal", "desobediência fiscal", "greve fiscal", "revolta fiscal", "rebelião fiscal". Entre outras, tais expressões relacionam-se com os conceitos de "direito de resistência" e de "resistência fiscal", tomados como dois gêneros em que algumas espécies coincidem, mas que também possuem pontos incomunicáveis.

Com efeito, dado que seja gênero de múltiplas espécies, podem ser elencadas como modalidades de resistência fiscal: a) a resistência à cobrança de tributos ilícitos/inconstitucionais, que tem total amparo no princípio constitucional da legalidade tributária, tendo os contribuintes direito de resistir a essa tributação ilegal/inconstitucional; b) a resistência à cobrança ou à instituição de tributos que, mesmo amparados na lei e na Constituição Federal de 1988, são, porém, rechaçados pela sociedade, considerados ilegítimos pela população, ou rechaçados por camada social que se veja prejudicada com sua instituição; c) o crime tributário, que não passa de uma ofensa deliberada à lei; e d) a resistência lícita, na qual se opta por alternativa legal menos onerosa ou pela abstenção de conduta tributável.

A história mostrou que a resistência fiscal, por mais que pareça natural e inevitável a toda realidade tributária, teve proporções menores em regimes considerados mais democráticos, uma vez que os abusos e o arbítrio das autoridades foram, em muitas sociedades, as principais causas para a recusa ao pagamento dos tributos. Verifica-se, assim, uma razão inversamente proporcional entre o *quantum* democrático de um regime político e a resistência social aos tributos por ele instituídos. Assim, a democracia participativa, em superação aos modelos clássicos e insuficientes da representação ou do exercício semidireto do poder, aponta para uma "relegitimação" do Estado fiscal, na qual a sociedade passa a tomar parte de espaços de decisões políticas.

A sociedade contribuinte deve-se preocupar, portanto, no caminho a ser trilhado em direção a uma educação (para a cidadania) fiscal, não apenas com a "carga tributária", mas com o destino das arrecadações e com os gastos públicos. Nesse sentido, já existem alguns avanços, como o da Lei n.º 12.741/2012, que obrigou, como direito básico dos consumidores, informarem-se os tributos incidentes e repassados no preço dos produtos, e os programas de educação fiscal ligados aos órgãos fiscais da União, dos estados e das capitais. Muito ainda, porém, estão alheios os cidadãos acerca do que o Estado arrecada e, mais ainda, de como gastam os governantes tais recursos, o que pode aumentar os índices de resistência fiscal na sociedade brasileira.

Isaac Rodrigues Cunha. Resistência fiscal, democracia e educação tributária: fundamentos para uma fiscalidade democrático-participativa por meio de uma "pedagogia fiscal". Universidade Federal do Ceará, Faculdade de Direito, Programa de Pós-Graduação em Direito, Fortaleza, 2017 (com adaptações).

---

63. (CEBRASPE - CGDF - Auditor de Controle Interno - 2023) Entende-se da leitura do texto CB1A1 que a "resistência fiscal" é

A) fenômeno inexistente no Brasil.

B) fonte de insatisfação dos cidadãos.

C) movimento verificável em diversas sociedades ao longo da história.

D) consequência de políticas públicas que promovem justiça social.

↘ *COMENTÁRIOS:*

Alternativa "a" – No início do texto: "Percebe-se no Brasil". O fenômeno é existente no Brasil.

Alternativa "b" – A resistência fiscal é consequência e não fonte de insatisfação dos cidadãos.

Alternativa "c" – No início do segundo parágrafo: [resistência fiscal] *é um fenômeno que **acompanha toda a história tributária do homem**.* = diversas sociedades ao longo da história.

Alternativa "d" – O texto não enumera as políticas públicas que promovem justiça social como causas da resistência fiscal.

RESPOSTA: C

---

64. (CEBRASPE - CGDF - Auditor de Controle Interno - 2023) Conforme se depreende da leitura do terceiro parágrafo do texto CB1A1, as expressões "resistência fiscal" e "direito de resistência" são, do ponto de vista conceitual,

A) antitéticas.

B) complementares.

C) totalmente equivalentes.

D) pontualmente inter-relacionadas.

↘ *COMENTÁRIOS:*

Alternativa "a" – Não são antagônicas, isto é, não se baseiam em oposição.

Alternativa "b" – Não há acréscimo, não adiciona; há correspondência entre as duas expressões.

Alternativa "c" – O erro está ao afirmar que são **totalmente** equivalentes.

Observação: quando a banca utiliza palavras ou expressões que generalizam ou restringem, há *pegadinha*. "Totalmente": de maneira total, por inteiro.

Alternativa "d" – Possuem uma relação mútua: *tais expressões relacionam-se com os conceitos de "direito de resistência" e de "resistência fiscal", tomados como dois gêneros em que algumas espécies coincidem, mas que também possuem pontos incomunicáveis.*

RESPOSTA: D

---

65. (CEBRASPE - CGDF - Auditor de Controle Interno - 2023) No que se refere à democracia e à relação dos contribuintes com os tributos, é correto afirmar, de acordo com o texto CB1A1, que

A) programas de informação, conscientização e educação fiscal ainda não são explorados no Brasil.

B) a resistência fiscal recrudesce em regimes não democráticos.

C) a educação fiscal é um fator de disseminação da resistência fiscal.

D) os regimes democráticos geram os mais significativos índices de resistência fiscal.

COMENTÁRIOS:

Alternativa "a" – São conhecidos no Brasil. No último parágrafo: ***já existem alguns avanços****, como o da Lei n.º 12.741/2012, que obrigou, como direito básico dos consumidores, informarem-se os tributos incidentes e repassados no preço dos produtos, e os programas de educação fiscal ligados aos órgãos fiscais da União, dos estados e das capitais.*

Alternativa "b" – "Recrudescer" é sinônimo de *aumentar*, significa *transformar em algo ou alguém mais intenso*[1].

Lê-se no 5º §: *A história mostrou que* ***a resistência fiscal****, por mais que pareça natural e inevitável a toda realidade tributária,* ***teve proporções menores em regimes considerados mais democráticos****, uma vez que os abusos e o arbítrio das autoridades foram, em muitas sociedades, as principais causas para a recusa ao pagamento dos tributos.*

Alternativa "c" – Não se propaga ou se difunde. No último parágrafo: *Muito ainda, porém, estão alheios os cidadãos acerca do que o Estado arrecada e, mais ainda, de como gastam os governantes tais recursos, o que pode aumentar os índices de resistência fiscal na sociedade brasileira.*

Alternativa "d" – Os regimes democráticos não geram os índices de resistência fiscal, conforme comentário da alternativa "b".

RESPOSTA: B

---

66. (CEBRASPE - CGDF - Auditor de Controle Interno - 2023) Quanto à tipologia e aos gêneros textuais, o texto CB1A1 classifica-se como

A) narrativo, dado o conjunto de fatos nele relatados.

B) descritivo, pelo volume de dados apresentados.

C) dissertativo-argumentativo, pela exposição de ideias do autor e de outrem.

D) jornalístico, dada a programática omissão, pelo autor, de opinião acerca do assunto tratado.

COMENTÁRIOS:

Alternativa "a" – Os verbos não estão, predominantemente, no pretérito perfeito, não há cenário (espaço), tempo, personagens, narrador nem enredo (início, meio e fim).

Alternativa "b" – Não detalha, de maneira pormenorizada, aspectos de um determinado lugar, acontecimento, pessoa, objeto ou animal. Não possui o objetivo de transmitir impressões, qualidades, sensações.

Alternativa "c" – Há exposição de ideias do autor de outrem – quando menciona a Lei n.º 12.741/2012, por exemplo.

Características de texto descrito-argumentativo: possui a opinião do autor sobre determinado tema, essa opinião não deve estar expressa em primeira pessoa do singu-

---

1 Dicionário Online de Português. Disponível em <www.dicio.com.br/recrudescer/>. Acesso em 13 julho 2023.

lar (eu), e sim na primeira ou terceira pessoa do plural (nós, eles). É organizado, é claro e expõe argumentos.

Alternativa "d" – O texto jornalístico é um **gênero textual**, não se trata de tipologia textual.

Característica de textos jornalísticos: possui o objetivo comum de informar o leitor, telespectador ou ouvinte sobre algum acontecimento ou fato. Possui linguagem clara e objetiva.

Pode ser **notícia, reportagem, editorial** ou **crônica**. Não é o caso do texto acima.

RESPOSTA: C

◉ TEXTO CB1A1

A regulamentação do direito quilombola — reconhecido no artigo 68 do Ato das Disposições Constitucionais Transitórias (ADCT) da Constituição Federal de 1988 (CF) — passou anos sem qualquer instrumento legal de abrangência nacional que guiasse sua efetivação. Em 2001, o Decreto n.º 3.912 delimitou o período entre 1888 até 5 de outubro de 1988 para a caracterização das comunidades "remanescentes de quilombos", utilizando uma noção de quilombo vinculada à definição colonial da Convenção Ultramarina de 1740. Tal decreto foi revogado pelo de n.º 4.887/2003, que, por sua vez, aboliu a exigência de permanência no território e, com base no critério de autodefinição previsto na Convenção 169 da Organização Internacional do Trabalho (OIT) para povos indígenas e tribais, definiu a categoria "remanescentes de quilombos" como "grupos étnico-raciais, segundo critérios de autoatribuição, com trajetória histórica própria, dotados de relações territoriais específicas, com presunção de ancestralidade negra relacionada com a resistência à opressão histórica sofrida" (Decreto n.º 4.887/2003, art. 2.°). O decreto também estabeleceu a necessidade de desapropriação das áreas reivindicadas por particulares, bem como a titulação coletiva das terras dos quilombos, e impediu a alienação das propriedades tituladas.

A previsão de autodefinição é de suma relevância porquanto parte do pressuposto de que não cabe ao poder público, nem a nenhum pesquisador, imputar identidades sociais. Esse princípio vai de par com o Decreto Federal n.º 6.040/2007, que instituiu a Política Nacional de Desenvolvimento Sustentável dos Povos e Comunidades Tradicionais, definindo-os como "grupos culturalmente diferenciados e que se reconhecem como tais, que possuem formas próprias de organização social, que ocupam e usam territórios e recursos naturais como condição para sua reprodução cultural, social, religiosa, ancestral e econômica, utilizando conhecimentos, inovações e práticas gerados e transmitidos pela tradição".

F. Vieira et al. Sob o rufar dos ng'oma: o judiciário em disputa pelos quilombolas. Revista Direito e Práxis, v. 8, jan. 2017, p. 560–1 (com adaptações).

---

67. (CEBRASPE - CNMP - Analista - 2023) Conforme exposto no texto, compete ao Estado fixar critérios rígidos que definam o pertencimento de uma pessoa a grupos étnico-raciais.

( ) certo ( ) errado

COMENTÁRIOS:

No início do segundo parágrafo, afirma que não compete ao Estado: *A previsão de autodefinição é de suma relevância porquanto parte do pressuposto de que **não cabe ao poder público**, nem a nenhum pesquisador, imputar identidades sociais.*

Resposta: Errado

---

68. (CEBRASPE - CNMP - Analista - 2023) Entende-se da leitura do texto que o Decreto n.º 4.887/2003 revogou o Decreto n.º 3.912/2001 com o intuito de atualizar a definição de "remanescentes de quilombos".

( ) certo ( ) errado

COMENTÁRIOS:

A banca apenas transpôs a oração da voz passiva (texto) para a voz ativa. A informação foi mantida. Compare:

No texto - Tal decreto [n.º 3.912] foi revogado pelo de n.º 4.887/2003.

No comando da questão - o Decreto n.º 4.887/2003 revogou o Decreto n.º 3.912/2001.

Intuito de atualizar a definição "remanescentes de quilombos": *definiu a categoria "remanescentes de quilombos" como "grupos étnico-raciais, segundo critérios de autoatribuição, com trajetória histórica própria, dotados de relações territoriais específicas, com presunção de ancestralidade negra relacionada com a resistência à opressão histórica sofrida.*

Resposta: Certo

---

69. (CEBRASPE - CNMP - Analista - 2023) Depreende-se da leitura do texto que seus autores apoiam a adoção da autodefinição como critério de caracterização dos povos e comunidades tradicionais.

( ) certo ( ) errado

COMENTÁRIOS:

No 1º §: *O decreto foi revogado e aboliu a exigência de permanência no território e, com base no critério de autodefinição, definiu a categoria "remanescentes de quilombos" como "grupos étnico-raciais.*

No 2º §: *A previsão de autodefinição é de suma relevância porquanto parte do pressuposto de que **não cabe ao poder público, nem a nenhum pesquisador, imputar identidades sociais**.*

Resposta: Certo

---

70. (CEBRASPE - CNMP - Analista - 2023) Da leitura do texto conclui-se que o Decreto n.º 6.040/2007 trata de comunidades que mantêm inalteradas suas tradições socioculturais.

( ) certo ( ) errado

COMENTÁRIOS:

As tradições socioculturais são **alteradas**: "***grupos culturalmente diferenciados** e que se reconhecem como tais, que **possuem formas próprias de organização social**, que ocupam e usam territórios e recursos naturais como condição para sua reprodução cultural, social, religiosa, ancestral e econômica, **utilizando conhecimentos, inovações** e práticas gerados e transmitidos pela tradição*".

Resposta: Errado

---

71. (CEBRASPE - CNMP - Analista - 2023) Pelos argumentos apresentados no texto, entende-se que o requisito de "permanência no território" para a caracterização das comunidades "remanescentes de quilombos" fere o pressuposto que respalda a adoção do critério de autodefinição dessas comunidades.

( ) certo ( ) errado

COMENTÁRIOS:

O requisito fere tal pressuposto:

1. Em 2001, o Decreto n.º 3.912 delimitou o período entre 1888 até 5 de outubro de 1988 para a caracterização das comunidades "remanescentes de quilombos".
2. Tal decreto foi revogado pelo de n.º 4.887/2003, que, por sua vez, **aboliu a exigência de permanência no território**.
3. O decreto também estabeleceu a necessidade de desapropriação das áreas reivindicadas por particulares, bem como a titulação coletiva das terras dos quilombos, e impediu a alienação das propriedades tituladas.
4. A previsão de autodefinição é de suma relevância porquanto parte do pressuposto de que **não cabe ao poder público, nem a nenhum pesquisador, imputar identidades sociais**.

Resposta: Certo

TEXTO PARA RESPONDER ÀS QUESTÕES.

Antropólogo, sociólogo, educador, escritor e político brasileiro, a personalidade multifacetada de Darcy Ribeiro torna longa a lista de "fazimentos", como ele próprio gostava de chamar suas realizações. Graduou-se em ciências sociais, em 1946, na Fundação Escola de Sociologia e Política de São Paulo (FESPSP). Suas primeiras experiências profissionais foram no Serviço de Proteção aos Índios (SPI). Em 1956, Darcy organizou e passou a dirigir o Museu do Índio, sediado no Rio de Janeiro. Em 1957, conheceu Anísio Teixeira e passou a ter contato com o universo da educação. Foi coordenador do Centro Brasileiro de Pesquisas Educacionais, vinculado ao INEP. "Juscelino Kubitschek pediu a Anísio para criar o sistema educacional do Distrito Federal e implementar uma universidade em Brasília", destaca Murilo Camargo, lembrando que o projeto iniciado em 1962 foi interrompido em 1964, com a ascensão do regime militar, e passou por muitas mudanças de configuração, sobretudo com a reforma universitária de 1968. Com o regime militar, o educador foi exilado para o Uruguai. Em Montevidéu, ajudou na reorganização da Universidade da República do Uruguai e de instituições públicas do continente americano, além da Universidade de Argel, na Argélia. De volta ao Brasil, em 1976, passou a se dedicar à educação pública. Vice-governador de Leonel Brizola, no governo do Rio de Janeiro, implantou os Centros Integrados de Ensino Público (CIEP), projeto pedagógico inspirado nas concepções de Anísio Teixeira e que garantia assistência em tempo integral aos estudantes, com atividades recreativas e culturais para além do ensino formal. Ao longo da vida, o antropólogo escreveu obras sobre etnologia, antropologia, educação, além de romances. Em 1992, Darcy Ribeiro foi eleito para a cadeira n.º 11 da Academia Brasileira de Letras, que ocupou até sua morte, em fevereiro de 1997.

Carolina Pires. Pioneiros. In: Revista de Jornalismo Científico e Cultural da Universidade de Brasília, n.º 23, jul.–dez./2019 (com adaptações).

---

72. (Cebraspe - FUB – Analista de Tecnologia da Informação - 2023) O texto pode ser enquadrado no gênero textual biografia, uma vez que apresenta fatos particulares de várias fases da vida de Darcy Ribeiro.

( ) certo ( ) errado

COMENTÁRIOS:

Nota da autora: Como a banca passou a exigir esse tipo de texto em prova de 2023, é viável saber a definição.

Um **texto biográfico** consiste em uma narrativa que lida com a vida de outra pessoa. De acordo com as classificações das tipologias textuais e, em termos estritamente formais, é um texto de enredo informativo e narrativo, ou seja, a intenção do autor é informar e a maneira como ele apresenta o conteúdo em uma narrativa.

Textos biográficos em gênero jornalístico: lidam com uma pessoa que geralmente é atual, contemporânea e descreve sua vida e os aspectos mais marcantes de sua personalidade. Geralmente, eles usam narração, descrição e diálogo como recursos.

Entre as fórmulas jornalísticas que utilizam textos biográficos, destacam-se o perfil, o esboço e a nota biográfica.

Perfil: é usado principalmente em revistas e é uma história de vida da pessoa.

Esboço: não se aprofunda tanto quanto o perfil, geralmente é uma breve revisão da vida do indivíduo e é usado principalmente em jornais.

Nota biográfica é uma biografia incompleta que destaca apenas as características mais importantes da pessoa e tem uma extensão maior que as anteriores.[2]

Em síntese, o texto é biográfico em gênero jornalístico (perfil).

Resposta: Certo

---

73. (Cebraspe - FUB – Analista de Tecnologia da Informação - 2023) O emprego do vocábulo "multifacetada", no primeiro período do texto, permite concluir que a Darcy

2 Maestrovirtuale. Cultura Geral. Disponível em <https://maestrovirtuale.com/o-que-e-um-texto-biografico/>. Acesso em 18 agosto 2023, com adaptações.

Ribeiro se atribui um rol de características variadas relacionadas às atividades por ele desenvolvidas.

( ) certo ( ) errado

COMENTÁRIOS:

Um rol de características variadas foi atribuído a Darcy Ribeiro: Antropólogo, sociólogo, educador, escritor e político brasileiro. Graduou-se em ciências sociais, trabalhou no Serviço de Proteção aos Índios (SPI), organizou e passou a dirigir o Museu do Índio, sediado no Rio de Janeiro, em 1957 passou a ter contato com o universo da educação, foi coordenador do Centro Brasileiro de Pesquisas Educacionais, vinculado ao INEP. Em Montevidéu, ajudou na reorganização da Universidade da República do Uruguai e de instituições públicas do continente americano, além da Universidade de Argel, na Argélia. De volta ao Brasil, em 1976, passou a se dedicar à educação pública. O antropólogo escreveu obras sobre etnologia, antropologia, educação, além de romances.

Quão multifacetada foi a personalidade de Darcy Ribeiro!

Resposta: Certo

TEXTO PARA RESPONDER ÀS QUESTÕES.

Em 1978, recebi o título de *doutor honoris* causa da Sorbonne. Dei, então, um testemunho pessoal, aproveitando a oportunidade única de autoapreciação que a velha Universidade me abria. Sendo quem sou, jamais a perderia.

"Senhoras e senhores:

Obrigado. Muito obrigado pelo honroso título que me conferem. Eu me pergunto se o mereci. Talvez sim, não, certamente, por qualquer feito, ou qualidade minha. Sim, como consolidação de meus muitos fracassos.

Fracassei como antropólogo no propósito mais generoso que me propus: salvar os índios do Brasil. Sim, simplesmente salvá-los. Isto foi o que quis. Isto é o que tento há trinta anos. Sem êxito.

Fracassei também na minha principal meta como Ministro da Educação: a de pôr em marcha um programa educacional que permitisse escolarizar todas as crianças brasileiras. Elas não foram escolarizadas. Menos da metade das nossas crianças completam quatro séries de estudos primários.

Fracassei, por igual, nos dois objetivos maiores que me propus como político e como homem do governo: o de realizar a reforma agrária e de pôr sob o controle do Estado o capital estrangeiro de caráter mais aventureiro e voraz.

Outro fracasso meu, nosso, que me dói especialmente rememorar neste augusto recinto da Sorbonne foi o de reitor da Universidade de Brasília. Tentamos lá, com o melhor da intelectualidade brasileira, e tentamos em vão, dar à nova capital do Brasil a universidade necessária ao desenvolvimento nacional autônomo. Ousamos ali — e esta foi a maior façanha da minha geração — repensar radicalmente a universidade, como instituição central da civilização, com o objetivo de refazê-la desde as bases. Refazê-la para que, em vez de ser universidade-fruto, reflexo do desenvolvimento social e cultural prévio da sociedade que mantém, fosse uma universidade-semente, destinada a cumprir a função inversa, de promover o desenvolvimento.

Nosso propósito era plantar na cidade-capital a sede da consciência crítica brasileira que para lá convocasse todo o saber humano e todo élan revolucionário, para a única missão que realmente importa ao intelectual dos povos que fracassaram na história: a de expressar suas potencialidades por uma civilização própria.

O que pedíamos à Universidade de Brasília é que se organizasse para atuar como um acelerador da história, que nos ajudasse a superar o círculo vicioso do subdesenvolvimento, o qual, quanto mais progride, mais gera dependência e subdesenvolvimento.

Desses fracassos da minha vida inteira, que são os únicos orgulhos que eu tenho dela, eu me sinto compensado pelo título que a Universidade de Paris VII me confere aqui, agora. Compensado e estimulado a retomar minha luta contra o genocídio e o etnocídio das populações indígenas; e contra todos que querem manter o povo brasileiro atado ao atraso e à dependência.

Obrigado. Muito obrigado."

Darcy Ribeiro. Testemunho. São Paulo: Editora Siciliano, 1990 (com adaptações).

---

74. (Cebraspe - FUB – Analista de Tecnologia da Informação - 2023) No texto, Darcy Ribeiro recorre a um raciocínio que, embora seja bem fundamentado e coerente, pauta-se em um recurso fundado por contradições, uma vez que ele utiliza o vocábulo **fracasso** em alusão ao que se poderia considerar uma carreira de sucesso.

( ) certo ( ) errado

COMENTÁRIOS:

Em primeiro lugar, é necessário atentar-se ao fato de ele receber o título de *doutor honoris* causa da Sorbonne.

Trabalho de Darcy: antropólogo (salvar os índios do Brasil), Ministro da Educação (projeto para educar todas as crianças brasileiras), político (realizar a reforma agrária), reitor da Universidade de Brasília (reformulou-a).

Que carreira teve Darcy Ribeirão! Óbvio que ele se referiu, na verdade, ao sucesso, isto é, utilizou contradição, incongruência.

Resposta: Certo

---

75. (Cebraspe - FUB – Analista de Tecnologia da Informação - 2023) É correto afirmar que as declarações de Darcy Ribeiro em seu discurso são abalizadas, dada sua reputação baseada no saber e na experiência, o que torna supérflua a prova dos fatos mencionados.

( ) certo ( ) errado

COMENTÁRIOS:

Como mencionado no comentário anterior, ele trabalhou para salvar os índios, para educar todas as crianças, para realizar a reforma agrária, para reformular a Universidade de Brasília.

A prova desses fatos é, realmente, supérflua.

Resposta: Certo

76. (Cebraspe - FUB – Analista de Tecnologia da Informação - 2023) Infere-se do trecho "Sendo quem sou" (último período do primeiro parágrafo) que o autor está valorizando, com fins políticos, o legado intelectual que o transformou na pessoa agraciada com um título de *doutor honoris* causa da Sorbonne.

( ) certo ( ) errado

COMENTÁRIOS:

Os **fins** não são políticos, são **humanitários e educacionais,** como citado nos comentários anteriores.

Darcy, em seu discurso, apenas cita que, como político, tentou *realizar a reforma agrária e de pôr sob o controle do Estado o capital estrangeiro de caráter mais aventureiro e voraz.*

Resposta: Errado

77. (Cebraspe - FUB – Analista de Tecnologia da Informação - 2023) O ideal de Darcy Ribeiro para a Universidade de Brasília era o de que ela promovesse a autonomia e, consequentemente, o desenvolvimento social orientado para a emancipação de um povo cujas potencialidades foram limitadas por outrem, o que, conforme se infere da fala do autor, é um dos legados do projeto colonizador.

( ) certo ( ) errado

COMENTÁRIOS:

Ideia explícita no texto:

Tentamos lá* (na Universidade de Brasília),** *com o melhor da intelectualidade brasileira, e tentamos em vão,* ***dar à nova capital do Brasil a universidade necessária ao desenvolvimento nacional autônomo.

Nosso propósito era ***plantar na cidade-capital a sede da consciência crítica brasileira que para lá convocasse todo o saber humano e todo élan revolucionário****, para a única missão que realmente importa ao intelectual dos povos que fracassaram na história: a de expressar suas potencialidades por uma civilização própria.*

O que pedíamos à Universidade de Brasília é que se organizasse para atuar como um acelerador da história, que nos ajudasse a superar o círculo vicioso do subdesenvolvimento, o qual, quanto mais progride, mais gera dependência e subdesenvolvimento.

Resposta: Certo

78. (Cebraspe - FUB – Analista de Tecnologia da Informação - 2023) Com a junção dos vocábulos **fruto** e **semente** à palavra **universidade**, em 'universidade-fruto' e 'universidade-semente', no sétimo parágrafo do texto, o autor constrói um sentido que fortalece a sua ideia de que a universidade-semente, meio para fomentar desenvolvimento autônomo, deve suplantar a universidade-fruto, produto previsível de um sistema que é, em si, limitante.

( ) certo ( ) errado

COMENTÁRIOS:

Universidade-fruto: reflexo do desenvolvimento social e cultural prévio da sociedade que mantém.

A universidade-semente: ***destinada a cumprir a função inversa, de promover o desenvolvimento***.

Isso significa que a universidade-semente deve superar, ultrapassar a universidade--fruto.

Resposta: Certo

TEXTO CG1A1-I

Entre 2016 e 2020, 35 mil crianças e adolescentes de 0 a 19 anos de idade foram mortos de forma violenta no Brasil — uma média de 7 mil por ano. Além disso, de 2017 a 2020, 180 mil sofreram violência sexual — uma média de 45 mil por ano. É o que revela o documento **Panorama da Violência Letal e Sexual contra Crianças e Adolescentes no Brasil**, do Fundo das Nações Unidas para a Infância (UNICEF) e do Fórum Brasileiro de Segurança Pública (FBSP).

Segundo o documento, a violência se dá de forma diferente de acordo com a idade da vítima. Crianças morrem, com frequência, em decorrência da violência doméstica, perpetrada por um agressor conhecido. O mesmo vale para a violência sexual contra elas, cometida dentro de casa, por pessoas próximas. Já os adolescentes morrem, majoritariamente, fora de casa, vítimas da violência armada urbana e do racismo.

Conforme os dados constantes no referido documento, a maioria das vítimas de mortes violentas é adolescente. Das 35 mil mortes violentas de pessoas com idade até 19 anos identificadas entre 2016 e 2020, mais de 31 mil tinham idade entre 15 e 19 anos. A violência letal, nos estados com dados disponíveis para a série histórica, teve um pico entre 2016 e 2017, e vem caindo, voltando aos patamares dos anos anteriores. Ao mesmo tempo, o número de crianças de até 4 anos de idade vítimas de violência letal aumenta, o que traz um sinal de alerta.

"A violência contra a criança acontece, principalmente, em casa. A violência contra adolescentes acontece na rua, com foco em meninos negros. Embora sejam fenômenos complementares e simultâneos, é crucial entendê-los também em suas diferenças, para desenhar políticas públicas efetivas de prevenção e resposta às violências", afirma Florence Bauer, representante do UNICEF no Brasil.

Os dados publicados no panorama foram obtidos pelo FBSP, por meio da Lei de Acesso à Informação. Foram solicitados a cada estado brasileiro os dados de boletins de ocorrência dos últimos cinco anos, referentes a mortes violentas intencionais (homicídio doloso; feminicídio; latrocínio; lesão corporal seguida de morte; e mortes decorrentes de intervenção policial) e violência sexual (estupros e estupros de vulneráveis) contra crianças e adolescentes. Essas informações não são sistematicamente reunidas e padronizadas, tratando-se, portanto, de uma análise inédita e essencial para a prevenção e a resposta à violência contra meninas e meninos.

Internet: <www.unicef.org> (com adaptações).

EM RELAÇÃO ÀS IDEIAS VEICULADAS NO TEXTO CG1A1-I, JULGUE OS ITENS QUE SE SEGUEM.

---

79. (Cebraspe - PC AL - Delegado - 2023) Infere-se das informações do texto que, de acordo com o documento mencionado, desde 2018 o número de crianças de até 4 anos de idade mortas em decorrência de violência tem sido maior que o número de adolescentes mortos na mesma circunstância.

( ) certo ( ) errado

COMENTÁRIOS:

É impossível inferir esse dado. Segundo o texto, *o número de crianças de até 4 anos de idade vítimas de violência letal aumenta,* mas **a morte de adolescentes é maior**: *Das 35 mil mortes violentas de pessoas com idade até 19 anos identificadas entre 2016 e 2020, mais de 31 mil tinham idade entre 15 e 19 anos.*

Resposta: Errado

---

80. (Cebraspe - PC AL - Delegado - 2023) De acordo com a citação apresentada no quarto parágrafo, a efetividade das políticas públicas voltadas para o combate à violência contra crianças e à violência contra adolescentes está relacionada ao entendimento das diferenças existentes entre essas duas formas de violência.

( ) certo ( ) errado

COMENTÁRIOS:

Ideia explícita no texto: ***A violência contra a criança acontece**, principalmente, **em casa**. **A violência contra adolescentes acontece na rua**, com foco em meninos negros. Embora sejam fenômenos complementares e simultâneos, **é crucial entendê-los também em suas diferenças, para desenhar políticas públicas efetivas de prevenção e resposta às violências**.*

Resposta: Certo

---

81. (Cebraspe - PC AL - Delegado - 2023) Com base no referido documento do UNICEF e do FBSP, o texto mostra que a violência sofrida pelos adolescentes, diferentemente daquela sofrida pelas crianças, tem origem predominantemente fora do ambiente doméstico.

( ) certo ( ) errado

COMENTÁRIOS:

No segundo parágrafo: *os **adolescentes morrem**, majoritariamente, **fora de casa, vítimas da violência armada urbana e do racismo**.*

No quarto parágrafo: *A violência contra a criança acontece, principalmente, em casa. **A violência contra adolescentes acontece na rua**, com **foco em meninos negros**.*

Resposta: Certo

TEXTO CG1A1-II

O ordenamento jurídico pátrio, embasado pela Constituição Federal de 1988, apresenta capítulo próprio para a defesa do meio ambiente — algo que nunca havia ocorrido antes na história das constituições brasileiras. O artigo 225 da Carta Magna transmite a ideia da imprescindibilidade de um meio ambiente ecologicamente equilibrado, criando o dever, tanto para o poder público quanto para a coletividade, de sua preservação. Esse comando é subjacente a todas as relações da República, sejam elas travadas sob a ordem econômico-financeira, sejam elas derivadas da gestão de direitos e garantias individuais e coletivos. Ou seja, tudo deverá passar pelo crivo do meio ambiente sadio e equilibrado para a presente e as futuras gerações.

O Supremo Tribunal Federal, por sua vez, aduziu a interpretação de que o meio ambiente ecologicamente equilibrado inscrito na Carta Cidadã faz parte do rol de cláusulas pétreas, mas, por não estar contido no parágrafo 4.º do artigo 60, é tido como uma cláusula pétrea heterotópica, pela sua posição topográfica em outro capítulo. Diante disso, consagra-se que toda atividade passível de gerar impacto no meio ambiente deverá ser bem discutida, de modo a evitar quaisquer interferências negativas ao equilíbrio ambiental. Além disso, inúmeros princípios foram pulverizados nas legislações esparsas que dão supedâneo ao compromisso inarredável de um meio ambiente livre e contínuo em sua função.

Mais recentemente, o legislador ordinário, na esteira da campanha internacional para com os cuidados do meio ambiente e dos animais, acrescentou novos parágrafos ao art. 32 da Lei n.º 9.605/1998 (que dispõe sobre penalidades às ações lesivas ao meio ambiente), por meio da Lei n.º 14.064/2020. Com isso, trouxe o aumento de pena para os atos de maus-tratos, ferimentos, mutilações, entre outros, contra cães e gatos. Uma inovação na matéria, pois confere proteção específica, de forma exclusiva e precisa, a dois animais domesticáveis que fazem parte da convivência de uma grande parcela do povo brasileiro.

Primeiramente, é imprescindível analisar tal sanção no que se refere aos animais silvestres, domésticos ou domesticados (da nossa fauna ou de outros países, mas que aqui se encontrem), sem a especificação de nenhuma espécie, nenhum epíteto. Ora, a pena é de detenção, de três meses a um ano, e multa. No entanto, com o parágrafo 1.º-A, há uma rotação inevitável de aumento de pena para tais condutas quando estas forem desferidas contra cães e gatos, e uma sanção de reclusão, de dois anos a cinco anos, multa e proibição da guarda. Certamente, trata-se de situação peculiar e que traz implicâncias de várias searas ao ordenamento jurídico.

Internet: <jus.com.br> (com adaptações).

---

82. (Cebraspe - PC AL - Delegado - 2023) O texto trata da presença da questão ambiental na Constituição Federal de 1988 como um avanço em relação às constituições brasileiras anteriores.

( ) certo ( ) errado

COMENTÁRIOS:

No início do texto: *O ordenamento jurídico pátrio, embasado pela Constituição Federal de 1988, apresenta capítulo próprio para a defesa do meio ambiente —* ***algo que nunca havia ocorrido antes na história das constituições brasileiras****.*

Resposta: Certo

83. (Cebraspe - PC AL - Delegado - 2023) Destaca-se, no texto, uma crítica à localização do capítulo referente ao meio ambiente na Constituição Federal de 1988, uma vez que a questão não é inserida no rol de cláusulas pétreas presente no artigo 60.

( ) certo ( ) errado

COMENTÁRIOS:

Não se trata de uma crítica, mas sim de uma explanação: *O Supremo Tribunal Federal, por sua vez, aduziu a interpretação de que o meio ambiente ecologicamente equilibrado inscrito na Carta Cidadã faz parte do rol de cláusulas pétreas, mas,* ***por não estar contido no parágrafo 4.º do artigo 60, é tido como uma cláusula pétrea heterotópica, pela sua posição topográfica em outro capítulo.***

Resposta: Errado

84. (Cebraspe - PC AL - Delegado - 2023) Evidencia-se, no texto, a ideia de que, não fosse o tratamento dado à questão ambiental na Constituição Federal de 1988, o meio ambiente sadio e equilibrado para a presente e para as futuras gerações estaria seriamente ameaçado.

( ) certo ( ) errado

COMENTÁRIOS:

Ocorreu extrapolação textual, pois no texto apenas é mencionado que o *ordenamento jurídico pátrio, embasado pela Constituição Federal de 1988, apresenta capítulo próprio para a defesa do meio ambiente.* ***O artigo 225 da Carta Magna transmite a ideia da imprescindibilidade de um meio ambiente ecologicamente equilibrado, criando o dever, tanto para o poder público quanto para a coletividade, de sua preservação.***

No final do primeiro parágrafo, acrescenta que *tudo deverá passar pelo crivo do meio ambiente sadio e equilibrado para a presente e as futuras gerações.*

Perceba que não demonstra responsabilidade ou garantia alguma.

Resposta: Errado

85. (Cebraspe - PC AL - Delegado - 2023) No primeiro parágrafo, o vocábulo "subjacente" (terceiro período) indica a forma não explícita como o crivo do meio ambiente sadio e equilibrado para a presente e as futuras gerações está presente em todas as relações da República.

( ) certo ( ) errado

COMENTÁRIOS:

A palavra "subjacente", no sentido figurado, significa: *que está oculto; não expresso; implícito, subentendido, oculto.*

A palavra "crivo" significa *crítica ou prova; avaliação detalhada sobre algo ou alguém de acordo com certos parâmetros*[3].

3 Dicionário Online de Português. Disponível em <www.dicio.com.br/>.

No parágrafo mencionado, lê-se: ***Esse comando*** [a criação do dever da preservação do meio ambiente ecologicamente equilibrado] ***é subjacente a todas as relações da República****, sejam elas travadas sob a ordem econômico-financeira, sejam elas derivadas da gestão de direitos e garantias individuais e coletivos. Ou seja,* ***tudo deverá passar pelo crivo do meio ambiente sadio e equilibrado para a presente e as futuras gerações***.

Resposta: Certo

◉ TEXTO CB1A1-I

Em uma de suas últimas entrevistas, o antropólogo Darcy Ribeiro (1922-1997) relatou que havia fugido do hospital onde se submetia a tratamento contra um câncer, para terminar o livro que considerava o coroamento de sua obra: O povo brasileiro, publicado em 1995. Na mesma entrevista, reconhecia ser um homem de "muitas peles": foi etnólogo indigenista, antropólogo, educador, gestor público, político militante e romancista. Entretanto, dizia ter fracassado em sua missão de tornar o Brasil aquilo que "poderia ser".

"Darcy Ribeiro é uma figura fascinante e um dos autores latino-americanos que projetaram mais futuros. Em alguns dos textos, ele parece comentar em voz alta as alternativas, utópicas e distópicas, para o Brasil e a América Latina", observa o sociólogo Fabrício Pereira da Silva. "Este é um momento excelente para reexaminar suas ideias, suas utopias e seus projetos."

Sua carreira de educador teve início na Escola Brasileira de Administração Pública, da Fundação Getúlio Vargas, no Rio de Janeiro, onde, durante dois anos, ensinou etnologia brasileira. Na mesma época, participou da fundação do Museu do Índio, em 1953, e, dois anos mais tarde, da criação do primeiro curso de pós-graduação em antropologia cultural no Brasil. Ao deixar o Serviço de Proteção aos Índios, lecionou na Universidade do Brasil, atual Universidade Federal do Rio de Janeiro (UFRJ). Nesse período, desenvolveu trabalhos com o pedagogo Anísio Teixeira (1900-1971), uma das principais referências em educação no Brasil e defensor do ensino básico integral. Sua influência perduraria por toda a trajetória de Darcy Ribeiro e se concretizaria no projeto dos centros integrados de educação pública (CIEP), escolas de tempo integral criadas no Rio de Janeiro nos anos 80 do século passado.

A crítica ao colonialismo, a análise dos povos latino-americanos e a valorização do ponto de vista indígena fazem da obra de Darcy Ribeiro uma fonte de inspiração para pesquisadores do campo de estudos pós-coloniais e decoloniais, de acordo com Pereira da Silva. "São releituras e apropriações, porque, quando ele publicou, esses termos não eram usados. A tendência ao evolucionismo e ao eurocentrismo de seus primeiros anos deu lugar, no exílio, a uma visão mais diversificada, em que a América Latina aparece como um polo civilizacional", afirma.

Apesar de ter sido reitor, fundador e reformador de universidades, Darcy viveu a maior parte de sua carreira fora de instituições universitárias brasileiras. Entretanto, jamais deixou de refletir sobre seu projeto para o ensino superior. Publicou livros como **A universidade necessária e La universidad latinoamericana**, em que expôs seu projeto baseado em interdisciplinaridade, investimento em pesquisa científica avançada, compromisso social e participação do corpo discente na tomada de decisões.

Diego Viana. Darcy Ribeiro: a chama da utopia. Revista Pesquisa FAPESP, 30/10/2022 (com adaptações).

86. (CEBRASPE - SME RE/PE - Professor - 2023) De acordo com o texto, Darcy Ribeiro se considerava fracassado por ter-se dedicado a muitas áreas do conhecimento.

( ) certo ( ) errado

COMENTÁRIOS:

1. Darcy Ribeiro *foi etnólogo indigenista, antropólogo, educador, gestor público, político militante e romancista.*

   Isso significa que se dedicou a muitas áreas do conhecimento.

2. *Entretanto,* ***dizia ter fracassado em sua missão de tornar o Brasil aquilo que "poderia ser"****.*

   O motivo de se sentir fracassado não foi por ter-se dedicado a muitas áreas.

   Resposta: Errado

---

87. (CEBRASPE - SME RE/PE - Professor - 2023) Com o emprego da expressão 'em voz alta' (segundo parágrafo), o sociólogo Fabrício Pereira da Silva sugere uma semelhança entre a escrita de Darcy Ribeiro e o discurso falado.

( ) certo ( ) errado

COMENTÁRIOS:

Ocorre essa sugestão porque, no período anterior, o sociólogo menciona que Darcy Ribeiro é um dos **autores** latino-americanos que projetaram mais futuros. Em seguida, diz que em alguns textos, ele parece comentar em voz alta as alternativas para o Brasil e a América. Como era etnólogo indigenista, antropólogo, **educador**, gestor público, político militante e romancista, é possível deduzir que falava com as pessoas.

"Em voz alta": dava ênfase ao assunto ao escrever.

Resposta: Certo

---

88. (CEBRASPE - SME RE/PE - Professor - 2023) O texto informa que Darcy Ribeiro foi pioneiro no campo educacional de antropologia cultural no Brasil.

( ) certo ( ) errado

COMENTÁRIOS:

Darcy Ribeiro foi um desbravador, um percursor e um explorador de antropologia cultural no Brasil: *Sua carreira de educador teve início na Escola Brasileira de Administração Pública, da Fundação Getúlio Vargas, no Rio de Janeiro, onde,* ***durante dois anos, ensinou etnologia brasileira****. Na mesma época,* ***participou da fundação do Museu do Índio****, em 1953, e, dois anos mais tarde,* ***da criação do primeiro curso de pós-graduação em antropologia cultural no Brasil****. Ao deixar o Serviço de Proteção aos Índios, lecionou na Universidade do Brasil, atual Universidade Federal do Rio de Janeiro (UFRJ).*

Ele criou o primeiro curso de pós-graduação em antropologia cultural no Brasil: foi pioneiro.

Resposta: Certo

89. (CEBRASPE - SME RE/PE - Professor - 2023) Infere-se do texto que Darcy Ribeiro atuou pouco tempo como professor universitário no Brasil.

( ) certo ( ) errado

COMENTÁRIOS:

No último parágrafo: *Apesar de ter sido reitor, fundador e reformador de universidades,* ***Darcy viveu a maior parte de sua carreira fora de instituições universitárias brasileiras****. Entretanto, jamais deixou de refletir sobre seu projeto para o ensino superior.*

Resposta: Certo

90. (CEBRASPE - SME RE/PE - Professor - 2023) De acordo com o texto, Darcy Ribeiro era rotulado como pensador pós-colonial.

( ) certo ( ) errado

COMENTÁRIOS:

A obra de Darcy Ribeiro foi *uma fonte de inspiração para* ***pesquisadores do campo de estudos pós-coloniais*** *e decoloniais.*

Ele não foi rotulado como pensador pós-colonial.

Resposta: Errado

91. (CEBRASPE - SME RE/PE - Professor - 2023) O texto apresenta elementos do projeto pensado por Darcy Ribeiro para o ensino superior brasileiro.

( ) certo ( ) errado

COMENTÁRIOS:

No terceiro parágrafo: *Em 1955, participou da criação do primeiro curso de pós-graduação em antropologia cultural no Brasil.*

No último parágrafo: *jamais deixou de refletir sobre seu projeto para o ensino superior. Publicou livros como* ***A universidade necessária e La universidad latinoamericana****, em que expôs seu projeto baseado em interdisciplinaridade, investimento em pesquisa científica avançada, compromisso social e participação do corpo discente na tomada de decisões.*

Resposta: Certo

92. (CEBRASPE - SME RE/PE - Professor - 2023) O texto é essencialmente narrativo, pois relata fatos da vida de um personagem principal.

( ) certo ( ) errado

COMENTÁRIOS:

O texto é essencialmente dissertativo expositivo: apresenta dados e fatos sobre um tema de forma organizada e completa. Possui o objetivo de descrever e de apresentar informações.

O objetivo é informar, expor algo.

Dica: não tenta convencer o leitor, não há divergência de ideias

Resposta: Errado

1.2. QUESTÕES - NÍVEL MÉDIO

TEXTO PARA RESPONDER ÀS QUESTÕES.

A Declaração Universal dos Direitos do Homem, que é certamente, com relação ao processo de proteção global dos direitos do homem, um ponto de partida para uma meta progressiva, representa, ao contrário, com relação ao conteúdo, isto é, com relação aos direitos proclamados, um ponto de parada em um processo de modo algum concluído. Os direitos elencados na Declaração não são os únicos e possíveis direitos do homem: são os direitos do homem histórico, tal como este se configurava na mente dos redatores da Declaração após a tragédia da Segunda Guerra Mundial, em uma época que tivera início com a Revolução Francesa e desembocara na Revolução Soviética. Não é preciso muita imaginação para prever que o desenvolvimento da técnica, a transformação das condições econômicas e sociais, a ampliação dos conhecimentos e a intensificação dos meios de comunicação poderão produzir tais mudanças na organização da vida humana e das relações sociais que se criem ocasiões favoráveis para o nascimento de novos carecimentos e, portanto, para novas demandas de liberdade e de poderes. Para dar apenas alguns exemplos, lembro que a crescente quantidade e intensidade das informações a que o homem de hoje está submetido faz surgir, com força cada vez maior, a necessidade de não se ser enganado, excitado ou perturbado por uma propaganda maciça e deformadora; começa a se esboçar, contra o direito de expressar as próprias opiniões, o direito à verdade das informações.

Norberto Bobbio. A era dos direitos. Internet: <www.edisciplinas.usp.br> (com adaptações).

---

93. (Cebraspe – DEPEN – Agente Federal - 2021) Segundo o autor do texto, na Declaração Universal dos Direitos do Homem, estão elencados os direitos possíveis e cabíveis a um tipo de homem específico: o homem histórico.

( ) certo ( ) errado

COMENTÁRIOS:

Nota da autora: Questão de compreensão textual – a ideia está no texto.

No segundo período, lê-se: *Os direitos elencados na Declaração não são os únicos e possíveis direitos do homem: são os direitos do homem histórico.*

Resposta: Certo.

---

94. (Cebraspe – DEPEN – Agente Federal - 2021) Infere-se do texto que inovações tecnológicas, como as que reconfiguraram as relações do homem com a informação, são um dos elementos que ensejam uma ampliação de perspectivas sobre limites de direitos individuais e coletivos.

( ) certo ( ) errado

↘ COMENTÁRIOS:

Nota da autora: Questão de interpretação – é preciso inferir, deduzir, ir além do texto.

Através das ideias mencionadas no último período, chega-se a tal ideia: *a crescente quantidade e intensidade das informações a que o homem de hoje está submetido faz surgir, com força cada vez maior, a necessidade de não se ser enganado, excitado ou perturbado por uma propaganda maciça e deformadora; começa a se esboçar, contra o direito de expressar as próprias opiniões, o direito à verdade das informações.*

Resposta: Certo.

◉ TEXTO PARA RESPONDER ÀS QUESTÕES.

A Casa de Detenção Feminina era antiquada, embolorada, lúgubre e sombria. O chão da sala de admissão era de cimento, sem pintura, com a sujeira dos sapatos de milhares de prisioneiras, policiais e inspetoras de polícia incrustada na superfície.

Disseram para eu me sentar no banco da frente, na fileira da direita. De repente, ouviu-se um estrondo do lado de fora do portão. Várias mulheres se aproximavam da entrada, esperando que o portão de ferro se abrisse.

Enquanto as mulheres que tinham voltado do tribunal estavam em pé do lado de fora dos portões de ferro, fui levada para fora da sala. Lá, havia o mesmo piso de cimento imundo, paredes de azulejos amarelados descorados e duas escrivaninhas velhas de escritório. Uma inspetora branca e robusta estava no comando. Quando eu descobri, entre os papéis grudados na parede, um cartaz de pessoas procuradas pelo FBI com a minha fotografia e descrição, ela o arrancou de lá.

Eu ainda estava esperando naquela sala suja quando houve a troca de turno. Outra agente prisional foi enviada para me vigiar. Ela era negra, jovem — mais nova do que eu —, usava cabelos crespos naturais e, ao se aproximar, não demonstrou nenhum tipo de arrogância. Foi uma experiência que me desarmou. No entanto, não foi o fato de ela ser negra que me surpreendeu, foi seu comportamento: sem agressividade e aparentemente solidário.

Imaginando que eu pudesse ser capaz de obter dela alguma informação sobre a minha situação, perguntei por que a demora era tão longa. Ela não sabia detalhes, disse, mas achava que estavam tentando decidir como me manteriam separada da população prisional. Seu pressentimento era de que eu seria colocada na área da prisão reservada para mulheres com transtornos psicológicos. Olhei para ela com incredulidade. Para mim, prisão era prisão — não existia gradação de melhor ou pior.

Angela Y. Davis. Uma autobiografia. Heci Regina Candiani (Trad.). 1.ª ed. São Paulo: Boitempo, 2019 (com adaptações).

---

95. (Cebraspe – DEPEN – Agente Federal - 2021) A descrição do espaço é um recurso utilizado pela autora para criticar o ambiente prisional em que se encontra.

( ) certo ( ) errado

↘ COMENTÁRIOS:

Pode-se inferir que seja uma crítica porque a descrição é negativa. Confira os adjetivos: *era **antiquada, embolorada, lúgubre e sombria**. O chão da sala de admissão era* *de cimento,* ***sem pintura****, com a sujeira dos sapatos de milhares de prisioneiras, policiais e inspetoras de polícia* ***incrustada*** *na superfície. (...) piso de cimento* ***imundo****, paredes de azulejos* ***amarelados descorados*** *e duas escrivaninhas* ***velhas*** *de escritório.*

Resposta: Certo.

---

96. (Cebraspe – DEPEN – Agente Federal - 2021) Infere-se do texto que a autora se sentiu desarmada e, portanto, menos desconfiada, devido ao fato de a agente prisional referida no quarto parágrafo ser negra.

( ) certo ( ) errado

COMENTÁRIOS:

O que a desarmou foi o comportamento da agente, o fato de não demonstrar arrogância.

No 4.º §: *Outra agente prisional foi enviada para me vigiar. Ela era negra, jovem — mais nova do que eu —, usava cabelos crespos naturais e, ao se aproximar, não demonstrou nenhum tipo de arrogância. Foi uma experiência que me desarmou. No entanto,* ***não foi o fato de ela ser negra que me surpreendeu, foi seu comportamento****: sem agressividade e aparentemente solidário.*

Resposta: Errado.

---

97. (Cebraspe – DEPEN – Agente Federal - 2021) Os últimos parágrafos do texto evidenciam que a agente prisional enviada para vigiar a autora do texto tinha detalhes acerca da área da prisão para onde esta seria levada, mas preferiu não os revelar.

( ) certo ( ) errado

COMENTÁRIOS:

Está claro que ela acreditava na agente, tanto que foi desarmada através de suas atitudes. A agente realmente não sabia para onde ela seria levada, estava sendo sincera.

Resposta: Errado.

TEXTO CG2A1-II

98. (Cebraspe – Pref. Barra dos Coqueiros/SE – Assistente Administrativo -2020) Quanto ao gênero, o texto CG2A1-II pode ser corretamente classificado como

A) meme.

B) caricatura.

C) charada.

D) cartum.

E) tirinha.

COMENTÁRIOS:

Alternativa "a" - Meme é uma imagem tirada do contexto, geralmente acompanhada de uma frase, cujo objetivo é fazer uma piada sobre algo, funcionar como equivalente a um comentário engraçado ou ficar retrucando alguém.

Alternativa "b" - Caricatura é um **desenho** cujo objetivo principal é **enfatizar e exagerar as** características de uma pessoa, animal ou objeto. A **caricatura** revela um **retrato bem-humorado, cômico e/ou irônico** no que se refere aos **aspectos físicos do objeto caricaturado** e aos **aspectos psicológicos e/ou comportamentais,** como gestos, vícios e hábitos particulares.

Alternativa "c" - Charada é um enigma que consiste em compor uma palavra em tantas sílabas ou partes quantas possam ter uma significação determinada, dando-se a cada uma dessas partes a definição em termos mais ou menos vagos, e acrescentando uma alusão à significação da palavra inteira.

Alternativa "d" - Cartum é um desenho humorístico, animado ou não, que tem como característica a crítica, de maneira breve, dos momentos que abrangem o dia a dia de uma sociedade. Nele, podemos visualizar apenas a presença da linguagem não-verbal ou a associação com a verbal. No geral, o cartum aborda situações que poderiam ocorrer em qualquer tempo ou lugar, satirizando os costumes humanos, sem fazer referência a uma personalidade em específico.

Características: sátira; humor; ironia; cômico; associação da linguagem verbal ao desenho expressivo; imagens atemporais; entrelaça palavras, imagens e sentido.

Alternativa "e" - Tirinha é uma sequência de quadrinhos que geralmente faz uma crítica aos valores sociais. Esse tipo de texto humorístico é publicado com regularidade. Pode-se dizer que são como as histórias em quadrinhos (HQ's), porém bem mais curtas. As tirinhas podem estar contidas em jornais, revistas e em sites da Internet.

RESPOSTA: D

◉ TEXTO 1A1-I PARA RESPONDER ÀS QUESTÕES.

Estou escrevendo um livro sobre a guerra...

Eu, que nunca gostei de ler livros de guerra, ainda que, durante minha infância e juventude, essa fosse a leitura preferida de todo mundo. De todo mundo da minha idade. E isso não surpreende — éramos filhos da Vitória. Filhos dos vencedores.

Em nossa família, meu avô, pai da minha mãe, morreu no front; minha avó, mãe do meu pai, morreu de tifo; de seus três filhos, dois serviram no Exército e desapareceram nos primeiros meses da guerra, só um voltou. Meu pai.

Não sabíamos como era o mundo sem guerra, o mundo da guerra era o único que conhecíamos, e as pessoas da guerra eram as únicas que conhecíamos. Até agora não conheço outro mundo, outras pessoas. Por acaso existiram em algum momento?

A vila de minha infância depois da guerra era feminina. Das mulheres. Não me lembro de vozes masculinas. Tanto que isso ficou comigo: quem conta a guerra são as mulheres. Choram. Cantam enquanto choram.

Na biblioteca da escola, metade dos livros era sobre a guerra. Tanto na biblioteca rural quanto na do distrito, onde meu pai sempre ia pegar livros. Agora, tenho uma resposta, um porquê. Como ia ser por acaso? Estávamos o tempo todo em guerra ou nos preparando para ela. E rememorando como combatíamos. Nunca tínhamos vivido de outra forma, talvez nem saibamos como fazer isso. Não imaginamos outro modo de viver, teremos que passar um tempo aprendendo.

Por muito tempo fui uma pessoa dos livros: a realidade me assustava e atraía. Desse desconhecimento da vida surgiu uma coragem. Agora penso: se eu fosse uma pessoa mais ligada à realidade, teria sido capaz de me lançar nesse abismo? De onde veio tudo isso: do desconhecimento? Ou foi uma intuição do caminho? Pois a intuição do caminho existe...

Passei muito tempo procurando... Com que palavras seria possível transmitir o que escuto? Procurava um gênero que respondesse à forma como vejo o mundo, como se estruturam meus olhos, meus ouvidos.

Uma vez, veio parar em minhas mãos o livro Eu venho de uma vila em chamas. Tinha uma forma incomum: um romance constituído a partir de vozes da própria vida, do que eu escutara na infância, do que agora se escuta na rua, em casa, no café. É isso! O círculo se fechou. Achei o que estava procurando. O que estava pressentindo.

Svetlana Aleksiévitch. A guerra não tem rosto de mulher. Companhia das Letras, 2016, p. 9-11 (com adaptações).

---

99. (Cebraspe – IBGE – Agente de Pesquisas - 2021) Depreende-se do texto 1A1-I que um dos motivos que levou à escrita desse livro foi o fato de que

A) a pessoa que o escreveu nunca gostou de livros sobre guerra.

B) a pessoa que o escreveu desejava contar ao mundo os horrores de uma guerra.

C) a leitura sobre guerra era a preferida de todo mundo daquela época.

D) o mundo da guerra era o único que a pessoa que o escreveu conhecia.

E) por acaso, a realidade do mundo à época era a da guerra.

COMENTÁRIOS:

Alternativa "a" – Não escreveu o livro por não gostar de guerra, mas por conhecer o assunto. Relendo o último parágrafo, a ideia é esclarecida.

Alternativa "b" – Desejava contar ao mundo o que sabia sobre guerra, e o foco não eram os horrores.

Alternativa "c" – Na biblioteca da escola, metade dos livros era sobre guerra, mas nada indica que isso o motivou a escrever um livro.

Alternativa "d" – Trechos que evidenciam a ideia:

Não sabíamos como era o mundo sem guerra, ***o mundo da guerra era o único que conhecíamos****, e as pessoas da guerra eram as únicas que conhecíamos. Até agora não conheço outro mundo, outras pessoas.* (4º §)

Uma vez, veio parar em minhas mãos o livro Eu venho de uma vila em chamas. Tinha uma forma incomum: um romance constituído a partir de vozes da própria vida, do que eu escutara na infância, do que agora se escuta na rua, em casa, no café [guerra]. ***É isso! O círculo se fechou. Achei o que estava procurando. O que estava pressentindo.*** (último parágrafo)

Alternativa "e" – O livro foi escrito após a guerra, não durante.

Resposta: D

---

100. (Cebraspe – IBGE – Agente de Pesquisas - 2021) Infere-se do texto 1A1-I que

A) a vila da infância da escritora era feminina porque todos os homens morreram lutando na guerra.

B) o pai da escritora contava para ela as histórias que viveu na guerra.

C) as mulheres da vila, embora fossem tristes, cantavam músicas para se distrair.

D) a escritora desejava, desde criança, viver em um mundo onde não havia guerra.

E) o país da escritora venceu a referida guerra, ainda que muitos dos homens da sua família tenham morrido.

COMENTÁRIOS:

Alternativa "a" – Não morreram **todos** os homens da vila.

Alternativa "b" – O pai pegava livros sobre a guerra na biblioteca, mas nada indica que ele contava as histórias para a filha.

Alternativa "c" – Não cantavam por distração, mas por nostalgia: *Cantam enquanto choram.*

Alternativa "d" – A autora não gostava dos livros sobre guerra, não se pode afirmar que desejava viver em um mundo sem guerra. Seria extrapolar a ideia do texto.

Alternativa "e" – Venceu: *éramos filhos da Vitória. Filhos dos vencedores.* Muitos de sua família morreram: *meu avô, pai da minha mãe, morreu no front; minha avó, mãe do meu pai, morreu de tifo; de seus três filhos, dois serviram no Exército e desapareceram nos primeiros meses da guerra.*

Resposta: E

---

101. (Cebraspe – IBGE – Agente de Pesquisas - 2021) O texto 1A1-I é predominantemente

A) narrativo.

B) descritivo.

C) dissertativo.

D) argumentativo.

E) expositivo.

COMENTÁRIOS:

Alternativa "a" – O texto narrativo conta uma história por meio de uma sequência de relatos, fatos, ações e descrições que podem ser reais ou ficcionais. Possui um narrador, que apresenta personagens e estes personagens atuam em um tempo e em um espaço determinados. É a base de diversos textos literários, como o romance, novela, conto, crônica e fábula.

Ações cronológicas, verbos no pretérito perfeito.

Alternativa "b" – É um tipo de texto que envolve a descrição de algo, seja de um objeto, pessoa, animal, lugar, acontecimento, e sua intenção é, sobretudo, transmitir para o leitor as impressões e as qualidades de algo. Capta as impressões, de forma a representar a elaboração de um retrato, como uma fotografia revelada por meio das palavras.

São usados vários adjetivos, verbos no pretérito imperfeito.

Alternativa "c" – É um tipo de texto **argumentativo** e **opinativo**, uma vez que expõe a opinião sobre determinado assunto ou tema, por meio de uma argumentação lógica, coerente e coesa.

Texto subjetivo.

Alternativa "d" – O texto **dissertativo-argumentativo** é um tipo textual que consiste na defesa de uma ideia por meio de argumentos, opinião e explicações fundamentadas.

Este tipo de texto tem como objetivo central a formação de opinião do leitor. Assim, ele é caracterizado por tentar convencer ou persuadir o interlocutor da mensagem através da argumentação.

Texto objetivo.

Alternativa "e" – O **texto expositivo** é um tipo de texto que visa a apresentação de um conceito ou de uma ideia.

Muito comum esse tipo de texto ser abordado no contexto escolar e acadêmico, uma vez que inclui formas de apresentação, tais como: seminários, artigos acadêmicos, congressos, conferências, palestras, colóquios, entrevistas, dentre outros.

O texto é objetivo.

Resposta: A

TEXTO 1A2-I PARA RESPONDER À QUESTÃO.

A revista The Lancet publicou no dia 14 de julho de 2020 um artigo em que apresenta novas projeções para a população mundial e para os diversos países. Os pesquisadores do Instituto de Métricas e Avaliação de Saúde da Universidade de Washington (IHME, na sigla em inglês) sugerem números para a população humana do planeta em 2100 que são menores do que o cenário médio apresentado em 2019 pela Divisão de População da ONU (que é a referência maior nesta área de projeções demográficas).

Segundo o artigo, o maior nível educacional das mulheres e o maior acesso aos métodos contraceptivos acelerarão a redução das taxas de fecundidade, gerando um crescimento demográfico global mais lento.

Se este cenário acontecer de fato, será um motivo de comemoração, pois a redução do ritmo de crescimento demográfico não aconteceria pelo lado da mortalidade, mas sim pelo lado da natalidade e, principalmente, em decorrência do empoderamento das mulheres, da universalização dos direitos sexuais e reprodutivos e do aumento do bem-estar geral dos cidadãos e das cidadãs da comunidade internacional.

De modo geral, a imprensa tratou as novas projeções como uma grande novidade, dizendo que a população mundial não ultrapassará 10 bilhões de pessoas até o final do século e que, no caso do Brasil, a população apresentará uma queda de 50 milhões de pessoas na segunda metade do corrente século.

Na verdade, isto não é totalmente novidade, pois a possibilidade de uma população bem abaixo de 10 bilhões de pessoas já era prevista. Diante das incertezas, normalmente, elaboram-se cenários para o futuro com amplo leque de variação. A Divisão de População da ONU, por exemplo, tem vários números para o montante de habitantes em 2100, que variam entre 7 bilhões e 16 bilhões.

Internet: <ecodebate.com.br> (com adaptações).

---

102. (Cebraspe – IBGE – Agente de Pesquisas - 2021) De acordo com o texto 1A2-I, o possível crescimento demográfico global mais lento representaria

A) um efeito positivo do empoderamento das mulheres, da universalização dos direitos sexuais e reprodutivos e do aumento do bem-estar geral dos cidadãos e das cidadãs da comunidade internacional.

B) um efeito negativo do empoderamento das mulheres, da universalização dos direitos sexuais e reprodutivos e do aumento do bem-estar geral dos cidadãos e das cidadãs da comunidade internacional.

C) um efeito positivo já há muito esperado pelos governantes dos países mais populosos do mundo, dada a dificuldade de combate à extrema pobreza nesses locais.

D) um efeito negativo gerado pela capacidade cada vez mais prejudicada do ser humano de se reproduzir, dados os problemas de saúde que a humanidade vem enfrentando.

E) um efeito positivo decorrente do movimento feminista em todo o mundo, que promoveu o empoderamento das mulheres.

COMENTÁRIOS:

Alternativa "a" – No terceiro parágrafo, o autor menciona que será um motivo de comemoração: *a redução do ritmo de crescimento demográfico não aconteceria pelo lado da mortalidade, mas sim pelo lado da natalidade e, principalmente, em decorrência do **empoderamento das mulheres, da universalização dos direitos sexuais e reprodutivos***

e do aumento do bem-estar geral dos cidadãos e das cidadãs da comunidade internacional.

Alternativa "b" – Se poderá ser motivo de comemoração, o efeito do empoderamento das mulheres é positivo.

Alternativa "c" – Não menciona os governantes, os países mais populosos nem o combate à pobreza. Ocorreu extrapolação textual.

Alternativa "d" – Além de o efeito ser positivo, não há relação com a capacidade do ser humano de produzir.

Alternativa "e" – Não menciona o movimento feminista, e existem outras causas, como mencionado na alternativa "a".

Resposta: A

1.3. QUESTÕES - NÍVEL SUPERIOR

◉ TEXTO PARA RESPONDER ÀS QUESTÕES.

As forças da natureza são obviamente indiferentes a modos de produção, tempo e espaço. Mas são as estruturas sociais que determinam as consequências, o grau de sofrimento e quem morre mais. Em 1989, o terremoto de São Francisco, de intensidade 7,1 na escala Richter, causou a morte de 63 pessoas e deixou cerca de 3.700 feridos. Em 2010, o terremoto em Porto Príncipe, no Haiti, de magnitude 7,0 na escala Richter, matou mais de 300 mil pessoas e deixou 300 mil feridos. Dez meses depois, uma epidemia de cólera matou 9 mil pessoas.

Quando a natureza atinge a existência humana, o impulso primário é buscar o culpado mais à mão no imaginário. Pode ser Deus, a cruel natureza ou o enigmático ente a que se denomina destino. Mas muito frequentemente destino é uma expressão que encobre com um véu de irracionalidade o que é apenas obra humana.

O vírus atinge o planeta. O vírus ameaça a humanidade. Planeta ou humanidade designam tanto os habitantes de Manhattan, da Avenue Foch, em Paris, do Leblon, no Rio de Janeiro, ou dos Jardins, em São Paulo, como também designam os 800 milhões de pessoas que passam fome no mundo, segundo dados da Organização das Nações Unidas (2017). No planeta vive o 1% das pessoas que detém renda maior que os restantes 99% da população mundial. Vivem 42 pessoas cuja riqueza é igual à de 3,7 bilhões dos mais pobres que lutam para sobreviver, para suprir necessidades básicas. Vivem os que têm renda para ficar em casa e fazer suas compras de alimentos pela Internet, os que não vão comer hoje por causa da pandemia e os que já não comiam antes da pandemia. Vivem os que podem se isolar e os que moram em aglomerados miseráveis, em um cômodo apenas, para os quais as palavras "confinamento", "isolamento" ou "quarentena" são piadas de mau gosto. Vivem 4,5 bilhões de pessoas que não têm saneamento nem água encanada, desprovidas das condições mínimas de higiene.

Internet: <revistacult.uol.com.br> (com adaptações).

103. (Cespe/Cebraspe - DPE DF - Auditoria/2022) De acordo com o texto, as pessoas costumam responsabilizar o destino, com mais frequência que a Deus ou a natureza, pelas consequências desastrosas de certos fenômenos naturais para a humanidade.

( ) certo ( ) errado

COMENTÁRIOS:

Segundo o texto, o culpado pode ser Deus, a natureza ou o destino. Não responsabiliza mais o destino que a Deus ou a natureza. Além disso, menciona que destino é obra humana.

Ideias citadas no segundo parágrafo.

Resposta: Errado.

104. (Cespe/Cebraspe - DPE DF - Auditoria/2022) No texto, atribui-se ao próprio ser humano as consequências de desastres decorrentes das forças da natureza.

( ) certo ( ) errado

COMENTÁRIOS:

No segundo parágrafo: *destino é uma expressão que encobre com um véu de irracionalidade o que é apenas **obra humana**.*

Resposta: Certo.

105. (Cespe/Cebraspe - DPE DF - Auditoria/2022) O terceiro parágrafo do texto trata do momento inicial da pandemia do novo coronavírus no planeta, quando a população mundial estava mais imbuída da ideia de que o isolamento era necessário para conter o avanço da covid-19.

( ) certo ( ) errado

COMENTÁRIOS:

Nota da autora: O vocábulo "imbuída", no sentido figurado, significa *convencida*.

A população mundial não estava convencida de que o isolamento conteria o avanço do vírus, até porque no planeta vivem *os que moram em aglomerados miseráveis, em um cômodo apenas, para os quais **as palavras "confinamento", "isolamento" ou "quarentena" são piadas de mau gosto**.*

Resposta: Errado.

106. (Cespe/Cebraspe - DPE DF - Auditoria/2022) O terceiro parágrafo do texto apresenta exemplos que confirmam a tese defendida no texto: com a pandemia de covid-19, os contrastes sociais eclodiram em todas as regiões do planeta.

( ) certo ( ) errado

COMENTÁRIOS:

Segundo os dados da ONU, de 2017, 800 milhões de pessoas passam fome no mundo. O vírus surgiu dois anos depois (final de 2019), ou seja, os contrastes sociais já existiam antes da pandemia e esta não foi a causa da eclosão.

Resposta: Errado.

◉ TEXTO PARA RESPONDER ÀS QUESTÕES.

Espinosa atravessou lentamente a rua, olhar no chão, mãos nos bolsos, em direção à praça. O sol ainda brilhava forte na tarde de primavera. Procurou um banco vazio, de frente para o porto, tendo às costas o velho prédio do jornal **A Noite**. À sombra de um grande fícus, deixou as ideias surgirem anarquicamente.

Poucas pessoas considerariam a praça Mauá um lugar adequado à reflexão, exceto ele e os mendigos. No começo era visto com desconfiança, mas aos poucos eles foram se acostumando a sua presença. Nunca frequentou a praça à noite, respeitava a metamorfose produzida pelos frequentadores do Scandinavia Night Club ou da Boite Florida.

Enquanto prestava minuciosa atenção ao movimento dos guindastes no porto, deixou o pensamento emaranhar-se livremente em sua própria trama. Formara, havia tempos, a ideia de que momentos de solidão eram propícios à reflexão. Sentado naquele banco, acabara por concluir que isso não se aplicava a si próprio. A forma mais comum como transcorria sua vida mental era a de um fluxo semienlouquecido de imagens acompanhado de diálogos inteiramente fantásticos. Não se julgava capaz de uma reflexão puramente racional, o que, para um policial, era no mínimo embaraçoso.

Luiz Alfredo Garcia-Roza. O silêncio da chuva. Companhia das Letras, 2005 (com adaptações).

---

107. (Cespe/Cebraspe - DPE DF - Auditoria/2022) O texto poderia ser classificado corretamente como descritivo ou narrativo, não sendo possível afirmar qual desses tipos textuais nele predomina.

( ) certo ( ) errado

COMENTÁRIOS:

O texto é narrativo. Relata um fato passado em que há personagem, cenário e a maioria dos verbos está no pretérito perfeito do indicativo. Trata-se de uma narração com elementos descritivos.

Dica: seria descritivo se houvesse vários adjetivos e/ou advérbios e se os verbos estivessem, predominantemente, no pretérito imperfeito do indicativo.

Resposta: Errado.

---

108. (Cespe/Cebraspe - DPE DF - Auditoria/2022) De acordo com o segundo parágrafo do texto, a praça Mauá era vista com desconfiança.

( ) certo ( ) errado

COMENTÁRIOS:

Espinosa era visto pelos mendigos com desconfiança, pois poucas pessoas poderiam considerar a praça um lugar para reflexão. Depois, acostumaram-se com a sua presença.

Resposta: Errado.

⦿ TEXTO PARA RESPONDER ÀS QUESTÕES.

Seja como for, está claro que a distinção entre o que seria natural e o que seria cultural não faz o menor sentido para os aborígenes australianos. Afinal de contas, no mundo deles, tudo é natural e cultural ao mesmo tempo. Para que se possa falar de natureza, é preciso que o homem tome distância do meio ambiente no qual está mergulhado, é preciso que se sinta exterior e superior ao mundo que o cerca. Ao se extrair do mundo por meio de um movimento de recuo, ele poderá perceber este mundo como um todo. Pensando bem, entender o mundo como um todo, como um conjunto coerente, diferente de nós mesmos e de nossos semelhantes, é uma ideia muito esquisita. Como diz o grande poeta português Fernando Pessoa, vemos claramente que há montanhas, vales, planícies, florestas, árvores, flores e mato, vemos claramente que há riachos e pedras, mas não vemos que há um todo ao qual isso tudo pertence, afinal só conhecemos o mundo por suas partes, jamais como um todo. Mas, a partir do momento em que nos habituamos a representar a natureza como um todo, ela se torna, por assim dizer, um grande relógio, do qual podemos desmontar o mecanismo e cujas peças e engrenagem podemos aperfeiçoar. Na realidade, essa imagem começou a ganhar corpo relativamente tarde, a partir do século XVII, na Europa. Esse movimento, além de tardio na história da humanidade, só se produziu uma única vez. Para retomar uma fórmula muito conhecida de Descartes, o homem se fez então "mestre e senhor da natureza". Resultou daí um extraordinário desenvolvimento das ciências e das técnicas, mas também a exploração desenfreada de uma natureza composta, a partir de então, de objetos sem ligação com os humanos: plantas, animais, terras, águas e rochas convertidos em meros recursos que podemos usar e dos quais podemos tirar proveito. Naquela altura, a natureza havia perdido sua alma e nada mais nos impedia de vê-la unicamente como fonte de riqueza.

Philippe Descola. Outras naturezas, outras culturas. São Paulo: Editora 34, 2016, p. 22-23 (com adaptações).

---

109. (Cespe/Cebraspe - FUNPRESP - Analista Previdenciário/2022) Conforme o texto, o conceito de natureza pressupõe o distanciamento do homem em relação ao ambiente onde ele vive.

( ) certo ( ) errado

COMENTÁRIOS:

Nota da autora: Questão de compreensão textual, ou seja, a ideia está clara. Comando: "conforme o texto".

Trechos que evidenciam tal afirmação: *Para que se possa falar de natureza,* ***é preciso que o homem tome distância do meio ambiente no qual está mergulhado****, é preciso que se sinta exterior e superior ao mundo que o cerca.*

Resposta: Certo.

---

110. (Cespe/Cebraspe - FUNPRESP - Analista Previdenciário/2022) Conclui-se das ideias do texto que entender o mundo como um todo é uma ideia esquisita porque a perspectiva de qualquer conhecimento é incompleta, parcial.

( ) certo ( ) errado

COMENTÁRIOS:

1. É uma ideia esquisita: *Pensando bem,* ***entender o mundo como um todo****, como um conjunto coerente, diferente de nós mesmos e de nossos semelhantes,* ***é uma ideia muito esquisita****.*
2. Fernando Pessoa menciona a causa: *vemos claramente que há montanhas, vales, planícies, florestas, árvores, flores e mato, vemos claramente que há riachos e pedras, mas* ***não vemos que há um todo*** *ao qual isso tudo pertence, afinal* ***só conhecemos o mundo por suas partes, jamais como um todo****.*

Resposta: Certo.

---

111. (Cespe/Cebraspe - FUNPRESP - Analista Previdenciário/2022) De acordo com o texto, a objetificação da natureza, e sua consequente exploração, é o resultado benéfico do desenvolvimento das ciências e das técnicas.

( ) certo ( ) errado

COMENTÁRIOS:

O resultado <u>não</u> é benéfico: *Resultou daí um extraordinário desenvolvimento das ciências e das técnicas, mas também* ***a exploração desenfreada de uma natureza composta****, a partir de então,* ***de objetos sem ligação com os humanos****.*

Resposta: Errado.

---

112. (Cespe/Cebraspe - FUNPRESP - Analista Previdenciário/2022) Conforme o texto, a natureza perdeu sua alma pelo fato de o ser humano ter-se instituído como seu "mestre e senhor".

( ) certo ( ) errado

COMENTÁRIOS:

Nota da autora: Na parte de coesão, coerência e reescrita, há outra questão que segue o mesmo raciocínio. Reescrevo, aqui, a explicação.

As expressões "daí", "a partir de então" e "naquela altura" referem-se a um único momento: a partir do século XVII – **quando o homem se fez então "<u>mestre e senhor da natureza</u>"**.

"daí" → *resultou um extraordinário desenvolvimento das ciências e das técnicas*;

"a partir de então" → <u>*a exploração desenfreada de uma natureza composta de objetos sem ligação com os humanos*</u>;

"naquela altura" → <u>*a natureza havia perdido sua alma e nada mais nos impedia de vê-la unicamente como fonte de riqueza*</u>.

Fica evidente que o homem é o culpado.

Resposta: Certo.

⦿ TEXTO CB2A1-I

Assim como cidadania e cultura formam um par integrado de significações, cultura e territorialidade são, de certo modo, sinônimos. A cultura, forma de comunicação do indivíduo e do grupo com o universo, é herança, mas também um reaprendizado das relações profundas entre o ser humano e o seu meio, um resultado obtido por intermédio do próprio processo de viver. Incluindo o processo produtivo e as práticas sociais, a cultura é o que nos dá a consciência de pertencer a um grupo, do qual é o cimento. É por isso que as migrações agridem o indivíduo, roubando-lhe parte do ser, obrigando-o a uma nova e dura adaptação em seu novo lugar. Desterritorialização é frequentemente outra palavra para significar alienação, estranhamento, que são, também, desculturização.

Esse processo é, também, o que comanda as migrações, que são, por si sós, processos de desterritorialização e, paralelamente, processos de desculturização. O novo ambiente opera como uma espécie de denotador. Sua relação com o novo morador se manifesta dialeticamente como territorialidade nova e cultura nova, que interferem reciprocamente, mudando paralelamente territorialidade e cultura, e mudando o ser humano.

Milton Santos. O espaço do Cidadão. 7.ª ed. São Paulo: Editora da Universidade de São Paulo, 2020, p. 81-83 (com adaptações).

113. (Cespe/Cebraspe - IBAMA – Analista Administrativo/2022) A relação da cultura com a cidadania e a territorialidade constitui a ideia central do texto, que é predominantemente argumentativo.

( ) certo ( ) errado

COMENTÁRIOS:

Na introdução, ou seja, na tese, lê-se: *Assim como cidadania e cultura formam um par integrado de significações, cultura e territorialidade são, de certo modo, sinônimos.* Isso significa que é a ideia central. É argumentativo porque se trata de uma opinião e a visão do autor é subjetiva.

Resposta: Certo.

⦿ TEXTO CG1A1-I

Na ótica da saúde pública, pode-se conceituar a política de redução de danos como um conjunto de estratégias que visam minimizar os danos causados pelo uso de diferentes drogas, sem necessariamente exigir a abstinência de seu uso. **Vale dizer**, enquanto não for possível ou desejável a abstinência, outros agravos à saúde podem ser evitados, como, por exemplo, as doenças infectocontagiosas transmissíveis por via sanguínea, tais quais as hepatites e HIV/AIDS.

Na concepção da política de redução de danos, tem-se como pressuposto o fator histórico-cultural do uso de psicotrópicos — uma vez que o uso dessas substâncias é parte indissociável da própria história da humanidade, a pretensão de um mundo livre de drogas não passa de uma quimera. Dentro dessa perspectiva, contemplam-se ações voltadas para as drogas lícitas e ilícitas, e suas intervenções não são de natureza estritamente públicas, delas participando, também, organizações não governamentais e necessariamente, com especial ênfase, o próprio cidadão que usa drogas.

Maurides de Melo Ribeiro. Drogas e redução de danos. São Paulo: Editora Saraiva, 2013, p. 45-46 (com adaptações).

---

114. (Cebraspe – MJ SP – Técnico em pesquisa e análise de dados - 2022) A política de redução de danos objetiva moderar o consumo de drogas lícitas e ilícitas.

( ) certo ( ) errado

COMENTÁRIOS:

No 2.º parágrafo: *a pretensão de um mundo livre de drogas não passa de uma quimera**.

No 1º parágrafo, apresenta o conceito e o **objetivo**: *um conjunto de estratégias que visam* ***minimizar os danos causados pelo uso de diferentes drogas, sem necessariamente exigir a abstinência de seu uso***.

*Quimera: resultado da imaginação que tende a não se realizar. Sinônimos: *ilusão, ficção, fantasia.*

Resposta: Errado.

---

115. (Cebraspe – MJ SP – Técnico em pesquisa e análise de dados - 2022) É uma premissa da política de redução de danos considerar como inconcebível um mundo sem drogas.

( ) certo ( ) errado

COMENTÁRIOS:

Ideia mencionada no 2.º parágrafo que complementa a informação da resposta anterior: ***o uso dessas substâncias é parte indissociável da própria história da humanidade***.

Resposta: Certo.

---

116. (Cebraspe – MJ SP – Técnico em pesquisa e análise de dados - 2022) O destaque dado à atuação dos próprios usuários de drogas durante as intervenções é uma característica das ações da política de redução de danos.

( ) certo ( ) errado

COMENTÁRIOS:

No final do texto: *Dentro dessa perspectiva* [política de redução de danos], *contemplam-se ações voltadas para as drogas lícitas e ilícitas, e* ***suas intervenções*** *não são de natureza estritamente públicas, delas participando, também, organizações não governamentais e necessariamente,* ***com <u>especial ênfase</u>, o próprio cidadão que usa drogas***.

Resposta: Certo.

---

117. (Cebraspe – MJ SP – Técnico em pesquisa e análise de dados - 2022 - adaptada) A expressão "Vale dizer" enfatiza a informação apresentada no segundo período do primeiro parágrafo.

( ) certo ( ) errado

COMENTÁRIOS:

<u>Informação</u>: *um conjunto de* ***estratégias*** *que* ***visam minimizar os danos causados pelo uso de diferentes drogas****, sem necessariamente exigir a abstinência de seu uso.*

<u>Ênfase</u>: ***enquanto não for possível ou desejável a abstinência, outros agravos à saúde podem ser evitados****, como, por exemplo, as doenças infectocontagiosas transmissíveis por via sanguínea, tais quais as hepatites e HIV/AIDS.*

Resposta: Certo.

1.4. QUESTÕES - CARREIRAS FISCAIS

TEXTO CB1A1 PARA RESPONDER ÀS QUESTÕES.

Viver em uma cidade ou no campo tem diferenças bem definidas em várias áreas, como mercado de trabalho, opções de lazer e transporte. Mas o que um novo estudo descobriu é que o ambiente em que você cresce também tem influência nas suas habilidades de localização — e esse efeito varia de país para país.

Na pesquisa, os estudiosos analisaram dados de um jogo de celular para aferir a habilidade de navegação espacial das pessoas. No game, os jogadores controlam um barco e têm que memorizar um mapa do mar onde há certos locais marcados. Eles então têm que seguir o caminho guiados apenas pela memória, passando pelos objetivos invisíveis antes de cruzar a linha de chegada. A pesquisa envolveu mais de 440 mil pessoas de 38 países.

Além da jogatina, os pesquisadores também aplicaram questionários e coletaram dados sobre os participantes, como idade, gênero, nível educacional e local de origem. Os resultados mostraram que pessoas que haviam crescido em cidades erravam muito mais no game, enquanto quem era de áreas rurais ou vilarejos tinha uma taxa de acerto maior. E isso se manteve independentemente de correções de outros fatores, como idade ou gênero. Estudos anteriores da mesma equipe mostraram que há correlação entre as habilidades de navegação das pessoas no jogo e na vida real — como se localizar em uma cidade, por exemplo.

A diferença entre moradores urbanos e rurais foi maior nos Estados Unidos da América, onde as cidades costumam ter formato de grade (com ruas paralelas e perpendiculares). Já na Europa, onde as cidades são mais irregulares, a diferença entre pessoas oriundas de zonas urbanas e pessoas vindas de zonas rurais foi menor.

O estudo não estabeleceu os motivos por trás do resultado, mas dá para teorizar. Embora as cidades possam passar a impressão de serem mais confusas e caóticas do que as tranquilas zonas rurais, elas estão cheias de elementos e recursos de localização (placas, nomes de ruas, normas de trânsito etc.). Também oferecem meios de transporte, como ônibus ou metrô, em que você não precisa memorizar o caminho — somente os pontos inicial e final. Talvez tudo isso, a longo prazo, acabe prejudicando o desenvolvimento da capacidade de se orientar. Já em áreas rurais ou vilarejos, sem essas ajudas, o jeito é aprender na marra mesmo.

Bruno Carbinatto. Pessoas que crescem em cidades têm senso de direção pior. In: Revista Superinteressante, fev./2020. Internet: <https://super.abril.com.br> (com adaptações).

118. (Cebraspe – TC DF – Analista Controle Externo - 2021) Depreende-se do texto que fatores como idade e gênero têm impacto semelhante ao impacto do local de habitação no que se refere à medida das habilidades de localização das pessoas.

( ) certo ( ) errado

COMENTÁRIOS:

O impacto não é semelhante. No terceiro parágrafo, lê-se: *Os resultados mostraram que pessoas que haviam crescido em cidades erravam muito mais no game, enquanto quem era de áreas rurais ou vilarejos tinha uma taxa de acerto maior. E isso se manteve* ***independentemente de correções de outros fatores, como idade ou gênero***.

Resposta: Errado.

---

119. (Cebraspe – TC DF – Analista Controle Externo - 2021) De acordo com o texto, os meios de transporte e o aparato de sinalização urbana podem debilitar o desenvolvimento de um senso de orientação espacial mais acurado.

( ) certo ( ) errado

COMENTÁRIOS:

Nota da autora: Questão de compreensão textual (De acordo com o texto), ou seja, a ideia está explícita.

No último parágrafo: *Embora as cidades possam passar a impressão de serem mais confusas e caóticas do que as tranquilas zonas rurais, elas estão cheias de elementos e recursos de localização (placas, nomes de ruas, normas de trânsito etc.). Também oferecem meios de transporte, como ônibus ou metrô, em que você não precisa memorizar o caminho — somente os pontos inicial e final.* ***Talvez tudo isso****, a longo prazo,* ***acabe prejudicando o desenvolvimento da capacidade de se orientar***.

Resposta: Certo.

---

120. (Cebraspe – TC DF – Analista Controle Externo - 2021) Infere-se dos dois últimos parágrafos do texto que, quanto mais organizado o formato de uma cidade, piores serão as habilidades de navegação de seus habitantes.

( ) certo ( ) errado

COMENTÁRIOS:

É a mesma ideia mencionada no comentário da questão anterior: quanto mais organizada, mais prejudica as habilidades de navegação de seus habitantes.

Resposta: Certo.

---

121. (Cebraspe – TC DF – Analista Controle Externo - 2021) Sendo uma reportagem de divulgação científica, o texto apresenta uma estrutura tipológica essencialmente argumentativa.

( ) certo ( ) errado

COMENTÁRIOS:

Nota da autora: Confira a diferença exigida pela banca.

O **texto dissertativo informa o leitor a respeito de um assunto**, expõe dados, pesquisas e opinião de profissionais que possam esclarecer sobre o tema. **Não há opinião pessoal do autor**, ele apenas expõe pontos positivos e negativos a respeito do assunto.

No **texto dissertativo-argumentativo**, o autor seleciona informações, fatos, opiniões e argumentos em **defesa de uma tese** central em torno do tema. A tese é a opinião do autor a respeito do tema, por isso **há** exposição de informações e **pontos de vista** com o objetivo de **persuadir o leitor.**[4]

O texto é da Revista Superinteressante, é científico e dissertativo. Note que existem informações, mas não existe ponto de vista do autor.

Resposta: Errado.

◉ TEXTO CB1A2 PARA RESPONDER ÀS QUESTÕES.

O mundo urbano já abriga mais da metade da população do planeta, e os processos de urbanização espalham globalmente, mas de forma desigual, tanto os benefícios quanto as crises da ocupação urbana do espaço. Com isso, o planejamento urbano e a gestão das cidades e áreas metropolitanas vêm sendo inseridos em discussões na busca de alternativas para a urbanização e para o desenvolvimento urbano, a fim de mitigar os impactos nocivos e adaptar o ordenamento territorial e a distribuição socioespacial das cidades às condições de ambiente e clima locais e regionais. O movimento de (re)pensar o planejamento das cidades para que se obtenha um modelo em que o desenvolvimento urbano possa ser mais social e ambientalmente sustentável passará a ser essencial daqui a alguns anos, considerando-se tanto as desigualdades que esses processos carregam em si quanto os problemas ambientais e climáticos desencadeados por eles.

Por um lado, uma parcela da população urbana usufrui dos avanços técnico-científicos, da infraestrutura e do conforto que a vida urbana e sua produção econômica disponibilizam; por outro lado, grande parte do mundo sofre com as consequências socioeconômicas das políticas econômicas e de expansão de mercados, que promovem exclusão, desigualdade e vulnerabilidade no mercado de trabalho e na gestão e no planejamento urbanos. As cidades, sejam elas grandes aglomerados, como metrópoles, ou pequenas comunidades, enquanto aglomerações urbanas, são permeadas, em diversos níveis, por questões de desigualdade socioeconômica e questões que envolvem uma mudança de discurso para melhorar as condições ambientais, como propostas de consumo consciente e saneamento básico: o meio urbano e o padrão do desenvolvimento urbano são um desafio quando se considera promover mudanças nos padrões insustentáveis de consumo.

Ana Célia Baía Araújo e Zoraide Souza Pessoa. O desafio das cidades sustentáveis: prós e contras de uma proposta para o desenvolvimento urbano. Internet: (com adaptações).

---

4 Brasil Escola. Disponível em <brasilescola.uol.com.br/redacao/dissertacao-texto-dissertativo-argumentativo.>. Acesso em 15 março 2021, com adaptações.

122. (Cebraspe – TC DF – Analista Controle Externo - 2021) De acordo com o texto, há uma tendência de discussões com vistas a minorar impactos negativos das ocupações urbanas e promover adaptabilidade do ordenamento territorial e da distribuição socioespacial das cidades às suas condições regionais.

( ) certo ( ) errado

COMENTÁRIOS:

Nota da autora: Questão de compreensão textual – a ideia está explícita no texto (De acordo com o texto).

No primeiro parágrafo: *o planejamento urbano e a gestão das cidades e áreas metropolitanas vêm sendo inseridos em discussões na busca de alternativas para a urbanização e para o desenvolvimento urbano, a fim de* ***mitigar os impactos nocivos*** *e* ***adaptar o ordenamento territorial*** *e a* ***distribuição socioespacial das cidades às condições de ambiente e clima locais e regionais****.*

Resposta: Certo.

123. (Cebraspe – TC DF – Analista Controle Externo - 2021) Depreende-se do texto que planejamento das cidades e sustentabilidade social e ambiental são aspectos que deverão ser pensados separadamente.

( ) certo ( ) errado

COMENTÁRIOS:

Nota da autora: Questão de interpretação textual – a ideia está implícita, é preciso deduzir, inferir (Depreende-se do texto).

Não deverão ser pensados separadamente. No último período do texto: *As cidades, sejam elas grandes aglomerados, como metrópoles, ou pequenas comunidades, enquanto aglomerações urbanas, são permeadas, em diversos níveis, por questões de desigualdade socioeconômica e questões que envolvem uma mudança de discurso para melhorar as condições ambientais, como propostas de consumo consciente e saneamento básico: o meio urbano e o padrão do desenvolvimento urbano são um desafio quando se considera promover mudanças nos padrões insustentáveis de consumo.*

Resposta: Errado.

124. (Cebraspe – TC DF – Analista Controle Externo - 2021) Segundo o texto, os padrões de consumo promovidos pelas aglomerações urbanas são irreversíveis, o que justifica a necessidade de se repensar o planejamento das cidades.

( ) certo ( ) errado

COMENTÁRIOS:

Nota da autora: É necessário saber o significado dos adjetivos.

Irreversível: não se pode reverter, voltar atrás.

Insustentável: não se pode defender, sustentar.

Os vocábulos não se equivalem. No texto: *o meio urbano e o padrão do desenvolvimento urbano são um desafio quando se considera promover mudanças nos padrões* ***insustentáveis*** *de consumo.* Não significa que sejam irreversíveis, aqui está o erro.

Resposta: Errado.

◉ TEXTO PARA RESPONDER ÀS QUESTÕES.

A ideia de cultura foi cunhada e batizada no terceiro quartel do século XVIII como termo sintético para designar a administração do pensamento e do comportamento humanos. A palavra "cultura" não nasceu como um termo descritivo, uma forma reduzida para as já alcançadas, observadas e registradas regras de conduta de toda uma população. Só cerca de um século mais tarde, quando os gerentes da cultura olharam em retrospecto para aquilo que tinham passado a ver como criação sua e, seguindo o exemplo de Deus na criação do mundo, com carga positiva, é que "cultura" passou a significar a forma como um tipo regular e "normativamente regulado" de conduta humana diferia de outro, sob outro gerenciamento. A ideia de cultura nasceu com uma declaração de intenções.

O termo "cultura" entrou no vocabulário como o nome de uma atividade intencional. No limiar da Era Moderna, homens e mulheres, não mais aceitos como "um dado não problematizado", como elos preordenados na cadeia da criação divina ("divina" como algo inegociável e com o qual não devemos nos imiscuir), indispensáveis, ainda que sórdidos, torpes e deixando muito a desejar, passaram a ser vistos ao mesmo tempo como maleáveis e terrivelmente carentes de ajustes e melhoras.

O termo "cultura" foi concebido no interior de uma família de conceitos que incluía expressões como "cultivo", "lavoura", "criação" — todos significando aperfeiçoamento, seja na prevenção de um prejuízo, seja na interrupção e reversão da deterioração. O que o agricultor fazia com a semente por meio de atenção cuidadosa, desde a semeadura até a colheita, podia e devia ser feito com os incipientes seres humanos pela educação e pelo treinamento. As pessoas não nasciam, eram feitas. Precisavam tornar-se humanas — e, nesse processo de se tornar humanas (uma trajetória cheia de obstáculos e armadilhas que elas não seriam capazes de evitar nem poderiam negociar, caso fossem deixadas por sua própria conta), teriam de ser guiadas por outros seres humanos, educados e treinados na arte de educar e treinar seres humanos.

O termo "cultura" apareceu no vocabulário menos de cem anos depois de outro conceito moderno crucial, o de "gerenciar", que significa, segundo o **Oxford English Dictionary**: "forçar (pessoas, animais etc.) a se submeter ao controle de alguém", "exercer efeito sobre", "ter sucesso em realizar". E mais de cem anos antes de outro sintético, de "gerenciamento", o de "obter sucesso ou sair-se bem". Gerenciar, em suma, significava conseguir que as coisas fossem feitas de uma forma que as pessoas não fariam por conta própria e sem ajuda. Significava redirecionar eventos segundo motivos e desejo próprios. Em outras palavras, "gerenciar" (controlar o fluxo de eventos) veio a significar a manipulação de probabilidades: fazer a ocorrência de certas condutas (iniciais ou reativas) de "pessoas, animais etc." mais provável, ou, de preferência, totalmente improvável a ocorrência de outros movimentos. Em última instância, "gerenciar" significa limitar a liberdade do gerenciado.

Zygmunt Bauman. Vida líquida. Carlos Alberto Medeiros (Trad.). Rio de Janeiro: Zahar, 2009 (com adaptações).

125. (Cebraspe – TCE RJ – Analista Controle Externo - 2021) De acordo com o texto, o conceito de gerenciar é mais antigo que o termo cultura, que só apareceu no vocabulário quase um século depois daquele.

( ) certo ( ) errado

COMENTÁRIOS:

No 4.º parágrafo: *O termo "cultura" apareceu no vocabulário menos de cem anos depois de outro conceito moderno crucial, o de "gerenciar".*

Cultura: século XVIII; gerenciar: cem anos antes.

Resposta: Certo.

126. (Cebraspe – TCE RJ – Analista Controle Externo - 2021) A ideia principal do texto consiste em mostrar a evolução da noção de cultura até o surgimento de outra noção, que a aperfeiçoa: a de gerenciamento.

( ) certo ( ) errado

COMENTÁRIOS:

Trecho que evidencia aperfeiçoamento: *O termo "cultura" foi concebido no interior de uma família de conceitos que incluía expressões como "cultivo", "lavoura", "criação".*

O conceito "gerenciar" surgiu cem anos antes e significa *limitar a liberdade do gerenciado.*

O erro está ao afirmar que mostra a evolução da noção de cultura **até o surgimento de gerenciamento**.

Resposta: Errado.

TEXTO PARA RESPONDER ÀS QUESTÕES.

D. Amélia conformava-se com as impertinências do marido. Cada vez mais sentia ela que a doença do seu Lula morreria com ele. Não lutou mais, não sofreu mais. Era tudo como Deus quisesse. A vida que tinha que viver seria aquela, sem outro remédio que vivê-la. Tinha pena da filha, mas ao mesmo tempo para que lhe desejar casamento que fosse como o seu? **Para que ligar-se a um homem que viesse magoá-la, arrancar-lhe a paz de espírito?** Via Neném no seu jardim, nos seus silêncios, na sua paz e não se queixava de não vê-la casada. Iam comendo com o pouco que faziam. É verdade que cada ano que se passava mais o Santa Fé minguava, menos fazia. O feitor que Lula botara para ver tudo não era homem de tino, era para ser mandado. E quem mandaria nele? **As coisas caminhavam como água de rio, com a correnteza levando tudo**. Tinha às vezes vontade de chamar o feitor e dar ordens, mas não queria irritar o marido, era homem que não podia se contrariar.

José Lins do Rego. Fogo morto. 47.ª ed. Rio de Janeiro: José Olympio, 1957, p. 164.

127. (Cebraspe – TCE RJ – Analista Controle Externo – 2021 - adaptada) No trecho "Para que ligar-se a um homem que viesse magoá-la, arrancar-lhe a paz de espírito?", D. Amélia interpela o leitor do texto.

( ) certo ( ) errado

COMENTÁRIOS:

Quem interpela o leitor é o narrador, não D. Amélia.

Resposta: Errado.

128. (Cebraspe – TCE RJ – Analista Controle Externo - 2021) As emoções de D. Amélia expressas no texto demonstram resignação dessa personagem.

( ) certo ( ) errado

COMENTÁRIOS:

Trechos que evidenciam conformação e renúncia de D. Amélia: *D. Amélia conformava-se com as impertinências do marido. Não lutou mais, não sofreu mais. Era tudo como Deus quisesse. A vida que tinha que viver seria aquela, sem outro remédio que vivê-la.*

Resposta: Certo.

129. (Cebraspe – TCE RJ – Analista Controle Externo – 2021 - adaptada) No trecho "As coisas caminhavam como água de rio, com a correnteza levando tudo", o narrador caracteriza o ritmo dos acontecimentos por meio de elementos da natureza que evocam a situação descrita.

( ) certo ( ) errado

COMENTÁRIOS:

Não há como parar a água do rio, assim como é impossível cessar os problemas da família. A correnteza leva tudo: o tempo leva tudo. O narrador utiliza uma bela comparação.

Parte VII
REDAÇÃO OFICIAL

Capítulo 1

Redação Oficial

No edital: Correspondência oficial (conforme Manual de Redação da Presidência da República); adequação da linguagem ao tipo de documento; adequação do formato do texto ao gênero.

Caro(a) leitor(a), foi lançada, no final de 2018, a terceira edição do **Manual de Redação da Presidência da República** – revista, atualizada e ampliada.

Com o intuito de facilitar seu estudo, foram disponibilizadas aqui as mudanças ocorridas e que podem (devem) ser exigidas nas próximas provas. Ficou mais fácil consultar e entender o MRPR.

A principal alteração foi a **EXTINÇÃO** dos documentos **MEMORANDO** e **AVISO**.

Os **ATRIBUTOS** também foram alterados. *A redação oficial deve caracterizar-se por: clareza e precisão; objetividade; concisão; coesão e coerência; impessoalidade; formalidade e padronização; e uso da norma padrão da língua portuguesa.*

A **FONTE** usada alterou de *Times New Roman* (em 2002) para **Calibri** ou **Carlito**.

Houve importantes **acréscimos**: **SIGNATÁRIOS** – cargos interinos e substitutos, signatárias do sexo feminino –, **GRAFIA DE CARGOS COMPOSTOS**, emprego do **VOCATIVO** e **VARIAÇÕES DOS DOCUMENTOS OFICIAIS.**

1.1. QUESTÕES ATUALIZE-SE

COM BASE NO MANUAL DE REDAÇÃO DA PRESIDÊNCIA DA REPÚBLICA, JULGUE OS ITENS QUE SE SEGUEM, ACERCA DE ASPECTOS DA REDAÇÃO OFICIAL.

01. (Cebraspe - MP TO - Analista Ministerial - Letras - 2024) Devem ser evitados parágrafos de desenvolvimento no texto dos documentos oficiais que, seguindo o padrão ofício, são usados para o encaminhamento de documentos.

( ) certo ( ) errado

COMENTÁRIOS:

São facultativos.

No MRPR: **desenvolvimento: se o autor da comunicação desejar fazer algum comentário a respeito do documento que encaminha, poderá acrescentar parágrafos de desenvolvimento. Caso contrário, não há parágrafos de desenvolvimento em expediente usado para encaminhamento de documentos.**

Resposta: Errado

02. (Cebraspe - MP TO - Analista Ministerial - Letras - 2024) Em certas ocasiões, para se garantir a clareza do texto das comunicações oficiais, recomenda-se o uso da ordem inversa na organização dos constituintes de uma oração.

( ) certo ( ) errado

COMENTÁRIOS:

No MRPR: *usar frases curtas, bem estruturadas; apresentar as orações na ordem direta e evitar intercalações excessivas.*

Exceção: para evitar ambiguidade, sugere-se a adoção da ordem inversa da oração.

Resposta: Certo

---

03. (Cebraspe - MP TO - Analista Ministerial - Letras - 2024) Nas comunicações oficiais, deve-se dispensar às autoridades estrangeiras o mais alto grau de formalidade, por isso, como fecho das comunicações a elas dirigidas, recomenda-se o emprego do termo Respeitosamente.

( ) certo ( ) errado

COMENTÁRIOS:

No MRPR:

a) Para autoridades de hierarquia superior à do remetente, inclusive o Presidente da República:

Respeitosamente,

b) Para autoridades de mesma hierarquia, de hierarquia inferior ou demais casos:

Atenciosamente,

Ficam excluídas dessa fórmula as comunicações dirigidas a autoridades estrangeiras, que atendem a rito e tradição próprios

Resposta: Errado

---

04. (Cebraspe - FINEP - Analista Jurídica - 2024) De acordo com o **Manual de Redação da Presidência da República,** nas redações oficiais, quem comunica é sempre

A) uma autoridade responsável por secretaria, departamento, divisão, serviço ou seção do poder público.

B) um órgão do Poder Executivo Federal.

C) o serviço público.

D) um servidor público.

E) o agente público signatário do documento.

COMENTÁRIOS:

Alternativa "a" – A autoridade pode ser o destinatário.

Alternativa "b" – O órgão pode ser o destinatário.

Alternativa "c" – No caso da redação oficial, **quem comunica é sempre o serviço público** (este/esta ou aquele/aquela Ministério, Secretaria, Departamento, Divisão, Serviço, Seção); o que se comunica é sempre algum assunto relativo às atribuições do órgão que comunica; e o destinatário dessa comunicação é o público, uma instituição privada ou outro órgão ou entidade pública, do Poder Executivo ou dos outros Poderes.

Alternativa "d" – Pode ser o destinatário.

Alternativa "e" – Pode ser o destinatário.

RESPOSTA: C

1.2. QUESTÕES - NÍVEL MÉDIO

COM BASE NO MANUAL DE REDAÇÃO DA PRESIDÊNCIA DA REPÚBLICA (MRPR), JULGUE OS ITENS A SEGUIR, RELATIVOS AO PADRÃO OFÍCIO

---

05. (Cebraspe – DEPEN – Agente Federal - 2021) De acordo com a última edição do MRPR, a distinção entre aviso, memorando e ofício foi abolida, passando-se a adotar o termo ofício como única nomenclatura para todos os expedientes, com o objetivo de uniformizá-los.

( ) certo ( ) errado

COMENTÁRIOS:

Lê-se no MRPR: *Até a segunda edição deste Manual, havia três tipos de expedientes que se diferenciavam antes pela finalidade do que pela forma:* ***o ofício, o aviso e o memorando****. Com o objetivo de* ***uniformizá-los****, deve-se adotar nomenclatura e diagramação únicas, que sigam o que chamamos de padrão* ***ofício****.*

Resposta: Certo.

---

06. (Cebraspe – DEPEN – Agente Federal - 2021) Nas comunicações oficiais para autoridade de hierarquia superior à do remetente, deve-se utilizar, exceto para o presidente da República, o fecho "Respeitosamente,".

( ) certo ( ) errado

COMENTÁRIOS:

Para o Presidente da República, usa-se "Respeitosamente".

No MRP: *O Manual estabelece o emprego de somente dois fechos diferentes para todas as modalidades de comunicação oficial:*

a) Para autoridades de hierarquia superior a do remetente, inclusive o Presidente da República: ***Respeitosamente,***

b) Para autoridades de mesma hierarquia, de hierarquia inferior ou demais casos: ***Atenciosamente,***

Ficam excluídas dessa fórmula as comunicações dirigidas a autoridades estrangeiras, que atendem a rito e tradição próprios.

Resposta: Errado.

JULGUE OS PRÓXIMOS ITENS, COM BASE NO MANUAL DE REDAÇÃO DA PRESIDÊNCIA DA REPÚBLICA (MRPR).

07. (Cebraspe – Técnico Ministerial – MPE CE - 2020) O MRPR prevê somente dois fechos diferentes para as modalidades de comunicação oficial entre autoridades da administração pública: **Respeitosamente**, caso o destinatário seja autoridade de hierarquia superior à do remetente; e **Atenciosamente**, caso o destinatário seja autoridade de mesma hierarquia ou de hierarquia inferior à do remetente. Ficam excluídas dessa norma as comunicações dirigidas a autoridades estrangeiras, que atendem a rito e tradição próprios.

( ) certo ( ) errado

COMENTÁRIOS:

Afirmação idêntica à encontrada no novo Manual de Redação da Presidência da República.

Fechos para comunicações

O fecho das comunicações oficiais objetiva, além da finalidade óbvia de arrematar o texto, saudar o destinatário. Os modelos para fecho anteriormente utilizados foram regulados pela Portaria no 1, de 1937, do Ministério da Justiça, que estabelecia quinze padrões.

Com o objetivo de simplificá-los e uniformizá-los, este Manual estabelece o emprego de somente dois fechos diferentes para todas as modalidades de comunicação oficial:

a) Para autoridades de hierarquia superior a do remetente, inclusive o Presidente da República:

Respeitosamente,

b) Para autoridades de mesma hierarquia, de hierarquia inferior ou demais casos:
Atenciosamente,

Ficam excluídas dessa fórmula as comunicações dirigidas a autoridades estrangeiras, que atendem a rito e tradição próprios.

Atenção!

Saiba como o fecho deve ser formatado:

a) alinhamento: alinhado à margem esquerda da página;

b) recuo de parágrafo: 2,5 cm de distância da margem esquerda;

c) espaçamento entre linhas: simples;

d) espaçamento entre parágrafos: de 6 pontos após cada parágrafo; e

e) não deve ser numerado.

Resposta: Certo.

08. (Cebraspe – Técnico Ministerial – MPE CE - 2020) Os assuntos objetos dos expedientes oficiais devem ser tratados de forma estritamente impessoal, uma vez que a redação oficial é elaborada sempre em nome do serviço público e sempre em atendimento ao interesse geral dos cidadãos.

( ) certo ( ) errado

COMENTÁRIOS:

A impessoalidade é obrigatória:

A impessoalidade decorre de princípio constitucional (Constituição, art. 37), e seu significado remete a dois aspectos: o primeiro é a obrigatoriedade de que a administração pública proceda de modo a não privilegiar ou prejudicar ninguém, de que o seu norte seja, sempre, o interesse público; o segundo, a abstração da pessoalidade dos atos administrativos, pois, apesar de a ação administrativa ser exercida por intermédio de seus servidores, é resultado tão-somente da vontade estatal.

A redação oficial é elaborada sempre em nome do serviço público e sempre em atendimento ao interesse geral dos cidadãos. Sendo assim, **os assuntos objetos dos expedientes oficiais não devem ser tratados de outra forma que não a estritamente impessoal.**

Atenção!

Atente-se ao complemento, pois pode ser exigido em sua próxima prova.

O **tratamento impessoal** que deve ser dado aos assuntos que constam das comunicações oficiais decorre:

a) da **ausência de impressões individuais** de quem comunica: embora se trate, por exemplo, de um expediente assinado por Chefe de determinada Seção, a comunicação é sempre feita em nome do serviço público. Obtém-se, assim, uma desejável padronização, que permite que as comunicações elaboradas em diferentes setores da administração pública guardem entre si certa uniformidade;

b) da **impessoalidade de quem recebe** a comunicação: ela pode ser dirigida a um cidadão, sempre concebido como público, ou a uma instituição privada, a outro órgão ou a outra entidade pública. Em todos os casos, temos um destinatário concebido de forma homogênea e impessoal; e

c) do **caráter impessoal do próprio assunto** tratado: se o universo temático das comunicações oficiais se restringe a questões que dizem respeito ao interesse público, é natural não caber qualquer tom particular ou pessoal.

Não há lugar na redação oficial para impressões pessoais, como as que, por exemplo, constam de uma carta a um amigo, ou de um artigo assinado de jornal, ou mesmo de um texto literário. A redação oficial deve ser isenta da interferência da individualidade de quem a elabora. A concisão, a clareza, a objetividade e a formalidade de que nos valemos para elaborar os expedientes oficiais contribuem, ainda, para que seja alcançada a necessária impessoalidade.

Resposta: Certo.

09. (Cebraspe – Técnico Ministerial – MPE CE - 2020) A formalidade e a precisão da redação oficial dependem do uso correto da norma padrão da língua portuguesa, ainda que isso implique falta de clareza.

( ) certo ( ) errado

COMENTÁRIOS:

Em hipótese alguma, poderá haver falta de clareza: **Sendo a clareza um dos requisitos fundamentais de todo texto oficial**, deve-se atentar para a tradição no emprego de determinada expressão com determinado sentido. O emprego de expressões ditas de uso consagrado confere uniformidade e transparência ao sentido do texto. Mas isso não quer dizer que os textos oficiais devam limitar-se à repetição de chavões e de clichês.

Resposta: Errado.

10. (Cebraspe – Técnico Ministerial – MPE CE - 2020) O texto de um documento oficial deve seguir a estrutura padronizada de introdução, desenvolvimento e conclusão, exceto em casos de encaminhamento de documentos.

( ) certo ( ) errado

COMENTÁRIOS:

Exatamente.

O texto do documento oficial deve seguir a seguinte padronização de estrutura:

I – nos casos em que não seja usado para encaminhamento de documentos, o expediente deve conter a seguinte estrutura:

a) introdução: em que é apresentado o objetivo da comunicação. Evite o uso das formas: Tenho a honra de, Tenho o prazer de, Cumpre-me informar que. Prefira empregar a forma direta: Informo, Solicito, Comunico;

b) desenvolvimento: em que o assunto é detalhado; se o texto contiver mais de uma ideia sobre o assunto, elas devem ser tratadas em parágrafos distintos, o que confere maior clareza à exposição; e

c) conclusão: em que é afirmada a posição sobre o assunto.

II – **quando forem usados para encaminhamento de documentos, a estrutura é modificada.**

Atenção!

Veja a estrutura com encaminhamento de documentos.

a) introdução: deve iniciar com referência ao expediente que solicitou o encaminhamento. Se a remessa do documento não tiver sido solicitada, deve iniciar com a informação do motivo da comunicação, que é encaminhar, indicando a seguir os dados completos do documento encaminhado (tipo, data, origem ou signatário e assunto de que se trata) e a razão pela qual está sendo encaminhado; e

b) desenvolvimento: se o autor da comunicação desejar fazer algum comentário a respeito do documento que encaminha, poderá acrescentar parágrafos de desenvolvimento. Caso contrário, não há parágrafos de desenvolvimento em expediente usado para encaminhamento de documentos.

Atenção!

Veja a formatação.

III – tanto na estrutura I quanto na estrutura II, o texto do documento deve ser formatado da seguinte maneira:

a) alinhamento: justificado;

b) espaçamento entre linhas: simples;

c) parágrafos:

i espaçamento entre parágrafos: de 6 pontos após cada parágrafo;

ii recuo de parágrafo: 2,5 cm de distância da margem esquerda;

iii numeração dos parágrafos: apenas quando o documento tiver três ou mais parágrafos, desde o primeiro parágrafo. Não se numeram o vocativo e o fecho;

d) fonte: Calibri ou Carlito;

i corpo do texto: tamanho 12 pontos;

ii citações recuadas: tamanho 11 pontos; e

iii notas de Rodapé: tamanho 10 pontos;

e) símbolos: para símbolos não existentes nas fontes indicadas, pode-se utilizar as fontes *Symbol* e *Wingdings*.

Resposta: Certo.

---

11. (Cebraspe – Técnico Ministerial – MPE CE - 2020) Entre os documentos oficiais, o *email* é o que apresenta maior flexibilidade formal, uma vez que, nesse tipo de comunicação, se admite o uso de abreviações como **vc** e **pq**.

( ) certo ( ) errado

COMENTÁRIOS:

Não pode haver abreviações: Os textos das mensagens eletrônicas não podem ser redigidos com abreviações como "vc", "pq", usuais das conversas na internet, ou neologismos, como "naum", "eh", "aki".

Atenção!

Outras recomendações que podem ser exigidas em sua prova:

- Sempre que necessário, deve-se utilizar recurso de **confirmação de leitura**. Caso não esteja disponível, deve constar da mensagem pedido de confirmação de recebimento;
- Apesar da imensa lista de fontes disponíveis nos computadores, mantêm-se a recomendação de tipo de fonte, tamanho e cor dos documentos oficiais: ***Calibri* ou *Carlito*, tamanho 12, cor preta;**

- **Fundo ou papéis de parede eletrônicos não devem ser utilizados**, pois não são apropriados para mensagens profissionais, além de sobrecarregar o tamanho da mensagem eletrônica;
- **A mensagem** do correio eletrônico **deve ser revisada** com o mesmo cuidado com que se revisam outros documentos oficiais;
- O texto profissional dispensa manifestações emocionais. Por isso, **ícones e *emoticons* não devem ser utilizados**;
- **Não se deve utilizar texto em caixa alta** para destaques de palavras ou trechos da mensagem pois denota agressividade de parte do emissor da comunicação.
- **Evite-se o uso de imagens no corpo do *e-mail***, inclusive das Armas da República Federativa do Brasil e de logotipos do ente público junto ao texto da assinatura.
- **Não devem ser remetidas mensagem com tamanho total** que possa exceder a capacidade do servidor do destinatário.

Resposta: Errado.

1.3. QUESTÕES - NÍVEL SUPERIOR

CONSIDERANDO AS DISPOSIÇÕES DO MANUAL DE REDAÇÃO DA PRESIDÊNCIA DA REPÚBLICA (MRPR) ACERCA DA REDAÇÃO OFICIAL, JULGUE OS ITENS A SEGUIR.

---

12. (Cebraspe – PRF - 2021) Entre as características da redação oficial incluem-se a objetividade, a impessoalidade e a informatividade.

( ) certo ( ) errado

COMENTÁRIOS:

São características da redação oficial: clareza e precisão; **OBJETIVIDADE**; concisão; coesão e coerência; **IMPESSOALIDADE**; formalidade e padronização; e uso da norma padrão da língua portuguesa.

Erro: informatividade.

Resposta: Errado.

---

13. (Cebraspe – PRF - 2021) O assunto das comunicações oficiais deve apresentar de forma geral o que será tratado no documento e seu formato deve seguir as orientações do MRPR, conforme o exemplo a seguir.

Assunto: Realização de concurso público.

( ) certo ( ) errado

COMENTÁRIOS:

O assunto deve dar uma ideia geral do que trata o documento, de forma sucinta.

Ele deve ser grafado da seguinte maneira:

a) título: a palavra Assunto deve anteceder a frase que define o conteúdo do documento, seguida de dois-pontos;

b) descrição do assunto: a frase que descreve o conteúdo do documento deve ser escrita com inicial maiúscula, não se deve utilizar verbos e sugere-se utilizar de quatro a cinco palavras;

c) destaque: todo o texto referente ao assunto, inclusive o título, deve ser destacado em negrito;

d) pontuação: coloca-se ponto-final depois do assunto; e

e) alinhamento: à margem esquerda da página.

Exemplos:

Assunto: Encaminhamento do Relatório de Gestão julho/2018.

Assunto: Aquisição de computadores.

Resposta: Certo.

---

14. (Cebraspe – PRF - 2021) De acordo com a legislação vigente, o *e-mail* institucional tem valor documental e, por isso, deve ser aceito como documento original.

( ) certo ( ) errado

COMENTÁRIOS:

O "e-mail" apenas terá valor documental se existir certificação digital que ateste a identidade do remetente, segundo os parâmetros de integridade, autenticidade e validade jurídica da Infraestrutura de Chaves Públicas Brasileira – ICP-Brasil.

Resposta: Errado.

---

15. (Cebraspe – PRF - 2021) O vocativo, nas comunicações oficiais, deverá ser sempre seguido de vírgula.

( ) certo ( ) errado

COMENTÁRIOS:

O vocativo é uma invocação ao destinatário. Nas comunicações oficiais, o vocativo será sempre seguido de vírgula.

Não só nas comunicações oficiais, convenhamos.

Resposta: Certo.

---

16. (Cebraspe – PRF - 2021) Na identificação do signatário de uma comunicação oficial destinada a uma pessoa do sexo feminino, dispensa-se flexão de gênero no nome do cargo.

( ) certo ( ) errado

COMENTÁRIOS:

Na identificação do signatário, o cargo ocupado por pessoa do sexo feminino deve ser flexionado no gênero feminino.

Exemplos:

Ministra de Estado
Secretária-Executiva interina
Técnica Administrativa
Coordenadora Administrativa

Resposta: Errado.

JULGUE OS SEGUINTES ITENS DE ACORDO COM AS PRESCRIÇÕES CONSTANTES NO MANUAL DE REDAÇÃO DA PRESIDÊNCIA DA REPÚBLICA ACERCA DAS CARACTERÍSTICAS FORMAIS E LINGUÍSTICAS DAS CORRESPONDÊNCIAS OFICIAIS.

---

17. (Cebraspe – CODEVASF – Analista - 2021) O texto do documento oficial, padrão ofício, deve seguir a seguinte padronização de estrutura: introdução, desenvolvimento e conclusão, sendo facultativo o desenvolvimento nos casos em que há apenas encaminhamento de documentos.

( ) certo ( ) errado

↘ COMENTÁRIOS:

1. Estrutura **sem encaminhamento de documentos**:

a) **introdução**: em que é apresentado o objetivo da comunicação. Evite o uso das formas: Tenho a honra de, Tenho o prazer de, Cumpre-me informar que. Prefira empregar a forma direta: Informo, Solicito, Comunico;

b) **desenvolvimento**: em que o assunto é detalhado; se o texto contiver mais de uma ideia sobre o assunto, elas devem ser tratadas em parágrafos distintos, o que confere maior clareza à exposição; e

c) **conclusão**: em que é afirmada a posição sobre o assunto.

2. Estrutura **com encaminhamento de documentos**:

a) **introdução**: deve iniciar com referência ao expediente que solicitou o encaminhamento. Se a remessa do documento não tiver sido solicitada, deve iniciar com a informação do motivo da comunicação, que é **encaminhar**, indicando a seguir os dados completos do documento encaminhado (tipo, data, origem ou signatário e assunto de que se trata) e a razão pela qual está sendo encaminhado; e

b) **desenvolvimento**: se o autor da comunicação desejar fazer algum comentário a respeito do documento que encaminha, poderá acrescentar parágrafos de desenvolvimento. Caso contrário, **não há parágrafos de desenvolvimento em expediente usado para encaminhamento de documentos**.

Fixe: Com encaminhamento = faCultativo; sem encaminhamento: obrigatório

Resposta: Certo.

18. (Cebraspe – CODEVASF – Analista - 2021) O pronome Vossa Excelência deve ser utilizado para fazer referência de forma indireta a autoridades, como no seguinte exemplo: A Vossa Excelência, o Ministro de Estado da Educação.

( ) certo ( ) errado

COMENTÁRIOS:

O pronome **Vossa Excelência** é usado para fazer **referência direta**.

No MRPR: Os pronomes **Vossa Excelência** ou Vossa Senhoria são utilizados **para se comunicar diretamente** com o receptor. O pronome **Sua Excelência** é utilizado **para se fazer referência** a alguma autoridade (indiretamente).

Dica: referir-se a → Sua; dirigir-se a → Vossa.

Resposta: Errado.

19. (Cebraspe – CODEVASF – Analista - 2021) A redação oficial é elaborada sempre em nome do serviço público e sempre em atendimento ao interesse geral dos cidadãos, podendo, por isso, os assuntos objetos dos expedientes oficiais ser tratados tanto de forma pessoal quanto impessoal.

( ) certo ( ) errado

COMENTÁRIOS:

A primeira informação está correta. O erro está no final: não podem ser tratados de forma pessoal.

No MRPR: os assuntos objetos dos expedientes oficiais não devem ser tratados de outra **forma** que não a **estritamente impessoal**.

Percebe-se, assim, que o tratamento impessoal que deve ser dado aos assuntos que constam das comunicações oficiais decorre:

a) da **ausência de impressões individuais de quem comunica**: embora se trate, por exemplo, de um expediente assinado por Chefe de determinada Seção, a comunicação é sempre feita em nome do serviço público. Obtém-se, assim, uma desejável padronização, que permite que as comunicações elaboradas em diferentes setores da administração pública guardem entre si certa uniformidade;

b) da **impessoalidade de quem recebe a comunicação**: ela pode ser dirigida a um cidadão, sempre concebido como público, ou a uma instituição privada, a outro órgão ou a outra entidade pública. Em todos os casos, temos um destinatário concebido de forma homogênea e impessoal; e

c) do **caráter impessoal do próprio assunto tratado**: se o universo temático das comunicações oficiais se restringe a questões que dizem respeito ao interesse público, é natural não caber qualquer tom particular ou pessoal.

Resposta: Errado.

20. (Cebraspe – CODEVASF – Analista - 2021) Na identificação do signatário, o cargo ocupado por pessoa do sexo feminino deve ser flexionado no gênero feminino, como no seguinte exemplo: Ministra de Estado.

( ) certo ( ) errado

COMENTÁRIOS:

Na identificação do signatário, o cargo ocupado por pessoa do sexo feminino deve ser flexionado no gênero feminino. Exemplos: Ministra de Estado, Secretária-Executiva interina, Técnica Administrativa, Coordenadora Administrativa.

Resposta: Certo.

CONSIDERANDO O MANUAL DE REDAÇÃO DA PRESIDÊNCIA DA REPÚBLICA, JULGUE OS ITENS QUE SE SEGUEM.

21. (Cebraspe – Polícia Federal - 2021) Na grafia de datas em um documento oficial, o conteúdo deve constar conforme exemplificado a seguir: Brasília, 02/04/ 2021.

( ) certo ( ) errado

COMENTÁRIOS:

Não pode utilizar zero à esquerda do número que indica o dia do mês e o nome do mês deve ser escrito por extenso com letra minúscula: **Brasília, 2 de abril de 2021**.

Vamos conferir, a seguir, com o que é mencionado no MRPR.

Na grafia de datas em um documento, o conteúdo deve constar da seguinte forma:

a) composição: local e data do documento; **(certo)**

b) informação de local: nome da cidade onde foi expedido o documento, seguido de vírgula. Não se deve utilizar a sigla da unidade da federação depois do nome da cidade; **(certo)**

c) dia do mês: em numeração ordinal se for o primeiro dia do mês e em numeração cardinal para os demais dias do mês. **(certo)**

Não se deve utilizar zero à esquerda do número que indica o dia do mês; **(errado = ~~0~~2)**

d) nome do mês: deve ser escrito com inicial minúscula; **(errado = ~~0~~4)**

e) pontuação: coloca-se ponto-final depois da data; **(certo)**

f) alinhamento: o texto da data deve ser alinhado à margem direita da página.

Exemplo:

Brasília, 2 de fevereiro de 2018

Resposta: Errado.

22. (Cebraspe – Polícia Federal - 2021) Quando da redação de *e-mail* que possa ser considerado um documento oficial, devem-se usar os mesmos parâmetros de redação dos demais documentos oficiais, o que inclui linguagem adequada.

( ) certo ( ) errado

COMENTÁRIOS:

Exatamente. No MRPR, lê-se:

Como gênero textual, o *e-mail* pode ser considerado um documento oficial, assim como o ofício. Portanto, **deve-se evitar o uso de linguagem incompatível com uma comunicação oficial**.

Atenção! É importante relembrar que o *e-mail* só possui valor documental se existir certificação digital que ateste a identidade do remetente, segundo os parâmetros de integridade, autenticidade e validade jurídica da Infraestrutura de Chaves Públicas Brasileira – ICP-Brasil.

Esse assunto foi pedido na prova de Policial Rodoviário Federal em 2021.

Resposta: Certo.

---

23. (Cebraspe – Polícia Federal - 2021) No endereçamento das comunicações dirigidas às autoridades superiores, devem-se empregar os seguintes pronomes de tratamento: "A Vossa Excelência o Senhor" ou "A Vossa Excelência a Senhora".

( ) certo ( ) errado

COMENTÁRIOS:

1. O pronome de tratamento no endereçamento das comunicações dirigidas às **autoridades tratadas por Vossa Excelência** terá a seguinte forma: "A **Sua** Excelência o Senhor" ou "A **Sua** Excelência a Senhora".
2. Não dirigidas às autoridades superiores, mas apenas às autoridades tratadas como **Vossa Excelência**.

Complemento do MRPR:

Quando o tratamento destinado ao receptor for **Vossa Senhoria**, o endereçamento a ser empregado é "Ao Senhor" ou "À Senhora". Ressalte-se que não se utiliza a expressão "A Sua Senhoria o Senhor" ou "A Sua Senhoria a Senhora".

Existem dois erros: emprego dos pronomes e informação incompleta.

Resposta: Errado.

---

24. (Cebraspe – Polícia Federal - 2021) Nas comunicações oficiais, aboliu-se o uso dos vocativos Digníssimo (DD) e de Ilustríssimo (Ilmo.).

( ) certo ( ) errado

COMENTÁRIOS:

Questão muito fácil! Essas formas foram abolidas há vários anos, antes da reforma do Manual, em dezembro de 2018.

Lê-se:

Em comunicações oficiais, está abolido o uso de Digníssimo (DD) e de Ilustríssimo (Ilmo.).

Atenção! Complemento que pode ser pedido na próxima prova: Evite-se o uso de "doutor" indiscriminadamente. O tratamento por meio de Senhor confere a formalidade desejada.

Resposta: Certo.

---

25. (Cebraspe – Polícia Federal - 2021) A exposição de motivos é modalidade de comunicação dirigida pelos ministros ao Presidente da República e, em determinadas circunstâncias, poderá ser encaminhada cópia do documento ao Congresso Nacional ou ao Poder Judiciário.

( ) certo ( ) errado

COMENTÁRIOS:

No MRPR: A exposição de motivos é a principal modalidade de comunicação **dirigida ao Presidente da República pelos ministros. Além disso, pode**, em certos casos, **ser encaminhada cópia ao Congresso Nacional ou ao Poder Judiciário.**

Resposta: Certo.

---

26. (Cebraspe – Polícia Federal - 2021) No padrão ofício, o cabeçalho deve estar centralizado na área determinada pela formatação e constar em todas as páginas do documento.

( ) certo ( ) errado

COMENTÁRIOS:

O cabeçalho não deve constar em todas as páginas: **O cabeçalho é utilizado apenas na primeira página do documento**, centralizado na área determinada pela formatação.

Atenção! Veja, a seguir, o que pode ser exigido na próxima prova.

No cabeçalho deverão constar os seguintes elementos:

a) brasão de Armas da República: no topo da página. Não há necessidade de ser aplicado em cores. O uso de marca da instituição deve ser evitado na correspondência oficial para não se sobrepor ao Brasão de Armas da República.

b) nome do órgão principal;

c) nomes dos órgãos secundários, quando necessários, da maior para a menor hierarquia;

d) espaçamento: entrelinhas simples (1,0).

Os dados do órgão, tais como endereço, telefone, endereço de correspondência eletrônica, sítio eletrônico oficial da instituição, podem ser informados no rodapé do documento, centralizados.

Resposta: Errado.

COM BASE NO MANUAL DE REDAÇÃO DA PRESIDÊNCIA DA REPÚBLICA, JULGUE OS ITENS QUE SE SEGUEM, ACERCA DE ASPECTOS DA REDAÇÃO OFICIAL.

---

27. (Cebraspe – Analista Ministerial – MPE CE - 2020) Em uma correspondência oficial destinada a um procurador-geral de estado, o vocativo a ser empregado é Excelentíssimo Senhor Procurador-Geral.

( ) certo ( ) errado

COMENTÁRIOS:

Excelentíssimo Senhor é usado como vocativo apenas para os Chefes de Poder: Presidente da República, Presidente do Congresso Nacional e Presidente do Supremo Tribunal Federal.

Resposta: Errado.

---

28. (Cebraspe – Analista Ministerial – MPE CE - 2020) É adequado o uso da forma Fortaleza, 8 de março de 2020. alinhada à margem direita da página em um documento no padrão ofício expedido na referida data na cidade de Fortaleza – CE.

( ) certo ( ) errado

COMENTÁRIOS:

No MRPR:

Na grafia de datas em um documento, o conteúdo deve constar da seguinte forma:

a) composição: local e data do documento;

b) informação de local: nome da cidade onde foi expedido o documento, seguido de vírgula. Não se deve utilizar a sigla da unidade da federação depois do nome da cidade;

c) dia do mês: em numeração ordinal se for o primeiro dia do mês e em numeração cardinal para os demais dias do mês. Não se deve utilizar zero à esquerda do número que indica o dia do mês;

d) nome do mês: deve ser escrito com inicial minúscula;

e) pontuação: coloca-se ponto-final depois da data; e

f) alinhamento: o texto da data deve ser alinhado à margem direita da página.

Exemplo: Brasília, 2 de fevereiro de 2018.

Resposta: Certo.

---

29. (Cebraspe – Analista Ministerial – MPE CE - 2020) No fecho de uma comunicação oficial remetida ao presidente da República, deve constar Respeitosamente, antes da assinatura do remetente.

( ) certo ( ) errado

COMENTÁRIOS:

O fecho das comunicações oficiais objetiva, além da finalidade óbvia de arrematar o texto, saudar o destinatário. Os modelos para fecho anteriormente utilizados foram regulados pela Portaria no 1, de 1937, do Ministério da Justiça, que estabelecia quinze padrões.

Com o objetivo de simplificá-los e uniformizá-los, este Manual estabelece o emprego de somente dois fechos diferentes para todas as modalidades de comunicação oficial:

a) **Para autoridades de hierarquia superior à do remetente, inclusive o Presidente da República**: **Respeitosamente,**

b) Para autoridades de mesma hierarquia, de hierarquia inferior ou demais casos: Atenciosamente,

Ficam excluídas dessa fórmula as comunicações dirigidas a autoridades estrangeiras, que atendem a rito e tradição próprios.

Resposta: Certo.

---

30. (Cebraspe – Analista Ministerial – MPE CE - 2020) O expediente denominado ofício é apropriado como forma de comunicação entre unidades administrativas de um mesmo órgão.

( ) certo ( ) errado

COMENTÁRIOS:

Até a segunda edição do Manual, havia três tipos de expedientes que se diferenciavam antes pela finalidade do que pela forma: **o ofício, o aviso e o memorando**. Com o objetivo de uniformizá-los, deve-se adotar nomenclatura e diagramação únicas, que sigam o que chamamos de **padrão ofício**.

Atenção! Antes da atualização, o memorando era apropriado como forma de comunicação entre unidades administrativas de um mesmo órgão.

Resposta: Certo.

EDITORA
*Jus*PODIVM
www.editorajuspodivm.com.br

Impresso por:

Docuprint
CNPJ 01.036.332/0001-99

JUS3757